Daniela Arnold

Wegweiser zum Leseerfolg

Tipps und Tricks zu Lesen und zu Konzentration

Für meine Familie

Ich bin zutiefst dankbar für meine Familie,
der ich sehr viel von meiner Lebensenergie gewidmet habe und von
der ich so reich beschenkt wurde und werde.

Die vielen Aufgaben und Wege des Lebens haben mich zu dem
Menschen gemacht, der ich heute sein darf.

Danke Georg, Viktoria, Sebastian und Katharina

Bibliographische Information der Deutschen
Nationalbibliothek.
Die Deutsche Nationalbibliothek verzeichnet diese
Publikationen der deutschen Nationalbibliographie;
Detaillierte bibliographische Daten sind im Internet
Über http://dnb.d-nb.de abrufbar.

Web-Adressen:
www.bod.de
www.mtl-zentrum.at

Titelbild:
Nora Aschenbrenner bearbeitete, ergänzte und veränderte die mit DALL-E
erstellte Grundversion. www.arona-design.at

Verlag: BoD · Books on Demand GmbH, Überseering 33, 22297 Hamburg,
bod@bod.de
Druck: Libri Plureos GmbH, Friedensallee 273, 22763 Hamburg
ISBN: **978-3-7693-5836-0**

Inhalt

LEGENDE

 Motorische Basiskompetenzen, frühkindliche Reflexe

 Gleichgewicht

 Sehverarbeitung

 Geruch

 Spüren und Fühlen

 Hör- und Sprachverarbeitung

 Motorik, Koordination und Rhythmik

 Körper-/Biochemie

 Sozial-emotionale Skills und weitere wichtige Bereiche.

 Wie erkennt man Probleme in diesem Bereich?
Beobachtungsansätze im Alltag

 Was kann ich morgen tun?
Veränderungen im Umfeld oder Verständnis für die Problematik sind sofort wirkende Maßnahmen.

 Förderansätze, um an den Ursachen zu arbeiten.

 Tipps und Tricks

 Anregungen mit hohem Spaßfaktor.

LESEN, die wichtigste KULTURTECHNIK?

Was erwartet Sie in diesem Buch?

Lesen ist das Erkennen, Verstehen und Deuten von geschriebenen oder gedruckten Zeichen und Wörtern.

Poetischer ausgedrückt ist Lesen ist das Auffinden, Aufnehmen und Auslegen von Zeichen, die ein anderer zu einer anderen Zeit hinterlassen hat. Der Lesende nimmt die Spur des anderen auf und interpretiert was die Zeichen ihm sagen. Die Ausführungen des anderen kann der Lesende durch den Lesevorgang in sich selbst aufnehmen. Lesen ist eine Form von Berührung durch Gedanken, Vorstellungen und Ideen. Berühren kann auch alles, was zwischen den Zeilen zu erkennen ist. Ein Buch zu Hand zu nehmen ist zudem mit einer sinnlichen Berührung verbunden. Der Lesende kann sich von den Zeichen, die ein anderer formuliert hat, berühren lassen.

Lesen ist die zentrale Grundlage für eine erfolgreiche Bildungslaufbahn und das zunehmend essenzielle selbstständige, lebenslange Lernen. In diesem Buch geht es um individuelle Problembereiche und nicht um die Defizite in der Bildungspolitik bzw. der Schulorganisation.

Mangelnde Lesekompetenz erhöht das Risiko, sowohl beruflich als auch gesellschaftlich in der Teilhabe eingeschränkt zu sein. Gut entwickelte Lesefähigkeiten sind entscheidend, um Informationen gezielt zu erfassen, kritisch zu hinterfragen, Fakten von Meinungen zu unterscheiden und Fake News zu erkennen.

Aus meiner über 20-jährigen Erfahrung in der Begleitung von Kindern mit Lern- und Verhaltensproblemen habe ich eine ganzheitliche Sicht auf die grundlegenden Voraussetzungen für eine gute Lesekompetenz entwickelt. Wo liegen die Hindernisse oder Bremsklötze, die eine Potentialentfaltung der Kinder verhindern.

Da das Lesen im Gegensatz zur Sprachverarbeitung keine genetisch angelegte Fähigkeit des Menschen ist, gibt es keine Region im Gehirn, die sich ausschließlich auf den Lesevorgang spezialisiert hat. Um den Leselernprozess erfolgreich zu absolvieren, müssen mehrere Gehirnregionen synchronisiert zusammenarbeiten und teilweise sogar recycelt werden. Daher erfordert das Lesenlernen ein, in seiner Gesamtheit, gut entwickeltes Gehirn.

Die sechs Jahre vorschulischer Entwicklung bereiten das Gehirn intensiv auf den Leselernprozess vor. In dieser Zeit werden sensorische und motorische Vorläuferfertigkeiten in der realen 3D-Welt trainiert. Die Vernetzung der einzelnen Gehirnregionen wird aufgebaut und die Zusammenarbeit der verschiedenen Netzwerke synchronisiert und effizienter gestaltet.

Defizite in der Funktionalität der Sinnesorgane und den motorischen Fähigkeiten bedeuten einen körperlichen Mehraufwand beim Lernen. In der Folge kann dies zu geringeren Bildungschancen führen. Eine frühzeitige pädagogische, therapeutische oder medizinische Intervention ist entscheidend, um diese Hindernisse auszugleichen.

Erfolgreiche Schulprojekte zeigen, dass in der Schule ein Schlüssel das Verhältnis von „aufwendigen" Kindern zu Pädagoginnen ist. Ich nenne diese Kinder „aufwendig", weil es das Wort „zuwendig" nicht gibt. Manche Kinder benötigen mehr Zuwendung, egal welche Diagnose oder welche Probleme sie haben. Sie sind aufwendiger, weil man sich über sie Gedanken machen muss und der Lernvorgang nicht „wie von alleine läuft".

Fast 30% der Österreicher über 16 Jahren sind funktionale Analphabeten (PIAAC Studie 2024). Migration spielt laut Experten dabei eine untergeordnete Rolle. Obwohl der Leseförderung seit Jahren eine wichtige Rolle zugeordnet wird, hat sich die Anzahl der leseschwachen Erwachsenen gegenüber 2012 fast verdoppelt. Die bisher gesetzten Maßnahmen in der Leseförderung scheinen nicht ausreichend wirksam zu sein. Unsere Gesellschaft steht an der Schwelle eines neuen Zeitalters, in dem Künstliche Intelligenz zunehmend unseren Alltag prägen wird und wir benötigen dringend eine gute Förderung der Lesekompetenz. Dies wirft die entscheidende Frage auf, wie Kinder optimal auf ihre Zukunft in einer dynamischen und sich rasch wandelnden Welt vorbereitet werden können.

Die in diesem Buch aufgezeigten möglichen Ursachen von **Leseproblemen** und die sich daraus ergebenden Fördermaßnahmen können auch bei anderen Lernschwierigkeiten wie **Konzentrationsproblemen**, **Legasthenie** und **Dyskalkulie** helfen. Sie unterstützen zudem die Entwicklung von **Resilienz**.

Integrierte frühkindliche Reflexe, koordinierte motorische Tätigkeiten wie fein aufeinander abgestimmte **Augenbewegungen**, ein **gutes Gleichgewicht** sowie eine adäquate **Geschwindigkeit** der **zentralen Hörverarbeitung** können hier ebenso relevant sein wie ein ausgewogenes **Darmmikrobiom.** Zudem ist das Aufwachsen in einer **motivierenden** und **angstfreien Umgebung** ein wesentlicher Faktor einer harmonischen Gehirnentwicklung.

Unsere heutige, Großteils artfremde Lebensweise, stellt Heranwachsende vor erhebliche Herausforderungen, gesund aufzuwachsen und eine intrinsische Motivation zum Lesen oder Lernen zu entwickeln.

Wie können Sie herausfinden, welche Ursachen den Lese- und Lernproblemen zugrunde liegen? Hilfreiche Anregungen dazu finden Sie im Kapitel **'Beobachtungen beim Lesevorgang'** auf Seite 83.

Sie werden zum Detektiv und lernen, die Spuren der Problemursachen zu identifizieren und systematisch zu ordnen. Die einzelnen Mosaiksteinchen ergeben dann das Bild der Ursachen einer Leseschwäche (siehe Seite 88). So können gezielt Ansätze zur Förderung der grundlegenden Lesefähigkeiten entwickelt werden.

Simmolino ist der Hauptdarsteller vom SIMMO-Übungsprogramm, das im Schulprojekt „Talente-Bewegen – Lesen kommt in Bewegung" verwendet wurde. Dieses Schulprojekt demonstrierte, wie sich die Lesefertigkeit und motorische Koordination von Volksschulkindern durch tägliches SIMMO-Training (körperliche Basisfähigkeiten sowie Integration frühkindlicher Reflexe) verbesserte (siehe Seite 249).

Sobald der Körper altersgerecht in seiner Sinneswahrnehmung und Bewegungsqualität entwickelt ist, sind kreative Übungsideen und geeignetes Übungsmaterial sehr entscheidend. Ein lernendes Gehirn bleibt trotz zahlreicher Wiederholungen nur dann aufmerksam und neugierig, wenn es ständig neu gefordert wird. Dabei können die **vielfältigen Tipps und Tricks** (ab Seite 256) eine wertvolle Unterstützung bieten.

leamos ist eine das Lesen gezielt fördernde Progressiv -WebAPP.   Die Zielgruppe von **leamos** sind Kinder, Jugendliche und Erwachsene, die sich in folgenden Bereichen verbessern wollen:

- ✓ Automatisierung,
- ✓ Lesegenauigkeit,
- ✓ Lesegeschwindigkeit,
- ✓ Abspeicherung von Wortbildern,
- ✓ visuelles und auditives Kurzzeitgedächtnis.

Wie kann die **leamos** App beim Lesen üben helfen?
Näheres lesen Sie ab Seite 290.

HEUTE und in ZUKUNFT LESEN

Aus evolutionärer Sicht ist Lesen eine sehr junge Fähigkeit des Menschen. Erst vor etwa 5400 Jahren entwickelten die Babylonier die erste Schrift, wodurch Sprache in Form abstrakter Symbole festgehalten werden konnte. In 5000 Jahren kann die Genetik sich nicht anpassen. Der Zeitraum ist zu kurz, als dass das Gehirn die Anforderungen des Lesens in seine Entwicklung integrieren konnte. Lesen nutzt bestehende Gehirnstrukturen. Es muss daher gezielt angeleitet und durch viel Übung erlernt werden.

Beim Lesenlernen wird das Gehirn umgebaut. Die elementaren, geometrischen Grundformen der Buchstaben werden in ursprünglich zur Erkennung von Tierspuren genutzten Gehirnarealen verarbeitet. Schriftzeichen entwickelten sich aus diesen archaischen Formen.
„An der Schnittstelle zwischen Natur und Kultur geht unsere Lesefähigkeit aus einem glücklichen Zusammentreffen mehrerer Bedingungen hervor." (Dehaene, 2012, p. 275).

Erst mit der Ausbreitung des Buchdrucks im 16. Jahrhundert konnte sich das Lesen in der Bevölkerung verbreiten. Mit der Einführung der allgemeinen Schulpflicht vor etwa 250 Jahren wurde das Lesen für alle Bevölkerungsschichten möglich und notwendig.

In den letzten 250 Jahren war das Lesen für die breite Masse der Bevölkerung meist nur in begrenztem Umfang notwendig. Der Lebensunterhalt wurde überwiegend durch manuelle Arbeit verdient. Viele Fertigkeiten und Erfahrungen wurden mündlich weitergegeben.

Die Menge der zu lesenden Texte nimmt stark zu. Heutzutage ist für fast alle Tätigkeiten eine theoretische Ausbildung und Zertifizierung erforderlich. Selbst in manuellen Berufen ist ein sehr gutes Leseverständnis notwendig, um die zahlreichen Verordnungen und Richtlinien anwenden zu können.

Lebenslanges Lernen ist inzwischen mehr als nur ein Schlagwort. Kaum jemand bleibt sein ganzes Berufsleben in einem einzigen Beruf.
Lesen bedeutete "Abenteuer im Kopf" und war im 20. Jahrhundert oft die einzige Möglichkeit, in andere Welten einzutauchen. Beim Lesen werden die im Kopf hervorgerufenen Bilder mit dem vorhandenen Hintergrundwissen verknüpft. Analogien werden gebildet und Empathie wird erzeugt. Wer viel liest, trainiert dadurch zahlreiche kognitive Fertigkeiten und lernt kritisch zu denken. Vielleser entwickeln ein gutes verbales Kurzzeitgedächtnis, können Kategorien wie Bilder, Farben oder Symbole schneller benennen und besser vorhersagen, wie ein gesprochener Satz weitergeht.

Die Digitalisierung im 21. Jahrhundert hat die Lesekompetenz auf vielfältige Weise beeinflusst. Die permanente Erreichbarkeit, die überwältigende Flut an Informationen und die rasche Abfolge von Reizen beeinflussen nicht nur unsere kognitiven Fähigkeiten und reduzierten unsere Aufmerksamkeitsspanne, sondern haben auch tiefgreifende Auswirkungen auf unsere soziale Interaktion und mentale Gesundheit (NWX, 2023).
Der Verlust der **Lesekompetenz im versunkenen Lesen** stellt zunehmend eine Herausforderung dar.

Wir befinden uns im **Konzeptzeitalter**, in dem kreative, empathische und ganzheitliche Denkfähigkeiten zunehmend an Bedeutung gewinnen, während reine Routine- und Analyseaufgaben durch Automatisierung und Outsourcing ersetzt werden. Menschen mit hoher Kreativität, Empathie, konzeptionelles und kooperatives Denken werden im Konzeptzeitalter besonders gefragt sein, da sie komplexe Probleme lösen und neue Werte schaffen können. Zukünftige Erwachsene werden mit dem Unvorhersehbaren gut zurechtkommen müssen.

Brauchen wir Lesefertigkeiten überhaupt noch in einem Zeitalter, in dem immer mehr von der Künstlichen Intelligenz (KI) übernommen werden wird?

Die KI kann uns Dinge erklären, in dem sie Dokumente durcharbeitet und uns die Zusammenfassung als Antwort auf unsere Frage vorliest. Reicht es nicht aus, dass eine Software uns diese komprimierten Ergebnisse vorliest?
In einer zunehmend digitalisierten und informationsgetriebenen Welt ist Lesekompetenz essenziell für Bildung, beruflichen Erfolg und die kritische Bewertung von Informationen, insbesondere im Umgang mit Künstlicher Intelligenz und komplexen digitalen Medien (Antwort von ChatGpt am 6.1.2025).

Das **21st Century Skills Framework** wird weltweit als Ausgangspunkt für die Erstellung von Bildungskonzepten verwendet. Menschen brauchen folgende Fähigkeiten, um für die Herausforderungen der Zukunft gerüstet zu sein:

1. **Lern- und Innovationsfähigkeiten** sind entscheidend für kreatives und kritisches Denken sowie für effektive Zusammenarbeit in der modernen Welt.
2. **Informations-, Medien- und Technologiekompetenzen** sind notwendig, um effektiv mit der heutigen Informationsflut umzugehen und Technologien sicher zu nutzen.
3. **Lebens- und Berufskompetenzen sind wichtig für persönliches Wachstum, beruflichen Erfolg und soziale Anpassungsfähigkeit.**

Ausgangsbasis für alle diese Kompetenzen sind gute Fertigkeiten in Kernbereichen wie: **Sprach- und Lesekompetenz**, aber auch Mathematik und Naturwissenschaften, ...
Zunächst ist es daher wichtig, Kinder auf ihrem Weg zu einer sehr guten Lesekompetenz zu unterstützen.

PROZESS des LESENS

Ablauf des Lesenlernens

Lesen lernen erfordert, da es nicht wie Sehen und Sprechen genetisch angelegt ist, ein gut vorbereitetes Gehirn und intensives Training. Die Augen gleiten über den Text. Wir müssen hören, was wir sehen, den Inhalt des Gelesenen verstehen und mit unserem Hintergrundwissen verknüpfen.

Lesen ist sowohl eine kognitive als auch eine motorische und sensorische Tätigkeit. Beim Lesen muss das Gehirn zahlreiche Wahrnehmungs- und Denkfunktionen, grundlegende visuelle Fähigkeiten, phonologische Wahrnehmung sowie Langzeit- und Arbeitsgedächtnis koordinieren. Dies erfordert jahrelange Übung. Wenn wir das Lesen mühelos beherrschen, ist das ein Zeichen dafür, dass sich die Struktur unseres Gehirns bleibend verändert hat. (*Lesen formt das Gehirn*, n.d.).

Lesen benötigt die Zusammenarbeit fast aller Gehirnbereiche.

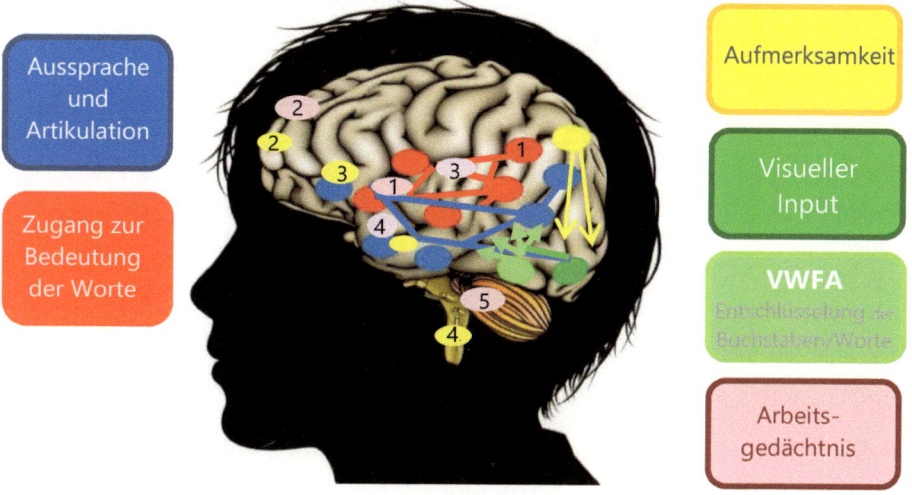

bearbeitet nach S.Dehaene; https://www.youtube.com/watch?v=MSy685vNqYk vom 14.5.2019

Im Text sind die Nummern für die einzelnen Zentren des Arbeitsgedächtnis und der Aufmerksamkeit in Klammern angeführt.

Der Lesevorgang wird im Folgenden an Hand dieses Satzes erläutert:

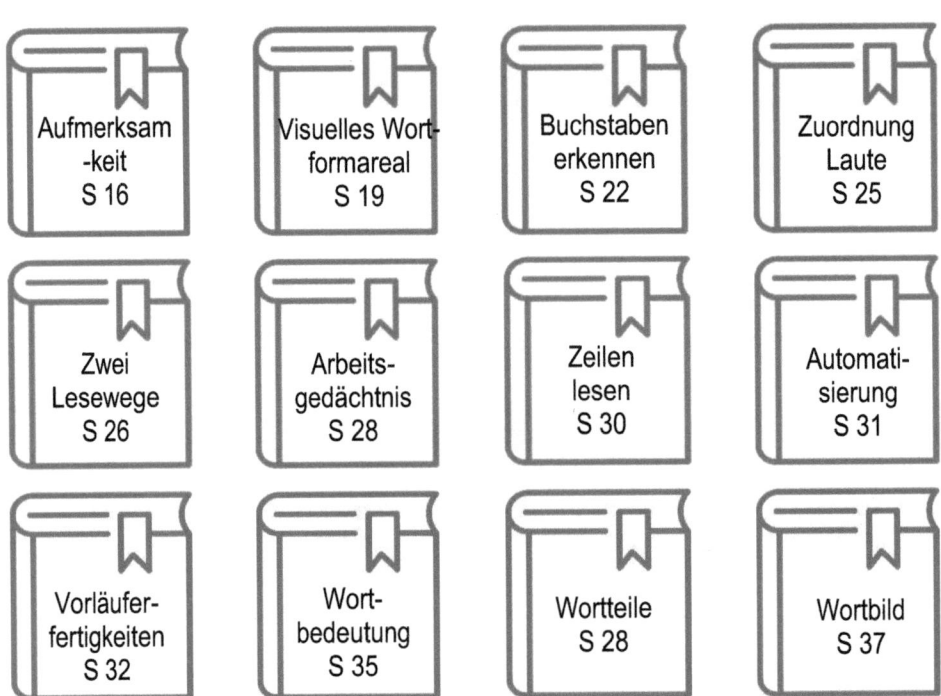

Aufmerksamkeit

„Wenn Sie etwas lesen, brauchen Sie Aufmerksamkeit – für das Hören von Sprache ist das offenbar nicht notwendig", erklärt Veronika Schöpf von der Medizin-Uni Wien. Beim Lesen werden nicht nur die bekannten Bereiche für Sprachverarbeitung und Sehen aktiviert, sondern auch weitere Regionen, die für gerichtete Aufmerksamkeit verantwortlich sind (*Wie sich Lesen und Zuhören unterscheiden,* 2014).

Die Aufmerksamkeit muss zunächst weg von der Umgebung und hin zu dem zu lesenden Wort „**Mein**" *gelenkt* werden.

Das geschriebene Wort „Mein" ist eigentlich nichts anderes als ein „Gebilde" von Linien und Punkten. Die optischen Reize des   reflektierten Lichts erregen die Rezeptorzellen der Retina (Netzhaut). Danach muss die Aufmerksamkeit vom Wort „mein" *wieder gelöst* und auf die nächsten Buchstaben gerichtet werden.

Einfach ist das Thema Aufmerksamkeit nicht – viele Gehirnregionen sind für die unterschiedlichen Aufmerksamkeitsaufgaben zuständig:
Das *Lösen der Aufmerksamkeit* (1) wird im hinteren Teil des Parietallappen gesteuert. Die **selektive** und **fokussierte Aufmerksamkeit** (2) sitzt im *linken Präfrontalkortex* (vorderer Bereich des Stirnlappen).
Die **Daueraufmerksamkeit** passiert in der inneren Schaltzentrale im Thalamus und im *rechten Präfrontalkortex.*
Der Zusammenhang mit lesespezifischen Funktionen, im speziellen das **Fokussieren** (3) auf bestimmte **visuelle Merkmale** eines Buchstaben wird vom Gyrus Cinguli im *limbischen System* koordiniert.
Das *Verschieben der Aufmerksamkeit (4)* wird im Bereich des Mittelhirn im *Hirnstamm* (Colliculi superiores) gesteuert (vgl. Wolf, 2009, p. 172). Dort findet auch die Steuerung der Augenbewegungen und die Koordination von Sehen und Hören statt (*Zelinsky - 2019 - The Importance of a Mind-Eye Connection.Pdf*, n.d.).

Gute Aufmerksamkeit und Konzentration braucht ein rundum gut entwickeltes und versorgtes Gehirn.
Durch eine Autoimmunerkrankung kann die Produktion von Nor-Adrenalin deutlich reduziert sein und dies führt zu einer gewissen Lethargie und dem Verlust der Konzentrationsfähigkeit.
Amphetamine (wie beispielsweise Ritalin) erhöhen die Verfügbarkeit und Wirkung von Noradrenalin (und anderen Neurotransmittern) im synaptischen Spalt.

Beim Spielen mit visuellen Medien oder beim Fernsehen fokussiert sich unser Blick oft auf ständig wechselnde Bilder. Diese Fixierung ist nicht gleichbedeutend mit Aufmerksamkeit. Denn die Reaktion ist ein Überbleibsel unserer evolutionären Programmierung. In prähistorischen Zeiten war es lebenswichtig, unseren Blick sofort auf bewegte Objekte im Sichtfeld zu richten. Ein sich bewegendes Blatt konnte eine potenzielle Gefahr signalisieren, wie etwa einen Säbelzahntiger.

Die Verteilung der Aufmerksamkeit im Gesichtsfeld verwandelt dieses in ein "Aufmerksamkeitsfeld". Die Fokussierung auf einen bestimmten Bereich ermöglicht eine präzise Aufmerksamkeit. So kann das visuelle System auf die zu lesende Buchstabenkombination gelenkt werden und unterstützt eine scharfe und klare Wahrnehmung. Eine automatisierte Konvergenz hilft dabei, Buchstabengruppen deutlich zu erkennen. Wenn die Augen jedoch nur kurz auf das Ziel gerichtet sind und rasch wieder im visuellen Raum umherspringen, werden periphere Bilder verarbeitet. Diese sind unschärfer und können zu Verwechslungen von Buchstaben, Zahlen oder Rechenzeichen führen, wie etwa die Unterscheidung zwischen "Meer" und "mehr". Zudem wird die korrekte Speicherung von Wortbildern erschwert. Die Verteilung der Aufmerksamkeit im Gesichtsfeld variiert individuell. Einige Personen nehmen eher winzige Details wahr und übersehen größere Objekte, während andere größere Objekte beachten und kleine Details übersehen können.

Ein Beispiel: Lesen Sie die folgenden Zeilen aufmerksam und zählen Sie alle geschriebenen „F":

FINISHED FILES ARE THE RE

SULT OF YEARS OF SCIENTI

FIC STUDY COMBINED WITH

THE EXPERIENCE OF YEARS ....

Wie viele „F" finden Sie in 20 Sekunden?

Sind in dem Text 3 oder 4 „F" geschrieben? Oder gar mehr? Wenn Sie sechs gefunden haben, dann liegen Sie richtig. Unwahrscheinlich, wie schwer es dem Gehirn fällt diese kleinen Einheiten bewusst wahrzunehmen. Das genaue Hinschauen will trainiert sein.

Aktive **frühkindliche Reflexe** können das Halten der Aufmerksamkeit empfindlich stören. Funktionieren beispielsweise das Lösen und bewusste Hinwenden der Aufmerksamkeit bis zur Zeilenmitte sehr gut und dann „springen" die Augen bei der Mittellinie weg, so kann dies durch einen aktiven asymmetrisch tonischen Nackenreflex (ATNR) ausgelöst werden.

Probleme bei der **Figur-Grundwahrnehmung** können das Richten der Aufmerksamkeit ebenfalls negativ beeinflussen.

Die Figur-Grundwahrnehmung bezeichnet die Fähigkeit, sich auf wesentliche  Bereiche eines Bildes zu konzentrieren und den Hintergrund auszublenden. Dabei wird die Wahrnehmung des Vordergrunds von einem unruhigen Hintergrund getrennt. Die Ablenkung, die von einem bunten Hintergrund oder von bunten Bildern ausgeht, kann je nach individueller Wahrnehmung variieren (Balance, n.d.).

VWFA - Visuelles Wortformareal

Die wieder zusammengesetzten Buchstaben werden an einer ganz speziellen Stelle im linken, hinteren Okzipital-Temporallappen verarbeitet, auch bekannt als visuelles Wortformareal (VWFA). Diese Region ist von Geburt an auf das Erkennen von Gesichtern, Objekten und Mustern spezialisiert. Ab dem Babyalter ist das Wiedererkennen und Benennen von Objekten ein etablierter Vorgang des Sprachen lernens. Objekte werden unabhängig von ihrer Größe und Position wiedererkannt und in Kategorien von Oberbegriffen eingeteilt.

Das Lesetraining transformiert dieses Gebiet in ein "Epizentrum des Lesens". Nach wiederholtem Üben und Automatisierung erkennt das VWFA Buchstaben und Buchstabenabfolgen "auf einen Blick". Gesichtsblindheit, die Unfähigkeit, bekannte Personen (sogar Eltern und Freunde) anhand ihres Gesichtes zu erkennen, tritt häufig in Verbindung mit Leseproblemen auf (*Das Kind mit Cerebralen Visuellen Informationsverarbeitungsstörungen (CVI)*, n.d.).

Wenn man sich die geschichtliche Entwicklung der Schrift ansieht, dann wird klar, wie sich diese Stelle im Gehirn langsam von der Symbolverarbeitung (Tierzeichnungen, Tierspuren) zur Buchstabenverarbeitung gewandelt hat.

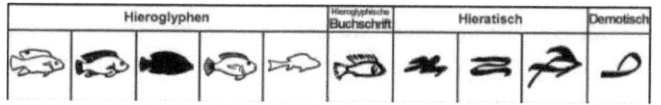

Entwicklung der Schrift aus Bildern in den letzten 5400 Jahren.
(*Schrift Bewahrt Wissen!*, n.d.)

Charakteristika des visuellen Wortformareal

- gleiches Areal (im Gyrus fusiformis) bei allen Kulturen, unabhängig von der zu lesenden Schrift.

- VWFA wird von komplexen visuellen Stimuli aktiviert - geschriebenen Worte und Objekte (linke Hirnhälfte) und Gesichter (linke und rechte Hirnhälfte).

- reagiert stärker bei bekannten Buchstabenfolgen als bei unbekannten. Bsp.: mehr Reaktion bei „Therapie" als bei „Thpiea".

- registriert geschriebene Worte, unabhängig von der Groß- oder Kleinschreibung, Schriftart oder Ort. Damit ist das   Erkennen von Buchstaben in verschiedenen Schriftarten möglich:

Therapiehund, Therapiehund, *Therapiehund,* Therapiehund

Eine Verletzung dieses **VWFA** führt zu einer kompletten Unfähigkeit zu lesen.
Die Region, in der das VWFA lokalisiert ist, wird auch bei anderen Handlungen – wie zum Beispiel dem **Hören gesprochener Sprache** oder dem **taktilen Lesen der Blindenschrift – aktiviert** (Pammer et. al. 2004). Vor der Aktivierung des VWFA wird die Umgebung des Broca-Areals aktiviert. Dieser Bereich wird unter anderem mit der phonologischen Aufzeichnung in Verbindung gebracht. Dieses Ergebnis wird dahingehend interpretiert, dass der Worterkennung die phonologische Verarbeitung vorausgeht (Pammer et. al. 2004).

Vor der Einschulung sind Teile des Hirnrindenmosaiks im linken Temporallappen mit bestimmten visuellen Verarbeitungsprozessen belegt - darunter Gesichter, Objekte, Örtlichkeiten und Gegenstände (dargestellt in der Graphik auf der nächsten Seite durch rote, blaue und gelbe Felder). Im Alter von sechs Jahren durchläuft das Gehirn eine Phase mit erheblicher Plastizität. Das Lesenlernen in diesen jungen Jahren füllt die freien Bereiche mit Buchstaben und Buchstabengruppen auf (dargestellt durch grüne Bereiche in der Graphik) Bildverarbeitende Gehirnteile arbeiten mit den sprachverarbeitenden Teilen zusammen.

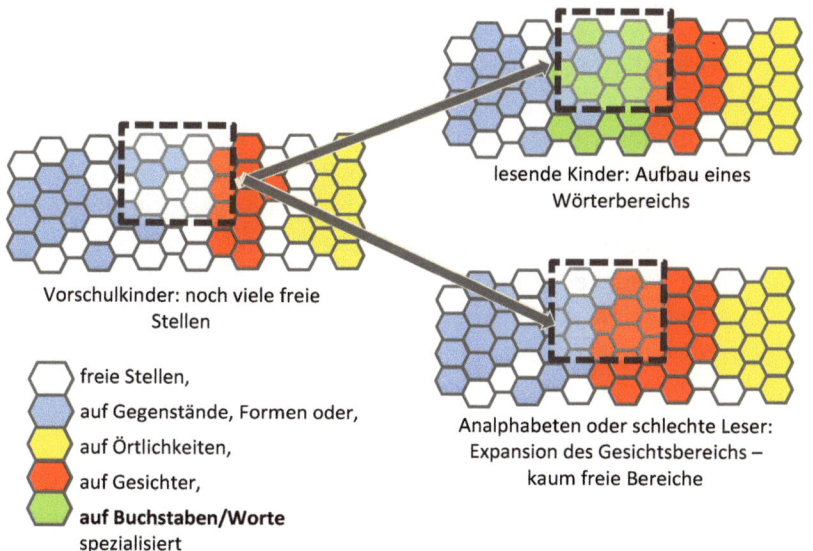

Entwicklung des VWFA im linken Temporallappen zu Schulbeginn (bearbeitet von Dehaene-Lambertz et al., 2018)

Bei Leseanfängern laufen viele, noch nicht spezialisierte und nicht automatisierte Gehirnaktivitäten parallel ab, die wesentlich mehr Energie benötigen als bei erfahrenen Lesern. Durch intensives Training wird beim Lesenlernen die Aktivität in bestimmten Arealen im linken Temporallappen trainiert. Dabei spezialisieren sich einzelne Gruppen von Neuronen auf das Erkennen eines Buchstabens unabhängig von seiner genauen Schreibweise (Größe, Farbe, Schriftart, Ausrichtung). Mit der Zeit werden auch Morpheme (Morpheme= Wortstamm, Endungen, Vorsilben, ...) fix zugewiesen.

Je länger jemand gut lesen kann, desto größer wird das spezialisierte Gehirnareal und desto weniger Energie benötigt der Lesevorgang. Wiederholendes Lesen speichert bekannte Wörter oder Buchstabengruppen als Bild in einer Art "orthographischen Lexikon" im Gehirn ab *(Glezer et al. - 2015 - Adding Words to the Brain's Visual Dictionary Nov.Pdf, n.d.).*

Wenn ein Kind keine Schule besucht oder das Lesen nur schleppend erlernt, werden die freien Bereiche des Hirnrindenmosaiks mit anderen Verarbeitungsprozessen belegt. Es ist noch nicht erforscht, wann die

Spezialisierung des Hirnrindenmosaiks für Gesichter, Gegenstände und Örtlichkeiten zu seiner erwachsenen Konfiguration erstarrt (vgl. Dehaene, 2012, p. 225). Zeigt man einem erwachsenen Menschen ein Wort, so kann man an der Gehirnaktivität in den MRT-Aufnahmen erkennen, ob die Person ein Analphabet oder ein Leser ist.

Es ist noch unklar, ob das visuelle Wortformareal (VWFA) auch phonetische Informationen abspeichert. Forschungen zu diesem Thema sind im Gange. Es wird untersucht, ob die Wörter im VWFA ausschließlich in einer visuellen Bibliothek gespeichert sind oder ob auch die zugehörigen Laute dort abgespeichert werden. (Glezer et al., 2015). Das visuelle Wortformareal (VWFA) ist eng mit auditiven Gehirnarealen, Spracharealen sowie kognitiven, exekutiven und emotionalen Arealen sowie dem Arbeitsgedächtnis verbunden.

Erkennen der Buchstaben

Wie nehmen unsere Augen Buchstaben wahr? In der Mitte der Retina liegt der Bereich des schärfsten Sehens, die Fovea. Gute Leser können 4 bis 8 Buchstaben scharf erkennen. Wenn die Sehschärfe nicht passt, dann hilft der Augenarzt mit einer Brille.

Lesen wir ein Wort, so werden die Buchstaben wenige Augenblicke nach dem Betrachten (50 - 150ms) in viele Fragmente zerlegt. Jeder Buchstabe wird in gerade, gebogene und schräge Striche zerlegt.

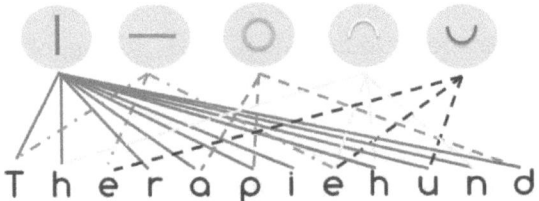

Weitere Merkmale wie Länge einer Linie, ihre Lage, ihre Helligkeit und Farbe werden jeweils getrennt kodiert und verarbeitet. Später werden diese Wahrnehmungsmerkmale als Buchstaben und in weiterer Folge zu Buchstabengruppen wieder zusammengesetzt (vgl. Gold, Andreas, 2018, pp. 12–14).

Wie kann das visuelle System so feine Unterschiede erkennen? Diese Fähigkeit trainieren wir ab der Geburt. Bei einem Baby feuern sehr viele Neuronen, die von jedem visuellen Reiz aktiviert werden. Zunehmend wird die Reizverarbeitung verfeinert.

Zunächst sieht das Baby nur ein haariges Tier. Durch tägliches Training des visuellen Systems wird die Unterscheidung zwischen Hund und Katze bald sehr einfach.

Schafe auseinanderzuhalten ist für die meisten Menschen schwierig, da uns in dieser Fähigkeit schlichtweg die Übung fehlt. Ein Hirte kann dies problemlos (Gribbin, 2002, p. 34).

Das Sehsystem muss intensiv trainiert werden, um im Bereich der Buchstabenunterscheidung exakt zu funktionieren.

Nur dann ist es möglich, dass gewisse Neuronen der Retina auf zwei zum „T" vereinte Striche reagieren, andere auf Kreise und Halbkreise, wieder andere auf schräge Striche. Die Evolution spezialisierte das visuelle System auf gewisse Kodierungen, die in unterschiedlichem Kontext vorkommen.

Die Retina ist jedoch nicht darauf spezialisiert, zufällige Lagebeziehungen zwischen Objekten, wie es ausgestreute Streichhölzer erzeugen würden, zu registrieren.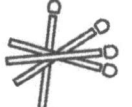

Für die Bildung von Kategorien und Oberbegriffen in unserer Sprache ist das Erkennen von strukturierten Beziehungen wichtig (vgl. Dehaene, 2012, p. 151ff). Durch die Seitenkante und den oberen Rand der Tasse entsteht einen „F" Form, die ziemlich unabhängig vom Winkel des Betrachtens ist.

Durch diese Strukturierung des Raumes um uns, entstehen verästelte neuronale Strukturen des Gehirns und die Buchstaben entsprechen diesen Strukturen.

Durch die Einordnung der Buchstaben nach grundlegenden Lagebeziehungen ist ein Lesen in verschiedenen Schriftarten ohne Probleme möglich, wie auch der

WeCHsEl vOn gRoSs- UnD KlEinBuChStABen, unterschiedlicher Schriftgröße oder auch *Schriftoptionen*.

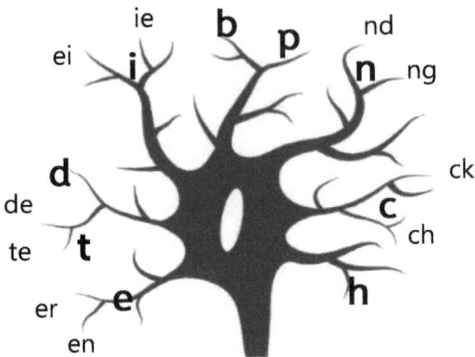

Die Speicherung von Buchstabenpaaren (Bigrammen) findet laut Dehaene in baumartigen Strukturen statt. Aufgrund dieser Bigramm-Kombinationen reicht eine Sammlung von ca. 500 Vor- und Nachsilben, Wortstämmen und anderen für die deutsche Sprache komplexen Morphemen aus, um mehrere zehntausend Wörter zu repräsentieren. Diese Stelle beansprucht ca. einen halben Quadratzentimeter des Kortex (Großhirnrinde) (Dehaene, 2012, p. 183). Der visuelle Kortex eines geübten Lesers ist voll mit physisch gespeicherten Mustergebilden der Buchstaben und Wortteilen (Wolf, 2019, p. 41).

Ist dieses System von Zerlegung und Zusammenbau durch ein mangelhaftes **körperliches** Raumkonzepts gestört, so können Buchstaben nicht gut als solche erkannt werden. Dann ist nicht nur eine Verwechslung von „b" - „d" sondern auch von „l" - "j" und „u" – „n" möglich. Schon 2002 zeigte eine kanadische Studie, dass ein schwaches Körperkonzept und eine beeinträchtigte Raumwahrnehmung die visuomotorischen Fähigkeiten und damit das Erlernen und Erkennen von Buchstaben negativ beeinflusst (D. Dewey et al., 2003).

Wenn wir unsere Umgebung wahrnehmen, achten wir ganz automatisch auf Dinge wie Entfernung, Richtung und Ausrichtung von Gegenständen. Diese Fähigkeit, die sogenannte Raumlage zu erfassen, entwickelt sich bei Kindern erst im Laufe der Jahre vollständig. Ein einfaches Beispiel: Wenn wir eine Pfanne greifen möchten, erkennt unser Gehirn, ob der Stiel nach links oder rechts zeigt – und steuert unsere Hand genau so, dass wir sie sicher fassen können (vgl. Dehaene,

2012, p. 305ff). Durch ständiges Training in der 3D Welt werden körperliche Erfahrung und die Kenntnis der Beziehung des Körpers zum Raum trainiert.

Ist die Richtungswahrnehmung ungenügend entwickelt, so kann sich dies in Bildverwechslungen auswirken. Das können die klassischen Verwechslungen von „d" und „b" sein, bei denen der ähnliche Klang erschwerend hinzukommt. Rein horizontale Unterscheidungen (b, d) werden wesentlich länger verwechselt (bis zu 7,5 Jahre normal) als vertikale Unterscheidungen (u, n) oder die Kombinationen von horizontal und vertikal wie p und d (bis zu 6,5 Jahre normal). Allmählich lernt das visuelle System **„d"** und **„b"** zu unterscheiden und nicht als zwei unterschiedliche Ansichten desselben Objekts zu betrachten.

Worte können normalerweise gelesen werden, egal an welcher Stelle sie sich in unserem Blickfeld befinden. Worte aus dem rechten Bereich des Blickfelds werden direkt in die linke Gehirnhälfte weitergeleitet, wo es gelesen werden kann. Worte auf der linken Hälfte des Blickfelds gehen in die rechte Hirnhälfte, werden dann in die linke Gehirnhälfte übertragen. Lesen findet in der linken Gehirnhälfte statt und benötigt eine ungestörte Übertragung der Informationen über den Balken zwischen den beiden Hirnhälften (*Wie unser Gehirn Lesen Lernt - Arte Doku Dokumentation*, 2014).

Zuordnung der Laute

Buchstaben sind eine visuelle Abfolge von Zeichen, wie jedoch spricht man sie aus?
Das Buchstabenbild wird in ein phonologisches Klangbild umgewandelt. Die Abspeicherung der Klang- und Lautinformation geschieht im Bereich des Zusammentreffens zwischen Temporal – und Parietallappen (Wolf, 2019, p.44).

In Deutsch gibt es 40 Laute (Phoneme) - aber nur 26 Buchstaben – welches Schriftzeichen ist die richtige Umsetzung eines Lautes?
Ein Beispiel für unterschiedliche Laute ist der Buchstabe „e":
st**e**hlen [steːhlen], St**e**lle [stɛlle], bitt**e** [bɪtə].

Um den Laut **„T"** von **„D"** unterscheiden zu können, muss die Hörverarbeitung unwahrscheinlich schnell funktionieren. Der Anlaut bei „D" ist unter 20ms lang, während bei einem „T" ist er 80ms lang. Nur eine gut funktionierende, zentrale

Hörverarbeitung kann die beiden „T"- „d" beim Wort Therapiehund unterscheiden. Als zentrale Hörverarbeitung wird die Verarbeitung von Sprache im Gehirn bezeichnet, näheres dazu siehe Seite 137.

Für die Umwandlung der Buchstaben in Laute ist die **phonologische Bewusstheit** als Vorläuferfertigkeit (siehe Seite 34) des Lesens wichtig.

Zwei Wege der Leseverarbeitung

Die Reflexionen der Linien und Punkte, die von der Retina aufgenommen wurden, werden zur weiteren Verarbeitung in den visuellen Kortex geleitet. Der visuelle Kortex macht 15% der gesamten Großhirnrinde aus. Die Retina ist der einzige Gehirnteil, der außerhalb des vom Schädelknochen geschützten Gehirnbereichs liegt. (vgl. Gold, Andreas, 2018, p. 14).
Vom visuellen Kortex aus finden dann die unterschiedlichen Leseverarbeitungsschritte statt: **direkter Leseweg** und **indirekter Leseweg.**

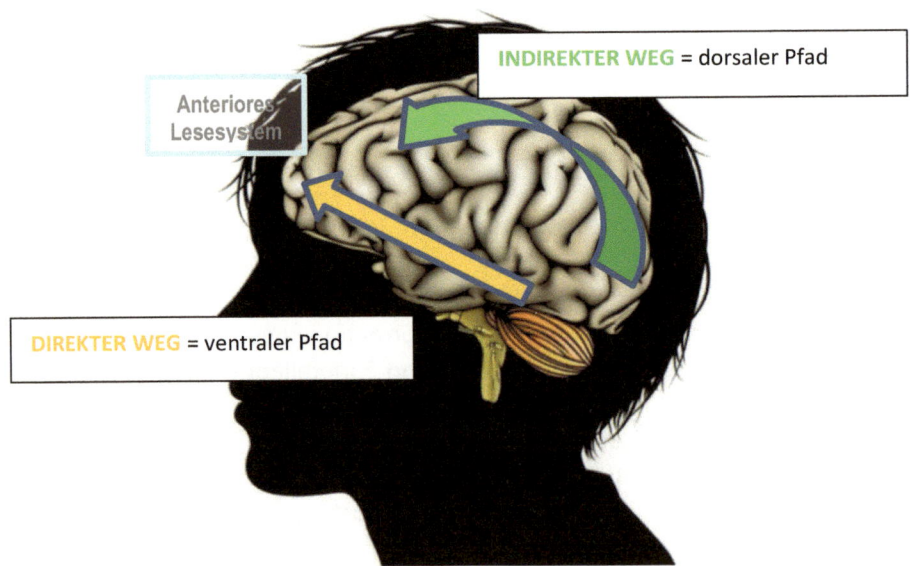

Beim **indirekten Weg** (sublexikalischer Weg oder dorsaler Pfad) wird jedes Wort „buchstabenweise" erarbeitet. Dieser „Leseweg" bedarf kleinteiliger, phonologischer Umwandlungen von einzelnen Buchstaben in Laute. Die Laute werden zu Worten zusammengeschliffen (phonologische Rekodierung).

Leseanfänger lesen zunächst auf diesem Weg. Für das Sinnverständnis muss zusätzlich das semantische System aktiviert. Das **genaue, flüssige Lesen** hängt wesentlich von dieser Fähigkeit ab.

Wollen Sie spüren, wie sich dieses phonologische Lesen anfühlt? Dann lesen Sie bitte den folgenden Satz:

Ains Tax gomd da mahn ien ti kuchl un
siht ten hunt vi ehr a vlaish schdilt.

Gar nicht so einfach zu entschlüsseln, oder? Hier die Übersetzung: Eines Tages kommt der Mann in die Kuchl (Küche) und sieht wie der Hund ein Fleisch stiehlt.

Funktioniert diese indirekte, analytische und regelbasierte Leseroute nicht gut, so kann dies den weiteren Leselernprozess wesentlich behindern.

Beim *direkten Weg* (lexikalischer Weg oder ventraler Pfad) wird ein Wort auf direktem Weg aus dem Lexikon aktiviert (=Sichtwort). Es werden Worte oder Wortteile als Ganzes erkannt. Schließlich erfolgt auch bei diesem Weg ein Aufruf der Laute für die korrekte Aussprache.

Das Wahrnehmungssystem achtet bei diesem direkten Weg auf die Identität, die Form und Farbe der Bilder, jedoch kaum auf Größe und Ausrichtung im Raum. Nach der Worterkennung wird direkt auf das Lexikon der Wortbedeutungen zugegriffen.

Diese Lesemethode ist für eine **hohe Lesegeschwindigkeit** nötig und braucht einen guten visuellen Gedächtnisspeicher für häufige Buchstabenkombinationen und Sichtwörter. Diese Lesestrategie ist besonders bei NICHT- lautgetreuen Wörtern nötig.

Für die artikulatorischen Prozesse der Lautstruktur wird teilweise ergänzend ein drittes Lesesystem ins Spiel gebracht: das **anteriore Lesesystem**. Dieses arbeitet hauptsächlich im Broca-Areal (Sprachproduktion) (vgl. Gold, Andreas, 2018, pp. 16–18).

Erwachsene lesen je nach Anforderung abwechselnd auf alle Lesearten.

Verschiedene Forschungsarbeiten gehen davon aus, dass bei einer Lese-Rechtschreibstörung eine Unteraktivierung des dorsalen (oben liegenden) und des ventralen (unten liegenden) Lesesystems und eine Überaktivierung des anterioren (vorne liegenden) Lesesystems vorliegen (Baldauf, n.d. S24).

Arbeitsgedächtnis

Das **Arbeitsgedächtnis** spielt eine zentrale Rolle beim Lesen, da es Informationen vorübergehend speichert und verarbeitet. Es ermöglicht die Verknüpfung von Buchstaben, Wörtern und Sätzen zu einem sinnvollen Text. Beim Lesen eines Satzes behält das Arbeitsgedächtnis die Anfangswörter, bis das gesamte Satzende erfasst und verstanden ist.

Bei lese- und/oder rechtschreibschwachen Schüler:innen sind häufig sowohl das Arbeits- als auch das Langzeitgedächtnis schwach ausgebildet.

Das **auditive Arbeitsgedächtnis** ist für das kurzfristige Speichern und Wiederholen von sprachlichen Informationen zuständig und braucht als Basis eine funktionierende, zentrale Hörverarbeitung.

Der **präfrontale Kortex** teilt Aufmerksamkeitsressourcen zu und überwacht, welche Informationen priorisiert werden.

Eine sehr wichtige Funktion hat der **Hippocampus**. Er verbindet das Arbeitsgedächtnis mit dem langfristigen Gedächtnis, indem es Informationen vorübergehend speichert und organisiert.

Das **Kleinhirn** spielt eine unterstützende Rolle beim Gedächtnis: in der *zeitlichen Koordination*, der *Effizienzsteigerung* und der *Integration von kognitiven und motorischen Prozessen*. Seine Interaktion mit anderen Hirnregionen, wie dem präfrontalen Kortex, macht es zu einem wichtigen Modul im Netzwerk des Arbeitsgedächtnisses.

„Kinder mit einer Lesestörung zeigen primär Defizite in der zentralen Exekutive, einem Teilsystem des Arbeitsgedächtnisses, das die Koordination der verschiedenen, gleichzeitigen Abläufe und den Abruf von Informationen aus dem Langzeitgedächtnis steuert." (Brandenburg et al., 2015).

Wortteile zusammensetzen

Beim Lesen vom Wort Therapiehund wird zunächst der Wortteil „Therapie" gelesen und im Arbeitsgedächtnis abgespeichert. Parallel zu den scharf wahrgenommenen Buchstaben muss gleichzeitig das periphere Sehen die weitere Zeile unscharf, dennoch zielgerichtet mit dem visuellen System fixieren können. Wenn dies funktioniert, kann durch das periphere Sehen der Sprung (Sakkade) zu der nächsten Buchstabengruppe "hund" angeleitet werden.

Nach dem Lesen des zweiten Wortteiles „hund" und dem Abruf des zuvor gespeicherten Wortteiles „Therapie" aus dem Arbeitsgedächtnis, werden die Wortteile zu „Therapiehund" zusammengesetzt.

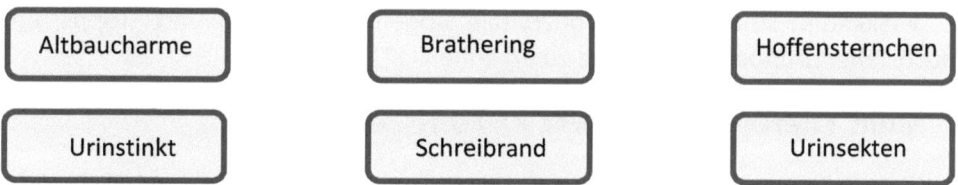

Mein Therapiehund liebt es zu schaukeln.

Mein Therapiehund liebt es zu schaukeln.

Die Geschwindigkeit der Synchronerfassung der Buchstaben ist ein Grundpfeiler der Lesegeschwindigkeit. Wenn ein Klient vier Buchstaben in 200ms erfassen kann, dann hat er **achtmal höhere Lesekapazität**, als jener, der zwei Buchstaben in 800ms erfasst.

Wie schwierig das Zergliedern in sinnvolle Wortteile während des Lesens sein kann, bemerken Sie vielleicht, wenn Sie folgende Worte lesen:

Altbaucharme	Brathering	Hoffensternchen
Urinstinkt	Schreibrand	Urinsekten

Der *Wortstamm* bildet den Kern eines Wortes und trägt die grundlegende Bedeutung. Er bleibt unverändert während Vorsilben und Endungen hinzugefügt werden, um neue Wörter zu bilden oder die Bedeutung zu verändern.
Die Zerlegung von Wörtern in **Morpheme** wendet abstrakt funktionale Gesichtspunkte an. Morpheme sind die kleinsten bedeutungstragenden Elemente einer Sprache. Es gibt unterschiedliche Morpheme wie beispielsweise Stamm-morpheme (Wortbedeutung) oder grammatikalische Morpheme Vorsilben wie (be-, ver-) und Nachsilben wie (-ung, -keit,), etc.

Die Lese-Übungsapp **leam**os (siehe Seite 290) verwendet diesen Ansatz und trainiert das Erkennen von Morphemen.

Im Unterschied dazu ist das **Silbenlesen** zu sehen. Das Zerteilen von Wörtern in Silben ist eher **artikulatorisch-auditiv**. Silben sind die grundlegenden phonetischen Einheiten eines Wortes.

Die farbliche Trennung der Sprechsilben hilft bei der Zergliederung der Worte in kürzere Leseteile. Dies kann zu einer flüssigeren Leseleistung beitragen und das Leseverständnis steigern.

Sie kann jedoch den Blick auf die Wortbedeutung schwieriger machen.

Beispielsweise bei „kau fen" könnte die erste Silbe „kau" auch mit der Bedeutung Essen verknüpft werden – „kau en".

Eine weitere Unschärfe ergibt sich beispielsweise bei den Worten wie „Kin der" oder „ge hen", da durch die farbliche Trennung der Blick auf den **Wortstamm** „**Kind** – er" oder „**geh** - en" erschwert wird.

Für die Aussprache ist die farbliche Trennung auch nicht immer eine Erleichterung, Beispielsweise die Aussprache von „e" bei den Worten wie „le ben" und „le cken" oder bei „Leh ne" und „Leh rer" erlebbar ist.

Zeilen lesen

Lesesakkaden sind erlernte, horizontale Augenbewegungen und Stopps, um Buchstabengruppen bzw. Worte zu erkennen.

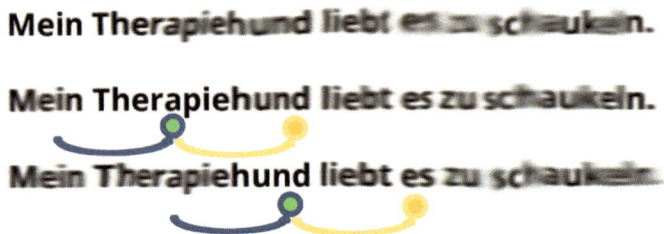

Die Fixationen (Stopps) zwischen den Sakkaden betragen ca. 0,2 Sekunden. Unentdeckte Augenmuskelprobleme oder Probleme im peripheren Sehen können dazu führen, dass die Fixationspunkte der Sakkadensprünge nicht mit den Segmentierungen der Worte zusammenpassen. Lesen wird mühsam und das Leseverständnis ist gering.

Die beiden Augen liefern zwei Bilder an das Gehirn. Im optimalen Fall entstehen durch die synchronen Augenbewegungen zwei deckungsgleiche Bilder. Selbst 1/100 Millimeter Unterschied in der Augenstellung wird vom visuellen System sofort korrigiert, um wieder ein scharfes Bild zu erlangen.

Wenn die Augenbewegungen der beiden Augen nicht komplett synchronisiert werden können, dann könnte der Seheindruck so ausschauen:

Mein Therapiehund liebt es zu schaukeln.

Eine andere Folge von schlecht synchronisierten Augenbewegungen sind ungleiche Zwischenräume zwischen den Worten und innerhalb der Worte. Oder keine Abstände zwischen den Worten und große Abstände zwischen den Buchstaben im Wort:

MeinThera piehu nd lie bteszu scha   ukeln.

Die Zwischenräume haben einen großen Einfluss auf die Lesbarkeit. Um dies zu spüren, lesen Sie mal die folgenden Zeilen:

> Das Lesen ist einfach mit den richtigen Zwischenräumen.
> Werden die Abstände größer, so kann man
> es noch lesen. Werden die Ab-
> stände grösser so
> leidet die Lesb

Automatisierung im Lesevorgang

Die Aufgabe des Kleinhirns beim Lesen ist die zeitliche Abstimmung und Präzisierung der vielen sprachlichen und motorischen Abläufe, die während des Lesens stattfinden. Das Kleinhirn ist jenes Zentrum, das auch für die Automatisierung von Abläufen verantwortlich ist.
Im Rahmen des SIMMO-Projekts wurde ein statistisch signifikanter Zusammenhang zwischen der Verbesserung im Rhythmus beim Hampelmann springen und einer Leseverbesserung festgestellt. Jene Kinder, die sich beim Rhythmus des Hampelmann Springens NICHT verbessert hatten, haben sich auch beim Lesen NICHT verbessert.

Wiederholtes Lesen sollte dazu führen, dass sich ein Lexikon an Sichtworten bildet. Manche Kinder behalten jedoch trotz wiederholten Trainings ihre indirekte Lesestrategie. Daraus ist zu schlussfolgern, dass wiederholendes Lesen von Wörtern nicht zwingend zur Bildung eines wortspezifischen, orthographischen Wissens führt, sondern Primingeffekte für das schnellere Lesen nach einem Training verantwortlich sind.   Der **semantische Primingeffekt** besagt, dass Teilnehmer schneller auf Wortpaare wie "Butter-Brot" als auf nicht verwandte Paare wie "Butter-Kleidung" reagieren. Dies zeigte, dass verwandte Begriffe im

Gedächtnis eng miteinander verbunden sind und die Aktivierung eines Begriffs die Aktivierung verwandter Begriffe erleichtert.

Das wiederholende Lesen eines natürlichen Wortes führt zu einer Vertrautheit mit dem phonologischen Klang. Für Pseudowörter liegen im Gegensatz zu Wörtern keine phonologischen Muster vor, so dass von größeren Trainingseffekten ausgegangen wird.

Vorläuferfertigkeiten

Als Vorläuferfertigkeiten zum Lesen gelten die Sprachentwicklung, die phonologische Bewusstheit und die Benennungsgeschwindigkeit.

👍 Sprachkompetenz

Das Sprechen lernen ist genetisch angelegt und erfolgt automatisch. Es benötigt einen gut entwickelten Körper sowie menschlichen Gesprächspartner. Sprache erfordert Gehirnregionen, die später beim Lesen und Schreiben benötigt werden. Daher können Sprachauffälligkeiten im Zusammenhang mit Leseproblemen stehen.

Wenn ein Kind mit sechs Jahren zu lesen beginnt, sollte es in seiner Muttersprache
- die meisten Grammatikstrukturen beherrschen,
- eine Repräsentanz spezifischer Laute erkennen und
- einen Wortschatz von mehreren tausend Wörtern haben.
  Je größer der Wortschatz, umso besser wird später das Leseverständnis sein.

Kinder mit Sprachverzögerungen haben oft Schwierigkeiten mit dem Erwerb von phonologischen Fähigkeiten, die für das Erlernen des Lesens und Schreibens essentiell sind. Langzeitstudien zeigten, dass Kinder mit frühen Sprachverzögerungen ein höheres Risiko für die Entwicklung von LRS (Lese-Rechtschreibschwäche) haben (Vandewalle et al., 2012).

Die zeitliche Struktur der Blickbewegungen beim Lesen ist nahezu identisch mit der dominanten Rhythmik der gesprochenen Sprache (*Lesen und Sprechen folgen einem ähnlichen Takt*, 2021a). Dies ist ein weiterer Grund, warum sich die Verarbeitung von geschriebener und gesprochener Sprache in einem größeren Maße ähneln als bisher angenommen.

Was braucht ein Kind für seine Sprachentwicklung?

Neugeborene hören noch alle Arten von Sprachlauten, wie die afrikanischen Klicklaute, die Höhen und Tiefen der chinesischen Laute oder auch den Unterschied zwischen „L" und „R". Sie sind fasziniert und lauschen dem Sprachrhythmus und der Sprachmelodie. Zunehmend fokussiert sich das Gehör auf die Muttersprache. Nach einem Jahr ist das Gehör auf die Sprachlaute der Muttersprache spezialisiert. So verlieren japanische oder chinesische Säuglinge die Fähigkeit zwischen „L" und „R" zu unterscheiden (Dehaene, 2020, p. 65).

Kinder brauchen für ihre Sprachentwicklung menschliche Kommunikationspartner. Sie lernen durch die sprachliche Begleitung in Alltagssituation.

Wie erkennen Babys einzelne Worte aus dem Sprachfluss?

Sie sind auf Prosodie, Rhythmus und Intonation angewiesen. In der Folge werden die in der jeweiligen Sprache erlaubten Buchstabenfolgen trainiert (phonotaktischen Regeln).

Eine weitere basale Fähigkeit bei der Anbahnung der Sprache ist der **trianguläre Blickkontakt**. Schon Säuglinge können Gesichter fixieren und Gesichtsausdrücke nachmachen (den Spiegelneuronen sei Dank). Sobald sie nicht mehr am Rücken liegen brauchen sie die Fähigkeit den Kopf und den Nacken zu halten (Biedermann, 2001).

Was ist der **trianguläre Blickkontakt**? Noch lange bevor eine sprachliche Konversation stattfindet, gibt es eine Verständigung zwischen Kind und einer zweiten Person über den Blickkontakt. Das Kind sieht den „Gesprächs"partner an und dieser verweist mit seinem Blick auf einen Gegenstand (Ente) oder macht mit seinem  Deuten aufmerksam. Parallel spricht er ein Wort beispielsweise „Quaqua" als sprachliche Begleitung. In diesem Augenblick liegt der Beginn der Kommunikation. Dabei ist wichtig, dass der erwachsene Gesprächspartner nicht nur körperlich, anwesend sondern auch eine innere Beteilung am Prozess zeigt. Ein Handy in der Hand führt zu einer geistigen Abwesenheit und zerstört die Anbahnung der Kommunikation!

Ein bestehender TLR (Tonischer Labyrinth Reflex) kann die Ausbildung des triangulären Blickkontakt folgendermaßen stören: Kann das Kind seinen Kopf nicht in Richtung des Erwachsenen heben ohne einen einschießenden TLR-Reflex zu erleben, dann führt dies zu einem kurzen Erstarren und einer Verzögerung bei der Sprachaufnahme. Auch Reste eines nicht ausreichend integrierten MORO-Reflexes oder nicht ausgereiften Gleichgewichts lassen den triangulären Blickkontakt ständig abreißen (Graumann-Brunt, n.d., p. 22).

Die Geschwindigkeit, in der 18 Monate alte Kleinkinder Sprache verarbeiten, scheint tatsächlich ein wesentlicher Faktor für die weitere Sprachentwicklung zu sein *(Raus mit der Sprache, n.d.)*. Im Alter von zwei bis fünf Jahren lernen Kinder täglich zwischen zwei und vier neue Wörter. Das Sprachenfenster ist in den ersten sechs Jahren weit geöffnet und die sich bildenden Gehirnvernetzungen und Sprachentwicklung bilden ein solides Fundament für das Lesen.

Vor dem Alter von 3 Jahren sollten Kinder gar keine Bildschirmmedien konsumieren, da diese die Sprachentwicklung, das Denken oder Aushalten von Langeweile negativ beeinflussen. In der Medienzeit bekommen Kinder weniger menschliche Zuwendung und es fehlt ihnen zum Lernen das gemeinsame Tun. Die Schnelligkeit der wechselnden Bilder trägt ebenfalls dazu bei, dass beim Zusehen nichts Neues gelernt wird.

👍 Phonologische Bewusstheit

Phonologische Bewusstheit bedeutet, dass Kinder Wörter, Silben und Laute im Sprachfluss heraushören und erkennen können. Diese Fähigkeit entwickelt sich bis ins Vorschulalter und baut auf einer gut funktionierenden zentralen Hörverarbeitung auf. Reimen oder Silben klatschen sind Fertigkeiten, die eine funktionierende phonologische Bewusstheit zeigen. Ist die phonologische Bewusstheit schwach, so wird Sprache als eine diffuse Klangwolke, aus der keine Lautisolierung vorgenommen werden kann, erlebt. Es gibt unterschiedliche Ansichten ab wann eine Schwäche in diesem Bereich eine Aussage über eine spätere Lese-Rechtschreibschwäche zulässt. Die phonologische Bewusstheit kann gut im Jahr vor der Schule trainiert werden und verbessert dann die Chance auf gutes Lesenlernen *(Die Wirksamkeit Der Phonologischen Bewusstseinsintervention Bei Kindern Mit Beeinträchtigung Der Gesprochenen Sprache, n.d.)*.
Die phonologische Bewusstheit ist hochsignifikant mit der Lesefähigkeit assoziiert, deutlich geringer jedoch mit der Lesegeschwindigkeit (Mayer, n.d., p. 229). Studien verdeutlichen, dass eine gezielte Förderung der phonologischen Bewusstheit, insbesondere im Vorschulalter, einen positiven Einfluss auf die spätere Entwicklung von Lese- und Schreibfähigkeiten haben kann. Eine Studie

untersuchte die langfristigen Effekte einer vorschulischen Förderung der phonologischen Bewusstheit und der Buchstaben-Laut-Zuordnung bei Risikokindern. Die Ergebnisse zeigten, dass die geförderten Kinder in der ersten und zweiten Klasse bessere Lese- und Rechtschreibleistungen erzielten als die nicht geförderte Kontrollgruppe. Zudem war die Häufigkeit von Lese-Rechtschreib-Schwierigkeiten in der Trainingsgruppe bis zur zweiten Klasse reduziert.

👍 Benennungsgeschwindigkeit

Die Benennungsgeschwindigkeit ist eine weitere wichtige Vorläuferfertigkeit des Lesens. Sie besagt, wie schnell es einer Person gelingt visuelle Symbole zu benennen. Die Abfolge visueller Symbole (z.B. Zahlen, Buchstaben, Farben) muss rasch erkannt werden. Dann erfolgt der schnelle und präzise Zugriff auf die entsprechende verbale Repräsentation. Viele Gebiete im Gehirn müssen gut aufeinander abgestimmt zusammenarbeiten.
Die Benennungsgeschwindigkeit korreliert signifikant mit der Lesegeschwindigkeit (Mayer, n.d., p. 229).

Sie wird bei jedem gemeinsamen Bilderbuch lesen und anderen sprachlichen Interaktionen geübt. Wichtig ist die Anwesenheit einer zweiten Person, die an dem Prozess aktiv beteiligt ist. Eine Grundvoraussetzung ist hier der trianguläre Blickkontakt und die ungestörte Aufmerksamkeit des Gegenübers.

Der Abruf von Informationen aus dem Gedächtnis benötigt bei einigen lese- und rechtschreibschwachen Klienten wesentlich länger. Dabei ist es egal, ob es sich um Zahlen, Buchstaben und Worte handelt.

Wortbedeutung

Der mittlere rechte Schläfenlappen interessiert sich für den Sinn der Wörter. Der Bedeutungssinn eines ganzen Satzes und die Auswahl des Sinns aus mehreren Möglichkeiten wird in spezialisierten Regionen des Schläfenlappens bearbeitet (vgl. Dehaene, 2012, p. 122).

Was bedeutet das Wort „**Therapiehund**"? Dazu wird die Aufmerksamkeit auf Netzwerke der Wortbedeutung gelenkt. Individuell ist es sehr unterschiedlich, wie groß das Netzwerk ist, das zu einem Begriff abgespeichert wurde. Umso mehr Einträge umso präziser kann die Bedeutung eines Wortes eingeordnet werden.

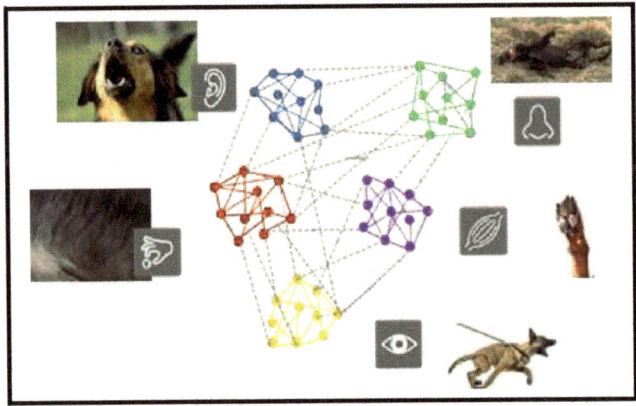

Der Begriff "Hund" ruft oft eine Vielzahl von Assoziationen hervor, die sich auf multiple sensorische Erfahrungen und emotionale Eindrücke beziehen. Dazu gehören das Bellen, der charakteristische Geruch des sich wälzenden Hundes, die taktile Wahrnehmung des Fells und der Pfoten sowie das Gefühl des Ziehens an der Leine. Diese Assoziationen werden häufig durch persönliche Erlebnisse geprägt und sind daher mit starken Emotionen verbunden, was ihre Speicherung im Gedächtnis verstärkt

Der Ausbau der Wissensnetzwerke ist stark abhängig von den persönlichen Erlebnissen in der realen 3D Welt. Erlebte, erfühlte, gespürte, gesehene und gehörte Ereignisse prägen sich in das Wissensnetzwerk völlig anders ein, als virtuelle 2D Eindrücke.

Nochmal am Beispiel des Hundes:

- Wie hört sich das Bellen an? Wie laut ist es?
- Welche anderen Geräusche macht ein Hund?
- Wie greift sich das Fell an?
- Wie riecht ein Hund? Wie riecht er, wenn er nass ist?
- Welche Kraft haben Hundebeine zum Springen?
- Mit welcher Kraft zieht ein kleiner/großer Hund an der Leine?
- Wie bewegt sich die Zunge beim Wasser trinken? Welches Geräusch ist zu hören?

Für die Antwort auf diese Fragen benötigen wir Adjektive. Diese vervielfältigen den Wortschatz. In unserer Alltagssprache verwenden wird ca. 500 Adjektive.

Der Sprachschatz von Schulanfängern ist extrem unterschiedlich. Der soziale Hintergrund und die erfolgte frühkindliche Förderung machen sich sehr stark bemerkbar. Kindern, denen täglich ein Buch vorgelesen wurde, haben in den ersten fünf Lebensjahren fast 300.000 Wörter mehr gehört (A 'million Word Gap' for Children Who Aren't Read to at Home, n.d.).

> „Diese Kissen sind modern, aber sie fangen an zu modern!"

Dieser Satz ist ein schönes Beispiel, dass sich die genaue Aussprache und Betonung eines Wortes nur aus dem Zugriff des internen Wortlexikons ergibt. Noch ein Beispiel: „Ich bin alle Montage auf Montage" (vgl. Brüggelmann, 1992, p. 17).

 Zuletzt muss der Sinn eines Satzes überprüft werden. Kann ein Hund wirklich schaukeln? Wenn man in Gedanken an eine Schaukel auf einem Spielplatz denkt, wird man vielleicht an eine falsche Information denken. Allerdings deutet das Wort „Therapie" auf eine vielleicht unbekannte Sonderform des Schaukelns und des Hundes hin. Also vielleicht doch richtig?

Abspeicherung des Wortbildes

Wichtig ist die Abspeicherung des Wortbildes nicht nur für den schnelleren Lesevorgang, sondern auch für die Verschriftlichung. Die Augen „fotografieren" die Wörter ab und speichern sie als Bilder im Gehirn ab.

Wie können Wortbilder abgespeichert werden? Benötigt wird ein gutes inneres Vorstellungsvermögen, welche beispielsweise in den Vorschuljahren bei den diversen Rollenspielen trainiert wird. Außerdem ein gutes visuelles Gedächtnis, das für die Speicherung und den Abruf von Wortbildern verantwortlich ist.

Bei schwachen Rechtschreibern ist daher das Abspeichern von Worten als Bild nicht leicht. Dies sollte ganz gezielt trainiert werden.

Die Leselern-WebAPP **leam**os setzt gezielt beim Training der Wortbildspeicherung an und hilft durch dieses Training ein Gefühl für die richtige Schreibweise zu erlangen.

Teekesselwörter sind Wörter, die ähnlich oder gleich klingen und je nach Bedeutung unterschiedlich geschrieben werden.

Stil - Stiel - stiehl! - still

Still tanzt aus der Reihe und die Schreibweise kann, wenn die Geschwindigkeit der Hörverarbeitung gut funktioniert, herausgehört werden. Die ersten 3 Versionen sind jedoch nicht über die Hörverarbeitung unterscheidbar und nur als Wortbild gemeinsam mit der Bedeutung abspeicherbar.

Lesekompetenz

Die **Lesekompetenz** umfasst die Fertigkeiten, Inhalte von geschriebenen Texten zu verstehen und effektiv zu verwenden. Die OECD definiert Lesekompetenz als „Fähigkeit, geschriebene Texte zu verstehen, zu nutzen und über sie zu reflektieren, um eigene Ziele zu erreichen, das eigene Wissen und Potential weiterzuentwickeln und am gesellschaftlichen Leben teilzunehmen".

Sie erfordert eine Vielzahl von Fertigkeiten wie Leseflüssigkeit (S.79), Lesegenauigkeit (S.80 und S.278), Lesegeschwindigkeit (S.80 und S. 278) sowie ein gutes Leseverständnis (S. 79).

Unterschiedliche Arten des Lesens

Seit einigen Jahren gibt es eine Bandbreite an Lesemodi: vom versunkenen Lesen eines literarischen Werks bis hin zum schnellen Überfliegen von digitalen Chats und von einer einsamen und stillen Begegnung mit einem gedruckten Buch oder mit einem E-Reader bis zu einem Hörbuch, das andere Aktivitäten begleitet.

 ## Bücher und Printmedien

Lesen in gedruckten Materialien vermittelt eine Reihe von sensorischen Reizen: die Schwere des Buches, das Material der Seiten, die Farbe der Seiten und der Schrift (Kontrast), der Geruch des Buches sowie der Druckerfarbe und das Gefühl des Umblätterns.

Man kann jederzeit zurückblättern und den Text nochmals reflektieren. Oftmals merkt man sich nebenbei an welcher Stelle gewisse Informationen stehen.

„Wenn ein Schüler 10 Stunden damit verbringt, Bücher auf Papier zu lesen, ist sein Verständnis wahrscheinlich sechs- bis achtmal höher, als wenn er dieselbe Zeit lang auf digitalen Geräten liest." Dies ist die Kernaussage einer Metastudie der Universität Valencia, die 25 Studien zum Leseverständnis analysiert hat ('Reading on paper', 2023).

Schweden führte Anfang der 2010er Jahre zunehmend digitale Geräte in den Schulunterricht ein, kehrt zunehmend zu traditionellen Lehrmitteln wie gedruckten Schulbüchern und handschriftlichen Übungen zurück. Diese Entscheidung wurde getroffen, nachdem Studien und Experten darauf hingewiesen haben, dass digitale Lernmittel die Lernleistung beeinträchtigen.

Beim analogen Lesen helfen **Lesestrategien** den Text gut zu verarbeiten:

- Durchblättern für den ersten Überblick.

- Blick fällt auf interessante Überschriften, Graphiken.

- Möglichkeit sehr leicht zurückzuspringen und nochmals zu lesen.

- Kommentare links und rechts auf die Seite dazuschreiben.

- Highlighten oder unterstreichen – mit verschiedenen Farben.

 E-Reader

Eine amerikanische Untersuchung unter Kindern und Jugendlichen (6-17 Jahre) zeigte 2016, dass nur 16% E-Reader beim Lesen bevorzugen. 38% haben keine Präferenz und 45% lesen am liebsten in Büchern (Baron, 2022, p. 23).

Große Vorteile sind die Anpassungsfähigkeit von Schriftgröße, Helligkeit und Kontrast. Eine multimodale Darstellung und Hypertexte bewirken Vorteile auf der Verständnisebene.

Dahingegen spricht ein E-Reader weniger Sinne an. Das Gefühl für den Text durch das hin- und her Blättern fällt weg.

Die Möglichkeit des sich einen Überblick Verschaffens durch das vorab Durchblättern und sich Bilder oder Graphiken mal anzuschauen und damit ein gewisses Gerüst an Vorstellungen aufzubauen, fällt weg.

Auf die unterschiedliche Ökobilanz wäre ein weiteres Kriterium.

 Hörbuch

Ist das Anhören von Hörbüchern überhaupt eine Art von Lesen? Ist die gleich intensive Auseinandersetzung mit dem Inhalt möglich?

Hörbücher sind gut geeignet, um auf den Geschmack des Lesens zu kommen. Wenn das Lesen aufgrund verschiedener Probleme in den Basisfähigkeiten noch zu anstrengend ist, dann sind Hörbücher mit spannenden Inhalten gut geeignet das „Kopfkino" zu trainieren.

Allerdings hat der Vorleser die Kontrolle über die Geschwindigkeit und den Rhythmus. Ein Eintauchen in die Geschichte, wie es beim versunkenen oder tiefen Lesen geschieht, fällt hier deutlich schwerer.

Werden Hörbücher generell von einem Kind abgelehnt, so kann es vielleicht an der Geschwindigkeit liegen? Versuchen Sie die Abspielgeschwindigkeit etwas zu verlangsamen.

Oder es fehlen ihm die Bilder, um das Kopfkino zu starten. Dann hören Sie gemeinsam, stoppen öfters und besprechen die Bilder, die beim Hören entstehen. Welche Unterschiede gibt es zwischen „lesen" und „hören"?

Printtexte

- werden zusätzlich auch visuell verarbeitet (ein Sinn mehr).
- sind dauerhaft und können jederzeit wieder angesehen werden.
- sind optisch gegliedert und verankern sich so im Gedächtnis.
- geben dem Leser die Kontrolle über die Geschwindigkeit.
- ermöglichen, dass Absätze übersprungen werden können.

Die Forschung ergab, dass kurze Audiosequenzen besser gemerkt werden als Texte. Sobald die Information länger wird, ist der gedruckte Text im Vorteil. Jüngere Kinder (unter 8 Jahren) merken sich Informationen aus Gehörtem besser. Ältere Kinder hingegen behalten besser Informationen aus schriftlichen Texten (Baron, 2022, p. 166f).

Hilft Personen mit Leseschwierigkeiten eine Kombination aus Text und Audio? Dabei wird der Text am Papier verfolgt und gleichzeitig vorgelesen. Diese Lesehilfe geht in Richtung „Chorlesen". Die Geschwindigkeit ist durch das Abspielen des Audios allerdings vorgegeben und kann nicht sehr angepasst werden. Schlüsse aus diesen Untersuchungen in den USA sind nicht sehr konsistent, dennoch gab es positive Ergebnisse (Baron, 2022, p. 177f):

☺ Der Sichtwortschatz wurde größer.
☺ Das Wörterverständnis verbesserte sich.
☺ Es wurde mehr Information aus dem Inhalt behalten.
☺ Eine höhere Lesekompetenz wurde generell erreicht.
☺ Es ergab sich eine höhere Lesegeschwindigkeit.
☺ Die Daten deuten in Richtung besseres Leseverständnis.
☺ Die Lesesicherheit erhöht sich, wenn solche Programme über 5 Monate durchgeführt wurden.

Legastheniker oder leseschwache Personen profitieren oft sehr vom Vorlesen eines Textes. Aufgrund ihrer Leseprobleme entwickelten sie häufig ein hervorragendes Gedächtnis.

Digitale Medien wie Soziale Medien, Blogs, Webseiten, Online-Kurse, ...

Das Lesen in der digitalen Welt ist schnell und häufig oberflächlich. Texte werden mehr gescannt als gelesen. Aber wie sollen wir sonst die unendliche Flut an Informationen im Arbeitsalltag bewältigen?

Beim **überfliegenden Lesen** prüfst du den Text im Schnelldurchlauf auf wichtige Informationen. Man liest den Text nicht Satz für Satz, sondern überfliegt ihn und nimmt dabei nur die wichtigsten Absätze, Überschriften und Hervorhebungen wahr. Die Augenbewegungen 👁👁 beim Scannen von Texten sind sprunghaft. Entweder sie springen in Form eines „F" oder eines „Z" über den Text. Wegen der größeren Blicksprünge nimmt man vor allem **Nomen, Zahlen** und **Daten** wahr. Bei langen Texten macht diese Lesart für einen Überblick Sinn, ob und wo sich ein genauerer Leseaufwand lohnt.

Digitale Texte sind zumeist von minderwertigerer Qualität im Ausdruck, fehlender komplexer Syntax und Argumentation. Zudem enthalten sie oft Bildinformationen wie Emojis als Aussage.
Laut der deutschen Bildungsforscherin Nele McElvany, weist häufiges Lesen auf digitalen Geräten einen negativen Zusammenhang mit dem Wortschatz der Kinder auf.
Lesen am Bildschirm kann mit geringerem Leseverständnis gleichgesetzt werden (Delgado et al., 2018).

Das Zeitalter der Short Messages und kurzen Tweets steht im krassen Gegensatz zum „Bücher lesen".
Der Einfluss der Ablenkung und der ständigen Reize durch das Scrollen im Text darf nicht unterschätzt werden. Die Verwendung von Hyperlinks und das Erscheinen von Zusatzinformationen ist ein hoher Ablenkungsfaktor. Es wird mit einem digitalen Mindset gelesen.

Was sind die Charakteristika des digitalen Mindset?
  ➢ Einfaches Überfliegen und Scannen
  ➢ Konzentration auf Informationen, nicht auf Konzepte
  ➢ Möglichkeiten für Multitasking

> ➢ Unterhaltungswert

Durch diese Leseart geht das sich in den Charakter Hineinversetzen, das Reflektieren über die Eigenart des Buchcharakters und das Trainieren des Einfühlungsvermögens größtenteils verloren.

Die Möglichkeit sich individuelle Notizen an den Seitenrand zu machen fällt ebenfalls weg. In einem Text zu scrollen und sich den Inhalt zu merken, erfordert ein besseren Arbeitsgedächtnis (Baron, 2022, p. 87).

 ## tiefes oder versunkenes Lesen

In den USA hat sich der Begriff „**Deep Reading**" etabliert, der die im 20. Jahrhundert verbreitete Art des vertieften, konzentrierten Lesens beschreibt. Dabei handelt es sich um eine nachdenkliche, kritische und reflektierte Auseinandersetzung mit einem Text (*What happens when we lose deep reading?*, n.d.). Ähnliche Konzepte werden auch als „**Slow Reading**" oder „**Close Reading**" bezeichnet. In der deutschen Literatur finden sich Begriffe wie **tiefes Lesen** oder **intensives Lesen** – aus meiner Sicht trifft jedoch **versunkenes Lesen** den Kern dieses Leseerlebnisses am besten.

Beim Lesen tauchen wir vollständig in die geschilderte Welt ein und verlassen dabei unsere eigene Perspektive, um neue Sichtweisen einzunehmen. Wir öffnen uns für ungewohnte Gedanken und Gefühle und entdecken alternative Möglichkeiten, die Welt zu betrachten. Lesen wird so zu einem dynamischen Prozess, bei dem ständig ein Wechselspiel zwischen den Informationen des Textes und unseren persönlichen Vorstellungen und Erfahrungen entsteht.

In Büchern werden **literarische Stilmittel** und andere **Ausdrucksweisen** als in der gesprochenen Sprache verwendet.
„Jenseits des Tales stand eine Gestalt, deren Haare wie goldene Seide glänzten". Das Verständnis dieses Satzes benötigt **kognitive Flexibilität** und **Folgerungsvermögen**. Es wird von den Zuhörern verlangt, sich ein Tal vorzustellen und den Blick von einer Seite auf die andere zu lenken. Dort steht jemand, dessen Haare wie Seidenfäden aus Gold aussehen. Dabei erweitert sich nicht nur der Wortschatz, sondern auch das Denken durch das **Anwenden von Analogien.**

Dieses Abtauchen in die Welt der Bücher beginnt bereits beim Vorlesen. Kinder, denen regelmäßig vorgelesen wird, erfahren, wie Gefühle in Worte gefasst werden. Auf diese Weise entsteht eine wechselseitige Beziehung zwischen den Geschichten und der emotionalen Entwicklung des Kindes. Es lernt, sich in andere Menschen hineinzuversetzen und deren Perspektiven nachzuvollziehen.

   📖 Vorlesen ist das Eingangstor zum tiefen, versunkenen Lesen.

   📖 Denkweisen, die dabei helfen, Ereignisse einzuordnen, werden allmählich zur Gewohnheit.

   📖 Die Fähigkeit, zukünftige Ereignisse zu antizipieren, unterstützt die Entwicklung des logischen Denkens.

   📖 Der Umgang mit einfachen Vergleichen, wie etwa „Menschen, die aussahen wie Puppen", bereitet den Boden für später komplexere kognitive Leistungen.

Jede der **beiden Lesarten** – überfliegendes wie versunkenes Lesen - sollten als **unterschiedliche Fertigkeiten** gesehen und trainiert werden. Wenn wir als Gesellschaft weiterhin gute Denk- und Reflexionsfähigkeiten haben möchten, dann macht es Sinn, auch versunkenes Lesen speziell zu trainieren.
Wichtig ist es sowohl für die Lehrenden als auch die Lernenden sich des großen Unterschiedes bewusst zu sein. Hinkünftig sollte für jeden jederzeit ein willentliches Switchen zwischen den beiden Lesarten möglich sein.

Lesenlernen in der Schule der Zukunft

Die Schule der Zukunft ist ein Ort des Wachstums, an dem die Unterstützung und **Begleitung der Potentialentfaltung** im Mittelpunkt stehen. Anstelle traditioneller Klassenzimmer nutzt die Schule offene Lernateliers. Lehrkräfte agieren als Lernbegleiter:innen und unterstützen die Kinder entsprechend ihrer individuellen Lernbedürfnisse.
Schule als Lernort ist somit inspirierend sowie flexibel und wird den unterschiedlichen Bedürfnissen und Talenten der Schüler gerecht. Kreativität und Eigeninitiative werden gefördert, Freigeister werden zugelassen und ermutigt, ihre Ideen und Projekte einzubringen.
Pädagog:innen sind von Kindern „als Kinder" total fasziniert. Sie wissen, dass **Bewegung** und die Entfaltung des schöpferischen Geistes wichtig sind und fördern diese Bereiche. **Kreativität** wird als **Schlüsselkompetenz** gesehen und

umfangreich gefördert. Neugierde ist die Triebfeder kindlichen Lernens und soll möglichst erhalten bleiben.

Die Förderung und Verbesserung der motorischen und sensorischen Basisfähigkeiten spieleni in den ersten Schuljahren **eine zentrale Rolle.** Pädagog:innen lernen, die Verhaltensweisen der Kinder genau zu beobachten, um frühzeitig die möglichen Ursachen von Lern- und Verhaltensschwierigkeiten zu entdecken und mit passenden Interventionen zu bearbeiten. Die **frühkindlichen Reflexe** werden im schulischen Setting integriert und alle Kinder werden in ihrer **zentralen Hör-** und **Sehverarbeitung** individuell gefördert. Eine Kooperation mit speziell geschulten Lehrern und auch dem Elternhaus wird als sehr wesentlich angesehen. Ein **Lesehund** kommt zweimal wöchentlich für jene Kinder, im Lesen eine zusätzliche Förderung benötigen.

Der Aufbau eines positiven Leseselbstbildes wird in den ersten zwei Leselernjahren besonders wichtig genommen.

Die Schule der 2050er Jahre erkennt, dass in der Ära der künstlichen Intelligenz Faktenwissen eine untergeordnete Rolle spielt und man die Bedürfnisse junger Menschen in ihrer evolutionären Entwicklung nicht ignorieren darf. Nur wenn dieser Bedarf erfüllt wird, können Kinder sowohl psychisch als auch physisch gesund heranwachsen. Die **Entwicklung der Resilienz** rückt somit in den Vordergrund. Fähigkeiten von resilienten Menschen wie Konzentration und Ausdauer, Problemlösungsfähigkeiten, Empathie und Perspektivenwechsel, Flexibilität und Anpassungsfähigkeit, Reflexion und Selbstbewusstsein und kooperative Arbeitsweisen, aber auch Impulskontrolle werden von der Schule intensiv gefördert.

Die Schule gibt den Lernenden wöchentlich zeitliche Freiräume zum Erforschen und zur Beschäftigung mit eigenen Themen. In den Nachmittagsstunden gibt es „Clubs", in denen **Interessen und Neigungen** voll ausgelebt werden können.

FUNDAMENT aus der Vorschulzeit

Wenn Kinder mit 6 Jahren Lesenlernen, dann wurde dafür durch Genetik, Schwangerschaft und Geburt sowie die Erfahrungen in den Vorschuljahren das Fundament aufgebaut. Je nach Gestaltung des Lernumfelds des Kindes, der gewählten Fördermaßnahmen, dem Status der Körperbiochemie und dem Arbeiten an den sensomotorischen Basisfähigkeiten ist das Gehirn gereift.

Lesen benötigt ein gut ausgereiftes und nicht „auf Sand gebautes" Fundament in vielen Gehirnregionen.

Aufgrund der Neuroplastizität kann sich jedoch das Gehirn zeitlebens verändern. Die **Neuroplastizität** ist die Fähigkeit des Gehirns, seine Struktur und Funktion als Reaktion auf Erfahrungen, Lernen oder Verletzungen anzupassen. Diese Anlage ermöglicht es dem Gehirn sich kontinuierlich zu reorganisieren. Das Gehirn benötigt dazu Bewegung, sensorische Wahrnehmung und die Körperbiochemie als „Energiewährung". Bei guter und zeitlich abgestimmter Förderung kann die Lesebasis auch nach den Vorschuljahren aufgebaut werden.

Genetik

Wenn ein Elternteil Leseschwierigkeiten hatte, dann gibt es ein erhöhtes Risiko, dass auch die Kinder betroffen sind. Tatsächlich ist es jedoch nicht so einfach. Jedes Gen hat mehrere Schalter, die regulieren, ob es aktiviert oder deaktiviert wird. Diese Genexpression wird durch epigenetische Faktoren wie Lebensstil, Bewegung, Ernährung, Umfeld und zwischenmenschliche Beziehungen verändert (Bauer, 2006, p. 20).

Mit einer vorhandenen genetischen Disposition muss daher nicht zwingenderweise ein Kind die gleichen Schwierigkeiten bekommen wie sein betroffener Elternteil.

Schwangerschaft und Geburt

Niemand kann sich an seine vorgeburtliche Zeit und seine Geburt erinnern und trotzdem spielen diese Erlebnisse lebenslang eine bedeutende Rolle.

Hoher mütterlicher Stress und gesundheitliche Probleme während der Schwangerschaft können die Entwicklung des Gehirns negativ beeinflussen. Chronischer Stress führt zu einem erhöhten Cortisolspiegel, der die neurologische Entwicklung beeinträchtigen kann.

Ebenso kann der Kontakt mit bestimmten Chemikalien und Toxinen während der Schwangerschaft die neurologische Entwicklung des Fötus beeinträchtigen. Weiters erhöhen Substanzen wie BPA und Phthalate, die in vielen Kunststoffen vorkommen, sowie Pestizide das Risiko für Entwicklungsstörungen.

Eine Autoimmunerkrankung der Mutter während der Schwangerschaft vergrößert das Risiko für ADHS beim Kind um bis zu 30% (je nach Art der Krankheit). Entzündliche Prozesse und immunologische Veränderungen während der Schwangerschaft können ebenfalls die neurologische Entwicklung des Kindes negativ beeinflussen.

Das Durchschnittsalter der Erstgebärenden lag 1984 bei 24,1 Jahren und 2022 bei 31,5 Jahren (Redaktion Standard, 2005). Die Anzahl der über 35jährigen Erstgebärenden hat sich seit 1970 mehr als verdreifacht und viele Schwangerschaften gelten daher als Risikoschwangerschaften.
Ältere Mütter haben ein höheres Risiko für Schwangerschaftskomplikationen, die die neurologische Entwicklung des Kindes beeinflussen können. Studien zeigen jedoch ein unterschiedliches Bild und lassen keine Aussage zu, dass ältere Mütter öfter Kinder mit Lernschwierigkeiten bekommen.

Die Geburtsmedizin entwickelt sich in Richtung technisierter Geburt. Wichtig wäre eine Geburtshilfe, in der auf die Bedürfnisse von Mutter und Kind eingegangen werden kann.
Laut deutschem Hebammenverband verlaufen nur mehr 10% der Geburten ohne Interventionen ab. Die natürliche Geburt ist Opfer ökonomischen Denkens geworden, denn die Dauer einer Geburt stellt einen nicht kalkulierbaren Kostenfaktor dar und Geburten werden daher häufig beschleunigt.
Bei Wehenschwäche kann Oxytocin gegeben werden, um die Geburt bei voranzutreiben. Liegt keine Wehenschwäche vor, so beschleunigt es die Geburt. Dr. Michael Abou Dakn von der Berliner St. Josef Geburtsklinik spricht von Untersuchungen, die zeigen, dass Kinder von Frauen, die längerfristig synthetisches Oxytocin bekommen haben, später an Aufmerksamkeitsstörungen leiden und sich die Emotionalität zwischen Mutter und Kind verändert hat (*Ob Kinder gut oder schlecht in der Schule sind, könnte mit der Art ihrer Geburt zusammenhängen*, 2023).
30,5 % der österreichischen und 31,74 % der deutschen Kinder kommen per Kaiserschnitt zur Welt (Jeannette, n.d.). Im Vergleich dazu waren es 1995 in Österreich nur 12,4%.

Manchmal steckt hinter Kaiserschnitten einfach ein wirtschaftliches Interesse. In Griechenland kommen 60% der Babys per Kaiserschnitt zur Welt. Der Staat bezahlt doppelt so hoch dafür wie für eine natürliche Geburt. Kaiserschnittkinder haben ein 16% höheres ADHS-Risiko (ZEIT-ONLINE, 2019).

Die spontane vaginale Geburt bietet viele Vorteile:
o   **Frühkindliche Reflexe** sind aktiv und helfen durch den Geburtskanal (integrieren sich besser = bilden sich zurück).
o   Besiedelung mit speziellen mütterlichen **Bakterien**.
o   **Kreislauf** des Kindes wird massiv angeregt.
o   **Fruchtwasse**r wird aus der Lunge gepresst (*Vaginale Geburt fördert die Entwicklung von Neugeborenen*, n.d.).

Die Geburt ist immer eine prägende Grunderfahrung. Der Psychotherapeut L. Janus gibt zu bedenken, dass eine traumatische Geburt später erhebliche Auswirkungen für Mutter und/oder Kind haben kann, denn das Ereignis wird im Körper des Kindes gespeichert.

Motorische und sensorische Entwicklung

Die sensorische und motorische Entwicklung in den Vorschuljahren legt den Grundstein für das spätere Lesenlernen. Eine ausgereifte sensorische Wahrnehmung ermöglicht es Kindern, Buchstaben und Wörter visuell klar zu erkennen und auditive Reize, wie Laute und Wörter, präzise zu unterscheiden.
Die frühkindliche Entwicklung verläuft nach einem fixen Programm, das zunächst von den primitiven Reflexen angestoßen wird. Als Kontrolle, ob die Gehirnentwicklung altersadäquat abläuft, dient ein Plan der Meilensteine. Diese werden vom Kinderarzt kontrolliert.
In den USA wurden 2022 von der CDC die Meilensteine verändert. Krabbeln gilt nicht mehr als Meilenstein! Folgende Meilensteine wurden nach hinten verschoben:
Freies Gehen nicht mehr mit 12, sondern erst mit 18 Monaten,
Sitzen ohne Hilfe nicht mit 6, sondern erst mit 9 Monaten und
50 Worte sprechen nicht mit 24 sondern erst mit 30 Monaten vorhanden sein. Soll dadurch die Zunahme der neurophysiologischen Entwicklungsauffälligkeiten verringert werden?

Sensorische Reize und motorische Aktivitäten sind die wesentlichen Impulse für das Wachstum und die Vernetzung von neuronalen Strukturen im Gehirn. Näheres erfahren Sie im Kapitel ganzheitliche Leseförderung ab Seite 88.

Gehirnentwicklung

Im Folgenden wird auf einige Aspekte der Gehirnentwicklung, die spezifisch für das Lernen bzw. das Lesen sind, eingegangen.

Versäumte Meilensteine in der kindlichen sensomotorischen Entwicklung deuten auf Probleme in der Gehirnentwicklung hin. An diesen Defiziten kann lebenslang gearbeitet werden.

Das Gehirn eines Neugeborenen hat etwa ein Viertel bis ein Drittel der Größe eines erwachsenen Gehirns. Das Neugeborenen-Gehirn ist äußerst plastisch und reagiert empfindlich auf die Umgebung. Es enthält bereits Milliarden von Nervenzellen, die jedoch nur teilweise miteinander verbunden sind. Viele dieser Verbindungen werden durch die erlebten Erfahrungen des Kindes aufgebaut, gestärkt oder eliminiert. Werden Nervenverbindungen wiederholt benutzt, so werden diese mit einer isolierenden Schicht aus Myelin umgeben. Diese Myelinschicht verbessert die Geschwindigkeit und Effizienz der neuronalen Signalübertragung.

Die Ausreifung des Gehirns verläuft von unten nach oben – Hirnstamm bis zum Kortex. Das Gehirn besteht aus unterschiedlichen Netzwerken von unzähligen miteinander verknüpften Punkten. Jeder Teil schwingt in seinem eigenen Rhythmus und alle arbeiten wie ein Orchester zusammen. Auch wenn jeder Musiker im Orchester auf höchstem Niveau spielt, so klingt das Musikstück nur dann harmonisch, wenn es ein gutes Zusammenspiel gibt. Ebenso ist es wichtig auf eine ausgewogene Entwicklung und Zusammenarbeit des gesamten Gehirns zu achten.

Aufgrund der positiven Neuroplastizität können Versäumnisse in der Gehirnentwicklung später aufgeholt werden. Spezielle Stimuli, die für den Nachholbedarf einer spezifischen Gehirnregion (Motorik,

Töne, Berührungen, Lichtreize, Gleichgewichtsreize, ...) zuständig sind, werden mit entsprechenden Wiederholungen ausgeführt und verbessern die Gehirnzusammenarbeit.

Hirnstamm

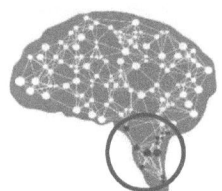

Der entwicklungsgeschichtlich älteste Teil des menschlichen Gehirns ist der Hirnstamm. Dort befinden sich lebenswichtige Steuerungszentren für Atmung, Blutdruck, Herzfrequenz und Verdauungsfunktionen. Diese Funktionen sind bei einem Neugeborenen schon voll entwickelt. Die frühkindlichen Reflexe und der Muskeltonus werden ebenfalls von dieser Hirnregion gesteuert.

Die frühkindlichen Reflexe werden auf der Hirnstammebene ausgelöst. Einige sind während des Geburtsprozesses wichtig. Alle frühkindlichen Reflexe sind DER aktivierende Faktor für die Gehirnentwicklung im ersten Lebensjahr.

Eine netzförmige, wenig gegliederte Nervenmasse (Formatio reticularis) agiert als Kontrollmechanismus des Zentralnervensystems. Einlaufende Informationen, besonders taktile, propriozeptive und vestibulare Reize werden hier miteinander verknüpft und für die Verarbeitung auf höheren Hirnebenen vorbereitet.

Eine Aufgabe der Formatio reticularis ist es, den Wachheitszustand des Gehirns und den Grad der Aufmerksamkeit zu steuern. Durch die **Aktivierung der Sinnesorgane** kann die Formatio reticularis unterstützt werden, mehr Impulse an den Kortex weiterzuleiten, um damit den Aufmerksamkeitsgrad der Person zu erhöhen. Auf der anderen Seite ist die Hemmung sensorischer Reize eine wichtige Schutzfunktion vor Reizüberflutung.

Unwichtige Sinneseindrücke werden unterdrückt, um volle Aufmerksamkeit für bestimmte Tätigkeiten zu ermöglichen: z.B. Lesen von Texten in Klassenzimmern mit erhöhtem Geräuschpegel. Der Hirnstamm hilft dabei, die Aufmerksamkeit auf wichtige visuelle Reize des Textes zu lenken und irrelevante Informationen zu unterdrücken.

Auf der Vier-Hügel-Platte im Hirnstamm wird das **Sehen mit dem Hören synchronisiert**. Geschieht dies unzureichend, erleben die Kinder ihre Umwelt wie einen schlecht synchronisierten Film und es ist sehr anstrengend den Gesprächen zu folgen. Performancebrillen können hier helfen (siehe Seite 155).

Von der visuellen Verarbeitung über die Aufmerksamkeit bis hin zu emotionalen Reaktionen – der Hirnstamm ist an vielen Aspekten des Lesens beteiligt und trägt dazu bei, dass diese komplexe kognitive Fähigkeit reibungslos abläuft. Der Aufbau der Basisfähigkeiten des Lesens setzt in diesem Hirnbereich mit der Integration der frühkindlichen Reflexe an. Diese sollte in den ersten Lebensjahren abgeschlossen sein.

Nor-Adrenalin gibt uns unmittelbar eine starke Konzentrationsfähigkeit. Es wird im blauen Kern (Locus coeruleus) blitzschnell zur Verfügung gestellt und „erweckt" das Gehirn aus einer Phase der Unachtsamkeit. Beispielsweise, wenn man in kaltes Wasser springt, dann ist man sofort voll aufmerksam. Während einer Phase der Unachtsamkeit hemmen langsame rhythmische Aktivitätsmuster mit einer Frequenz von rund 10 Hertz (Alpha-Oszillationen) die aktive Verarbeitung von eingehenden Sinnesinformationen. Wie kann man diese Funktion des blauen Kerns zur Konzentrationssteigerung beim Lesen verwendet werden?
Mini-Pausen mit körperlicher Bewegung oder sensorischen Reizen während langer Lesephasen können dies Alpha-Oszillationen kurzzeitig unterbrechen und die Wachsamkeit neu steigern. Kurze, intensive Bewegung (z. B. Hampelmänner oder schnelles Treppensteigen) fördert die Freisetzung von Noradrenalin und macht das Gehirn bereit für fokussiertes Lesen.
Da die Produktion von Noradrenalin auch mit einer Belohnungserwartung verbunden ist, können positive emotionale Reize (z. B. Lob oder freudige Erwartungen) ebenfalls die Lesemotivation und Konzentration erhöhen.

Kleinhirn

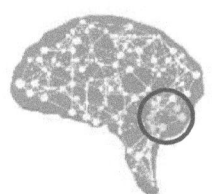

Das Kleinhirn, das nur ein Zehntel des Hirnvolumen einnimmt, hat mehr als die Hälfte aller Neuronen! Es hat wichtige Funktionen bei Bewegung, Haltung, Gleichgewicht und für das visuelle System. Kleinhirnprobleme wirken sich auf die motorische Planung, Handschrift, Raumlage aber auch Aufmerksamkeit, Lernen und emotionale Entwicklung (Impulskontrolle, Ängstlichkeit) aus.
Das Kleinhirn reagiert sehr sensibel auf Stressoren wie Verringerung der Sauerstoffzufuhr, der Blutzufuhr sowie einen Vitamin B Mangel und Nahrungsmittelunverträglichkeiten. Die dadurch möglichen subklinischen Entzündungen reduzieren das Energiepotential des Kleinhirns. MRT-Studien

zeigen, dass autistische Kinder ein geringeres Kleinhirnvolumen aufweisen als normal entwickelte Kinder (Rogers et al., 2013).

Untersuchungen zeigten den unterstützenden Einfluss des Kleinhirns (im Bereich des Lesens) bei:

- Benennungsgeschwindigkeit.
- Wortflüssigkeitsaufgaben (Abruf von bekannten Informationen)
- Neuropsychologische Aufgaben
- Schnelles Verschieben der Aufmerksamkeit
- Unterscheidung von Buchstaben (Boten – Boden) aufgrund fehlender zeitlicher Differenzierungsmöglichkeit (Drepper, n.d.).

Die zeitliche Abstimmung und die Präzisierung der motorischen und sprachlichen Fertigkeiten beim Lesen werden im Kleinhirn koordiniert.
Lesen benötigt zudem rhythmische Augenbewegungen. Rhythmus benötigt eine ausgewogene Kombination von hemmenden und erregenden Neurotransmittern. GABA ist der wichtigste Neurotransmitter im Kleinhirn. GABA hat eine hemmende Funktion. Bei einer stark ausgeprägten Glutensibilität, Zöliakie oder Kuhmilchunverträglichkeit wird weniger vom hemmenden Neurotransmitter GABA produziert und damit liegt dann ein Überschuss an dem erregenden Neurotransmitter Glutamat vor.
Rhythmik geht zudem schnell verloren, wenn eine Quecksilber- oder Bleivergiftung oder zu wenig Stimulation durch eine Bewegungseinschränkung vorliegen (Blomberg, Harald, 2016). Feinmotorische Fähigkeiten, Gleichgewicht, visuelle Verarbeitung und Raumlage werden in der Folge dadurch gestört.
Kognitive Defizite, die durch eine Beeinträchtigung des Kleinhirns entstehen können, machen Probleme bei der Automatisierung von erlernten mentalen Abläufen mit wiederholenden Mustern. Aktive rhythmische Bewegungen sind äußerst hilfreich bei der Behandlung von Funktionsstörungen des Kleinhirns.
Das Kleinhirn trägt dazu bei, Fertigkeiten "in Fleisch und Blut" übergehen zu lassen.
Die Kleinhirntheorie (A.Fawcett) erklärt eine Leseschwäche als mangelhafte Fähigkeit im Automatisieren von kognitiven sowie motorischen Fertigkeiten.

Limbisches System

 Zum Limbischen System (Zwischenhirn) gehören die ältesten und tiefsten Teile des Großhirns (Kortex). Das Limbische System spielt sowohl bei der Steuerung menschlichen Verhaltens durch Gefühle als auch beim Lernen und bei der Gedächtnisbildung eine bedeutende Rolle. Dort entstehen unsere Emotionen, die mit Erinnerungen abgelegt und wieder hervorgeholt werden.

Hippocampus

Das limbische System ist eng mit dem **Hippocampus** verbunden. Dieser ist maßgeblich an Gedächtnisleistungen beteiligt. Der Hippocampus ist entscheidend für die Umwandlung von Erinnerungen vom Kurzzeit- ins Langzeitgedächtnis. Eine Beeinträchtigung dieser Region führt zu Schwierigkeiten bei der Speicherung neuer Erinnerungen.

Immer, wenn wir etwas Besonderes oder Neues lernen, ist der Hippocampus beteiligt. Werden Inhalte wiederholend erfahren, so schätzt das Gehirn sie als wichtig ein und veranlasst während des Tiefschlafs den Transfer ins Langzeitgedächtnis. Ein dem Hippocampus entgegenkommendes Lernen ist ein Lernen, das in Geschichten verpackt ist. Die ursprüngliche Spezialisierung des Gedächtnisses ist das Speichern von episodischen Inhalten – Wissen wurde jahrhundertelang in Geschichten weitergegeben.

Im Hippocampus können lebenslang neue Nervenzellen gebildet werden (=**Neurogenese**). Diese neuen Nervenzellen wandern dorthin, wo sie benötigt werden. Zur täglichen Produktion dieser neuen Nervenzellen sind diverse Grundvoraussetzungen nötig:

- ausreichende Bewegung,
- Neugierde und Motivation,
- Oxytocin durch Körperkontakt,
- geringer Stresslevel,
- ausreichende Versorgung mit Omega-3 Fettsäuren,
- Nährstoffversorgung beispielsweise mit Vitamin D usw.

Vitamin D mit seinen neuroprotektiven und entzündungshemmenden Eigenschaften unterstützt den Hippocampus in seiner Rolle bei der Gedächtnisbildung und der räumlichen Navigation.

Ein gesunder Hippocampus hat eine jährliche Wachstumsrate von 2%. Aufgrund unserer derzeitigen Lebensweise allerdings schrumpft der Hippocampus bei durchschnittlichen Europäern jährlich um 1 bis 1,5% .

Amygdala

An den Hippocampus schließt sich die kleine Amygdala an. Ihr ist es zu verdanken, dass der Mensch sich besonders gut an Ereignisse erinnert, die mit positiven oder negativen Gefühlen verbunden sind. Je stärker das positive (oder negative) Gefühl bei einem Erlebnis ist, desto nachhaltiger prägt sich das Erlebte ein und wird ins Langzeitgedächtnis übertragen.

Freude und Interesse beim schulischen Lernen unterstützen das Gedächtnis und fördern die Erinnerung eines Schülers maßgeblich. Auch Erinnerungen an negative Erlebnisse sind eng mit Emotionen verknüpft. Dadurch reagiert der Mensch bei ähnlichen Situationen häufig auf dieselbe Weise. Ein Kind, das beim stockenden Lesen beschämt wurde, wird später in ähnlichen Situationen oft mit Stress reagieren.

Ein Lesehund kann hier helfen: Durch seine ruhige, und nicht wertende Präsenz beruhigt er die Amygdala und trägt dazu bei, Stress und Angst beim Lesen abzubauen.

Thalamus

Der Thalamus fungiert als eine Art „Schaltzentrale" und ist an der Weiterleitung von visuellen und auditiven Informationen beteilig und unterstützt somit die Funktionen des visuellen Kortex und anderer Hirnareale, die für die Lesefähigkeit wichtig sind.

Der **Superior Colliculus** im Hirnstamm erhält Informationen aus verschiedenen sensorischen Systemen und koordiniert die räumliche Ausrichtung der Augen auf visuelle Reize. Er arbeitet mit dem **Thalamus** zusammen, um eine präzise visuelle Verarbeitung, eine effiziente Blicksteuerung und eine Orientierung in der Umgebung zu ermöglichen.

Der Thalamus spielt eine zentrale Rolle im Zusammenhang mit der Aufmerksamkeit. Er fungiert als "Torwächter" für sensorische Informationen, die ins Gehirn gelangen. Er leitet sensorische Signale (außer Geruch) von den Sinnesorganen an die entsprechenden Bereiche des Kortex weiter. Dabei verstärkt er bestimmte sensorische Informationen und andere werden unterdrückt. Dies erlaubt es dem Gehirn, sich auf relevante Reize zu konzentrieren und irrelevante Informationen auszublenden.

Im Ruhezustand feuern die Neuronen des Thalamus rhythmisch. Diese rhythmischen Muster verursachen die Alpha-Oszillationen, die in Phasen geringer Aufmerksamkeit in der Hirnrinde feststellbar sind. Wenn also eine Situation ein plötzliches Umschalten der Aufmerksamkeit erfordert, hilft ein schneller Anstieg von Noradrenalin, uns zu fokussieren (*Wie das Gehirn unsere Aufmerksamkeit lenkt, n.d.*).

Zirbeldrüse

Die Zirbeldrüse liegt in der Mitte des Gehirns. Ihre ganz speziellen Zellen sind für die Produktion von Serotonin und Melatonin zuständig. Die Zirbeldrüse ist nicht direkt für das Lesenlernen zuständig, spielt aber über Schlaf, Hormonbalance und Rhythmusregulation eine unterstützende **Rolle im kognitiven Gesamtprozess,** der Lesen ermöglicht. Die Zirbeldrüse liegt außerhalb der Blut-Hirnschranke und ist daher sehr anfällig für alle Toxine und Erreger, die im Blut zirkulieren.

Basalganglien

Die Basalganglien sind vor allem für die **motorische Koordination** und **Gleichgewicht** wichtig. Es gibt zwei Teile: den direkten und den indirekten Pfad. Der direkte Pfad agiert wie ein Gaspedal, er benötigt Dopamin, initiiert ständig Bewegung. Der indirekte Pfad hingegen ist das Bremspedal und benötigt Gaba. Wenn diese beiden Systeme nicht ausbalanciert funktionieren, können Kinder nicht ruhig sitzen bzw. sogar entwickeln Tics etc.

Die Basalganglien sind auch für die Automatisierung wiederholter Abläufe entscheidend. Beim Lesen ermöglichen sie es, häufig vorkommende Wörter und Buchstabenkombinationen automatisch zu erkennen. Nach der Integration der Reflexe ist es wichtig, die Basalganglien mit Bewegungsübungen, die gezielt Koordination, Gleichgewicht und motorische Kontrolle fördern, zu stärken.

Die Basalganglien arbeiten in mehreren Schleifen mit dem Kortex zusammen und ein Ungleichgewicht wirkt sich daher auch auf die Arbeit des Kortex negativ aus.

Kortex

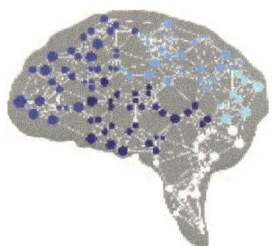

Der **Kortex (Großhirnrinde)** ist die äußere Schicht des Gehirns, die für viele wichtige Funktionen verantwortlich ist, wie Wahrnehmung, Bewusstsein, Denken, Gedächtnis, Sprache und Entscheidungsfindung. Er gilt als Sitz des Bewusstseins.

Der Kortex wird in 4 Lappen mit unterschiedlichen Funktionen unterteilt:

Bezeichnung	Farbe in der Graphik	Netzwerke arbeiten im Bereich Lesen an:
Frontallappen Stirnlappen	mittelbau	Planung und Steuerung der schnellen Augenbewegungen, Arbeitsgedächtnis, Aufmerksamkeit, Motivation , komplexe Bewegungen,
Okzipitallappen Hinterhauptslappen	türkis	Visuelle Verarbeitung von Buchstaben und Wörtern, Gesichter
Temporallappen Schläfenlappen	dunkelblau	Gedächtnis, Erkennen von Wörtern und Verarbeitung der Bedeutung, Speicherung von Vokabeln im Langzeit-gedächtnis, Sprach- und Schrifterkennung, Emotionsregulierung,
Parietallapppen Scheitellappen	hellblau	räumliche Orientierung beim Lesen (Verfolgen der Zeilen, Start links, ...), Kurzzeitgedächtnis; Aufmerksamkeit, Verknüpfung von Buchstaben und Lauten

Von jedem dieser Lappen gibt es sowohl auf der linken als auch auf der rechten Hälfte Verbände von Neuronennetzwerken, deren Aufgabenbereiche sich zusätzlich unterschiedlich spezialisieren (siehe Seite 58).

Der Kortex schwingt in unterschiedlichen Frequenzen je nach spezifischer Tätigkeit:

	Zustand	Frequenz
Alpha	entspannt lernen, für kognitive Funktionen, entspannte Wachsamkeit	8 – 12 Hz
Beta	wach, aufmerksam, Denken und Problemlösen,	13 – 30 Hz
Gamma	Hohe Konzentration, Bewusstsein und Wahrnehmung	30 - 100 Hz
Theta	Meditation oder beim Einschlafen, leichter Schlaf, in Verbindung zu Gedächtnis	4 – 7 Hz
Delta	Tiefschlaf ohne Träume	0,5 – 4 Hz

Alpha-Wellen erleichtern die Kommunikation zwischen verschiedenen Gehirnregionen, insbesondere zwischen dem **präfrontalen Kortex** (Denken, Planung) und dem **Hippocampus** (Gedächtnis, Lernen). Alpha-Wellen helfen dabei, störende äußere Reize zu unterdrücken, sodass das Gehirn sich besser auf relevante Informationen konzentrieren und Probleme kreativ lösen kann.

Alpha-Wellen können gefördert werden durch:
- ◎ Achtsamkeitstraining, Biofeedback-Training,
- ◎ Augen schließen und positive Bilder visualisieren
- ◎ Yoga und sanfte Bewegungen, Spaziergänge im Wald
- ◎ Musik hören

Musik hat einen großen Einfluss auf die Frequenzen im Gehirn. **Klassische Musik**, insbesondere Kompositionen von Mozart und Barockmusik, ist dafür bekannt, die Alpha- bzw. Theta-Wellen zu fördern. Diese Musik ist in der Regel instrumental und kann zur Entspannung, zur Reduktion von Stress und zur Verbesserung der kognitiven Funktionen beitragen.

Energetische Musik wie Rock und Pop kann Beta-Wellen fördern, was die Wachsamkeit und das Energieniveau steigern kann.

Es gibt nicht DIE optimale Musik zur Unterstützung des Lernens. Musik wirkt sehr individuell und jeder reagiert unterschiedlich auf Musik. Die Art der Lernaufgabe spielt ebenfalls eine Rolle. Für kreative Aufgaben oder Mathematik ist eine andere Art der Musik geeignet sein als für das Auswendiglernen von Fakten.

Wichtig ist, dass die Musik keine ablenkenden Elemente wie Texte oder plötzliche Lautstärkeänderungen enthält, die die Konzentration stören. Einige Menschen finden jegliche Musik ablenkend und bevorzugen absolute Ruhe.

Ihr Kind kann einen ganz anderen Musikgeschmack haben als Sie!

Binaurale Beats sind eine spezielle Art der Musik, bei der in jedes Ohr eine unterschiedliche Frequenz eingespielt wird. Dies bringt das Gehirn dazu, eine dritte Frequenz (die Differenz) zu erzeugen. Diese Technik kann die Bildung spezifischer   Gehirnwellenmuster fördern. Diese Art der Musik kann nur über Kopfhörer gehört werden. Je nach erzeugter Frequenz unterstützt sie Zustände **erhöhter Konzentration, tiefer Entspannung oder Meditation.**

Linker und rechter Kortex

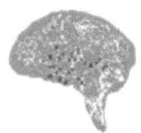 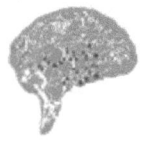

Der Kortex besitzt zwei Hälften, die sich im Laufe der evolutionären Entwicklung auf gewisse Aufgaben spezialisiert haben.

Je synchroner der Rhythmus in den beiden Hälften abläuft, umso höher ist die Gesamtleistung des Gehirns. Wenn die Netzwerke auf der linken und rechten Kortexhälfte (Hirnhälfte) auf dem gleichen Frequenzband arbeiten, dann können die beiden gut miteinander kommunizieren. Wie Funkgeräte, die nur dann funktionieren, wenn sie am gleichen Frequenzband arbeiten.

Die linke Kortexhälfte (Hirnhälfte) sendet und empfängt Signale von der rechten Körperseite und umgekehrt.
In der **frühkindlichen Entwicklung** reift zunächst die **rechte Hirnhälfte** stärker als die linke. Im Alter von ungefähr 2 bis 3 Jahren entwickelt sich die linke Hirnhälfte stärker (Sprachbeginn!). In der Folge entfalten sich die beiden Hirnhälften abwechselnd.
Die beiden Hirnhälften des Kortex arbeiten zusammen, um beide Seiten des Körpers synchron zu bewegen. Dies ist wichtig für komplexe Aktivitäten wie das Gehen, Sprechen, Tanzen oder das Spielen von Musikinstrumenten.
Kinder mit einer Problematik der Zusammenarbeit der beiden Hirnhälften haben zumeist Probleme im Bereich der Motorik und der Sensorik. Häufig spüren sie ihren Körper wenig, ihre Körpereigenwahrnehmung ist mangelhaft. Da die Informationen der beiden Körperhälften verschieden empfunden werden, haben sie kein Gefühl für ihren Körper und wissen nicht, wo im Raum sie sich befinden.

In der Vorschulzeit entwickelt sich unser Dominanzprofil. Optimal ist eine konsistente Anordnung, d.h. alle dominanten Körperteile (Auge, Ohr, Hand und Fuß) werden von der gleichen Hirnhälfte gesteuert. Ein gekreuztes Dominanzprofil deutet auf eine nicht vollständig ausgereifte Hirnentwicklung hin (Melillo, 2013).

Eine Beidhändigkeit kann sich in bestimmten Situationen negativ auswirken, da das Gehirn möglicherweise Schwierigkeiten hat, klare Vorlieben für die Verwendung einer Hand zu entwickeln. Die Verwendung beider Hände für unterschiedliche Aufgaben ist ineffizient, da es länger dauern kann, Fähigkeiten zu entwickeln und Aufgaben auszuführen als bei einer eindeutigen Händigkeit. Eine persistierender ATNR kann die Ausbildung einer eindeutigen Handpräferenz beeinträchtigen (siehe Seite 105).

Asymmetrie in der Aufgabenverteilung

Die Asymmetrie der Aufgabenverteilung im Kortex darauf, dass bestimmte kognitive Funktionen in unterschiedlichem Maße in den beiden Hirnhälften des Gehirns ausgeführt werden. Diese Asymmetrie wird oft als Lateralisierung bezeichnet. Diese laterale Spezialisierung des Gehirns trägt dazu bei, dass wir komplexe kognitive Aufgaben effizienter bewältigen können.

Leseverständnis, räumliches Denken, Zahlenverständnis, Vorstellungsvermögen und Gesichtserkennung sind in der rechten Hirnhälfte angesiedelt. Die rechte Hirnhälfte bildet eine Karte des Körpers und des Raumes rund um uns ab. Unbewusste Erinnerungen werden dort abgespeichert (wir können uns an die ersten 3 Jahre kaum erinnern). Die rechte Hirnhälfte ist mehr für die Grobmotorik zuständig, während die linke Hirnhälfte mehr für die Freimotorik zuständig ist. Auf der linken Seite ist die Sprachverarbeitung angesiedelt, während auf der rechten Seite mehr die non-verbale Kommunikation stattfindet.
Trauer und negative Gefühle werden eher auf der rechten Hälfte verarbeitet, während positive Gefühle mehr links verarbeitet werden.
Lesen an sich, die Messung kleiner Zeitabstände, die Wahrnehmung kleiner Details und die Objekt- und Farberkennung sind eher links angesiedelt (*Linke Und Rechte Hirnhälfte - Verschiedene Welten? | dasGehirn.Info - Der Kosmos Im Kopf*, n.d.).
Jill Taylor vergleicht die rechte Hirnhälfte mit einem parallelen Prozessor, während die linke Hirnhälfte einem seriellen Prozessor entspricht. Die rechte Hälfte ist im Hier und Jetzt, während die linke Hirnhälfte sich im Bereich Vergangenheit und Zukunft bewegt.

Die beiden Hirnhälften kommunizieren über den **Balken** (Corpus callosum).

Nehmen wir eine zwischenmenschliche Kommunikation als Beispiel für die Zusammenarbeit der beiden Hirnhälften:
Anton, ein Rechtshänder sagt: „Aus dem Spaß, den wir im alten Haus hatten, wurde kurze Zeit später Ernst. Ernst ist jetzt schon drei Jahre alt."

Anton benötigt für die Steuerung der Sprechmuskeln die **linke** Hirnhälfte. Der abstrakte Begriff SPASS wird ebenfalls aus dem Speicher der **linken** Hirnhälfte geholt. Die konkreten Begriffe werden aus den Speichern **beider** Hirnhälften abgerufen. Die Sprachmelodie kommt aus der **rechten** Hirnhälfte.
Barbara hört diesen Satz mit großer Beteiligung der **linken** Hirnhälfte, während **rechte** Hirnhälfte schwer damit beschäftigt ist die non-verbalen Hinweise zu verstehen. Das Gesicht von Anton ist genau zu erforschen (**rechte** Hirnhälfte), die Stimmlage zu interpretieren (**rechte** Hirnhälfte). Ist da eine Aussage zwischen den Zeilen?

Laut Robert Melillo kann ein Ungleichgewicht zwischen den beiden Hirnhälften zu erheblichen Entwicklungs- und Verhaltensproblemen führen. Wenn eine Hirnhälfte unterentwickelt ist, während die andere übermäßig aktiv arbeitet, spricht er von einer „funktionellen Fehlverknüpfung". Dabei werden Sinnesreize, motorische Fähigkeiten und kognitive Prozesse nicht optimal koordiniert, was unter anderem zu Schwierigkeiten beim Lernen, in der sozialen Interaktion und bei der Aufmerksamkeit führen kann. Melillos Ansatz zielt darauf ab, die schwächere Hirnhälfte gezielt zu stimulieren, um ein besseres Gleichgewicht im Gehirn herzustellen und so die Selbstregulation zu verbessern.

Beim Lesen kann bei einer **Schwäche der linken Hirnhälfte** zu folgenden Problemen führen:
  ⇨ langsame Lesegeschwindigkeit,
  ⇨ schlechte mündliche Lesegenauigkeit und Leseflüssigkeit,
  ⇨ schlechte Worterkennung im Kontext,
  ⇨ Details einer Wortbedeutung wird nicht verstanden.

Eine **Schwäche der rechten Hirnhälfte** kann beim Lesen folgende Probleme bedeuten:
  ➜ schlussfolgerndes Leseverständnis wenig vorhanden,
  ➜ alles wird wörtlich genommen,

→ Unterschiede zwischen Ausruf und Frage werden von der Intonation her nicht erkannt,

→ Variationen in der Betonung werden nicht wahrgenommen.

Eine gute Zusammenarbeit ermöglicht eine ganzheitliche Informations-verarbeitung, sodass wir Sprache nicht nur verstehen, sondern auch emotional einordnen können.

Der präferierte, kognitive Denkstil und die Personalität kann jede der beiden Hirnhälften betreffen, unabhängig von dem restlichen Dominanzprofil.

Frontallappen

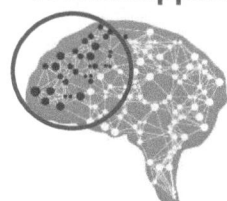

Der Frontallappen steuert viele komplexe Aufgaben wie Aufmerksamkeit, Planung, Entscheidungsfindung, Arbeitsgedächtnis und Selbstregulation. Er ist jene Region im menschlichen Gehirn, die am längsten braucht bis sie ausreift. Die Entwicklung dieses Gehirnteils ist erst **nach über 20 Lebensjahren** abgeschlossen!

Welche Funktionen steuert der Frontallappen genau?

- Ausrichtung der Aufmerksamkeit auf relevante Informationen und Unterdrückung irrelevanter Informationen,
- Steuerung des Aufmerksamkeitswechsels bei komplexen Aufgaben-stellungen,
- Planung der Abarbeitung von Unteraufgaben,
- Überprüfung und ständige Aktualisierung der Inhalte des Arbeitsgedächtnisses

In einigen Bereichen des Frontalkortex werden **Sprachfunktionen** unterstützt, wie z.B. die motorische Kontrolle der Sprechmuskulatur und die syntaktische Verarbeitung von Sprache. Der Frontalkortex spielt eine wesentliche Rolle bei der Kontrolle von **Aufmerksamkeit,** indem er die Fähigkeit beeinflusst, sich auf relevante Informationen zu konzentrieren und irrelevante Informationen zu unterdrücken.

Nach dem Nobelpreisträger Kahnemann besitzt der Mensch zwei Denksysteme:

System I - schnelles Denken:
- ⇨ verbraucht keine Energie und ist unbegrenzt verfügbar.
- ⇨ für die Verarbeitung von einfachen und häufig wiederkehrenden Aufgaben, wie z.B. das Erkennen von Gesichtern oder das Fahren auf einer vertrauten Strecke.
- ⇨ stereotype Denkmuster und unbewusstes Handeln.
- ⇨ stark von Emotionen und vergangenen Erfahrungen geprägt

System II - langsames, bewusstes Denken:
- ⇨ benötigt Energie und ist daher abhängig vom Energiezustand.
- ⇨ Kreativ, kann quervernetzen, langfristig planen und handeln.
- ⇨ Verarbeitung von komplexen und ungewohnten Aufgaben, wie z.B. Lösen von mathematischen Problemen, das Verstehen von komplexen Texten.

Wie können wir den Akku für das langsame Denken, System II aufladen? Eine Hypothese von Dr. M. Nehls ist, dass der Hippocampus als Akku für den Frontallappen fungiert und dieser im Schlaf aufgeladen wird.

Frontallappen, insbesondere das frontale Augenfeld und der Hirnstamm arbeiten eng zusammen, um die FÜR DAS Lesen wichtigen horizontalen Augenbewegungen zu steuern.

Ist die Kommunikation des Frontallappen mit dem Hirnstamm gut, so ist das sympathische Nervensystem auf Urlaub und das parasympathische Nervensystem wird hochgefahren. Das parasympathische Nervensystem sorgt dafür, dass wir uns entspannen und erholen.

Es gibt eine Datenautobahn – einen dicken Nervenstrang zwischen dem **Kleinhirn** und dem **Frontallappen**. Diese hat eine wichtige Rolle bei der Koordination von Bewegungen, der Feinabstimmung motorischer Abläufe und der Regulation von Gleichgewicht und Haltung. Eine effiziente Funktion dieser Verbindung ist daher wichtig für die Gesamtleistung beim Lesen und anderen kognitiven Aufgaben. Bewegung ist sehr hilfreich für den Aufbau dieser Verkettung.

Der **präfrontale Kortex** (Stirnbereich) spielt eine zentrale Rolle bei der Hemmung und Kontrolle von Impulsen und Reaktionen. Diese Fähigkeit ist entscheidend für die kognitive Kontrolle und ermöglicht es uns, unangemessene oder automatisierte Reaktionen zu unterdrücken und stattdessen überlegte Handlungen auszuführen.

Die **Lesesozialisation** beeinflusst die gesamte **Gehirnentwicklung** entscheidend, da sie frühzeitig neuronale Netzwerke aktiviert und stärkt, die für Sprache, Wahrnehmung und kognitive Verarbeitung wichtig sind. Durch gemeinsames Vorlesen, Erzählen von Geschichten und den Zugang zu Büchern werden nicht nur sprachliche Kompetenzen wie Wortschatz und Satzstruktur gefördert, sondern auch die Fähigkeit, Informationen auditiv und visuell zu verarbeiten. Diese Erfahrungen stimulieren insbesondere den temporalen Kortex, der für Sprachverarbeitung zuständig ist, und fördern die Verbindung zwischen verschiedenen Gehirnregionen, etwa dem visuellen und präfrontalen Kortex, die beim Lesen eng zusammenarbeiten.

Wiederholte sprachliche und literarische Interaktionen trainieren die Aufmerksamkeit, das Gedächtnis und die Fähigkeit, komplexe Informationen zu verstehen und zu strukturieren. Kinder, die in ihrer Lesesozialisation benachteiligt sind, weisen oft geringere Aktivierungen in den Gehirnregionen auf, die für Sprach- und Lesefähigkeiten zuständig sind. Dies kann langfristig zu Schwierigkeiten beim Lesenlernen führen.

LESESCHWÄCHE und andere Diagnosen

Eine Leseschwäche hat weitreichende Auswirkungen auf das gesamte Leben eines Individuums, von akademischen und beruflichen Herausforderungen bis hin zu psychosozialen und emotionalen Belastungen.

Die Folgen einer Leseschwäche beeinträchtigt und verlangsamt die Lernleistung und damit die schulischen Ergebnisse. Wenn die gesamte Aufmerksamkeit dem Lesevorgang dient, dann bleibt keine Energie für Speicherung, Verständnis und Reflexion des Inhalts. Leseschwierigkeiten führen zu Frustration, einem Gefühl des Versagens und in der Folge zu einem geringeren Selbstwertgefühl. Weitere mögliche Folgen können aufgrund des ständigen Leistungsdrucks Angst und Depression sein.

Die Präsidentin der Kultusministerkonferenz und Berliner Senatorin für Bildung, Jugend und Familie, Katharina Günther-Wünsch erklärte, dass „die Leseförderung eine der wichtigsten Maßnahmen ist und bleibt, um Kindern und Jugendlichen einen erfolgreichen Bildungsabschluss und somit einen erfolgreichen Start in das berufliche Leben zu ermöglichen. Leider liegen zu viele Schülerinnen und Schüler unter dem Mindeststandard, so ist gesellschaftliche Teilhabe nur eingeschränkt möglich. Die Ergebnisse der IGLU-Studie sind ernüchternd". **25%** der Viertklässler:innen in Deutschland **erreichen nicht** den **Standard** für eine **Lesekompetenz**, die für einen erfolgreichen Übergang

vom **Lesenlernen** zum

Lesen, um zu lernen

notwendig ist (2001 waren es 17% und 2016 19%) (*Stark-Watzinger/Günther-Wünsch, 2023*).

Leseerfolg bei Kindern und Erwachsenen

Wie schaut es mit dem Leseerfolg in Volksschulen in Österreich aus?

Die neueste PIRLS Studie, die im Mai 2021 an den Volksschulen durchgeführt wurde, zeigt eine Verschlechterung der Leseleistung. 20% der Schülerinnen gelten als schwache Leser und werden in ihrer weiteren Laufbahn von ihrem schwachen Leseverständnis eingeschränkt sein. Das Institut des Bundes für Qualitätssicherung im österreichischen Schulwesen erläutert, dass die Verschlechterung der Lesekompetenz um 10 Punkte auf 530 durch die Corona-Maßnahmen zu erklären ist.

Andere Länder konnten jedoch trotz sehr strikter Corona-Maßnahmen die Leseleistungen gegenüber 2016 halten oder leicht verbessern, beispielsweise

      Singapur – ein Plus von 11 Punkten ➜ auf 587 von 576,

      USA – ein Minus von nur 1 Punkt   ➜ auf 548 von 549 und

      Hongkong – ein Plus von 4 Punkten ➜ von 573 auf 569.

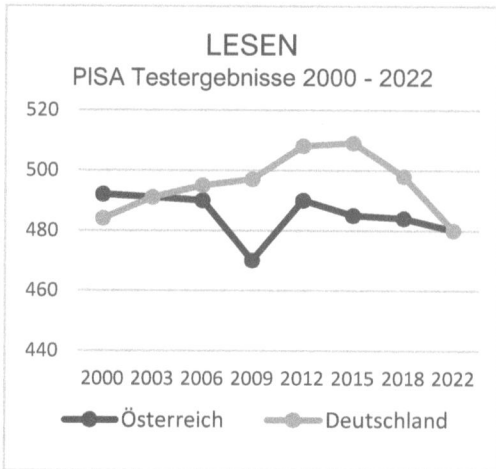

Im Rahmen der PISA Studie 2018 (mit 15-jährigen Schüler: innen) wurde festgestellt, dass in Deutschland nur 45,2% so lesen können, dass sie **Fakten von Meinungen unterscheiden** können. In den USA sind es 69% (*PISA Studie, n.d.*)! In einer Welt, in der man mit Informationen überschüttet wird, ist diese Fähigkeit jedoch extrem wichtig, da von Printmedien immer weniger investigative Journalist:innen bezahlt werden können und eine Beeinflussung durch Lobbyismus in jede Richtung versucht wird.

„Im 21. Jahrhundert finden wir bei Google tausende konkurrierender Antworten und niemand sagt uns, was richtig oder falsch ist. Lesekompetenz ist nicht mehr die Extraktion von Wissen, sondern die Konstruktion von Wissen", sagte Andreas Schleicher (*Presse - Organisation for Economic Co-Operation and Development, n.d.*).

Österreich erzielte beim PISA-Lesetest 2022 einen Mittelwert von 480 Punkten und liegt damit im OECD - Schnitt (476). Die Siegernation Singapur liegt deutlich höher bei 543 Punkten.

Die österreichische Leseleistung liegt 2022 um <u>12 Punkte niedriger</u> als 2000! Der Rückgang der durchschnittlichen Leseleistung in Deutschland zwischen 2018 (498) und 2022 (480) beträgt 18 Punkte, dies entspricht dem durchschnittlichen Lernfortschritt eines Schuljahres (Anders, n.d.)!

Vielleicht liegt es daran, dass weniger Bücher gelesen werden? Nein, denn der Rückgang im Bücher lesen ist in den letzten 25 Jahren nicht so stark, wie man meinen könnte. 1998 lasen 40% der Jugendlichen (12-18 Jahre) mehrmals pro Woche ein Buch. 2023 waren es immer noch 35% (*JIM-Studie 2017: Medienumgang 12-*

Bis 19-Jähriger in Deutschland - Zwei von Fünf Jugendlichen Lesen Regelmäßig in Ihrer Freizeit | Lesen in Deutschland, n.d.).

Gibt es auch Leseschwierigkeiten im Bereich der Erwachsenen?
In Deutschland sind 14,5 % der Bevölkerung im erwerbsfähigen Alter (etwa 7,5 Millionen Menschen) funktionale Analphabeten. 41% davon sind keine deutschen Muttersprachler (*Functional Illiteracy in Germany.*, n.d.).
17 % der 16 bis 65-jährigen hatten 2012 in Österreich Probleme mit dem Lesen selbst einfacher Texte (*Lesen als Achillesferse des österreichischen Schulsystems*, 2019). Die Anzahl der Österreicher **erhöhte sich** auf **29%** bei der aktuellsten PIAAC Studie (veröffentlicht am 10.12.2024). *„Wenn jemand nicht lesen kann, wird das oft als Lappalie abgetan – nach dem Motto: Sei froh, dass du gesund bist!"* Rainer Hofer, ehemaliger Analphabet. Für ihn bedeutet Lesen und Schreiben zu können Lebensqualität. Rainer Hofer erzählt, seine Lehrer:innen hätten immer gesagt, er sei zu blöd und werde das alles eh nie lernen. „Sie haben mich einfach mit Fünfern benotet." Seine Eltern glaubten den Lehrkräften. „Was die Lehrer:innen gesagt haben, war Gesetz."

„Ein ganzes Buch zu lesen ist eine untrainierte Aufgabe" sagt R. Maaz. Er forscht in Deutschland am Institut für Generationsforschung zur Generation Z. Die Studierenden können schon ein Buch lesen, seien aber mit dem Gedanken an das Lesen mehrerer Bücher in einem Semester überfordert. „Wir brauen Akademiker, die Inhalte bewerten können.

"Nicht, was ich weiß, wird mir weiterhelfen, sondern was ich damit tun kann." OECD-Experte und PIAAC-Verantwortlicher Andreas Schleicher (:null, 2014). Dieses Zitat ist schon 10 Jahre alt! Die KI ist inzwischen aktiver Teil unseres Lebens – Wo sind die zielführenden Umsetzungen im Bildungssystem?

Könnte der mangelnde Leseerfolg einem Methodenproblem geschuldet sein? Pädagog:innen entscheiden selbstständig oder in Absprache mit den Schulleitungen, welche Methode und welches Buch eingesetzt wird (*Mercator-Institut_Faktencheck_LesenSchreiben_final.Pdf*, n.d.).
Bei der **Fibelmethode** werden Buchstaben und Wörter schrittweise und nach festen Vorgaben eingeführt. Mit dieser Methode sind 10% der Grundschulkinder von LRS/Legasthenie betroffen gewesen. Die Anzahl stieg auf über 50% an, nachdem in Deutschland auf die Methode der phonetischen

Schriftsprachvermittlung umgestellt wurde. Seit dem Schuljahr 2019/20 ist das „Schreiben nach dem Gehör" wieder verboten (Nicolay, 2020, p. 14).

Legasthenie

Legasthenie, auch als Lese-Rechtschreibstörung bekannt, bezeichnet gravierende Schwierigkeiten beim Erlernen des Lesens und Schreibens. Dabei besteht eine normale Intelligenz, und es liegen keine neurologischen Erkrankungen vor. Die Diagnose macht keine Aussagen über die Ursachen und die genaue Auswirkung der Legasthenie.

Schon im 19.Jahrhundert wurde das Phänomen von einem Augenarzt beschrieben. Trotzdem das Problem bekannt war, war (und ist?) das Verständnis für die Ursachen nicht vorhanden.

Von der WHO sind *Symptome für Legasthenie* im Bereich Lesen folgendermaßen festgelegt:

- ⇨ auslassen, ersetzen oder hinzufügen von Wortreihen,
- ⇨ niedrige Lesegeschwindigkeit,
- ⇨ stockendes Lesen und verlieren der Textzeile,
- ⇨ Unfähigkeit Gelesenes zu verstehen und zu wiederholen.

Bei einer Leseschwäche können noch zusätzliche Probleme auftreten:

- ⇨ Es gibt Schwierigkeiten zu starten.
- ⇨ Wörter werden durch ähnliche Wörter ersetzt.
- ⇨ Lautes Vorlesen ist sehr unbeliebt.

Diverse Studien lieferten das Ergebnis, dass die LRS durch eine Gen-Umwelt-Interaktion entsteht. (Gayan & Olson, 2001, pp. 483–507). Betroffene Kinder haben auf genetischer Ebene eine Anfälligkeit für die Entwicklung einer Lese-Rechtschreib-Störung (LRS). Dieses Wissen über genetische Veranlagungen sollte jedoch nicht zu der Annahme führen, dass präventive und intervenierende Maßnahmen nutzlos sind (vgl. Steinbrink/Lachmann 2014: 92). Umweltbedingungen beeinflussen die Entwicklung der Lese- und Rechtschreibleistungen eines Kindes erheblich. Damit gibt es ein Bündel von Risikofaktoren in Kombination mit einer Reihe von Genen, die zu einer Störung des Leseerwerbs führen können. Das störanfällige Räderwerk des Leselernprozesses kann schon durch wenige Sandkörner den Prozess des Lesenlernens zu einem Leidensweg werden lassen.

„Englisch aber kann ich nicht schreiben von wegen der hinterhältigen Orthographie. Wenn ich lese, höre ich es von mir und erinnere mich nicht, wie das Wortbild aussieht ..." (Auszug aus einem Brief von Albert Einstein an den Physiker Max Born, am 7. September 1944).

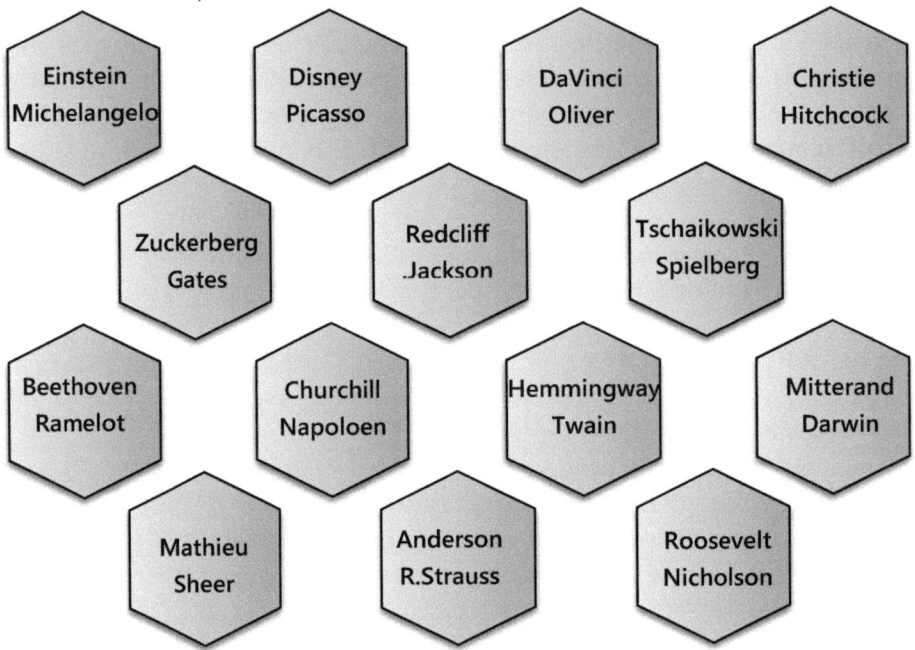

Sie alle waren bzw. sind Legastheniker (D. Schmidt-Langels, 2023).

Das Talent von einigen Legasthenikern besteht in einem unbewusstem, bildhaften Denken, welches 400- bis 2000-mal schneller ist, als von „normalen" Menschen (Davis, 2005, p. 55).

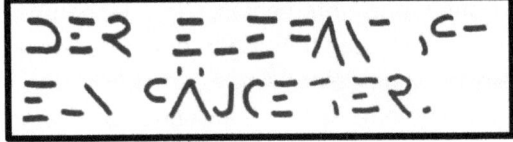

Diese Schrift hat der Legastheniker D. Briton entwickelt, um mehr Verständnis für die Leseprobleme zu erreichen. Können Sie den Satz entziffern (P. Schmidt-Langels, 2023)?

Ein weiteres Beispiel: Kinder mit und ohne LRS mussten sowohl Single-Task-Aufgaben (eine Fertigkeit) als auch Dual-Task-Aufgaben (zwei Fertigkeiten) lösen. Eine Dual-Task-Aufgabe bestand beispielsweise darin, rückwärts zu zählen und

gleichzeitig auf Hörreize zu reagieren. Kinder ohne LRS schnitten bei den Dual-Task-Aufgaben deutlich besser ab als Kinder mit LRS (Nicolson et al., 2001).
(LÖSUNG des obigen Satzes: Der Elefant ist ein Säugetier.)

Eine EEG-Untersuchung von Kindern mit und ohne Legasthenie, die verschiedene, jedoch ähnlich klingende Wörter wie beispielsweise "Mütze", "Müppe" und "Müzze" vorlesen sollten, ergab, dass Kinder ohne Legasthenie diese Wörter schneller erkennen, verarbeiten und unterscheiden können als Kinder mit Legasthenie (Hasko et al., 2013).

Sprachentwicklungsverzögerungen und Schwächen, wie die Unfähigkeit, Reime zu erkennen oder zu bilden, sind frühe Anzeichen für eine mögliche Leseschwäche.
Ebenso können Schwierigkeiten bei der Benennungsgeschwindigkeit ein Hinweis darauf sein. Der Abruf von Informationen aus dem Gedächtnis dauert bei einigen lese- und rechtschreibschwachen Kindern wesentlich länger.

Prof. A. Mayer fand bei seiner Untersuchung folgenden Zusammenhang: bei 2/3 der Kinder war die Leseschwäche mit einem Benennungsdefizit assoziiert. Nur bei einem Drittel bestand ein Zusammenhang zwischen Defizit im Lesen und der phonologischen Bewusstheit. Diese Untersuchung bestätigt die Hypothese, dass in Ländern mit transparenter Orthographie (beispielsweise Deutsch) die Benennungsgeschwindigkeit in einem engeren Zusammenhang mit einer Legasthenie steht, als die phonologische Bewusstheit (Wimmer 1993).
Weiters fand Prof. A. Mayer heraus, dass es bei 28% der leseschwachen Kinder kein Defizit in einer der beiden Ausprägungen gab. Andere Untersuchungen fanden bei 48% der legasthenen Kinder kein Defizit in den beiden Bereichen (Manis&Freedmann 2001).

Bei Legasthenikern findet man eine geringere Aktivierung des LINKEN Schläfenlappens, während der LINKE untere Stirnbereich häufig überaktiviert ist. Der Bereich des linken unteren Schläfenlappens ist nicht nur bei Buchstaben, sondern auch bei Strichzeichnungen weniger aktiv. Möglicherweise gibt es hier eine frühzeitige Fehlorganisation, die sich beim Lesenlernen negativ auswirkt. Für die Bildverarbeitung gibt es größere Bereiche der Verarbeitung. Es wirkt so, als könnten Legastheniker die Buchstaben eines Wortes nicht parallel erkennen. Die Weiterleitung an den linken Schläfenlappen im Bereich der phonologischen

Bearbeitung verläuft bei Legasthenikern schwächer und wird teilweise über die rechte Hirnhälfte umgelenkt (Dehaene, 2012, p. 274ff).

In vielen Schulen wird bei einer diagnostizierten Legasthenie in der Leistungsbeurteilung Rücksicht genommen und es gibt einen *Nachteilsausgleich*. Zudem werden spezielle Förderangebote bereitgestellt. Eine Leseschwäche betrifft alle gesellschaftlichen Schichten. Laut Schätzungen der UNESCO gibt es in Österreich etwa 800.000 funktionale Analphabeten, die ihre Lese-, Schreib- und Rechenfähigkeiten weder für ihre eigene Entwicklung noch für die der Gemeinschaft nutzen können (Vágvölgyi et al., 2016). Das Wort „funktionale Analphabeten" gilt als veraltet und wird jetzt ersetzt mit „gering literarisierte Personen".

Schwierigkeiten in Mathematik treten bei Personen mit Leseschwäche vier- bis fünfmal häufiger auf. Etwa 3 bis 8% der Bevölkerung leiden unter dieser Doppelproblematik (Galuschka & Schulte-Körne, 2016).

Sprachkompetenz

„Die Grenzen der Sprache bedeuten die Grenzen der Welt" ein passender Ausspruch von Ludwig Wittgenstein.
Kinder mit Sprachstörungen haben ein erhöhtes Risiko, eine Leseschwäche zu entwickeln. Sprachentwicklungsverzögerungen liegen häufig zentrale Hörverarbeitungsprobleme zugrunde. Kinder mit auditiven Wahrnehmungs-problemen haben oft Schwierigkeiten, Laute korrekt zu identifizieren und zu unterscheiden, was zu Wortverdrehungen und Missverständnissen führen kann.

Je größer der Wortschatz, desto besser ist das Leseverständnis. Kinder entwickeln ihre sprachlichen Fähigkeiten am besten durch soziale Interaktionen, bei denen sie direktes Feedback und emotionale Reaktionen erhalten. Kinder, die hauptsächlich über Bildschirmmedien lernen, entwickeln weniger Sprachkenntnisse als solche, die regelmäßig mit Erwachsenen und Gleichaltrigen interagieren.
Besonders für Kinder aus sozioökonomisch schwachen Familien oder mit Migrationshintergrund ist es schwierig, einen guten Leseerfolg zu erzielen, denn sie erlangen meist einen geringeren Wortschatz aufgrund einer schlechteren Lesesozialisation.

Im Schuljahr 2023/24 hatten laut Statistik Austria mehr als 25% aller Schüler:innen in Österreich eine andere Sprache als Deutsch als ihre erste im Alltag genutzte Sprache. Allerdings können nur 4,6% laut dem MIKA-D Test dem Unterricht nicht ausreichend folgen und werden als „außerordentlich" eingestuft. In Wien wurden im aktuellen Schuljahr 2024 **45 % der Erstklässler als „außerordentlich" eingestuft.** Damit ist es für viele Kinder kaum möglich, die deutsche Sprache im natürlichen „Sprachbad" des schulischen Alltags zu erwerben. Umso gefragter sind deshalb wirksame und gezielte Methoden der Sprachförderung.

Ein vielversprechendes Modell wurde von H. Schweiger von der Universität Wien entwickelt. Es basiert auf drei zentralen Säulen:

- Individualisierung: welche sprachlichen und fachlichen Ressourcen bringt das jeweilige Kind mit.
- Verschränkung von sprachlichem und fachlichem Lernen.
- Nutzung des gesamten sprachlichen Repertoires: aktives Vergleichen des Deutschen mit anderen gesprochenen Sprachen.

Für einen Unterricht, der diesen Anforderungen gerecht wird, braucht es eine bedarfsorientierte Ressourcenzuteilung. Integrative Lernsettings sind wirksamer und nachhaltiger als die tägliche Trennung in Deutschförderklassen (ORF Wissen, 17.2.2025).

Etwa 50 % der Kinder mit einer Entwicklungsstörung in der Sprache (DLD) entwickeln später Lesestörungen. Eine umfassende Übersichtsstudie von Kayla Dewey hat gezeigt, dass diese Rate je nach Untersuchungsmethode und Altersgruppe variieren kann (K. Dewey, 2021).

76 % der beobachteten Kinder weisen altersadäquate sprachliche Kompetenzen des Deutschen auf, während 24 % der Kinder differenzierte sprachliche Förderung benötigen (*Frühkindliche Sprachstandsfeststellung | AustriaWiki Im Austria-Forum*, n.d.). Dies wurde in der Sprachstandsfeststellung 2009 erhoben.

Generell sinkt die Sprachkompetenz in den letzten Jahren. In den 10 Jahren von 2012 bis 2022 nahmen die Sprachstörungen bei den 6- bis 18-jährigen in Deutschland um 60% und bei den 15- bis 18-jährigen um 144% zu (Radio München, 2024, Daten der Kaufmännischen Krankenkasse).

AD(H)S

Für das Aufmerksamkeits-Defizit-(Hyperaktivitäts-)Syndrom gibt es keine spezifischen Tests oder Biomarker. Daher wird eine Diagnose auf der Grundlage der beobachteten Verhaltensmuster und Symptome gestellt.

ADHS ist viermal häufiger bei Kindern oder Erwachsenen mit Lese- oder Rechtschreibproblemen. Da verschiedene Arten von Aufmerksamkeit für den Lesevorgang essentiell nötig sind, ist dies nicht weiter verwunderlich.

Von AD(H)S betroffene Kinder oder Erwachsene haben Defizite im Bereich der

- Exekutiven Funktionen (Zeitmanagement, Prioritäten setzen, Organisation, Aufmerksamkeit und Fokussierung)
- Motivation und Dopamin fehlen, um fade Aufgaben zu tun
- Impulskontrolle ist schwach
- Hyperaktivität

Jedoch macht die Sichtweise den Unterschied, ob man die Kriterien als Defizit oder als Charaktereigenschaft definiert.

Statt *hyperaktiv* könnte man ja auch **energiegeladen** sagen, statt *besessen* - **leidenschaftlich**, statt *leicht ablenkbar* – **bekommt sonst nicht beachtete Details mit**, statt *unterbricht ständig* – **teilt Ideen sehr engagiert mit**.

Menschen mit ADHS sind oft sehr kreativ und denken „out of the box". Sie haben viel Energie und Enthusiasmus. Weiters sind sie oft spontan und flexibel. Eine weitere interessante ist Fähigkeit ist es, Dinge aus verschiedenen Perspektiven zu betrachten. Dies kann sie zu hervorragenden Problemlösern machen. Viele Menschen mit ADHS sind sehr empathisch und sensibel gegenüber den Gefühlen und Bedürfnissen anderer. Ihre natürliche Neugier kann sie dazu bringen, ständig neues Wissen zu erwerben und sich weiterzuentwickeln.

Eine große, im Lancet veröffentlichte Metastudie, erhob in den USA jene Faktoren, die für das Entstehen von ADHS verantwortlich sind (Kim et al., 2020). Diese lange Liste der Faktoren zeigt wie komplex die Ursachensuche ist.

Die folgende Grafik wurde von mir übersetzt und bearbeitet. Die unterschiedlichen Bereiche, die die Mutter oder das Kind betreffen, wurden gekennzeichnet:

Dies betrifft die Mutter VOR der Schwangerschaft.
Dies betrifft das Kind IN der Schwangerschaft.
Dies betrifft das Kind NACH der Schwangerschaft.
Dies betrifft den Vater.
Dies betrifft Mutter oder Vater.

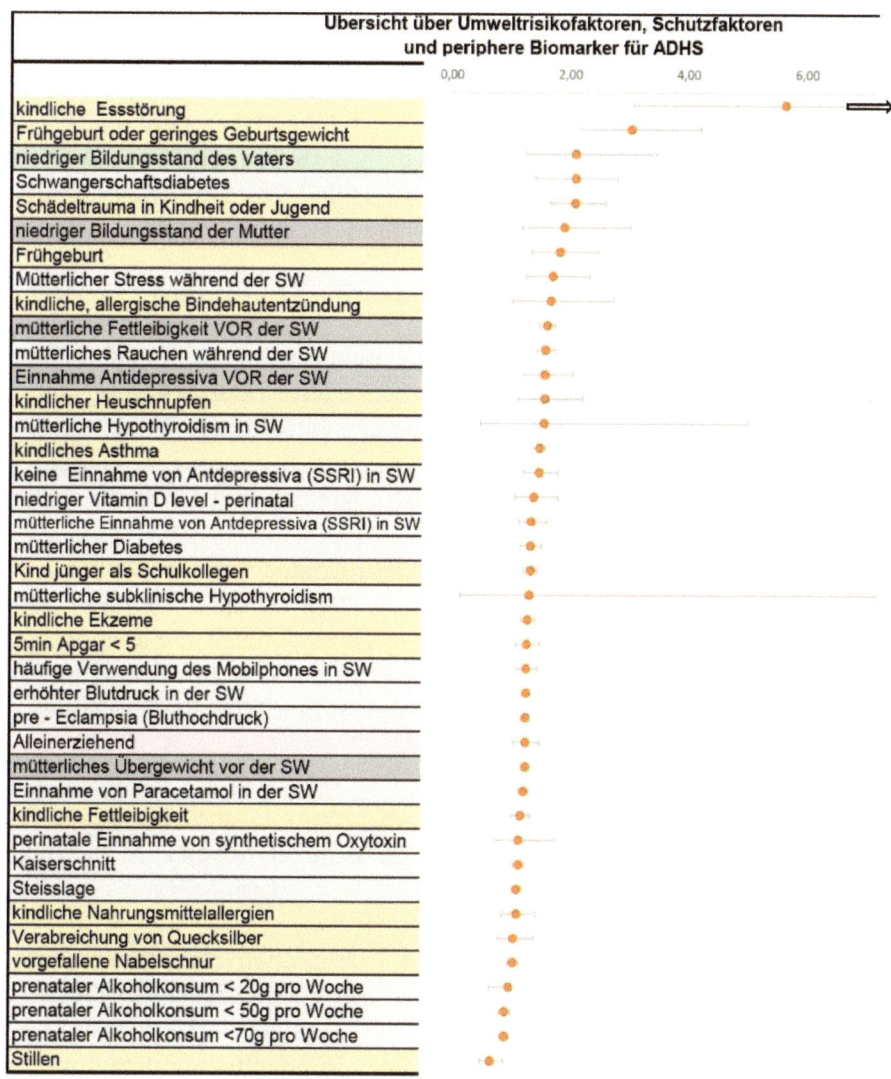

Übersicht über Umweltrisikofaktoren, Schutzfaktoren und periphere Biomarker für ADHS

| | 0,00 | 2,00 | 4,00 | 6,00 |

kindliche Essstörung
Frühgeburt oder geringes Geburtsgewicht
niedriger Bildungsstand des Vaters
Schwangerschaftsdiabetes
Schädeltrauma in Kindheit oder Jugend
niedriger Bildungsstand der Mutter
Frühgeburt
Mütterlicher Stress während der SW
kindliche, allergische Bindehautentzündung
mütterliche Fettleibigkeit VOR der SW
mütterliches Rauchen während der SW
Einnahme Antidepressiva VOR der SW
kindlicher Heuschnupfen
mütterliche Hypothyroidism in SW
kindliches Asthma
keine Einnahme von Antdepressiva (SSRI) in SW
niedriger Vitamin D level - perinatal
mütterliche Einnahme von Antdepressiva (SSRI) in SW
mütterlicher Diabetes
Kind jünger als Schulkollegen
mütterliche subklinische Hypothyroidism
kindliche Ekzeme
5min Apgar < 5
häufige Verwendung des Mobilphones in SW
erhöhter Blutdruck in der SW
pre - Eclampsia (Bluthochdruck)
Alleinerziehend
mütterliches Übergewicht vor der SW
Einnahme von Paracetamol in der SW
kindliche Fettleibigkeit
perinatale Einnahme von synthetischem Oxytoxin
Kaiserschnitt
Steisslage
kindliche Nahrungsmittelallergien
Verabreichung von Quecksilber
vorgefallene Nabelschnur
prenataler Alkoholkonsum < 20g pro Woche
prenataler Alkoholkonsum < 50g pro Woche
prenataler Alkoholkonsum <70g pro Woche
Stillen

In dieser Auflistung fehlen - aus meiner Sicht - die senso-motorischen Ursachen wie frühkindliche Reflexe, Gleichgewicht sowie zentrale Hör- und Sehverarbeitung. Die Liste zeigt wie komplex die Zusammenhänge sein können.

Durch die Freisetzung der Stresshormone aufgrund eines aktiven MORO-Reflexes wird die Verknüpfung zum Kortex (Verstand) blockiert und der ständig überhöhte Adrenalinspiegel führt zu einer vergrößerten Amygdala, die als Wächterin vor Gefahr dann viel schneller reagiert.

Das Kind mit einem Spinalen Galantreflex hat Schwierigkeiten ruhig sitzen zu bleiben und fällt unter anderem durch Unruhe und Hyperaktivität auf. Bei einem aktiven TLR beeinflusst jede Kopfbewegung die gesamte Körperhaltung und das Gleichgewicht. Der Körper ist ständig mit dem Ausgleich dieser Veränderungen beschäftigt und dadurch ist die Konzentrationsfähigkeit stark eingeschränkt.

Autismus

Eine weitere Störung, die das Lesenlernen beeinträchtigen kann, ist die Autismusspektrumstörung (ASS). Kaum eine andere Entwicklungsstörung hat in den letzten 50 Jahren einen derart hohen Anstieg zu verzeichnen.

1974 war in den USA die Rate von autistischen Kindern zu „normalen" Kindern 1: 10.000. Diese Zahl stieg bis 2014 auf 1:59 (Hughes et al., 2018). Laut CDC lag sie 2023 bei 1:36.

Weitere Beispiele aus den USA: Im Jahr 2020, trotz des Pandemiejahres und möglicherweise geringerer Diagnostik, lag die Rate der Autismusspektrumstörung bei 8-Jährigen bei etwa 4,3 Prozent der Jungen und 1,1 Prozent der Mädchen. Es gibt jedoch große regionale Unterschiede. In San Diego lag die Autismusrate bei 8-Jährigen Jungen im Jahr 2020 bei 7%.(Podbregar, 2023).

95% der Autisten haben eine sensorische Integrationsstörung, die ihnen das Lernen und die Konzentration erschwert. 14% der Autisten haben zusätzlich eine Lese- Rechtschreibstörung (Hofvander et al., 2009).

Der Zusammenhang zwischen Autismus und motorischen Defiziten ist nicht überraschend, da bei Autismus oft ein Verlust von Purkinjezellen im Kleinhirn beobachtet wird. Das Kleinhirn unterhält wechselseitige Verbindungen zum präfrontalen Kortex und anderen Regionen, die die kognitive und motorische Funktionen steuern (Rogers et al., 2013).

Nicht nur in den USA steigt der Anteil an Autismusdiagnosen in Deutschland verdoppelten sich die Zahlen in 10 Jahren (2013 bis 2022) wie die Auswertung der HKK Versicherten zeigt.

Die deutschen Versicherungsdaten zeigen weiters, dass 33,1 % der Autisten unter ADHS und 24,6% unter einer Angststörung leiden *(Autismus: Warum Sind doppelt so Viele Jungen wie Mädchen Betroffen? – SciFi, n.d.).*

Weitere Diagnosen ...

Legasthenie kann zu Stress und Frustration beim Lesen und Schreiben führen, was wiederum **Angst und Depressionen** verstärken kann. Aufgrund der Schwierigkeiten beim Lesen und Schreiben können Kinder und Erwachsene mit Legasthenie ein niedriges Selbstwertgefühl entwickeln, was in der Folge zu Depressionen führen kann.

Bei einer Umfrage gaben laut einem Medienpädagogen 67% der Kinder und Jugendlichen an, dass sie **Niedergeschlagenheit, Schwermut oder Hoffnungslosigkeit** erlebten. Depressionen bei Kindern und Jugendlichen nehmen seit 10 Jahren stark zu.

Viele Kinder sind heutzutage von Diagnosen im Lernen und von chronischen physischen sowie psychischen Krankheiten betroffen. Die Gründe dafür sind vielschichtig und können mit verschiedenen Veränderungen in unserem Lebensstil, Gesundheitssystem und unserer Gesellschaft zusammenhängen.
Der Sinn einer Diagnose liegt einerseits darin den Ausgangspunkt für die Suche nach individuellen Ursachen und maßgeschneiderten Lösungen zu legen, andererseits einen Zugang zu einem angemessenen Nachteilsausgleich zu ermöglichen.
Inflationär gestellte Diagnosen führen einerseits zu einer Vielzahl von Dienstleistungsanbietern, die unüberschaubar werden können. Andererseits wird eine Diagnose leider oft als „Erklärung" genutzt, warum ein Kind keinen Erfolg erzielen kann, und warum Bemühungen sinnlos erscheinen. Dabei könnte die Neuroplastizität unterschätzt werden. Neuroplastizität beschreibt die Fähigkeit des Gehirns, sich lebenslang zu verändern und neu zu organisieren. Durch Lernen und gute Erfahrungen entsteht eine positive Neuroplastizität. Durch schlechte Erfahrungen oder Verletzungen ist die Neuroplastizität negativ. Dabei passen sich

neuronale Verbindungen an, indem sie gestärkt, geschwächt oder neu gebildet werden.

Wir **alle sind neurodivers** - absolut - jeder von uns hat verschiedene genetische, epigenetische und soziale Einflüsse vor und nach der Geburt sowie unterschiedliche Förderung im kindlichen und erwachsenen Umfeld erfahren. Es ist entscheidend, individuelle Entwicklungen zu akzeptieren und zu für jeden einen individuellen Förderweg zu finden.

Unsere Gesellschaft sollte sich kritisch mit den Gründen für die Abnahme komplett gesund entwickelter Kinder auseinandersetzen. Was sind die Gründe für die Abnahme der physischen wie psychischen Gesundheit?

LESESCHWÄCHE analysieren

Bei Kindern, deren Lesekompetenz nicht altersentsprechend ist, wird häufig zunächst ein Lesetest vorgenommen, beispielsweise das Salzburger Lesescreening. Dieses misst die basale Lesefertigkeit primär anhand der Lesegeschwindigkeit, die als ein Hinweis auf die Leseflüssigkeit gilt und die Lesegenauigkeit. Beides gibt indirekt Hinweise auf das sinnerfassende Lesen.

Soll bei einer Leseschwäche die **Lesekompetenz** ausschließlich durch **intensives Lesen üben verbessert werden?**

Aus meiner Sicht bedeutet dies nur ein Arbeiten an den Symptomen. Es braucht einen ganzheitlichen Blick auf die Lesesituation, um die einzelnen Ursachen zu erkennen und daraus ein passendes Leseförderkonzept zu erarbeiten.
Unterentwickelte Basisfähigkeiten können nicht durch vermehrtes Üben der Kulturtechnik Lesen ausgeglichen werden. Ein Kind mit starker Weitsichtigkeit würde man auch nicht ohne Brille lesen üben lassen. Wenn das körperliche und geistige Basissystem übermäßig viel Energie beansprucht, bleibt nicht genug Kapazität für das Lesenlernen oder für konzentriertes Arbeit zur Verfügung.

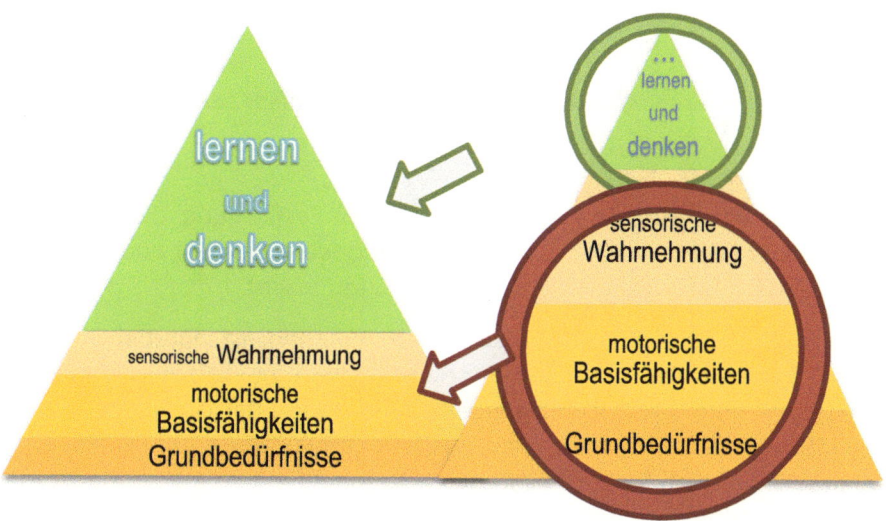

Das Gehirn braucht gut steuerbare Augenmuskel, die sich fließend bewegen können, ein gut entwickeltes Hörsystem, um die Laute richtig zuordnen zu können, ein gutes Gefühl für den eigenen Körper im Raum und ein stabiles

Gleichgewicht, damit Lesen funktionieren kann und der Leser oder die Leserin sich auf den Text und seinen Inhalt konzentrieren kann. Nicht zu vergessen sind Faktoren wie ein guter Gehirnstoffwechsel und eine förderliche sozial-emotionale Umgebung.

Sobald die sensorischen und motorischen Basisfähigkeiten aufgebaut sind, bringt intensives Lesen üben mit den didaktisch passenden Leseübungen bleibenden Erfolg

In den folgenden Kapiteln erhalten Sie viele Anregungen zum Herausfinden der Ursachen einer Leseschwäche und Ideen für die daran anschließende Förderung. Dank der **positiven Neuroplastizität** können Defizite in vielen Bereichen mit gezielten Übungen aufgeholt werden. Die **Neuroplastizität** ist die Fähigkeit des Gehirns, seine Struktur und Funktion als Reaktion auf Erfahrungen, Lernen oder Verletzungen zu verändern. Diese Anpassungsfähigkeit ermöglicht es dem Gehirn, sich kontinuierlich zu reorganisieren. Für die positive Neuroplastizität wird die Neurogenese (=ständige Neubildung von Nervenzellen) im Hippocampus (näheres siehe Seite 53) benötigt.

Schwäche in den Lesefertigkeiten

 Welche Problembereiche werden zunächst beim Lesen analysiert?

Der erste Schritt jeder Analyse besteht in der Feststellung der Art und des Ausmaßes der Leseschwäche durch einen geeigneten Lesetest und eine Analyse welche Lesefertigkeit die größten Schwierigkeiten macht.

Um ein vollständiges Bild der Ursachen zu erhalten, ist darüber hinaus eine eingehende Analyse der Lesesituation sowohl in der Schule als auch im häuslichen Umfeld notwendig. Auf die notwenigen Beobachtung der Lesesituation, um die zugrundeliegenden Ursachen, potenzielle Energieräuber und Stressoren zu identifizieren, wird ab Seite 83 eingegangen.

*Welche Lesefertigkeiten werden unterschieden? Welche Ursachen
können Problemen dem einzelnen Bereich zugrunde liegen?*

📖 Lesekompetenz

Lesekompetenz ist die Fähigkeit, geschriebene Texte zu verstehen, zu
interpretieren und auf unterschiedliche Situationen anzuwenden. Sie hängt von
sprachlichen Fähigkeiten, Vorwissen, Leseverständnis, Lesestrategien,
Leseintonation, Motivation sowie von der Qualität und Häufigkeit der
Leseerfahrungen ab. Wesentlich ist dabei, auf eventuell fehlende Basisfähigkeiten
und Vorläuferfertigkeiten zu achten.

📖 Leseverständnis

Leseverständnis ist die Fähigkeit, geschriebene Texte zu verstehen, deren Inhalte
zu interpretieren und sie kritisch zu reflektieren. Grundvoraussetzungen für ein
gutes **Leseverständnis** sind eine hohe *Lesegenauigkeit* und eine angemessene
Lesegeschwindigkeit. Es hängt von Faktoren wie Sprachkompetenz, Vorwissen,
Wortschatz, Lesestrategien und Leseflüssigkeit ab.

- o geringer Wortschatz aufgrund eines Migrations-hintergrundes
  oder einer Sprachentwicklungs-verzögerung (Ohrentzündungen
  oder Polypen, ...?)
- o rechte Hirnhälfte schwächer entwickelt?
- o Schlechte Intonation?
- o Liegt ein Problem mit dem Arbeitsgedächtnis (siehe Seite 28) vor?
  Informationen von beiden Ohren gut zu verarbeiten und zu
  integrieren erfordert ein funktionierendes Arbeitsgedächtnis.
- o Ist das dichotische Hören (Seite 138) schwach entwickelt?
- o fehlende Leseflüssigkeit?

📖 Leseflüssigkeit

Leseflüssigkeit bezeichnet die Fertigkeit, Texte genau und intoniert,
automatisch und zügig zu lesen.

Leseflüssigkeit ist ein entscheidender Faktor für das Leseverständnis, da sie es dem Leser ermöglicht, sich auf den Inhalt des Textes zu konzentrieren, anstatt sich auf das Dekodieren einzelner Wörter zu konzentrieren.

Fehlende Leseflüssigkeit ergibt sich aufgrund geringer

- Lesegenauigkeit
- Lesegeschwindigkeit
- Leseprosodie
- Schwache automatisierte Worterkennung ODER
- fehlender Lesepraxis
- großer Stress (äußere Umstände oder MORO-Reflex)
- Wie ist das Leseselbstkonzept entwickelt?
- falscher Übungszeitpunkt (zu spät?)
- Feedback in der Schule und zu Hause?

📖 Lesegenauigkeit

Die Lesegenauigkeit bezieht sich auf die Fähigkeit, Wörter korrekt zu erkennen und auszusprechen.

Eine hohe **Lesegenauigkeit** bedeutet, dass der Leser den Text weitgehend fehlerfrei liest. Fehler beim Lesen können zu Missverständnissen oder fehlerhaften Interpretationen führen.

Ungenauigkeit kann sein aufgrund von

- schwache phonologische Bewusstheit (siehe Seite 34),
- zentrale auditive, zentrale visuelle oder motorische Verarbeitung?
- schwaches Arbeitsgedächtnis (siehe Seite 28),
- schwache automatisierte Worterkennung der Sichtworte (S 256),
- geringe Lesepraxis

📖 Lesegeschwindigkeit

Lesegeschwindigkeit ist die Fähigkeit, Texte in einer bestimmten Zeitspanne flüssig und fehlerfrei zu lesen.

Wer **schneller liest,** versteht den Inhalt besser. Schnelleres Lesen bedeutet, dass weniger Energie für den Lesevorgang benötigt wird, die dann für eine intensivere Auseinandersetzung mit dem Text verwendet werden kann.

Welche **Lesegeschwindigkeit** brauchen Kinder, um ein gutes Leseverständnis zu erreichen?

Vorgelesen wird mit ca. 150 Wörtern pro Minute (WpM). Ab diesem Tempo kann man sich dem Inhalt des Gelesenen widmen. Diesen Wert sollten Kinder am Ende ihrer Volksschulzeit erreichen. Durchschnittliche Leser erreichen 200 bis 300 WpM, während Leseexperten auf 500 bis 1000 WpM kommen (*Lesegeschwindigkeit Ermitteln | Tiroler Bildungsservice*, n.d.).

Bei 140 Wörtern pro Minute zeigt sich, dass der Lesevorgang so automatisiert ist, dass ausreichend Kapazität für das Verständnis des Gelesenen vorhanden ist (*Mein Kind Liest so Langsam - Was Kann Ich Tun?*, n.d.).

Lesen seit	WpM
6 Monaten	25 - 40
1,5 Jahren	60 - 85
2,5 Jahren	105 - 120
4 Jahren	140 - 150

Lesen seit	richtig gelesene Wörter pro Minute
1 Jahr	22
2 Jahren	58
3 Jahren	81
4 Jahren	85

Der Salzburger Lesetest definiert für die oberen 25% der Kinder eine geringere Zahl an richtig gelesenen Worten pro Minute.

Langsame Lesegeschwindigkeit kann vorliegen aufgrund
- niedrige Benennungsgeschwindigkeit (siehe Seite 35)
- Umwandlung Phonem (Laut) in Graphem (Buchstabe) ist mühsam.
- Automatisierung von Buchstaben oder Sichtwörtern ist mangelhaft.
- Liegt eine niedrige auditive Ordnungsschwelle vor, sodass die Dekodierung der einzelnen Laute langsam ist?
- Probleme in der zentralen visuellen Verarbeitung
- Probleme im Gleichgewicht?
- geringe Lesepraxis

Leseprosodie (Leseintonation)
Prosodie bezieht sich auf die Ausdrucksweise beim Lesen, einschließlich der Betonung, Intonation und des Rhythmus.
- Liegt eine Schwäche in der Dekodierung vor?
- Fehlt es an der Leseflüssigkeit oder am Textverständnis?
- fehlt die Sprachmelodie beim Sprechen?
- Gibt es phonologische Probleme?

- o Ist die rechte Hirnhälfte ist schwächer entwickelt?
- o Ist Lesen zu anstrengend?
- o Fehlt es an Aufmerksamkeit?

📖 Lesemotivation

Lesemotivation ist das Interesse und die Bereitschaft, sich freiwillig mit geschriebenen Texten auseinanderzusetzen. Sie hängt von persönlichen Faktoren wie Freude am Lesen, Leseselbstkonzept, Leseerfahrungen sowie äußeren Einflüssen wie Vorbilder, Zugang zu Büchern und unterstützender Umgebung ab. Fragen, die man sich stellen kann:

- o Negative Leseerfahrungen oder negatives Leseselbstkonzept
- o Ist das Lobsystem das Richtige?
- o Ist der Lesestoff interessant und gendergerecht?
- o Mangelnde Lesekompetenz
- o Zu viel Druck oder Zwang
- o Keine Lesekultur zu Hause und in der Schule

📖 Lesestrategien

Lesestrategien sind bewusst eingesetzte Techniken, die das Verständnis, die Strukturierung und das Behalten von Textinhalten erleichtern. Sie hängen von der Leseerfahrung sowie von der gezielten Förderung und Übung dieser Strategien ab.

- o Ist die Leseflüssigkeit soweit ausgebildet, dass überhaupt Lesestrategien angewandt werden können?
- o Kann der Text mit eigenen Erfahrungen, anderen Texten oder allgemeinem Wissen verbunden werden?
- o Kennt das Kind Lesestrategien?

📖 lautes und stilles Lesen

Gibt es einen großen Unterschied zwischen **lautem** und **stillem Lesen?**

- o Ist der Stress zu groß beim lauten Lesen? (Visuelles Problem?)
- o Kann das Kind überhaupt still Lesen? Oder braucht es das motorische System der Sprachausgabe als Hilfe.
- o Braucht das Verständnis das motorische System des lauten Lesens? Es werden beide Sinne (Seh- und Hörsinn) angesprochen.

📖 Lese-Selbstkonzept

Das Lese-Selbstkonzept beschreibt, wie ein Kind sich selbst in Bezug auf das Lesen wahrnimmt: *„Bin ich ein guter Leser? Macht mir Lesen Spaß? Traue ich mir schwierige Texte zu?"*

Diese innere Haltung entsteht nicht allein durch die objektive Leseleistung, sondern vor allem durch persönliche Erfahrungen, Rückmeldungen und emotionale Erlebnisse beim Lesen. Kinder, die wiederholt Misserfolge erfahren oder unter Druck lesen müssen, entwickeln häufig ein negatives Lese-Selbstbild – selbst dann, wenn ihre Fähigkeiten durchaus ausbaufähig wären. Umgekehrt fördern Lob, Erfolgserlebnisse und freudvolles Lesen das Vertrauen in die eigene Lesekompetenz. Ein positives Lese-Selbstkonzept ist daher ein entscheidender Motor für Lesemotivation, Ausdauer und langfristige Lesefreude. Besonders in den ersten beiden Schuljahren wird dieses Selbstkonzept geprägt und bildet eine wesentliche Grundlage für das spätere akademische Selbstbild (Chapman et al., 2000).

Beobachtungen beim Lesevorgang

Wo liegen die Ursachen der jetzt festgestellten Leseschwäche? Wie kann man diese finden? Eine gute Möglichkeit sind die im folgenden aufgezeigten Beobachtungen und Fragen.

 *Welche Beobachtungen/ Fragen helfen Ihnen die Ursachen der Leseschwäche zu identifizieren? Liegen sie vielleicht im Bereich der Basisfähigkeiten oder Vorläuferfertigkeiten?*

Um Probleme bei den körperlichen Voraussetzungen für das Lesen zu erkennen, braucht es Beobachtungen, wie beispielsweis:

 Spezielle Probleme der Leseanfänger?

● Buchstaben machen Angst
   - ⇨ schwacher Leseselbstwert?
   - ⇨ Hypersensibel?
   - ⇨ Macht die Umgebung Stress? Moro?

⇨ Gibt es Druck in der Schule von Mitschülern oder in der Familie von Geschwistern?

- Zusammenlautieren oder Synthetisieren gelingt nicht
  ⇨ geringe phonologische Bewusstheit (reimen ist schwierig, Silben klatschen gelingt nicht)
  ⇨ Angst aufgrund der Verunsicherung, weil es nicht klappt?

Wie ist die Haltung beim Lesen?

- Haarsträhne ist vor einem Auge oder Hand wird vor ein Auge gehalten
  ⇨ Ein Auge wird dadurch ausgeschaltet – Ist die Zusammenarbeit der beiden Augen mangelhaft?

- Kopf wird mit einer Hand aufgestützt
  ⇨ Sind die Kopfstellreflexe nicht vorhanden?
  ⇨ Kopf ist „zu schwer" – Nackenmuskulatur zu wenig ausgeprägt?
  ⇨ Asymmetrie oder frühkindliche Reflexe?

- Buch wird schräg gelegt
  ⇨ Wird das Überschreiten der Körpermittellinie vermieden?
  ⇨ Soll ein Auge soll ausgeschalten werden?
  ⇨ Probleme in der Haltung aufgrund von Asymmetrie oder frühkindlichen Reflexen?

- Buch oder Tablett wird sehr nahe ans Gesicht gehalten
  ⇨ Wie steht es um die Sehschärfe?
  ⇨ Arbeiten die beiden Augen gut zusammen?
  ⇨ Sind frühkindliche Reflexe vorhanden?

Wie läuft der Lesevorgang ab?

- Braucht einen Finger oder ein Zeilenlineal zum Halten der Zeile
  ⇨ Können Augen isoliert bewegt werden oder wird der Kopf mitbewegt?
  ⇨ Ist die Aufmerksamkeit sehr fluktuierend? Das Kind sucht ständig Bilder, um den Textinhalt zu verstehen.

- Wortanfang wird weggelassen

⇨ Wie schaut es mit den Augenbewegungen aus?
⇨ Liegt eine körperliche Asymmetrie vor?
⇨ Gibt es großen Stress und die Augen akkommodieren nicht gut?
⇨ Stören frühkindliche Reflexe das visuelle System?

● Buchstaben werden vertauscht, beispielsweise db, un oder ei/ie:
⇨ Wie schaut es mit der Raumlage aus?
⇨ Gibt es körperliche Asymmetrien?
⇨ Ist der Atlas blockiert?
⇨ Wie ist das Gleichgewicht gut entwickelt?

● Buchstaben werden falsch ausgesprochen:
⇨ Automatisierung fehlt bei den erlernten Buchstaben?
⇨ Wahrnehmungstrennschärfe ist schlecht entwickelt?

● Buchstaben oder Worte werden ausgelassen
⇨ Gibt es ein Problem in der Raumlage?
⇨ Gibt es ein Problem in der Akkommodation?
⇨ Wie steht es um die Augenbewegungen? Muss beim Lesen der Kopf mitbewegt werden?
⇨ Eine körperliche Asymmetrie
⇨ Sind noch frühkindliche Reflexe vorhanden?

● Nur die ersten Worte werden richtig gelesen, dann werden die Worte ungenau gelesen oder die Augen springen in die nächste Zeile.
⇨ Warum ermüdet das visuelle System so schnell?
⇨ Ist es schon spät beim Lesen üben?
⇨ Liegt ein ATNR vor?
⇨ Gibt es eine körperliche Asymmetrie?
⇨ Können die Augen auf eine Buchstabengruppe fokussieren?
⇨ Wird das peripheres Sehen als Vorbereitung der Sakkadensprünge verwendet?

● Verliert die Zeile
⇨ Beim Lesen bewegen sich nicht nur die Augen, auch der Kopf bewegt sich mit?
⇨ Die beiden Augen bewegen sich nicht synchron?

- Liegt zu wenig Übung vor? Ist das Übungsumfeld nicht das richtige für das Kind?
  - ⇨ Wurde die Sehschärfe und eventuelle Hornhautverkrümmung beim Augenarzt überprüft?
  - ⇨ Wird zur richtigen Zeit geübt?
  - ⇨ Ist das Lesematerial zu sehr fordernd? Ist das Material uninteressant?
  - ⇨ Wird jeden Tag in kurzen Einheiten geübt?
  - ⇨ Wie ist das Feedback zu Hause – in der Schule?
  - ⇨ Ist das Lese-Selbstkonzept gut entwickelt?

Weitere Beobachtungen

- Es dauert schier ewig, bis ein Satz an der Tafel gelesen werden kann.
  - ⇨ Gibt es ein Problem mit der Aufmerksamkeit?
  - ⇨ Springen die Augen beim Lesen?
  - ⇨ Ist es ein Zeichen für Müdigkeit?
  - ⇨ Gibt es Stress, der die Akkommodation schwierig macht?
  - ⇨ Gibt es einen noch aktiven TLR?
  - ⇨ Vielleicht wird die Sehverarbeitung durch einen verschobenen Atlas beeinträchtigt?
  - ⇨ Liegt eine fehlende Kopfkontrolle vor?
  - ⇨ Unterbricht ein ständig einschießender Moro die visuelle Verarbeitung?

- Endungen werden weggelassen oder falsch ausgesprochen
  - ⇨ Gibt es ein Problem mit der Aufmerksamkeit?
  - ⇨ Springen die Augen beim Lesen?
  - ⇨ Ist es ein Zeichen für Müdigkeit?
  - ⇨ Gibt es eine schlechte auditive Wahrnehmungstrennschärfe.

Ist eine Lichtempfindlichkeit gegeben?

- Sollte die Helligkeit des Geräts niedriger sein?
  - ⇨ Funktioniert die Sehverarbeitung aufgrund der Licht-empfindlichkeit nur eingeschränkt?

- große Lichtempfindlichkeit ist gegeben
  - ⇨ Weißer Schreibtisch, auf den womöglich noch Sonne scheint, ist zu stark im Kontrast und führt zu unscharfen Seheindrücken oder zur Unmöglichkeit auf kleine Schrift scharf zu stellen.
  - ⇨ Abschreiben vom Overhead Projektor setzt die Akkommodation außer Kraft – aufgrund des grellen Lichts
  - ⇨ wenn Teile einer Seite in Fettdruck gesehen werden.
  - ⇨ Ist die Sehverarbeitung beim Whiteboard schlechter als bei der grünen Tafel.
  - ⇨ Augenstellung ist nicht parallel, erkennbar durch leichtes Schielen bei Müdigkeit.
  - ⇨ Bei einem gestressten oder blockierten Vagusnerv.
  - ⇨ Wenn das Moro Stresssystem ständig aktiviert wird, dann führt es zu generell erhöhter Sensitivität.

Weitere Beobachtungen, die im Bereich des zentralen Sehens liegen

Fragen Sie das Kind folgende Fragen - so, als ob es ganz normal wäre, dass solche Seheindrücke auftreten. Die Fragen können unterschiedlich beantwortet werden – je nachdem ob es sich um ein Buch, eine grüne Schultafel oder ein Whiteboard handelt. Daher unterschiedliche Fragen stellen. Die genauen Fragen sind auf Seite 153 zu finden.

Weitere Beobachtungen, die im Bereich des zentralen Hörens liegen

Welche Fragen ergeben sich, wenn man an eine zentrale Hörverarbeitungsproblematik denkt – siehe genaue Fragen auf den Seiten 142 und 153 zu finden.

GANZHEITLICHE Leseförderung

Die Planung einer ganzheitlichen Leseförderung ist eine anspruchsvolle und vielschichtige Aufgabe. Sie setzt eine sorgfältige Analyse aller diagnostizierten und beobachteten Faktoren voraus. Diese müssen gezielt gewichtet werden, um die Förderung passgenau an den zentralen Ursachen anzusetzen. Das Förderprogramm sollte in seiner Struktur, Intensität und Wiederholung individuell auf das Kind, seine spezifischen Leseschwierigkeiten sowie seine familiäre Situation abgestimmt sein.

Eine ganzheitliche Leseförderung verbindet körperliche, sprachliche sowie kognitive Ansätze und berücksichtigt ergänzend sozial-emotionale Aspekte sowie die Körperchemie, um nachhaltig Fortschritte zu ermöglichen.
Bevor eine Leseförderung zusammengestellt wird, gilt es daher, grundlegende Fragen zu klären, wie beispielsweise:
Besteht ein Entwicklungsbedarf im Bereich der **sensomotorischen Basisfähigkeiten,** oder sind diese bereits hinreichend gefestigt? Werden im Darm genügend **Botenstoffe** produziert, die das Gehirn für effektives Lernen benötigt? Könnten **Gifte** das Gehirn „vernebeln"? Soll der Schwerpunkt auf Vorläuferfertigkeiten wie der **phonologischen Bewusstheit,** der **Sprachentwicklung** und der **Benennungsgeschwindigkeit** liegen? Oder sind **spezifische Leseübungen** und der Einsatz einer geeigneten **Lese-App** sinnvoller?

Mosaik möglicher Ursachen

Zu Beginn gleichen die Erkenntnisse noch einem Haufen ungeordneter Mosaiksteine.

Die verschiedenen Faktoren und Beobachtungen wirken zunächst zusammenhanglos und unübersichtlich. Erst durch eine gründliche und ausführliche sensomotorische Statuserhebung können diese Puzzleteile Schritt für Schritt zu einem klareren Bild zusammengesetzt werden. Dabei wird deutlich: Ein einzelnes Mosaiksteinchen ist selten allein die

Ursache für die bestehenden Schwierigkeiten — und ebenso wenig der einzige mögliche Ansatzpunkt für eine gezielte Förderung.

Je mehr dieser Mosaiksteinchen im Verlauf der Diagnostik erkannt und benannt werden, desto komplexer wird die Aufgabe, sie sinnvoll zu einem stimmigen „Mosaikbild der Lese - Förderplanung" zusammen-zufügen.

Genau hier kommt die Rolle einer erfahrenen Lernbegleitung ins Spiel. Sie bietet Orientierung und Entscheidungshilfen: Welche der identifizierten Ursachen sind aktuell besonders bedeutsam? Welche Mosaiksteinchen sollten zu welchem Zeitpunkt in den Vordergrund rücken, um die bestmögliche Wirkung im Förderprozess zu entfalten?

Ziel ist es, aus der Vielzahl der Informationen ein individuell abgestimmtes Förderkonzept zu entwickeln, das die spezifischen Bedürfnisse des Kindes aufgreift und es auf seinem Weg zu mehr Lesekompetenz und Lesefreude unterstützt.

Fühlen Sie sich frustriert, weil das viele Üben beim Lesen keine nachhaltigen Erfolge bei Ihrem Kind zeigt? Haben Sie das Gefühl, Unterstützung zu brauchen, um die vielen möglichen Ursachen — die einzelnen „Mosaiksteinchen" — besser zu erkennen und ein stimmiges Gesamtbild daraus zu formen?

Wenn Sie sich wünschen, dabei begleitet zu werden, lade ich Sie herzlich ein, sich unverbindlich über meine **mehrwöchige Online-Lese-Analyse** zu informieren. Buchen Sie dafür gerne ein kostenfreies, **10-minütiges Infogespräch.**

SCAN ME

Der „Lesetempel" – Sinnbild für strukturiertes und nachhaltiges Lernen

Mein "Lesetempel", inspiriert vom imposanten Bau der ägyptischen Königin Hatschepsut, steht sinnbildlich für einen systematischen und aufeinander aufbauenden Förderprozess. Ähnlich wie der Weg zu einem ehrwürdigen Tempel erfordert auch der Erwerb von Lesekompetenz Geduld, Ausdauer und das bewusste Meistern jeder einzelnen Stufe. Der Einstieg erfolgt dort, wo der individuelle Förderbedarf festgestellt wurde. Von diesem Punkt aus wird schrittweise — Stufe für Stufe — weitergearbeitet.

Der Aufgang zum Tempel gleicht einer stabilen, massiven Treppe. Mit einem sorgfältig zusammengestellten Trainingsprogramm bewegt man sich langsam, aber stetig nach oben. Jede bewältigte Stufe festigt das Fundament für die nächste und bringt das Kind seinem persönlichen Lesetempel ein Stück näher.

Meine Helfer auf dem Weg zur Lesekompetenz sind Simmolino (Protagonist des SIMMO-Trainings siehe Seite 99), Leo, der Lesewurm aus der leamos LeselernApp siehe Seite 290, die BALLSA-Bälle siehe Seite 131 oder der Einsatz eines Lesehundes auf Seite 285.

Die Basis, auf die der Lesetempel gebaut ist, ist die Körperchemie und die sozial-emotionale Stabilität.

Der unterste Level des Tempels baut auf die Säulen von Integration der frühkindlichen Reflexe, von Training der sensorischen Wahrnehmung und der motorischen Koordination auf.

Der nächste Level wird von den Säulen der Vorläuferfertigkeiten und den Basisfähigkeiten (Rhythmus und Koordination) getragen.

Darauf aufbauend ist das wichtige Lesetraining, das auf die Säulen Didaktik, Motivation, Automation, Aufmerksamkeit, Lese-Selbstkonzept, Chorlesen und Lesestrategie baut.

Die oberste Etage ruht auf Säulen, die sich mit der Förderung von Lesefertigkeiten wie Lesegeschwindigkeit, Lesegenauigkeit, Leseverständnis und Leseintonation beschäftigen.

Werfen wir nun einen Blick auf die unterschiedlichen Förderbereiche:

Motorische Basis

Da menschliche Babys aufgrund unserer Bipedie mit einem sehr unausgereiften Gehirn zur Welt kommen, braucht es einen Motor für die Gehirnentwicklung: das ist die **Bewegung**. In den ersten Lebensmonaten sind es die **frühkindlichen Reflexe**, die die Gehirnentwicklung vorantreiben. Später erfüllen diese Aufgabe die bewusste, vom Großhirn koordinierten Bewegungen. Körperliche Aktivitäten steigern Aufmerksamkeit, Konzentration, Problemlösungsfähigkeit und kreatives Denken. Bewegung fördert die positive **Neuroplastizität** und ist nicht nur unerlässlich für eine gesunde Entwicklung des Gehirns, sondern auch für das körperliche und mentale Wohlbefinden.

„Beweglicher werden heißt lebendiger werden, körperlich, geistig und seelisch." (M. Feldenkrais).

Eine motorische Entwicklungsstörung kann mit einer Reihe von Begleitauffälligkeiten einhergehen. Ein Teil der Kinder zeigt gleichzeitig eine

Spracherwerbs– und/oder eine Aufmerksamkeitsstörung (Jenni et al., 2008). Kinder mit schulischen Teilleistungsstörungen (z.B. Legasthenie) leiden gehäuft an motorischen Störungen (Regehr & Kaplan, 1988).

Mitbewegungen sind unwillkürliche Bewegungen von Körperpartien, die nicht aktiv an der Durchführung einer Aufgabe beteiligt sind. Mögliche Mitbewegungen mit dem Mund, der Zunge, der Hand, wenn der Fuß bewegt wird, etc. sind bei kleinen Kindern völlig normal. Im Schulalter sind sie ein Maß für die neurologische und biologische Reife eines Kindes. Die Intensität der Mitbewegungen ist ein individuelles Persönlichkeitsmerkmal, wie ein Kind motorisch auf Stress reagiert (Jenni et al., 2008).

Eine Unreife der Hand- und Fingermotorik steht in engem Zusammenhang mit dem Sprechen und der Mundmotorik des Schülers (Saug-Suchreflex). Sprachschwierigkeiten korrelieren häufig mit manueller Ungeschicklichkeit.

Die motorischen Fertigkeiten nahmen in den letzten 30 Jahren ab. In Australien wurde 2020 eine Untersuchung an über 6000 Kindern veröffentlich. Ein Vergleich von 6-jährigen Kindern über den Zeitraum von 26 Jahren ergab folgende Veränderungen (*KIDDO Annual FMS Report 2020.Pdf*, n.d.):

	1994	2020	Leistungsverringerung 1994-2020
BUBEN			
Gleichgewicht	54 Sek.	37 Sek.	30 %
Ball aufprellen / fangen	18 x	16 x	11 %
laufen	11,9 Sek.	12,6 Sek.	6 %
MÄDCHEN			
Gleichgewicht	55 Sek.	42 Sek.	24 %
Ball aufprellen/ fangen	18 x	14 x	22 %
laufen	12,8 Sek.	13,4 Sek.	5 %

Vor allem Schüler:innen im Volksschulalter befinden sich in einer wichtigen Entwicklungsperiode, in der sie ihr grundlegendes motorisches Repertoire weiter ausbilden (Schack & Pollmann, 2020).
Das Achten auf die körperliche Kraft – vor allem Stärkung der Körpermitte und wirbelsäulenstabilisierende Übungen haben positive Auswirkungen auf das Gleichgewicht und das Kleinhirn.

Die Entwicklung der **Sensomotorik** - die Gleichzeitigkeit von Bewegung und Wahrnehmungsprozessen - ermöglicht das Erlernen von gezielten Handlungen. Hält ein Baby beispielsweise einen Ball mit beiden Händen und sein Blick fixiert diesen Ball, um dann, wenn der Ball wegrollt, ihn mit den Augen zu verfolgen – so findet intensivstes Hirntraining statt.

Eine harmonisch abgestimmte Körpermotorik ist eine Voraussetzung für die **Steuerung der Augenmuskel.** Das Springen der Augen beim Überschreiten der Körpermitte hat direkten Einfluss auf das Lesen. Die Augen müssen sich problemlos über die Körpermitte bewegen können, um einer langen Zeile in einem Buch entlang „zu gleiten". Persistierende frühkindliche Reflexe können sich in diesem Bereich sehr störend auswirken.

Kurze Bewegungspausen während des Lesens können die Aufnahmefähigkeit erhöhen und die Ermüdung reduzieren. Bewegungsspiele, die sprachliche und kognitive Fähigkeiten fördern, können als Teil des Leseunterrichts verwendet werden. Zum Beispiel können Kinder während des Lesens bestimmte Bewegungen ausführen, um Wörter oder Sätze zu betonen. Weitere konkrete Ideen gibt es ab Seite 274.

Frühkindliche Reflexe

Reflexe sind automatisierte Antworten des Nervensystems auf einen spezifischen Reiz, eine Haltungsänderung oder eine motorische Aktion.

Beginnend in der Schwangerschaft, dann im Geburtsprozess und in den ersten Lebensmonaten erfüllen die frühkindlichen Reflexe bei jedem Menschen zahlreiche Aufgaben des Überlebens sowie des sensorischen und motorischen Trainings. Im Mutterleib kann das Kind durch diese Reflexe bei Störfaktoren seine Position verändern und auch einen Zustand eines Sauerstoffmangels aushalten. Während der Geburt sind diese frühkindlichen Reflexe dafür verantwortlich, dass sich das Kind im Geburtskanal dreht, dass sich die beiden Schultern schräg stellen und verschieben und dass die Nabelschnur mit der Hand vom Hals weggeschoben wird.

Da der menschliche Kopf im Verhältnis zum Geburtskanal sehr groß ist, kommen Kinder gewissermaßen als „Frühgeburten" zur Welt. Ein wesentlicher Teil der Gehirnentwicklung vollzieht sich daher erst nach der Geburt. Die Neugeborenen verfügen bereits über alle Nervenzellen, doch diese müssen im Laufe der Zeit erst noch miteinander verknüpft werden.

In den ersten Lebensmonaten spielen frühkindliche Reflexe eine zentrale Rolle. Sie unterstützen unter anderem die Fähigkeit, die Körperhälften — links und rechts, vorne und hinten sowie oben und unten — unabhängig voneinander zu bewegen. Das Erkunden des eigenen Körpers und seiner Mittellinie ist ein wichtiger Teil dieser Phase. Aktivitäten wie das in-den-Mund-Nehmen der Füße, das Umdrehen, das eigenständige Erreichen der Sitzposition sowie das Erlernen des Krabbelns stellen bedeutende Meilensteine in der Gehirnentwicklung dar.

In einer normalen Entwicklung treten **frühkindliche Reflexe** nach wenigen Monaten in den Hintergrund und die Kontrolle der Bewegungszentren wird vom Kortex übernommen. Frühkindliche Reflexe, die _nach den ersten Lebensjahren_ nicht von Großhirnaktivitäten „abgeschaltet" wurden, nehmen Einfluss auf die weitere Reifung des Gehirns. Und dann erfordert die Steuerung des Körpers eine bewusste Kontrolle des Kortex, anstatt auf automatisierte Abläufe zurückgreifen zu können. Dies kostet zusätzliche Energie und verringert die verfügbare Kapazität für Aufmerksamkeit und Konzentration bei kognitiven Aufgaben. In der Folge wirken die Kinder unkonzentriert. Aber auch Hypersensitivität oder Probleme in der Stimmungsregulation sowie bei körperlichen Funktionen wie beispielsweise die Augenbewegungen können betroffen sein.
Es gibt eine zunehmende Anzahl an evidenzbasierten Aussagen, dass bei Kindern im Schulalter Zusammenhänge zwischen primitiven Reflexen und Entwicklungsverzögerungen wie beispielsweise Lernschwierigkeiten, Legasthenie, sensorische Wahrnehmungsprobleme und autistischem Formenkreis erkennbar sind (Martello, 2023).
Da die frühkindlichen Reflexe oftmals asymmetrisch vorhanden bleiben, findet die Ausreifung des Gehirns asymmetrisch statt, was zusätzlich zahlreichende Einflüsse auf _viele Schulbereiche hat_ (Blythe et al., n.d.), auf die _emotionale Steuerung_ sowie auf _sportliche Leistungen_ und sogar den _Spitzensport_ hat (Flander, n.d.).

Der Zusammenhang zwischen Reflexgeschehen und _Hochbegabung_ ist ebenfalls interessant. Hochbegabte können durch Reflexe genauso beeinträchtigt sein. In Bezug auf Schulerfolg können sie mit kognitiven Anstrengungen oft recht gut kompensieren. Aber ihr Verhalten zeigt die vorhandenen Schwierigkeiten durch hyperaktives oder sehr zurückgezogenes Verhalten sowie eine fehlende Flexibilität in Stresssituationen (Masgutova, n.d.).

Altersadäquat integrierte Reflexe können aufgrund von traumatischen Erlebnissen im jugendlichen oder erwachsenen Leben wieder reaktiviert werden, beispielsweise durch starken psychischen (z.B.: Flucht) oder physischen Druck (Stürze beim Sport oder vom Klettergerüst oder leichte Gehirnerschütterungen). Eine anhaltende oder starke Schwächung der Nebennierenfunktion – also eine Dysregulation der Stressachse (HPA-Achse: Hypothalamus–Hypophyse–Nebenniere) – kann dazu führen, dass bereits integrierte frühkindliche Reflexe wieder „aufflackern" oder reaktiviert werden.

Im Folgenden werden einige frühkindliche Reflexe näher vorgestellt, die einen direkten Bezug zum Lesen oder zur Konzentrationsfähigkeit aufweisen. Die Kopfstellreflexe, die wir unser ganzes Leben aktiv haben sollten, haben einen indirekten Bezug zum Lesen haben.

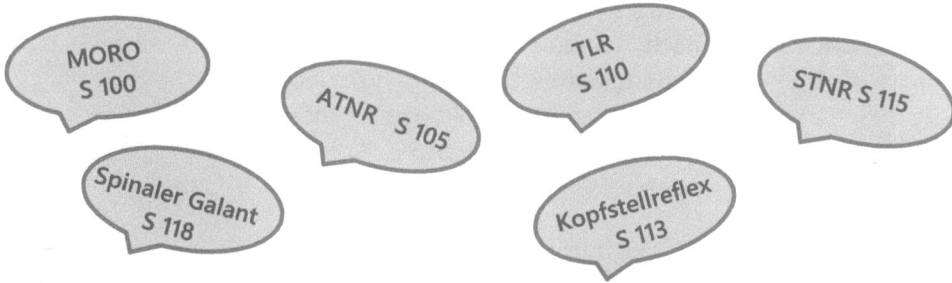

 An welchen Verhaltensweisen erkennt man, ob eventuell noch bestehende frühkindliche Reflexe vorliegen?

🚩 Probleme im Sport wie mit „Kopf ober Wasser" schwimmen, Abneigung gegen Ball fangen, balancieren, ...

🚩 scheinbar unerklärliche Leistungsschwankungen,

🚩 Verhaltensweisen wie Träumer, Sturkopf, impulsives Verhalten, ...

🚩 geringe Konzentration, schlechte Organisation,

🚩 geringe Merkfähigkeit,

verliert die Zeile beim Lesen,

 Buchstabendreher,

 häufige Abschreibfehler

 Haltungsprobleme wie geringe Rumpfstabilität,

 Zehenspitzengang, Lümmelhaltung, Füße um die Sesselbeine, W-Sitz.

Wie kann man motorisch sehr schnell erkennen, ob eine genauere Austestung der Reflexe Sinn machen könnte?

Eine schnelle, oberflächliche Möglichkeit eines **sehr groben Reflexscreenings** ist der Außenkantengang (= auf den Außenkanten der Füße gehen). Beobachten Sie

was mit der Körperhaltung, den Armen und Händen sowie dem Kopf passiert. Eigentlich sollte es einfach sein, ohne Veränderung der Haltung so zu gehen. Am Bild links sieht man ein Kind (9J), das noch stark von Reflexen betroffen ist.

Weiters können Sie Ihr Kind mit nach außen gedrehten Füßen gehen lassen (Pinguingang) und wieder die Reaktionen des Muskeltonus am ganzen Körper beobachten.

Oder es können auch auffällige Sitzpositionen sein oder Beobachtungen wie ab Seite 83.

Fällt Ihnen etwas auf, so wenden Sie sich am besten an eine Fachkraft, die nicht nur die Reflexe motorisch oder kinesiologisch austesten, sondern auch integrieren kann.

Prinzipiell profitieren alle Kinder, die einen oder mehrere bestehende frühkindlichen Reflexe haben, von:

 Tische stehen in der Klasse frontal zur Tafel.
Die ständige „Schieflage" des Körpers beim Abschreiben oder Lesen von der Tafel verursacht zusätzliche körperliche Anstrengung. Der Verlust

von Energien kann durch frontales Sitzen vermeiden. Das Gleiche gilt für das Hören!

- Kurze, klare Anweisungen bei Arbeitsaufträgen und genügend Möglichkeit zum Nachfragen.

- Möglichkeit des Lippenlesens beim Diktat.

- Niedriger Lärmpegel.

- Angebot von mehreren Lärmschutzkopfhörern.

- deutlich und klar strukturierte Arbeitsblätter, so dass sich Schüler, die ohnedies schon von Orientierungslosigkeit betroffen sind, leichter tun.

- Nur gute Kopien als Arbeitsblätter verwenden.

- Frühzeitige Absprache über Versetzen, Veränderungen, Feste, Ausflüge unterstützen die gemeinsame Freude.

- Bewegungsanlässe und Entspannungssituationen sollten minutenweise und altersangemessen in den täglichen Unterricht einfließen.

- Verwenden von unterstützenden Kissen oder speziellen Stühlen, um eine korrekte Sitzposition zu fördern und übermäßiges Zurücklehnen oder Vorwärtsbeugen zu verhindern.

- Leere Flächen an den Wänden (Pastelltöne) bieten den Augen Möglichkeiten zum Entspannen.

- Lesen mit Farbfolien oder farbig getöntes Papier.

- gleichmäßige und angemessene Beleuchtung, um visuelle Überstimulation zu vermeiden.

- Grüne Tafel entspannt die Augen und der Kontrast macht keine Schwierigkeiten.

- Eventuell ein gemeinsames Frühstück oder Schuljause als ein wichtiger Anker für einen ausgewogenen Blutzuckerspiegel.

- Viel Wasser trinken

Was ist ein reflexintegrierendes Programm und wann sollte man es in Erwägung ziehen?

Ein reflexintegrierendes Übungsprogramm ist ein neuromotorisches Training. Die Übungen werden für einige Wochen/ Monate mehrmals in der Woche für 10 bis 15 Minuten zu Hause durchgeführt. Die Übungen wiederholen das motorische Entwicklungsprogramm des ersten Lebensjahres und das Gehirn bekommt dadurch eine „zweite" Entwicklungschance und kann nachreifen.
Solche speziellen Übungen kommen im Alltag oder beim Sport der Kinder nicht vor. Weswegen die Reflexe nicht „nebenbei" im Alter von Volksschulkindern integriert werden.

Wann sollte man ein solches reflexintegrierendes Programm in Erwägung ziehen? Einerseits gilt das Sprichwort: „Eine Schwalbe macht noch keinen Sommer." Andererseits wachsen sich Probleme aufgrund aktiver Reflexe selten aus und müssen ein Leben lang kompensiert werden. Menschen mit hohem Energielevel können das sicher besser als andere.

Da die Integration frühkindlicher Reflexe nachweislich positive Auswirkungen auf die sozial-emotionale Entwicklung eines Kindes hat, ist ihre gezielte Integration von großer Bedeutung. Ein nicht integrierter Moro-Reflex kann etwa zu einer erhöhten Reiz- und Stressanfälligkeit führen, was die Fähigkeit des Kindes, seine Emotionen angemessen zu regulieren, erheblich beeinträchtigen kann.
Wenn zusätzlich aktive Restreflexe die Körperwahrnehmung und das Empfinden für den eigenen Körper im Raum stören, können auch im Erwachsenenalter Verhaltensmuster wie übermäßiger Kontrollbedarf oder Perfektionismus entstehen. Ob diese Ausprägungen förderlich für die Gestaltung von zwischenmenschlichen Beziehungen sind, bleibt fraglich.
Schwierigkeiten in der Körperkoordination durch bestehende Reflexe können zu Problemen in sozialen Interaktionen führen. Das Kind wirkt möglicherweise unbeholfen und hat Schwierigkeiten, in Gruppensituationen zu interagieren.

 Braucht es ein reflexintegrierendes Programm oder reicht es nicht, motorische Koordination zu üben?

Ein reflexintegrierendes Programm kann eine wichtige Grundlage schaffen, indem es sicherstellt, dass frühkindliche Reflexe die motorische Koordination nicht mehr behindern. Sobald diese Reflexe integriert sind, kann ein darauf aufbauendes Koordinationsprogramm gezielt dazu beitragen, die motorischen Fähigkeiten weiter zu entwickeln und zu verfeinern. Der Fokus liegt dann auf der Verbesserung der Bewegungskoordination, der überkreuzten Bewegungen, des Gleichgewichts und der Feinmotorik.

Auch bei noch aktiven Reflexen kann ein intensives Koordinationstraining Fortschritte bewirken. Allerdings wird die motorische Leistung in solchen Fällen mit höherem Energieaufwand verbunden sein, sich unter Stress leichter verschlechtern, nach Verletzungen schwerer regenerieren und stärkeren Schwankungen unterliegen.

Sowohl Schüler:innen als auch Sportler:innen, deren frühkindliche Reflexe noch nicht vollständig integriert sind, benötigen daher insgesamt deutlich mehr Übung und Training, um ein stabiles Leistungsniveau zu erreichen und aufrechtzuerhalten.

 Welche reflexintegrierenden Programme gibt es?

ALLE in der Folge genannten Reflexe können mit einem der folgenden Programme integriert werden:

In diesem Buch wird auf **SIMMO Übungsprogramm** eingegangen. Dies ist ein reflexintegrierendes Programm, das Übungen verwendet, die im Einzelsetting, einer Kleingruppe, in der Schule oder im Kindergarten umsetzbar sind. Es ist jenes Programm, das sich im österreichischen Projekt „**Talente bewegen – Lesen kommt in Bewegung**" erprobt hat. Näheres ab Seite 281..

Weitere reflexintegrierende Programme sind beispielsweise:

- 👍 *Move to Learn* (B.Pheloung),
- 👍 *INPP* (P.Blythe, S.Goddard),
- 👍 *Übungsprogramm* nach **Svea Gold**,
- 👍 *„Bildung kommt ins Gleichgewicht"* (D.Beigel),
- 👍 *„Bewegungen, die heilen"* (Dr. Blomberg),
- 👍 *MNRI* (Mastugova),
- 👍 *SI-Mototherapie* (G. Kesper),
- 👍 *Padovan* Übungen (Logopädie),
- 👍 *ROTA Übungen* (D. Bartel,

- 👍 **SMART Programm** (Minnesota),
- 👍 *RIT- Reflexintegration* (Dr. R. Meyer),
- 👍 *Reflexintegration* (B.Hölscher)

 MORO – der Schreckreflex

Der MORO-Reflex oder die MORO-Reaktion wird auch Stressschutzreflex oder Schreckreflex genannt. Der MORO-Reflex ist schon früh in der Schwangerschaft entwickelt. Bei einer Zwischenblutung der Mutter hilft er einen Abgang zu verhindern, indem sich der Fötus mittels des Reflexes in der Gebärmutter „festkrallt". Nach der Geburt hilft der MORO bei der Umstellung der Atmung auf Luftatmung. Der MORO benützt das System des Sympathikus und fährt Blutdruck, Puls etc. in die Höhe und aktiviert die Kampf- oder Fluchtreaktion.
Bei einem noch aktiven MORO-Reflex kann eine **plötzliche Lageveränderung** sowie jegliche Form von (nicht altersgemäße) Schreckreaktion auf einen **sensorischen Reiz**, wie beispielsweise

- o ein lautes Geräusch (Schreien einer Person),
- o unerwarteter Gleichgewichtsreiz (wackelnder Sessel),
- o unangenehme Materialien (Knetmasse, Salzteig),
- o Lichtblitze (Computer),
- o Berührungen (Anstoßen in der Klasse),
- o Menschenmenge (unruhige Umgebung – zu viele visuelle, akustische Reize oder Bewegungsreize)

anzeigen, dass er nicht gut integriert ist.

Die Stressreaktion führt zu einem Rückzug oder zu einer aggressiven Antwort. Wird der Moro oft ausgelöst, so läuft der Körper permanent im Stresslevel und im Blut lassen sich erhöhte Adrenalin- und Cortisolwerte messen. Für die Entwicklung des kindlichen Gehirns ist diese ständige Überflutung mit den Stresshormonen nicht förderlich.

Wie sich ein Reflexgeschehen im Hirnstamm und als Blockade der höheren Gehirnzentren auswirken kann, zeigen folgende Beispiele aus dem Alltag:
Josef, ein Mann mittleren Alters, sitzt bei Tisch und plötzlich bellt neben ihm der Familienhund. Josef erschrickt und zuckt ungewöhnlich stark zusammen. Sein

ganzer Körper ist betroffen. Er möchte den Hund rufen, um dem Bellen ein Ende zu setzen. Zuerst entfährt ihm „Sissi" – der Name der älteren Tochter – und dann „Tina" – der Namen der jüngeren Tochter. Schrecklich – Josef ärgert sich sehr über sich selbst, da er keinen Zugang zum Namen des Hundes hat. Es dauert einige Sekunden bis er wieder Zugang zu seinen höheren Hirnzentren hat und er ruft „Kimba"! - Der Hund hört auf zu bellen und kommt brav.

Eine andere Auswirkung: Stellen Sie sich vor, dass Sie in der Nacht im Bett liegen und glauben, im Haus ein verdächtiges Geräusch gehört zu haben. Sie sind alarmiert. Plötzlich nehmen Sie selbst das kleinste Knacken wahr, da Sie sich vermeintlich in einer Gefahrensituation befinden.

Diese Situationen ähneln jener eines Kindes, dessen Moro-Reflex durch einen im Grunde harmlosen Reiz ausgelöst wurde. Seine Wahrnehmung ist geschärft und das Gehirn muss viel mehr Sinneseindrücke verarbeiten. Die Betroffenen fühlen sich von den auf sie einprasselnden Sinnesreizen überfordert und der Zugang zu höheren kognitiven Zentren wird blockiert. Wird es dem Gehirn zu viel, schaltet es ganz ab und das Kind fängt an zu träumen. Der MORO-Reflex unterbricht **jegliche kognitive Tätigkeit** oder **lässt sie gar nicht zu** (Beispiel Hundegebell).

Kinder mit einem nicht integrierten MORO mögen daher Situationen, die sich immer in gleicher Weise wiederholen und die sie besser einschätzen können. Sie bevorzugen das Gewohnte und sträuben sich oftmals gegen Neues.

Die MORO-Schreckreaktion ist eine Gesamtkörperreaktion. Ein ständiges Bedrohungsgefühl führt zu einer ängstlichen Anspannung, bei der die Stresshormone Adrenalin, Noradrenalin und Cortisol ausgestoßen werden. Der Körper kommt in den Kampf- oder Fluchtmodus und der Blutzuckerspiegel steigt: Das Herz schlägt schneller, die Pupillen weiten sich, Blut strömt in die Muskeln, Wachsamkeit und Erregung steigern sich und dies alles geht auf Kosten von Funktionen wie Verdauung, Wachstum, Zellerneuerung und kognitiver Leistungen wie auch lesen.
Durch Anstieg des Blutzuckerspiegels fühlt sich das Kind kurzzeitig besser. Die Blutzuckerreserven verbrauchen sich jedoch schnell und dann wird das Kind müde und gereizt.

Die Muskelspannung der Augenmuskel ist ebenfalls vom Adrenalinausstoß betroffen. Die Pupillen verändern ihre Brennweite auf maximal gute Fernsicht

(Vorbereitung auf die Flucht). Lesen erfordert nun größere Anstrengungen, da die Reduzierung der Brennweite für scharfe Fernsicht vorrangig ist.

Ein bestehender MORO-Reflex unterbindet die problemlose Entwicklung eines **Stapediusreflex**, der für die Lautstärkenregulierung im Mittelohr zuständig ist. Normalerweise kontrahiert bei einer hohen Lautstärke der Stapediusmuskel und versteift die Gehörknöchelkette, um das Innenohr zu schützen. Löst ein noch vorhandener MORO den Stapediusreflex andauernd aus, so verliert dieser seine Effektivität und es kann in der Folge eine Hyperakusis auftreten.

Eigenes lautes Vorlesen und Vorträge vor der Klasse können bei diesen Kindern große Ängste hervorrufen und enormen Stress verursachen. Diese Angst schwächt ein bereits angegriffenes Selbstbewusstsein und verhindert die Potentialausschöpfung.

Wird der MORO oft ausgelöst, so steigert diese ständige Überreizung die Hypersensitivität, kann jedoch umgekehrt zum „Hochziehen einer Mauer" und damit zum Abblocken der Außenwelt führen.

Da der **Saugreflex** hilft den MORO Reflex zu integrieren, kann ein ständiges Saugen an Dingen ein Versuch sein, das Nervensystem zu beruhigen. Dies ist eine sehr kluge körperliche Reaktion, jedoch langfristig keine gute Lösung.

Neurologische Untersuchungen von Erwachsenen mit nicht integriertem Moro Reflex zeigen, dass die Betroffenen häufig Schwierigkeiten haben, sich zu konzentrieren und zu motivieren. Darüber hinaus scheinen sie weniger in der Lage zu sein, emotionale Reize richtig einzuordnen. Folgende Probleme gaben Betroffene an: Gleichgewichtstörungen, Muskelschwäche, Schwindelgefühl, Kopfschmerzen und Konzentrationsstörungen (K.Malovec, 2022).

Manche erwachsenen Arbeitnehmer fühlen sich unwohl bei ständig wechselnden Schreibtischen in Großraumbüros. Bestehender Moro?
Eine Stundenplanänderung oder ein geplanter Schulausflug können bei Schulkindern Ängste hervorrufen, die das Verhalten schon einige Zeit vor dem Ereignis prägen.

Wie erkennt man einen bestehenden MORO?

Ein MORO Reflex zeigt sich durch heftige Reaktionen auf einen Reiz.

- **Überempfindlichkeit:** übermäßig empfindliche Reaktionen auf plötzliche Berührungen oder Geräusche oder Lichtblitze oder Gleichgewichtreize oder Gerüche.
  Dies kann zu Ablenkbarkeit und Schwierigkeiten bei der Konzentration führen.

- **Schreckhaftigkeit:** Ein starkes Erschrecken bei unerwarteten Reizen (z.B.: laute Sprache), das im Vorschulalter oder darüber hinaus anhält.

- mangelnde Ausdauer,

- schlechte Anpassungsfähigkeit, Stimmungsschwankungen,

- Veränderungen stressen sehr,

- Überreaktion auf jeglichen Stress, was zu **Schulangst** oder Prüfungsangst führen kann.

- **schwaches Selbstwertgefühl,**

- ungesunder **Perfektionismus** (aus einem Sicherheitsbedürfnis!).

Welche Änderungen im Umfeld helfen MORO-Betroffenen?

- Regeln vereinbaren, besprechen und einhalten.

- Veränderungen selten und wenn dann ankündigt durchführen (Sitzordnung, Tagesablauf, Wochenendgestaltung)

- Leben mit vielen Ritualen und feste Gewohnheiten, dann läuft vieles nach bekannten Regeln ab (wie gemeinsames Essen, das Ins-Bett-bringen)

- Erwachsene halten die Vereinbarungen ein:
  - o zum vereinbarten Zeitpunkt abholen,
  - o Zeit zum Spiel nehmen.

- A und B stehen hinter einander
- A nimmt den Ball mit beiden Händen vom Boden auf, geht mit den gestreckten Armen nach oben. Beugt sich nach hinten - auch der Kopf! A gibt B den Ball in die Hände.
- B bückt sich und gibt A den Ball unten durch die gegrätschten Beine durch.

B   A

- Kind liegt mit dem Rücken auf großem Gymnastikball.
- Erwachsener hält die Oberschenkel und lässt A sehr langsam nach hinten bis die Hände a m Boden sind. Wenn es geht, dann für einen Augenblick die Oberschenkel auslassen.

ODER

- B hält die Oberschenkel von A.

➔ A hebt Sackerl oder kleine Gegenstände auf.

ODER

- Wenn ein größeres Kind kein Problem mehr hat, dann braucht niemand mehr halten

- Kind sitzt am Sessel

➔ Erwachsener kippt den Sessel nach hinten. Zuerst sehr vorsichtig. Später dann etwas weiter nach hinten.

Furchtlähmungsreflex

Kurz soll noch ein Reflex, der vor dem MORO entsteht, erwähnt werden: der Furchtlähmungsreflex.

Manchmal erstarren Kinder in gewissen Situationen, ihr Puls und ihre Sauerstoffversorgung sinken ab. Sie sind unfähig in unbekannter Umgebung zu sprechen (bis hin zum selektiven Mutismus) oder auf eine bedrohliche Situation adäquat zu reagieren. Wann sollte an einen noch bestehenden **Furchtlähmungsreflex** gedacht werden:

> - Unsicheres Gefühl außerhalb des familiären Settings,
> - Schwierigkeiten mit dem Augenkontakt,
> - Rückzug von sozialen Situationen,
> - taktile Abwehr,
> - selektiver Mutismus,
> - Panikattacken und Ängstlichkeit,
> - Unflexibles Denken,
> - Schwierigkeiten mit Kritik.

Ein bestehender Furchtlähmungsreflex führt zu einer niedrigen Angstschwelle und zu einer schnell gestressten Person. Kinder, die diesen Reflex noch im Schulalter besitzen, verfallen möglicherweise komplett, wenn sie laut vorlesen müssen. Bei Prüfungen wirken sie oft so, als wüssten sie gar nichts.

ATNR - Asymmetrisch tonischer Nackenreflex

Asymmetrisch Tonische Nackenreflex hilft dem das Baby beim Geburtsvorgang in die richtige Position zu drehen. In der Schwangerschaft kann er den Energiebedarf und Kreislauf unvermittelt herunterfahren (wie eine Art Winterschlaf). Dadurch können längere Phasen mit schlechterer Sauerstoffversorgung, wie beispielsweise bei den Presswehen ohne Probleme überlebt werden.

In den ersten Lebensmonaten verändert sich durch das Drehen des Kopfes zu einer Seite der Muskeltonus auf beiden Körperhälften schlagartig: Es strecken sich Arm und Bein (Strecktonus) auf jener Körperseite, in die der Kopf schaut (Gesichtsseite). Auf der Hinterhauptseite hingegen kommt die gesamte Muskulatur dieser Körperhälfte schlagartig in den Beugetonus. Dieser frühkindliche Reflex ist ein wichtiges Indiz für die gute neuromotorische Reife von Kindern. Nach der Geburt soll der ATNR auslösbar sein und zeigt das Vorhandensein einer normalen neuromotorischen Entwicklung.

Auffällig sind diese beiden Babys, in deren Alter der ATNR nicht richtig aktiv ist.

Baby 1: Hier zeigt sich eine gegengleiche Reaktion.
Der Blick nach links. Linker Arm und linkes Bein sind gebeugt und sollten gestreckt sein.

Baby 2: Auch dieser Blick ist auch nach links gerichtet. Der linke Arm streckt sich (wie zu erwarten), aber das linke Bein ist im Beugetonus (rechtes Bein dagegen gestreckt) ist. In diesem Fall wurde das Problem mit der ROTA-Therapie erfolgreich behoben.

Nach dem ersten halben Lebensjahr sollte der ATNR vollständig integriert (nicht mehr auslösbar sein).
Ist ein persistierende ATNR auf einer Seite stärker aktiv, so ist der Muskeltonus rechts und links unterschiedlich stark. Betroffene Kinder zeigen Asymmetrien in der Haltung und Wirbel können blockiert sein. Beim genauen Betrachten erkennt man seitliche Abweichungen der Wirbelsäule und eventuell einen *Schulterhochstand*, einen *Beckenschiefstand* oder *Beckenverwringungen*.

Der ATNR ist ein Reflex, bei dem der Zusammenhang zum Lesen sehr direkt gezeigt werden kann. Bleiben diese, von der Kopfdrehung ausgelösten Veränderungen des Muskeltonus über das erste Lebenshalbjahr hinaus bestehen, so wird eine asymmetrische Verarbeitung verschiedenster Sinnessysteme verfestigt bzw. ein motorisches Überschreiten der Körpermitte erschwert. Die permanent nötige Korrektur dieser unbewusst ablaufenden Reaktion, kostet dem Körper stetigen Energieaufwand, der dann für die höheren kognitiven Tätigkeiten fehlt.

Ein nicht integrierter ATNR wirkt sich direkt auf den Lernerfolg aus, denn der kompensatorische Ausgleich zieht ständig Energie vom Lernen ab. Bei betroffenen Kindern kann man beobachten, dass sie Gelesenes inhaltlich nicht wiedergeben können. Oft haben sie eine schlechte Auge-Hand-Koordination, was dazu führt, dass sie beim Lesen und/oder (Ab-)Schreiben Schwierigkeiten haben oder sehr langsam sind. Manchmal kann sich aufgrund des aktiven ATNR keine eindeutige Augendominanz entwickeln. Daraus folgt, dass Wörter verdreht oder Buchstaben vertauschten (b/d, p/q) gelesen werden. Meist zeigt sich auch eine verzögerte motorische Entwicklung und die Überkreuzung der Körper-Mittellinie ist erschwert, was sich aufs Schreiben auswirkt.

Kann die Integration des ATNR die Lesefähigkeit verbessern? Im Jahr 2000 wurde von der Universität Belfast eine randomisierte Doppelblindstudie (The Lancet, Vol.335, Nr. 9203) mit Kindern im Alter von acht bis elf Jahren mit einem noch vorhandenen ATNR durchgeführt. Alle Kinder hatten trotz guter Intelligenz Leseschwierigkeiten.

Die Testgruppe führte ein _spezifisches Reflexintegrations-Bewegungsprogramm_, die Placebogruppe machte _unwirksame Übungen_ und die Kontrollgruppe machte _kein Bewegungsprogramm_. In die angedachte vierte Gruppe sollten Kinder mit Leseschwierigkeiten, jedoch ohne Restreaktionen des ATNR kommen; diese Gruppe kam gar nicht zustande, da es keine Kinder mit Leseproblemen ohne Restreaktionen des ATNR gab.

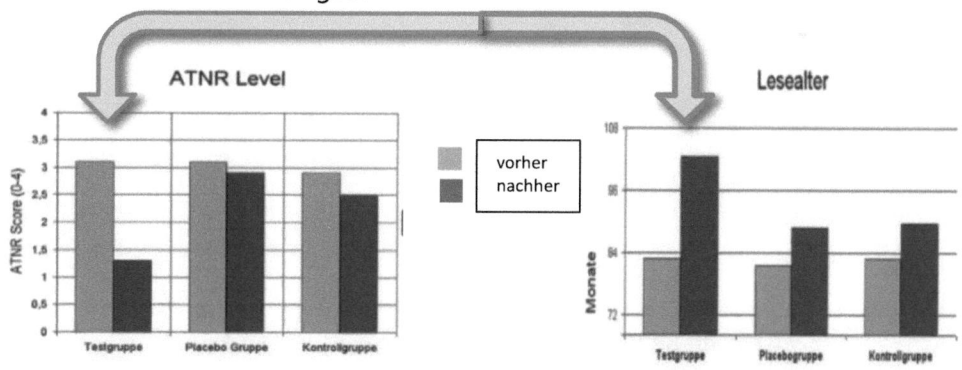

(McPhillips et al., 2000)

Das Ergebnis dieser doppelblind und placebokontrollierten Studie: Wenn der ATNR integriert wird (ATNR-Level fällt – grauer Bereich), dann steigt das Lesealter (schwarzer Bereich). Die Steigerung des Lesealters in der Testgruppe ist signifikant höher als in der Placebo- und Kontrollgruppe.

Eine Studie mit 683 Kindern untersuchte die Persistenz frühkindlicher Reflexe und deren Einfluss auf schulische Leistungen. Über zwei Jahre hinweg nahmen Kinder der Jahrgangsstufen 3 und 5 am Bewegungs-Interventionsprogramm *Primary Movement* teil.

Die Ergebnisse zeigten, dass eine anhaltende Persistenz des asymmetrischen tonischen Nackenreflexes (ATNR) mit geringeren Leistungen in Lesen, Rechtschreibung und Mathematik zusammenhing, wobei Jungen stärker betroffen waren als Mädchen. Das Interventionsprogramm reduzierte signifikant die ATNR-Persistenz und führte insbesondere in Lesen und Mathematik zu deutlichen Verbesserungen (The effects of the Primary Movement programme on the academic performance. In: Journal of Research in Special Educational Needs Volume 5 Number 3 2005).

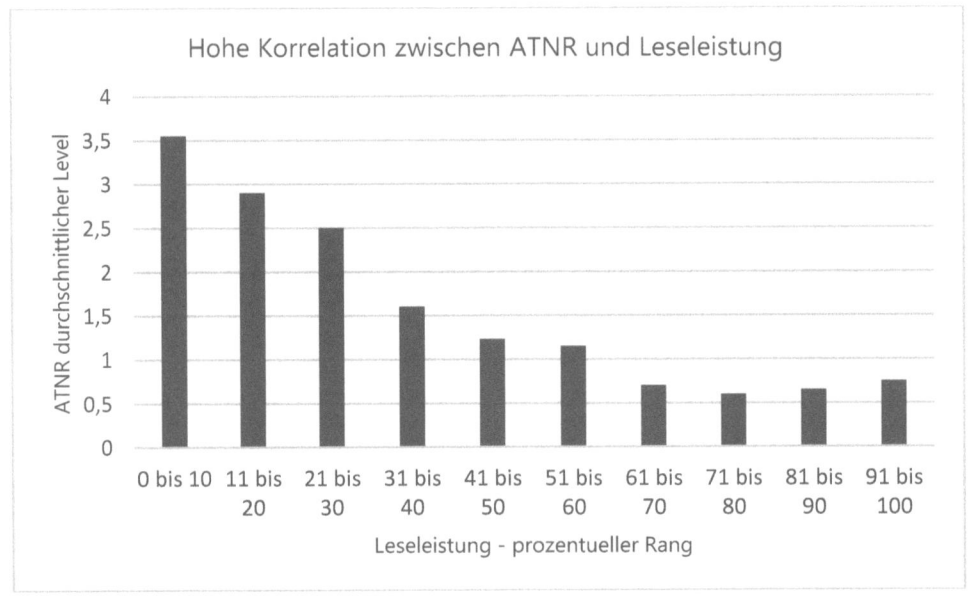

Hohe Korrelation zwischen ATNR und Leseleistung

y-Achse: ATNR durchschnittlicher Level

x-Achse: Leseleistung - prozentueller Rang (0 bis 10, 11 bis 20, 21 bis 30, 31 bis 40, 41 bis 50, 51 bis 60, 61 bis 70, 71 bis 80, 81 bis 90, 91 bis 100)

Bei welchen Beobachtungen könnte man an einen aktiven ATNR denken?

Schwierigkeiten beim Überqueren der Mittellinie des Körpers, was das Schreiben und Lesen beeinträchtigen kann.

- Probleme mit der Auge-Hand-Koordination, was sich auf das Schreiben und den Sportunterricht auswirkt,
- Schwierigkeiten beim Kopieren von der Tafel,
- Langsame Schreibgeschwindigkeit,
- Schwierigkeiten mit den Augen eine Zeile zu verfolgen,
- Kopf wird beim Lesen mitbewegt,
- Auslassen von Buchstaben oder kleinen Wörtern,
- lautes Lesen ist sehr abgehackt,
- Drehen des Blattes beim Schreiben,
- Wechselnde Lateralität bei der Händigkeit,
- Unsicherheit bei der links - rechts Unterscheidung,
- Fehlende Festlegung des bevorzugten Ohres, Auges.

Welche Änderungen im Umfeld helfen ATNR - Betroffenen?

- Sitzbänke – gerade zur Tafel
- Bewegung vor wichtigen Arbeiten
- Kontrolle bei einer Fachkraft ob der Atlas verschoben ist?

Welche Übungen machen Spaß und helfen ATNR-Reflex Betroffenen?

- Kind liegt in Bauchlage am glatten Boden
- Rechter Arm greift nach vorne, linkes Bein ist angewinkelt

→ Kind robbt vorwärts (Arm zieht und Bein schiebt).
Dann gegengleich.

Falls diese Übung zu schwierig ist, dann findet man im Buch „**TALENTE BEWEGEN**" (siehe S 255) weitere Übungen, die das Robben aufbauen bzw. das Robben schrittweise lehren.

- Krabbelposition (4-füßler Stand)
- Laserlampe oder Stirnlampe am Kopf
- Ein Objekt liegt ca. 30 links von der linken Hand (etwas vor der Hand) und ein Objekt liegt ca. 30 rechts von der rechten Hand (etwas vor der Hand).

→ Das Kind leuchtet einmal das eine Objekt und einmal das andere mit der Stirnlampe an.

 ## TLR - Tonischer Labyrinthreflex

Der Tonischer Labyrinth Reflex betrifft den Muskeltonus (tonisch) und das Gleichgewichtsorgan (Labyrinth). Durch eine Beugung des Kopfes vorwärts oder rückwärts (Überstreckung) wird der Tonus der **vorderen** und **rückwärtigen Körperhälfte** ohne willentliche Steuerung verändert.

Unmittelbar nach der Geburt hilft der TLR dem Säugling sich auf die geänderten Bedingungen der Schwerkraft umzustellen. In der frühkindlichen Entwicklung stimuliert die durch jede Kopfbewegung ausgelöste Veränderung des Muskeltonus die Propriozeption.

Nach einigen Monaten sollte der TLR integriert sein, um den Weg für die Entwicklung

- o   eines ausgereiften Gleichgewichts,
- o   der Entwicklung der Haltereflexe,
- o   der Augen- und der Willkürmotorik

freizumachen.

Ein aktiver TLR nach vorne bedeutet oft eine schlechte Haltung und einen schwachen Muskeltonus. Die daraus resultierende Stimulation vom retikulären Aktivierungssystem (=RAS im Hirnstamm) zum präfrontalen Kortex ist so schwach, dass Probleme in der Aufmerksamkeit und Konzentration auftreten können (Blomberg, Harald, 2016).

Ein aktiver TLR benötigt eine ständige Steuerungsaktivität für die Korrektur der Muskulatur, um das Gleichgewicht halten zu können. Dies ergibt wiederum einen erhöhten Energieverbrauch und negative Auswirkungen auf Aufmerksamkeit und Konzentration.

Zwischen dem Gleichgewichts- und dem Hörsystem besteht eine enge Beziehung und dadurch können gestörte Reaktionen des Gleichgewichtssystems dazu führen, dass akustische Informationen unzureichend verarbeitet und ihre Weiterleitung an alle sprachverarbeitenden Zentren behindert wird. Zudem kann sich ein schwach ausgeprägtes Rhythmusgefühl entwickeln.

Wie sich ein fehlender Bezugspunkt auswirkt, kann bei Kosmonauten beobachtet werden. Wenn dem Gehirn längere Zeit die Gravitationskraft als Orientierungsfixpunkt fehl, dann schreiben Kosmonauten nach der Rückkehr auf die Erde in Spiegelschrift.

Die durch den TLR ausgelöste mangelhafte Raumerfahrung verursacht Schwächen im Erkennen und Beibehalten von Abfolgen, logischen Reihen und Mustern und eine sich daraus ergebende unzureichend ausgebildete Planung. Probleme bei allen Dingen, die eine Abfolge benötigen, wie das Erlernen des grammatikalischen Sprachaufbaus oder der Buchstabenfolgen beim Schreiben, sind möglich.

Die eingeschränkte Abstimmung zwischen Kopf- und Körperbewegungen beeinflusst die Funktionalität der Augenbewegungen, denn diese werden vom gleichen Regelkreis, dem VOR (Vestibulärer-Okular–Reflex) gesteuert.
Unkontrollierte Sakkaden (Augenbewegungen) können die Folge sein. Dies erschwert massiv das flüssige Lesen und in der Folge das Leseverständnis.

Im Schulprojekt **SIMMO-Lesen kommt in Bewegung** wurde die Integration des TLR mit verschiedenen Übungen trainiert, beispielsweise im Stehen wie auf dem Foto.

Bei welchen Beobachtungen könnte man an einen aktiven TLR denken?

- Links-/ Rechtsverwechslung, Probleme in der Raumlage
- Augen „spielen Streiche"- das Verfolgen einer längeren Zeile ist schwierig,
- Schwierigkeiten mit der Zeitwahrnehmung,
- Abschreiben von der Tafel ist anstrengend,
- Analoge Uhr lesen ist schwierig,
- geringe Aufmerksamkeit,
- Buchstaben- oder Zahlendreher,
- Schlechtes Kurzzeitgedächtnis,
- Hörverarbeitung ist eingeschränkt,
- lehnt Achterbahn ab, Höhenangst,
- Zehenspitzengang,
- Verstehen von räumlichen Beziehungen,
- Beeinträchtigte Balance und Koordination, was zu Schwierigkeiten im Sportunterricht führt.

Wie kann man einer Person mit einem aktiven TLR bzw. Landau Reflex umgehend helfen?

Zusätzliche zu allen allgemeinen Tipps bei Reflexen (siehe Seite 96).

 Schrägpult

 stabiler, nicht zu weicher Sitzplatz

 Reizüberflutung vermeiden

 regelmäßige Bewegungspausen ermöglichen

- auf dem Bauch liegen,
- Arme nach vorne strecken und
- In einer Hand einen großen Becher haben.
→ kleinen Ball zurollen und das Kind versucht den Ball mit dem Becher zu fangen. ODER
→ Ball aufpeppeln und das Kind versucht den Ball in den Becher springen zu lassen.

Hand **wechseln** nicht vergessen!

- auf dem Bauch liegen,
- Arme nach vorne strecken   und
- Mit beiden Händen eine ca. 60 cm lange Stange halten.
→ Kind beugt die Arme, Ball zurollen und das Kind stößt den Ball mit der Stange zurück (dabei werden die Arme gestreckt).

Kopfstellreflexe

Durch einen bestehenden TLR kann die Ausbildung der **Kopfstellreflexe** behindert werden.

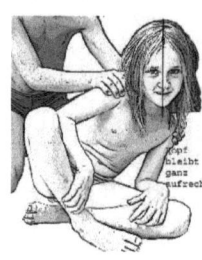

Diese Kopfstellreflexe sind **Halte- und Stellreflexe**, die im Kleinkindalter entstehen und ein Leben lang bestehen sollten. Sie bewirken, dass der Kopf sich vertikal ausgerichtet, egal in welcher Position sich der Rumpf befindet. Dadurch sind die Augen immer mit dem Horizont parallel und man ist besser im Raum orientiert.

Hier sind ein nicht gut (links) bzw. ein gar nicht (rechts) ausgebildeter Kopfstellreflex im Kindesalter:

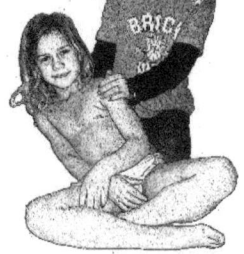 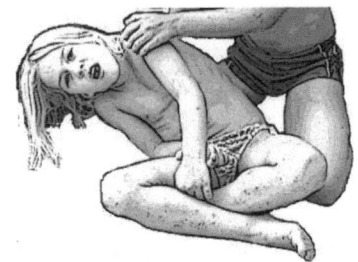

Ein Beispiel aus dem Bereich der Erwachsenen: Eine Pilotin entdeckte im Rahmen

 ihrer Flugfortbildung, dass sie keinen Kopfstellreflex besaß. Ihr Kopf stellte sich im Leichtflugzeug nicht gerade und ihre Augen waren dadurch nicht mit dem Horizont parallel (siehe linkes Bild).

Nachdem sie mit Übungen ihren Kopfstellreflex aktiviert hatte, änderte sich einiges: *„Nun.... normalerweise hatten Steilkurven den Effekt, dass ich mich desorientiert fühlte, ich verlor immer Hunderte von Höhenmetern. Egal wie oft ich übte und wie sehr ich mich konzentrierte. Erst mit dem aktiven Kopfstellreflex bleiben meine Augen parallel zum Horizont und ich halte zum ersten Mal die Höhe! Ich fühle mich nicht mehr desorientiert."* (https://www.move2connect.com/post/could-you-be-struggling-because-you-are-compensating-for-retained-babyreflexes?)

 ## Landau Reflex

Mit 4 bis 6 Wochen beginnen Babys in der Bauchlage zunächst den Kopf zu heben, in der Folge wird die Brust mitgehoben. Mit ungefähr 4 Monaten werden durch den Landau Reflex die Beine gestreckt und ebenfalls gehoben. Die Ausbildung des Landaureflexes ist wichtig für die Integration des TLR.

Ab dem Alter von 3 Jahren sollte der Reflex so integriert sein, dass die Beine am Boden liegen bleiben, wenn in der Bauchlage der Kopf gehoben wird.

Kann das Kind die Brust heben, so werden die Arme und Hände frei, um nach Gegenständen zu greifen. Die Nahsicht kann sich entwickeln.

Ein nicht integriertes Landaureflex kann die effiziente Zusammenarbeit von Ober- und Unterkörper und die Integration des Spinalen Galantreflex verhindern (Blomberg, Harald, 2016).

 Wie kann man einen bestehenden Landau Reflex erkennen?

⚑ Kinder haben Schwierigkeiten, den Kopf über längere Zeit aufrecht zu halten. Dies kann zu einer schlechten Körperhaltung und Müdigkeit führen. In der Folge entstehen Unruhe und Ablenkbarkeit beim Sitzen.

⚑ Kinder mit einem nicht integrierten Landau-Reflex können Probleme mit der Rumpfstabilität haben. Dies führt zu einer schlechten Körperhaltung und Gleichgewichtsstörungen.

Ein nicht integrierter Landau-Reflex kann auch die Entwicklung des Krabbelns und des selbständigen Sitzens behindern, da das Kind Schwierigkeiten hat, den Rumpf und den Kopfaufrichtung zu kontrollieren.

 STNR - Symmetrisch Tonischer Nackenreflex

Der STNR hilft dem Kleinkind, von der Bauchlage in den Vierfüßlerstand zu kommen, um dann mit dem Krabbeln zu beginnen.

Der Symmetrisch Tonische Reflex betrifft den Muskeltonus im Ober- und Unterkörper durch eine Bewegung des Kopfes vorwärts (Beugung) oder rückwärts (Überstreckung).

Bei der Beugung des Kopfes streckt sich die Muskulatur des Unterkörpers. Dadurch ist ein Einrollen beim Purzelbaum unmöglich.

Restreaktionen des STNR führen bei Lageveränderung des Kopfes (heben und senken), beispielsweise beim Abschreiben von der Tafel, zu einer ständigen Unruhe im Körper:

Das Anheben des Kopfes bewirkt eine Beugung der Muskeln im Unterkörper und das Senken des Kopfes bewirkt eine Streckung der Muskeln im Unterkörper.

Kinder, die durch die ständige Veränderung der Streck- und Beugemuskulatur des Ober- und Unterkörpers viel Unruhe erfahren, versuchen durch „Festzurren" der Beine zur inneren Ruhe zu gelangen: Sie schieben ihre Füße beim Sitzen unter das Gesäß (sitzen auf den Beinen) oder schlingen sie um die Stuhlbeine oder arbeiten halb stehend. Dies ermöglicht es ihnen, ihren Körper besser unter Kontrolle zu halten. Gerade das Abschreiben von der Tafel benötigt für sie besonders viel Zeit und Energie.

Motorische Unreife, die sich in Bewegungsmustern mit Restreaktionen des STNR zeigt, steht häufig mit Hyperaktivität, Aufmerksamkeitsstörungen und Konzentrationsstörungen in Verbindung. Der STNR erschwert nicht nur rhythmisch koordinierte Bewegungen, sondern wirkt sich störend und hemmend auf die Lese- und Schreibhaltung aus.

Wie kann man einen noch aktiven STNR erkennen?

- auf den Beinen am Sessel sitzen oder Beine um die Stuhlbeine wickeln,
- Sitzen im W-Sitz (Zwischenfersensitz),
- Scharfstellen beim Abschreiben von der Tafel ist langsam,
- Schwierigkeiten mit vertikalen Augenbewegungen,
- Defizite in der Auge-Handkoordination,
- Hyperaktives Verhalten,
- Reihenfolgeprobleme (bei täglichen praktischen Anforderungen, bei komplexeren Arbeitsanweisungen, im Aufsatz, in Mathematik),
- schwache Organisationsfähigkeit,

schlecht ausgebildetes Zeitgefühl,

schwacher oder versteifter Muskeltonus,

Schwierigkeiten mit dem Kopf OBER Wasser zu schwimmen,

Purzelbaum gelingt nicht rund

Was kann man bei einem aktiven STNR umgehend machen?

am Boden liegend lesen oder schreiben lassen,

im Stehen schreiben lassen,

Spiele zur Bewegung und Entspannung dazwischen anbieten,

Möglichkeiten zur Veränderung der Sitzpositionen (knien, verkehrt am Sessel sitzen, auf einem Hocker oder Ball sitzen),

strukturierte Einteilung der Arbeitsblätter in einzelne Abschnitte

Was hilft bei der Integration eines STNR und macht Spaß?

- Krabbelposition
  → abwechselnd – lustige Katze: Kopf schaut in den Raum, Wirbelsäule hängt locker durch.
  → abwechselnd – wütende Katze: Kopf schaut nach unten, Katzenbuckel (möglichst schönen Rundrücken).

- Krabbelposition
- Laserlampe am Kopf. Ein Objekt liegt unter dem Bauchnabel und ein Objekt liegt in der Mitte zwischen beiden Händen → 40 cm vor den Händen.

→Das Kind leuchtet einmal das eine Objekt und einmal das andere mit der Laserlampe oder Stirnlampe an.

 # Spinaler Galantreflex

Der spinale Galantreflex entwickelt sich schon in der 20.SSW. Seine Funktion bei der Geburt ist, die Schultern beweglich zu halten und zu bewirken, dass das Baby dadurch schmäler wird und leichter durch den Geburtskanal kommt.
Der massive Druck auf die Wirbelsäule trägt schon während der vaginalen Geburt zur teilweisen Integration des Reflexes bei.

Restreaktionen des Spinalen Galantreflexes verursachen eine Unruhe und ein Herumrutschen auf dem Stuhl. Ausgelöst wird dieser Reflex durch einwirkende Reize im Lendenwirbelbereich (z.B. ungünstige Stuhllehne, Gürtel oder Zettel im Hosenbund). Betroffene Kinder haben die viel zitierten „Hummeln in der Hose". Sie ändern ihre Körperhaltung ständig, zappeln oder rutschen hin und her.
Ein solches Verhalten beeinträchtigt die Konzentration, das Kurzzeitgedächtnis und die visuelle Verarbeitung.
Ein aktiver Spinaler Galantreflex kann ein Einnässen nach dem vierten Lebensjahr erklären. Bleibt der Reflex einseitig aktiv, so ist eine Skoliose möglich (Blomberg, Harald, 2016).
Bei sehr schweren Geburten kann der Reflex bei Müttern wieder aktiviert werden und zu einer Inkontinenz führen. Bei Erwachsenen kann ein persistierender Reflex weiters zu Kreuzschmerzen und Beckendrehungen führen.

 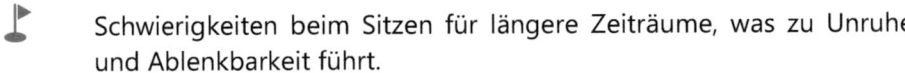
Wie erkennt man einen aktiven Spinalen Galant?

- Schwierigkeiten beim Sitzen für längere Zeiträume, was zu Unruhe und Ablenkbarkeit führt.

- Beeinträchtigte Blasen- und Darmkontrolle, was zu häufigen Toilettengängen und Peinlichkeiten führt.

- Probleme mit der Körperhaltung und Balance.

- Schwierigkeiten bei der Fokussierung und Aufmerksamkeit.

- Braucht den Kontakt zu Erwachsenen beim (Ein-)Schlafen.

Was bietet man Kindern mit aktivem Spinalen Galant an?

🖐 Möglichkeiten zur Veränderung der Sitzpositionen (knien, hocken, stehen ...).

🖐 Am Boden liegend oder im Stehen schreiben oder lesen lassen.

Was hilft bei der Integration eines Spinalen Galant und macht Spaß?

➜ Mit einer sensorischen Bürste links und rechts von der Wirbelsäule bürsten. Wenn möglich mehrmals täglich.

- Kind liegt auf dem Boden (rutschiger, glatter Fußboden) am Rücken. Es hat seine Beine aufgestellt.
- Erwachsener sitzt bei den Füßen und schaut zu dem Kind.
- Erwachsener nimmt das Kind fest bei den Knöcheln.
  ➜ Das Kind drückt sich weg bis die Beine gestreckt sind.
  ➜ Der Erwachsene zieht das Kind wieder in die Ausgangsposition.
- Und wieder wegdrücken. Mit SPASS und Rhythmus.

Weitere frühkindliche Reflexe wie beispielsweise der **Babinski Reflex,** der **Greifreflex** oder der **Saugreflex** spielen für die Leseverarbeitung keine direkte Rolle. Daher wird auf diese nicht eingegangen.

 ## Asymmetrie und Atlasfehlstellung

Unser Körper ist bilateral organisiert. Eine gedachte senkrechte Achse teilt ihn in zwei symmetrische Hälften. Eine gut verlaufene kindliche Entwicklung mit Integration der frühkindlichen Reflexe und einem symmetrischen Körper ermöglicht die Ausbildung einer stabilen Körpermitte. Eine körperliche Asymmetrie bezieht sich auf eine ungleiche oder unausgewogene Verteilung von Körpermerkmalen oder Funktionen zwischen den beiden Hälften des Körpers.

Wie hängen Asymmetrie und Lesen zusammen?
Im Gehirn werden die Informationen beider Körperhälften miteinander koordiniert. Je besser diese Informationsflüsse aufeinander abgestimmt sind, desto leichter und schneller erfolgt die Vorverarbeitung. Eine harmonische Zusammenarbeit des visuellen Systems mit dem Gleichgewichtssinn und der Körperwahrnehmung ist entscheidend für eine präzise Raum-Lage-Wahrnehmung im dreidimensionalen Raum. Bei einer Asymmetrie hingegen treffen unterschiedliche Informationen aus den beiden Körperhälften im Gehirn aufeinander, die ausgeglichen werden müssen – ein möglicher Grund, warum Kindern die Unterscheidung von Buchstaben wie *d* und *b* schwerfallen kann. Körperliche Asymmetrien, insbesondere im Bereich der Kopf- und Körperhaltung, können außerdem die Augenbewegungen und damit die visuelle Wahrnehmung beeinträchtigen – beides ist für den Leseprozess essenziell. Eine unausgeglichene Muskelspannung stört die Blicksteuerung und das Zusammenspiel beider Augen, was das flüssige Erfassen von Textzeilen erschwert. Solche Asymmetrien können darauf hinweisen, dass frühkindliche Reflexe noch aktiv sind oder eine Fehlstellung des Atlas besteht.

Wie entsteht eine Atlasfehlstellung oder eine Asymmetrie?
Nach einer schwierigen Geburt (Zangengeburt, Saugglocke oder Kaiserschnitt) können die Kopfgelenke blockiert sein. Der Nacken nimmt dann eine Schonhaltung ein, was in der Folge zu Verkürzungen der Muskel und blockierten Wirbel führt.
Da die Nackenrezeptoren aufgrund der blockierten Wirbel keine korrekten Informationen liefern können, findet eine schlechtere Verbindung mit dem Gleichgewichtsorgan und anderen Sinnessystemen statt. Zudem können durch

die mangelnde Beweglichkeit die höheren Hirnzentren nicht entsprechend aktiviert werden und hemmen dann den Tonischen Labyrinth Reflex nicht.

Da die Kopfbewegungen nicht in alle Richtungen frei sind, ist sowohl der Input für das Labyrinth im Innenohr als auch die Bahnung des VOR (Vestibular-Okular-Reflexes) geringer oder qualitativ schlechter. Bildet sich der VOR weniger aus, so hat dies in der Folge negative Auswirkungen auf das Gleichgewicht und die Augenmotorik. Die Blockaden sollten zuerst gelöst und danach mit einem reflexintegrierenden Übungsprogramm begonnen werden.

Warum kommt der Nackenmuskulatur beim Menschen eine so wichtige Bedeutung zu?

Bei Fischen verläuft das Nervensystem geradlinig vom Kopf bis zum Schwanz, und ihr Kopf ist nicht beweglich. In der nächsten Evolutionsstufe, den Säugetieren, wurde die Fähigkeit zur Kopfbewegung entwickelt. Beim Menschen kommt eine weitere Besonderheit hinzu: Durch den aufrechten, zweibeinigen Gang entsteht zwischen der Ausrichtung der Sinnesorgane im Kopf und dem Rückenmark eine **Biegung im Bereich des Halses**. Diese natürliche Krümmung ermöglicht die flexible Kopfhaltung und sollte nicht blockiert sein, da sie für eine reibungslose Verbindung zwischen Kopf und Körper essenziell ist (Biga et al., 2019).

Was ist unter einem **KISS** (Kopfgelenks-Induzierte-Symmetrie-Störung) zu verstehen? Dr. Biedermann definierte körperliche Asymmetrien als Kiss. Hier sind wichtige Symptome im Überblick (Biedermann, 2001, p. 19):

KISS 1:
- ⇨ Schiefhals
- ⇨ Gesichts und Schädelasymmetrie
- ⇨ Asymmetrie der Benutzung von Armen und Beinen
- ⇨ Fixierte Seitlage von Hals und Rumpf

KISS 2:
- ⇨ Asymmetrische Abplattung des Hinterkopfes
- ⇨ Schulterhochstand
- ⇨ Schlechter Stütz in Bauchlage
- ⇨ Schwäche der Mund- und Kopfhaltemuskulatur
- ⇨ Einseitige Stillprobleme

Worauf kann sich bei älteren Kindern eine Blockade der Halswirbelsäule auswirken?
- sensomotorische Störung
- geringe Qualität der Feinmotorik
- Haltungsstörung
- schnelle Ermüdung (Sacher, 2004)

Sind die Wirbelgelenke nicht mehr blockiert und alle Bewegungsrichtungen wieder frei beweglich sind, dann können alle Informationen fließen. Der Kopf gleicht Bewegungen des Rumpfes aus und der Tonus normalisiert sich. Die Bewegungen benötigen weniger Energie und die Körper- und Raumwahrnehmung optimieren sich.

Objekte können links oder rechts vom Körper sein. Der Bezugspunkt ist immer der Körper.

Warum ist die **Unterscheidung** von "p" oder „d" fast nie ein Problem, hingegen von „b" und „d" sehr wohl?
In der Evolution sind zwei Achsen der dreidimensionalen Welt sehr wichtig gewesen: oben/unten und vorne/hinten. Ob Objekte links oder rechts vom Körper sind, spielte weniger eine Rolle.
Die Gravitationskraft ist die einzige Sinnesreizung, die wir ständig spüren. Das Unterbewusstsein hat die Kontrolle darüber, sonst würden wir nicht automatisch am Sessel sitzen bleiben können. Die Unterscheidung von Gefahren vom Himmel (Adler) oder am Boden (Spinnen, Schlangen) war für unsere Vorfahren überlebenswichtig.
Bei der horizontalen Ebene ist die Unterscheidung zwischen vorne und hinten sehr wichtig. Vorne sind alle Sinnessysteme und die Nahrungsaufnahmeorgane angeordnet. Die Unterscheidung zwischen dem Gesicht und dem Hinterteil eines Tieres ist ebenfalls für das Überleben sehr wesentlich. Zudem ist die

Unterscheidung zwischen nahen und entfernten Objekten sehr wichtig (vgl. Dehaene, 2012, pp. 305–306).

Die Unterscheidung links/ rechts hingegen ist für das Lernen in der ersten Zeit sogar kontraproduktiv und fand daher in der Evolution weniger Beachtung. Es war wichtig, Objekte sehr rasch zu erkennen, egal von welcher Seite man sie sah.

 Ob der Tiger von links oder rechts angreift, spielt keine Rolle.

Dieser sogenannte Bahnungseffekt hilft dem Gehirn bei der schnellen Verarbeitung. Bilder, die wir schon einmal gesehen haben, benennen wir schneller, unabhängig davon, ob sie räumlich verlagert oder gespiegelt gezeigt werden. Die bewahrte Erinnerung wird abstrakt gespeichert. Es ist wichtig, dass das Gehirn verallgemeinert. Und den Tiger unmittelbar als Gefahr sieht, egal von welcher Seite er kommt.

Zudem hilft das Verallgemeinern beim Erlernen der Muttersprache durch das Bilden von Wortkategorien.

In den ersten Lebensjahren lernen Kinder durch die Fähigkeit der Verallgemeinerung beispielsweise oben: alles sind Häferl – egal wie groß, egal welche Form und unabhängig von der Form des Henkels. Für die Bildung von Oberbegriffen ist es völlig egal, ob der Henkel nach links oder rechts schaut.

Bei einem 5,5 Jahre alten Kind ist die Basismotorik (Kleinhirn, Hirnstamm, Balken zwischen den Hirnhälften und Gleichgewicht) noch unzureichend entwickelt und damit ist Spiegelschrift völlig normal. Das Gehirn ist noch für den Modus des Generalisierens, der Bildung von Oberbegriffen, ausgelegt. Ein zeitweises Schreiben in Spiegelschrift ist bis ca. 7,5 Jahre normal.

Kinder müssen die Unterscheidung der links /rechts Ausrichtung jahrelang am eigenen Körper erfahren haben, um diese Unterscheidung treffen zu können. Gut entwickelte Propriozeption, integrierte frühkindliche Reflexe, ein trainiertes Gleichgewicht und gute visuelle Wahrnehmung sagen dem Körper wo er sich im Raum befindet. Im Rahmen dieses Prozesses bildet sich die Raumlage aus.

Zunächst wird es möglich, den linken vom rechten Schuh zu unterscheiden, denn hier gibt es noch den Bezug zum Körper.
Beim Lesen der Buchstaben kommt diese Schwierigkeit der Zweidimensionalität dazu.
Die Antwort auf die oben gestellte Frage lautet damit
> b und p: Vertikale Unterschiede fest verankert im Gehirn
> b und d: links – rechts Unterscheidung ist schwieriger, da

Für die Unterscheidung der Buchstaben wie „b" und „d" muss zusätzlich zur körperlichen Symmetrie und den körperlichen motorischen Fertigkeiten, noch die Fähigkeit der Verallgemeinerung *„verlernt worden"* sein.

Für das **Erlernen der analogen Uhr** ist ebenfalls eine gute Raumlagewahrnehmung wichtig. Es konnte gezeigt werden, dass noch vorhandene frühkindliche Reflexe (ATNR und STNR) zusammen mit einem schlechten Gleichgewicht, die Fähigkeit die Uhr abzulesen beeinträchtigen kann. Ein sicherer Bezugspunkt im Raum ist eine wichtige Voraussetzung um Richtungs- und Raumbeziehungen zu verstehen, und ist daher grundlegend beim Lesen einer analogen Uhr. Liegt kein sicherer Bezugspunkt vor, so kann sich ein schwacher „Kompass" im Innenohr entwickeln. Der am stärksten betroffene Reflex der STNR war, gefolgt vom ATNR, sowie leichte Anzeichen von Problemen im Gleichgewicht und/oder in der Propriozeption (Kalemba et al., 2023).
Für die Entwicklung der Raumlage ist somit neben der Behebung der Asymmetrie, die Integration der frühkindlichen Reflexe wesentlich.

Die räumliche Wahrnehmung ermöglicht es, die Lage und Anordnung von Objekten zueinander, zur eigenen Person und im Raum präzise zu erfassen.
Eine gut entwickelte Raum-Lage-Wahrnehmung ist nicht nur für das sichere Erkennen und Unterscheiden von Buchstaben entscheidend, sondern auch für mathematische Fähigkeiten unerlässlich. So macht es beispielsweise einen wesentlichen Unterschied, ob eine „69" oder eine „96" gelesen wird.

Auch beim Rechnen spielt die räumliche Orientierung eine zentrale Rolle: Auf dem Zahlenstrahl bedeutet „plus", sich nach rechts zu bewegen, und „minus", nach links zu gehen. Wird der Zahlenstrahl hingegen vertikal dargestellt, steht „plus" für eine Bewegung nach oben und „minus" für eine nach unten.

 Welche Auffälligkeiten deuten auf eine Asymmetrie hin?

⚑ Gesichtsasymmetrie:
- Höhe der Augen ist unterschiedlich,
- Breite der einzelnen Gesichtshälften im Vergleich zur anderen

⚑ Sind die Schulterblätter auf gleicher Höhe?
Das Kind steht mit dem Rücken zum Beobachter, mit den Füßen nebeneinander und die Arme hängen neben dem Körper:
Ist die Breite der Schultern gleich? Ist der Abstand Ohr zu Schulter unterschiedlich?

⚑ Armkreise vor und zurück machen lassen.
Ist ein Armkreis kleiner? Ist die Bewegung „henkelig"?

⚑ Gibt es noch einen aktiven ATNR?

⚑ Kann der Kopf im Stehen auf eine Seite merklich besser gedreht werden als auf die andere.

⚑ Häufige Asymmetrien erkennbar in Zeichnungen von Häusern oder Personen oder Schriftstücken.

 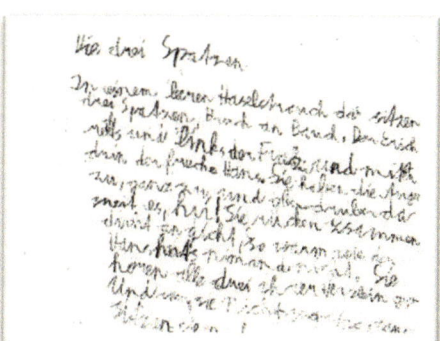 

Bild links: Das Haus sollte kein kreativer Bau sein. Der Sechsjährige konnte Fenster nicht in einer Linie und Größe abbilden. Dies gelang ihm erst, als er manualtherapeutisch behandelt wurde und seine Reflexe integriert waren.

Bild Mitte: Das Einrücken der Schrift machte der fast 10jährige nicht absichtlich, sondern aufgrund seiner Problematik im visuellen System in Zusammenhang mit dem Gleichgewicht. Konnte das Problem erfolgreich behoben werden? JA – der Schreiber ist heute Facharzt für Neurochirurgie!

Bild 3: Bei der Selbstdarstellung wurde die rechte Körperhälfte durchgehend größer gezeichnet: Haare, Auge, Bauch, Hand, Bein und Fuß. Aber auch diese junge Dame konnte ihre Probleme überwinden und ist gut auf ihrem Weg.

Wer hilft bei einer vermuteten Asymmetrie?

Bei einer vermuteten Asymmetrie ist eine Kontrolle durch Fachkräfte (Osteopathie, Myoreflextherapie, Manualtherapie) unbedingt empfehlenswert.

- **Osteopathie** basiert auf dem Prinzip, dass die Gesundheit durch die Wechselwirkung von Körperstruktur und -funktion beeinflusst wird. Sie ist eine manuelle Therapieform, die durch sanfte Manipulationen dazu beiträgt, einen verschobenen Atlas zu korrigieren.

- **Myoreflextherapie** ist eine ganzheitliche Therapieform, die von Dr. Kurt Mosetter entwickelt wurde. Durch gezielte Druckpunkte und Bewegungsübungen werden Spannungen in Muskeln und Faszien gelöst, was wiederum die Körperhaltung und Gelenkausrichtung verbessert. Durch diese Behandlung von Verspannungen kann die natürliche Ausrichtung des Atlas unterstützt werden.

- Auch die **Manualtherapie** kann effektiv zur Behandlung eines verschobenen Atlas verwendet werden. Durch manuelle Manipulation und Mobilisierung von Gelenken und Weichteilen wird der Atlas in seine in seine symmetrische Ausrichtung gebracht.

- 👍 mit beiden Händen synchron malen,
- 👍 Figuren ergänzen oder spiegeln,
- 👍 Tangram,
- 👍 Labyrinth,
- 👍 Figuren aus einer Punktmenge erkennen.

 Probleme beim **Spiegeln von Figuren** können auf eine Problematik beim Überkreuzen der Körpermitte durch Asymmetrie, verschobenen Atlas und/oder bestehende frühkindliche Reflexe (ATNR?) hindeuten. In der Folge entsteht eine schlechte Raumorientierung.

 Das chinesische Tangram wird auch „Siebenschlau" genannt, denn es besteht immer aus sieben Teilen. Diese entstehen aus der Unterteilung eines Quadrates durch einfaches Halbieren von Seiten und Diagonalen.

Die Beschäftigung mit einem Tangram bietet grundlegende geometrische Einsichten und schult das räumliche Vorstellungsvermögen, die Kombinationsgabe und das vorausschauende Denken. Die Aufgaben des Tangrams besitzen Rätselcharakter und ermutigen verschiedene Lösungswege zu suchen, auszuprobieren, zu verwerfen oder auszuwählen.

Auf der Seite vom MTL-Zentrum finden sich zu diesem Thema DOT-SHAPE Übungszettel in sechs verschiedenen Schwierigkeitsstufen.

Ein Beispiel aus dem mittelschweren Level 3. Suchen Sie 3 x

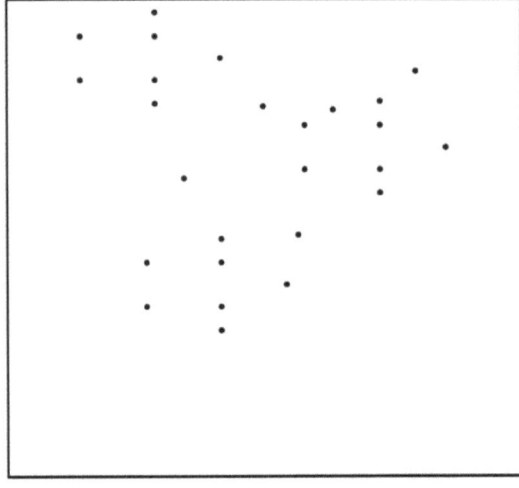

Lösung auf der nächsten Seite!

Koordination und Rhythmik

Eine gute Zusammenarbeit der Hirnhälften führt zu einem effektiven und flüssigen Leseverständnis.

Die **linke Hirnhälfte** ist zuständig für die Sprachverarbeitung, hier vor allem die Dekodierung von Wörtern, die Analyse von grammatikalischen Strukturen und die phonologische Verarbeitung. Diese Hirnhälfte ist in die detaillierte visuelle Verarbeitung involviert, wie das Erkennen von Buchstaben und Wörtern beim Lesen.

Die **rechte Hirnhälfte** spielt eine wichtige Rolle bei der Verarbeitung von räumlichen und visuellen Informationen. Sie hilft bei der Orientierung auf einer Buchseite und beim Erkennen des gesamten Layouts eines Textes. Sie ist an der Verarbeitung von Kontext, prosodischen Merkmalen (wie Tonfall und Rhythmus) und der emotionalen Bedeutung von Sprache beteiligt.

Die Steuerung der Augenbewegungen erfordert ebenfalls eine koordinierte Aktivität beider Hirnhälften. Die präzise Steuerung der Sakkaden (schnelle Augenbewegungen) und Fixationen ist entscheidend für das effiziente Lesen.

Noch auslösbare frühkindliche Reflexe blockieren die Entwicklung einer guten motorischen Koordination. Wenn trotzdem mit viel Fleiß und intensivem Koordinationstraining eine gute motorische Leistung erreicht werden kann, so ist doch die Basis instabil. Dies kann sich bei großem Stress oder nach Verletzungen insofern auswirken, als es dann schwierig ist, Spitzenleistungen zu erbringen.

Das Corpus Callosum (Balken) ist ein Bündel von Nervenfasern, das die linke und rechte Gehirnhälfte verbindet und die Kommunikation zwischen beiden Hirnhälften ermöglicht. Der Balken spielt eine wichtige Rolle bei der Koordination zwischen den beiden Gehirnhälften. Ein größeres Volumen des Balken korreliert mit besseren Leseleistungen (Fine et al., 2007).
Die ersten rhythmischen Erfahrungen machen Kinder im Mutterleib mit Herzschlag, Atmung und der Blutfluss. Diese rhythmischen Erfahrungen sind essenziell für die Entwicklung des Gehirns, insbesondere des limbischen Systems, das für Emotionen und Gedächtnis zuständig ist. Rhythmische Wahrnehmungen fördern die spätere Entwicklung von Sprache, Bewegung und sozialem Verhalten.

Rhythmus und Lesen stehen in enger Verbindung, da beide Fähigkeiten auf der zeitlichen und sequenziellen Verarbeitung von Informationen beruhen. Ein ausgeprägtes Verständnis und eine präzise Wahrnehmung rhythmischer Muster fördern die phonologische Bewusstheit und Prosodie – zentrale Bausteine des Lesens. Musikalisches Training und gezielte rhythmische Übungen können die Lesefähigkeiten von Kindern nachweislich positiv beeinflussen und ihre Sprachverarbeitung insgesamt stärken.
Beim SIMMO Projekt wurden hoch signifikante Korrelationen zwischen dem Rhythmus beim Hampelmann springen und dem Lesen gefunden. Jene Kinder, die nach den beiden Projektjahren sich NICHT beim Rhythmus beim Hampelmannsprung verbessert haben, verbesserten sich **nicht in der Leseleistung.**

Hier ist die Lösung zur Seite vorher

Es gibt in Österreich Beratungslehrer, die nach einem BALLSA-Training einige Minuten eine eindeutig verbesserte Lesefähigkeit festgestellt haben (siehe Seite 131).

Schaukeln stimuliert wie alle rhythmischen Bewegungen den Vagusnerv und bringt die Gehirnwellen in die entspannende Alpha Frequenz.

 Wie erkennt man Probleme in der Koordination und im Rhythmus?

Stolpert das Kind oft oder hat es Schwierigkeiten beim Treppensteigen? Beobachten Sie unbeholfene Bewegungen beim Rennen, Springen, Werfen oder Fangen? Kann das Kind in einem vorgegebenen Rhythmus in die Hände zu klatschen?

 Wie trainiert man Koordination und Rhythmus?

- 👍 **krabbeln**
- 👍 **Hampelmann springen**
- 👍 **Seilspringen**
- 👍 **Hopserlauf**
- 👍 **musizieren** (insbesondere Musikinstrumente, die beide Hände erfordern, wie Klavier oder Schlagzeug, kann die Kommunikation der Hirnhälften fördern), ...
- 👍 **Überkreuzbewegungen** (Beim Gehen das linke Knie mit der rechten Hand berühren und umgekehrt, ...)
- 👍 **Doppelaufgaben** (Übungen, bei denen beide Hände unterschiedliche Aufgaben erfüllen, wie Kreise mit einer Hand und Dreiecke mit der anderen Hand in die Luft oder auf einen Zettel zeichnen),
- 👍 **„BrainGym" Übungen,**
- 👍 **"Life -Kinethik",**
- 👍 **Visuelles Koordinationstraining** mit Agility Leiter,
- 👍 **Body Percussion oder INTIME** (www.advancedbrain.com)
- 👍 **Klatschen oder Trommeln** in unterschiedlichen Rhythmen,
- 👍 **„BALLSA"** – Training
- 👍 **Interactive Metronome** (www.soundsory.com)

Was ist BALLSA? (näheres siehe www.mtl-zentrum.com)
BALLSA = „Jonglieren" auf dem Boden mit gut springenden Bällen mit einer angenehmen Haptik:
Rhythmik, Koordination, Serialität und Augentraining. BALLSA ist allein oder mit einem sowie mehreren Partnern spielbar.
BALLSA kann im Einzeltraining oder in großen Gruppen angewendet werden.
Das rhythmische BALLSA Training trainiert das Kleinhirn. Dieses ist für die zeitliche Koordination beim Lesen zuständig und somit sehr wesentlich für den Leseerfolg.

Beispiel der Kaninchen-Übung aus dem SIMMO-Programm:
Am Bauch im Unterarmstütz liegend, mit den Händen einen Rhythmus klopfen;
Eine oder beide Hände können zusätzlich gedreht werden.

 Warum sollten frühkindliche Reflexe integriert sein, bevor man mit Koordinationsübungen startet?

Frühkindliche Reflexe bilden die Grundlage für die motorische Entwicklung. Durch ihre Integration entsteht ein stabiles Fundament, auf dem komplexe Bewegungsabläufe und koordinative Fähigkeiten aufgebaut werden können. Sind diese Reflexe jedoch nicht vollständig integriert, kann dies die Ausführung kontrollierter Bewegungen behindern. Die Folge sind unnatürliche Bewegungsmuster, die Kinder entwickeln, um alltägliche Aufgaben zu bewältigen. Diese Kompensationen können langfristig zu motorischen Ungleichgewichten und Schwierigkeiten bei der präzisen Koordination führen.

Zwar kann häufiges Üben dazu führen, dass Koordinationsaufgaben gemeistert werden, doch geschieht dies oft mit deutlich höherem Energieaufwand – im Sport ebenso wie beim Lernen.
Ein nicht integrierter ATNR (asymmetrisch-tonischer Nackenreflex) kann die Fähigkeit beeinträchtigen, die Körpermitte zu überqueren, und dadurch die

Koordination beider Körperhälften stören. Da dieser Reflex asymmetrische Muskeltonus-Reaktionen auslöst, wird eine gleichmäßige Rumpfstabilität erschwert.

Ist der Moro-Reflex nicht integriert, bleibt das „Kampf-oder-Flucht"-System dauerhaft aktiviert. Dies kann zu übermäßiger Anspannung der Rumpfmuskulatur führen und die Fähigkeit beeinträchtigen, den Rumpf stabil zu halten und Bewegungen effizient zu koordinieren.

Sportler, die noch bestehende frühkindliche Reflexe integrieren, bemerken plötzlich eine Verbesserung in der Exaktheit und dem Timing ihrer Bewegungsabläufe. Nach Sportunfällen können Reflexe wieder auftreten und müssen dann erneut integriert werden.

"Das MNRI-Programm® hat meinem Körper und meiner Seele definitiv geholfen, ihren natürlichen Weg des Wachstums und der Entwicklung wiederzufinden." Das ist die Aussage von Rok Flander nach der Durchführung des Reflexprogramms MNRI. Er ist ein Snow Boarder, der 2007 bei den Olympischen Spielen sechser geworden ist (*Flander - MNRI® in Professional Sports.Pdf*, n.d.).

Unterschiedliche Geschwindigkeit und Exaktheit von Rhythmusübungen mit einem **METRONOM** üben.

Robert Melillo verwendet in seinem Programm das Programm: „Interactive Metronom". Dieses ist ein digitales Trainingssystem, das ursprünglich aus der Neurotherapie. Es kombiniert Rhythmusübungen mit Bewegung, um das Gehirn und den Körper besser zu synchronisieren.

Rhythm Doctor und A Dance of Fire and Ice sind ähnliche gratis Internetversionen.

*Wie erkennt man Probleme, die durch ein **Ungleichgewicht in der Entwicklung der beiden Hirnhälften**, entstanden sind?*

Die Koordinations- und Rhythmusprobleme können durch ein Ungleichgewicht der Entwicklung der beiden Hirnhälften entstehen. Dies kann sich auf die Lernfähigkeit auswirken und lässt sich nur mittels einer körperlichen Beobachtung und einer symptom-orientierten Befragung feststellen (Melillo, Robert, 2009).

Entwickelt sich die linke Hirnhälfte in den ersten Jahren besonders stark, dann erlangt das Kind Fähigkeiten, die ungewöhnlich für das Alter sind. Beispielsweise kann solch ein Kind mit 2-3 Jahren lesen. Man spricht von einer Hyperlexie.

Meist geht diese starke Entwicklung der einen Hirnhälfte auf Kosten der Entwicklung der anderen Hirnhälfte.

Babys mit Flash-Cards im Lesen (linke Hirnhälfte) zu unterrichten, ist für die harmonische Entwicklung der Hirnhälften nicht förderlich.

Wie kommt es zu einem **Ungleichgewicht in der Entwicklung?**

Durch die beschleunigte Entwicklung einer Hirnhälfte tritt für das Alter ungewöhnliches Wissen und Fähigkeiten auf. Die Umgebung des Kindes ist davon fasziniert und das Kind bekommt viel Aufmerksamkeit. Es wird gerne diese Fähigkeiten ausbauen. Die andere Hirnhälfte wird wenig trainiert und die Entwicklung bleibt immer weiter zurück.

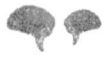 Eine **Entwicklungsverzögerung** in Netzwerken *der rechten Hirnhälfte* und eine **Überaktivität** *in der linken Hirnhälfte* kommt es zu:
- Leseschwäche (Probleme im **Leseverständnis**)
- Aufmerksamkeitsdefizit (ADS oder ADHS)
- Autismus oder Asperger Autismus
- Verhaltensstörung wie Tics

Bei ADHS gibt es ein Aufmerksamkeitsdefizit, das mit der Unreife gewisser Netzwerke in der rechten Hirnhälfte (dorsales Aufmerksamkeitsnetzwerk) in Verbindung gebracht wird. Während Netzwerke auf der linken Hirnhälfte, die für Motorik und Emotionen zuständig sind, überstimuliert sind (Melillo, 2023).

Immer wenn eine Seite des Gehirns nicht mit der geeigneten Frequenz schwingt, muss in der anderen Hirnhälfte ein Ausgleich stattfinden. Personen, die an ADHS leiden, haben Schwächen in den Fähigkeiten der rechten Gehirnhälfte und Stärken in den Fähigkeiten der linken Gehirnhälfte haben (Neuro, 2020).

Ist bei einem Kind **linke Gehirnhälfte** unterentwickelt und arbeitet langsamer und ineffizienter, so kann dies durch Probleme bei akademischen Aufgaben auffallen.

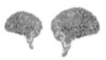 Eine **Entwicklungsverzögerung** in Netzwerken der *linken Hirnhälfte* und eine *Überaktivität der rechten Hirnhälfte*, zeigt sich als:
- **Leseschwäche (geringe Lesekompetenz)**
- **Legasthenie**

- Rechenschwäche
- Zentrale Hörproblematik
- Schlechte Handschrift

 # Sportliche Aktivität

Die Weltgesundheitsorganisation empfiehlt für Kinder und Jugendliche bis 18 Jahren eine körperlich-sportliche Aktivität von **täglich mindestens 60 Minuten** mit moderater oder hoher Intensität.

Bewegung kommt nicht nur vom Kopf →

Bewegung nützt dem Kopf!!!

Bereits 1969 erkannte der französische Psychologe Jean Piaget die sensomotorischen Fähigkeiten eines Kindes als Grundlage für dessen intellektuelle, soziale und persönliche Entwicklung. Ein Mangel, insbesondere an vestibular-kinästhetischen Sinneserfahrungen, kann nach Piaget zu Verhaltensstörungen, zu Konzentrationsdefiziten, zu Sprach-, Lese- oder Rechenschwäche führen.

Der Zusammenhang zwischen motorischer Leistungsfähigkeit und Lesen: Der Zusammenhang zwischen Körperkoordination, Kraft und Beweglichkeit sowie dem stillen Lesen konnte gezeigt werden. Die interessanten Ergebnisse deuten darauf hin, dass Jungen der 1. Klasse mit höheren grobmotorischen Fähigkeiten im Allgemeinen schlechtere Leistungen bei der Lesefähigkeit erzielen und umgekehrt diejenigen, die in der Grobmotorik schlechter abschnitten, wahrscheinlich eine höhere Fähigkeit zum stillen Lesen hatten (Milne et al., 2018).

Effekte von Bewegung auf kognitive Leistungen

- **Ausdauertraining** führt zu einer **Verbesserung in Lern- und Gedächtnisleistungen.**
- Bewegung gilt als Startsignal für die **Entstehung neuer Nervenzellen** im Hippocampus. Es sprießen die Neuronen und ihre Synapsen! Für eine verstärkte Neurogenese ist die freiwillige Teilnahme an der Bewegung in einer anregenden Umgebung Voraussetzung.

- **Verbesserung von Konzentration und Aufmerksamkeit** nach intensiver körperlicher Betätigung gibt es nur dann, wenn man auch sonst körperlich aktiv ist. Bei „Bewegungsfaulen" treten keine Verbesserungen auf, denn sie sehen diese Einheiten als Zwang und Quälerei an.

- Es werden **vermehrt Wachstumsfaktoren** (BDNF) im Gehirn und den Muskeln gebildet. Ohne diese BDNF erfolgt Lernen und Gedächtniskonsolidierung nur sehr langsam. An der Johann Wolfgang-Goethe-Universität in Frankfurt am Main konnte gezeigt werden, dass Menschen NACH sportlicher Betätigung Vokabeln deutlich schneller lernten.

- Sport und Spiel führen schlagartig zu einer **Erhöhung des Dopaminspiegels,** der unsere Lernleistung und die exekutiven Funktionen verbessert (Beck, 2014, p. 40ff).

- Das Projekt CHILT der Deutschen Sporthochschule Köln zeigte einen signifikanten Zusammenhang zwischen Gesamtkörperkoordination und bewusster Ernährung und der **psychischen Gesundheit und Wohlbefinden** (Beigel, 2005, p. 33).

Durch Bewegung bekommt das Gehirn mehr Sauerstoff. Bewegte Muskeln produzieren Stoffe, die die Aktivität von Zytokinen hemmen und dadurch entzündliche Prozesse sowohl im Körper als auch im Gehirn verringern.

Aus der Neurologie wissen wir, dass Bewegung die Hirntätigkeit stimuliert und damit die Aufnahmefähigkeit, Konzentrationsleistung und das Gedächtnis fördert (vgl. Clancy 2008, S. 13). Das kommt natürlich dem Leselernprozess sowie dem Erfassen von Texten zugute.

Das rechte untere Bild zeigt die Aktivierung des Gehirns durch 20 Minuten flottes Gehen. Wenn die Kinder von der Schule nach Hause gehen können, dann ist ihr Gehirn viel mehr stimuliert:

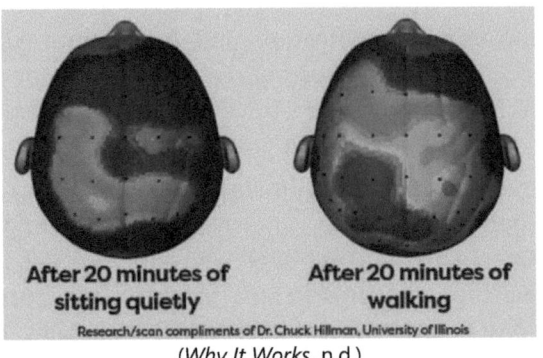

After 20 minutes of sitting quietly

After 20 minutes of walking

Research/scan compliments of Dr. Chuck Hillman, University of Illinois

(*Why It Works*, n.d.)

Bewegung dient als Ausgleich zu geistigen Herausforderungen und als Möglichkeit „den Kopf frei zu bekommen".

Sport hilft Stress abzubauen. Damit wird einerseits den negativen Auswirkungen von Stresshormonen auf Hippocampus sowie dem präfrontalen Kortex entgegengewirkt und andererseits die Ausschüttung der Wachstumsfaktoren erhöht.
Besonders gut wirkt sich ein kombiniertes körperlich-kognitives Training aus. Dazu zählen vor allem Mannschaftssportarten wie Fußball, Basketball, Handball.

Sensorische Basis

Unsere Sinnesorgane bilden die zentrale Schnittstelle zwischen dem Menschen und seiner Umwelt. Sie sind der einzige Zugang zum Gehirn, über den alle Informationen aus der Außenwelt aufgenommen werden. Wie gut kognitive Leistungen erbracht werden können, hängt daher maßgeblich von der Funktionsfähigkeit der sensorischen und motorischen Systeme ab.

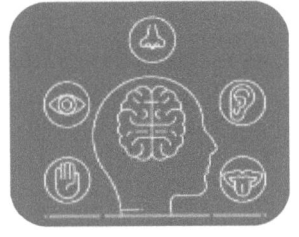

Integration von allen Sinnen in den Lernvorgang: Je mehr Sinne an einem Lehr- und Lernvorgang beteiligt sind (multisensorisches Lernen), desto wahrscheinlicher ist die Chance, dass der Lernstoff verstanden wird (Macedonia 2020).

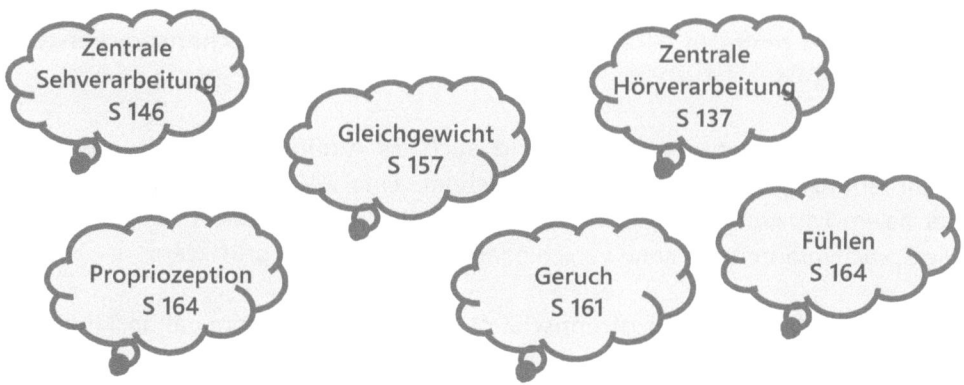

 Zentrale Hörverarbeitung

Das auditive System umfasst zwei verschiedene Bereiche: Das periphere Hören und das zentrale Hören.

Als *peripheres Hören* wird der Empfang und die Verarbeitung der Schallwellen bezeichnet. Ein Audiogramm beim HNO-Arzt testet mit einem Piepton das periphere Hören.

Zunächst sollte immer ein Hörtest (Audiometrie) beim HNO-Arzt gemacht werden, um auszuschließen, dass eine Schwerhörigkeit vorliegt. Ist das Audiogramm unauffällig, dann können trotzdem Probleme bestehen, die dann an der zentralen Verarbeitung liegen.

Die Verarbeitung von Lauten und sprachlichen Hörreizen bezeichnet das *zentrale Hören*. Sprachlaute müssen nicht nur gut vom auditiven Hörsystem aufgenommen werden, sondern auch adäquat in den verschiedenen, auf Sprache spezialisierten Hirnzentren verarbeitet werden. Defizite in der zentralen Hörfähigkeit können zu Problemen beim Spracherwerb, beim Verständnis von gesprochener Sprache, bei der Konzentration und bei der Kommunikation in geräuschvollen Umgebungen führen. Ein Paukenerguss, eine Verschleimung im Mittelohr aufgrund von Entzündungen, großen Polypen oder Allergien verursacht Symptome ähnlich wie eine Schwerhörigkeit. Im Alter von zwei bis fünf Jahren lernen Kinder täglich zwischen zwei und vier neue Wörter. Kein Wunder, dass

Kinder mit oftmaligen Ohrentzündungen in der frühen Jugend, häufig eine signifikant schlechtere Lesekompetenz aufweisen.
Durch diese zentralen Hörprobleme kann der spätere Schriftspracherwerb schwieriger sein.

Eine Störung im zentralen Hören wird auch als **Auditive Verarbeitungs- und Wahrnehmungsstörung (AVWS)** bezeichnet. Eine AVWS liegt vor, wenn bei normalem Tonaudiogramm zentrale Prozesse des Hörens gestört sind.
Die Sprachverarbeitung kann verschiedenen Hörtests überprüft werden:

Die **auditive Wahrnehmungstrennschärfe** oder auditive Diskriminationsfähigkeit, ist die Fähigkeit Unterschiede zwischen verschiedenen Geräuschen, Tönen oder Wörtern zu erkennen. Diese Fähigkeit ist entscheidend für die phonologische Bewusstheit, die auditive Figur-Grundwahrnehmung und die zeitliche Verarbeitung. In der Folge ist eine Grundvoraussetzung für das Verstehen und Verarbeiten von Sprache sowie für das Erlernen von Lesen und Schreiben.

Ein **Wahrnehmungstrennschärfetest** ist ein diagnostisches Verfahren, das die Fähigkeit einer Person bewertet, feine Unterschiede zwischen Reizen zu unterscheiden, wie die Unterscheidung von „W",„B", „D", „K", P", „T".
Wenn Kinder in dieser sensiblen Phase des Sprachaufbaus einen Paukenerguss erleiden, wird der Aufbau der Fähigkeit zur Lautdiskriminierung nachhaltig beeinträchtigt (d-t, g-k, p-b). Das betroffene Kind hört das Wort immer wieder mit einer unterschiedlicher Lautausstattung und speichert es daher viel schwerer ins Langzeitgedächtnis ab.

Ein **dichotischer Hörtest** misst die Fähigkeit, gleichzeitig unterschiedliche akustische Informationen, die beiden Ohren separat präsentiert werden, zu verarbeiten und korrekt zuzuordnen. Typischerweise werden dabei jedem Ohr gleichzeitig verschiedene Wörter vorgespielt, und der Proband muss wiedergeben, was er hört.
Der dichotische Hörtest kann **Sprachverständnisprobleme,** besonders bei Hintergrundgeräuschen oder in lauten Umgebungen, erklären. Aber auch eine schlechte Merkfähigkeit kann ein beobachtetes Problem sein.
.

Für die Unterscheidung von Lauten (T, D) oder die Wahrnehmung von kurzen und langen Vokalen ist zudem eine gewisse **Geschwindigkeit** in der **Hörverarbeitung** wichtig.

Die **auditive Ordnungsschwelle** misst die Fähigkeit zwei akkustische Hörreize getrennt wahrzunehmen und in eine zeitliche Ordnung zu bringen.

Eine gut entwickelte **auditive Ordnungsschwelle** unterstützt die korrekte Reihenfolge und Identifizierung der Sprachlaute, die für die genaue Dekodierung von Wörtern notwendig ist. Wenn die auditive Ordnungsschwelle gut entwickelt ist, können Leser schneller und flüssiger lesen, da sie die Reihenfolge von Lauten und Wörtern effizienter verarbeiten können.

Um die Laute „T" - „D" unterscheiden zu können, muss die Hörverarbeitung schnell funktionieren. Bei „D" dauert der Anlaut 20ms, bei „T" dauert er 80ms.

Zwei Monate alte Säuglinge können zwischen einem „D" und einem „T" noch 6 weitere Zwischenlaute unterscheiden. Mit 8 Monaten hat sich das kindliche Gehör so auf die deutsche Muttersprache spezialisiert, dass es entweder nur mehr ein „T" oder ein „D" hört (Warnke, 2001).

Ist die Geschwindigkeit der Hörverarbeitung nicht schnell genug, so kann ein Klient unmöglich zwischen den beiden Lauten „D" oder „T" unterscheiden. Probleme bei der Lautunterscheidung sind bei einer Störung der schnellen Verarbeitung auditiver Reize also vorprogrammiert. Die einzige Möglichkeit für richtige Rechtschreibung ist dann, sich das Schriftbild zu merken: Therapiehund

Der Aufbau einer klaren Zuordnung eines Buchstaben zu einem speziellen Laut **(Phonem-Graphemkorrespondenz)** und die Entwicklung einer **phonologischen Bewusstheit** ist mit einer zentralen Hörproblematik schlecht möglich.

Wenn beispielsweise ein Kind keinen Unterschied zwischen /b/ und /p/ hören kann, kann es keine klar voneinander abgegrenzte Repräsentation dieser Sprachlaute im Langzeitgedächtnis aufbauen. Folglich kann es zum Beispiel nicht erfolgreich entscheiden, ob der erste Laut des Wortes „Bild" ein /b/ oder ein /p/ ist. Darüber hinaus ist es für dieses Kind schwer zu lernen, dass dem Buchstaben „B" bzw. „b" der Laut /b/ zuzuordnen ist und dem Buchstaben „P" bzw. „p" der Laut /p/ (vgl. Steinbrink/Lachmann 2014: 97-98 und Mayer 2016: 55).

Die **Synchronisierung** der beiden Ohren und die Perfektion und Geschwindigkeit **Zusammenarbeit der beiden Großhirnhälften** ist ebenfalls für eine gute Sprachentwicklung und Sprachverarbeitung notwendig:

Beide Ohren empfangen ein gesprochenes Wort z.B. Therapiehund (Beispiel für einem Rechtshänder).

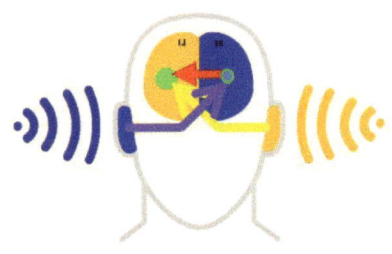

Vom rechten Ohr wird das Gesagte in die linke Hirnhälfte geleitet und kommt dort im Sprachzentrum an.

Vom linken Ohr geht das Gesagte in die rechte Hirnhälfte und muss von dort in die linke Hirnhälfte weitergeleitet werden. Diese Weiterleitung (roter Pfeil) sollte nicht mehr als 20 bis 40ms betragen.

Beträgt die Zeit für die Übertragung 500ms oder mehr, dann kommen Teile des einen Wortes von der rechten Hirnhälfte zu einer Zeit ins Gehirn, in der schon das nächste Wort vom linken Ohr verarbeitet wird. So entstehen, dann „komische" Worte. Das Kind spricht dann mit vielen Wortdrehern wie „Saugstauber" statt Staubsauger oder „Schülkranker" statt Kühlschrank.

Richtungshören ist ebenso wie alle anderen zentralen Hörverarbeitungsprozesse für die Entwicklung der Vorläuferfertigkeiten von Sprachentwicklung und Lesen sehr wesentlich. Jedes der beiden Ohren ortet den Schall und berechnet aus der Zeitdifferenz von zwei Schallereignissen die Schallrichtung. Wenn ein Diktat oder Ansage von einer im Raum umhergehenden Person gemacht wird, dann ist dies für betroffene Kinder sehr schwierig. Dies kann ein Grund sein, warum Diktate beim Üben zu Hause so viel besser geschrieben werden als später in der schulischen Situation.

Sprache muss permanent aus den **Hintergrundgeräuschen** der Umgebung herausgefiltert werden **(auditive Figur-Grundwahrnehmung)**. Liegt eine Hyperakusis (Überempfindlichkeit auf Hörgeräusche) vor, so werden Nebengeräusche genauso laut wahrgenommen wie die Zielgeräusche.

Ständige Lärmquellen wie *Geschrei, Gelächter, Rufe, Schritte im Flur, Stimmen im Klassenzimmer, Flüstern, Stühlerücken, Öffnen und Schließen der Schultaschen, Papiergeraschel, Teller- und Geschirrklappern im Speisesaal, dazu Stimmengewirr, Bau- oder Autolärm* von draußen, der über Fenster eindringt, Musik und Werbung im Supermarkt sind für unempfindliche Menschen gar nicht erwähnenswert. Überempfindliche Personen können nur mit ständigem und großem Energieaufwand diese unterdrücken. Durch das ständige Herausfiltern, ist die Energie für Konzentration schnell erschöpft. **Das Herausfiltern der Sprache der Lehrerin aus dem Klassenlärm ist sehr energieraubend.**

140

Ein *dichotischer Hörtest* kann Schwierigkeiten beim **Verstehen von Sprache in geräuschvoller Umgebung** aber auch Probleme bei der Zusammenarbeit der beiden Hirnhälften aufzeigen.

Im Mittelohr befinden sich zwei kleine Muskeln: der **Musculus stapedius** und der **Musculus tensor tympani**. Beide beeinflussen die Schallweiterleitung. Sie wirken antagonistisch, indem sie den Schall dämpfen bzw. verstärken. „Im Gegensatz zu Erwachsenen können Kinder Nebengeräusche schlecht ausblenden. Das führt dazu, dass ein Großteil der Energie, die Kinder für den Unterricht brauchen, in aktive Schallunterdrückung fließt." (*Prof. Marc Schönwiesner*, Neurobiologe und Lärmforscher).

Kinder mit einem nicht integrierten **Moro-Reflex** reagieren oft übermäßig auf auditive Reize. Ein nicht integrierter Moro-Reflex führt dazu, dass das Kind bei jeder lauten Geräusch- oder Schrecksituation eine intensive Schreckreaktion zeigt. Die häufige Auslösung des Moro-Reflex durch laute Geräusche führt zu einer übermäßigen und wiederholten Aktivierung des Stapediusmuskel. Diese Beanspruchung führt dazu, dass der Muskel mit der Zeit erschlafft und damit die Fähigkeit des Ohrs, laute Geräusche zu dämpfen, geschwächt wird.

Ein hypersensitives Kind blendet mitunter Geräusche aus, in dem es generell abschaltet. Die Folge davon ist eine geistige Abwesenheit, die zu unvollständigen und unrichtigen Informationsaufnahme führen kann.

Wenn man ein Kind mit **Hörüberempfindlichkeit** fragt, ob es die Schulpause mag, kommt blitzschnell die eindeutige Antwort: „NEIN!" Der Pausenlärm führt zu einem noch stärker gestressten Körpersystem, und die Kinder erleben die Pause nicht als erholsam.

Der Einsatz von **Hörampeln** kann helfen die Lautstärke in Schul- und Kitaräumen zu modulieren. Eine Hörampel steht oder hängt gut sichtbar im Gruppen- oder Klassenraum und dient als Anzeiger für die Lautstärke. Oftmals neigt man nach lebhafteren Unterrichtsstunden wie Sport oder Musik dazu, mit zu lauter Stimme den Unterricht fortzusetzen. Die Hörampel bleibt dann vermehrt im gelben Bereich stehen. Über das Absenken der eigenen Lautstärke beim Sprechen kann oftmals die gesamte Lautstärke in der Klasse heruntergefahren werden. Somit ist die Ampel eine Hilfe für die Schonung der eigenen Lehrerstimme.

Schallschutzkopfhörer können hörüberempfindlichen Kindern in der Klasse erheblich helfen. Schallschutzkopfhörer reduzieren den allgemeinen Lärmpegel, was den hörempfindlichen Kindern hilft, sich besser zu konzentrieren. „Eines der Probleme mit der Hörempfindlichkeit ist, dass es nur sehr wenige Dinge gibt, die man auf allgemeiner Ebene in der Gemeinschaft tun kann, um zu verhindern, dass sich Kinder überfordert fühlen", sagt Beth Pfeiffer in ihrer Studie (*In overwhelming environments, noise-canceling headphones may improve participation for children with autism*, 2019).

Wie erkennt man Probleme bei der zentralen Hörverarbeitung?

- Ist das Kind in den ersten beiden Schulstunden auffallend fitter als später am Vormittag?

- Geräuschempfindlichkeit beispielsweise im Hallenbad, in der Turnhalle, beim Staub saugen oder Haare föhnen.

- Probleme bei der Differenzierung von Sprache und Störgeräuschen. Wenn es Nebengeräusche gibt, dann ist es schwierig, Sprache zu verstehen,

- Teilnehmen an Gruppengesprächen ist schwierig. Betroffene ziehen sich zurück oder versuchen der „Chef" zu sein. Als Chef können sie die Regeln vorgeben und müssen sie nicht aus den Gesprächen herausfiltern.

- Viele „eigene" Worte mit Verdrehungen wie „Schülkrank" oder „Saugstauber".

- Häufige Orientierung und „Nachahmen" an den Handlungen anderer.

- Kein Spaß an vorgelesenen Büchern oder Hörbüchern. Einzig Bücher mit vielen Bildern machen Freude.

- Bei Anweisungen („Geh in die Küche und hole einen Teller und eine Gabel") werden nur Teile ausgeführt. Das auditive Arbeitsgedächtnis ist schlecht.

- Nacherzählungen fallen schwer.

- Kinder erkennen nicht, ob ein Buchstabe am Anfang oder am Ende oder in der Mitte eines Wortes ist.

⚑ Vorgeschichte mit häufigen Mittelohrentzündungen, schlafen mit offenem Mund oder allergische Anzeichen wie tränende Augen oder rinnende Nase (Allergie), Paukenerguss

 Was kann ich bei Verdacht auf Probleme in der zentralen Hörverarbeitung tun?

✌ gerade sitzen

✌ an einem Ort stehen beim Diktat

✌ auf Ruhephasen achten

✌ Termin Spezialabteilungen der KH auf AVWS austesten lassen – oder bei speziellen Therapeuten.

✌ Ist eine FM-Anlage für die Schule möglich?
(In Niederösterreich gibt es die Möglichkeit mit einer AVWS Diagnose eine FM-Anlage ohne Kosten zu bekommen).

 Wie kann man die zentrale Hörverarbeitung verbessern?

👍 **Singen in einem Chor** hilft der zentralen Hörverarbeitung. Der Kirchenchor von Chester in England gab bekannt, dass es in ihren Reihen keine Legastheniker gab.

👍 **Body-Percussion** – Bewegungen mit Tempo- und Rhythmuswechsel zu einer Musik, die Eltern und Kind mögen.
Dabei mit den Händen auf die Oberschenkel klatschen, mit den Beinen stampfen, mit den Fingern schnipsen oder überkreuzt auf die eigenen Schultern klopfen. Weitere Möglichkeiten: mit der Zunge schnalzen, pfeifen, auf die aufgepusteten Wangen klopfen oder die Hände gegeneinander reiben.

👍 **Musikunterricht**
Das Erkennen von Phonemen und anderen Vorläuferfertig-keiten des Lesens wird durch Schwerpunkte im Musik-unterricht wie beispielsweise dem Erzeugen von rhythmischen Mustern gefördert.

Durch den Einsatz spezieller, individualisierter mit **Musik-Hörtrainings** kombiniert teilweise mit Sprache und Geräuschen wird die Hirntätigkeit positiv beeinflusst. Die Musik wurde **psychoakustisch** verändert. **Psychoakustisch veränderte Musik** ist Musik, bei der gezielte Anpassungen vorgenommen wurden. Diese Veränderungen können Frequenzmodifikationen, Dynamikanpassungen, zeitliche Modifikationen oder die Verstärkung bestimmter Frequenzbereiche umfassen. Ziel ist es, das Gehirn und das Hörsystem gezielt so zu stimulieren, dass die Wahrnehmungs- und Verarbeitungsfähigkeiten zu trainieren. Die zentrale Hörverarbeitung verbessert sich.

Einige Angebote von speziellen Hörtrainings:
- 👍 **TLP** – The Listening Program – psychoakustisch veränderte Musik bei *„Spektrum"* mit klassischer Musik und bei *„Intime"* mit Weltmusik; basierend auf den Ideen von Prof. Tomatis; auch mit Knochenleitungskopfhörern möglich.
- 👍 **BENAUDIRA** – auditives Wahrnehmungstraining basierend auf genauen Audiogrammen, individuelle Zusammenstellung von Musik
- 👍 **JIAS** - Johansen Individualisierte Auditive Stimulation, ein individualisiertes, frequenz- und hemisphärenspezifisches Musiktraining
- 👍 **AIT** – Auditory Integration Training – stark modulierte Musik, die das Hörsystem auf unterschiedliche Lautstärken und Frequenz
- 👍 **BRAINBOY**: Verbesserung der Fähigkeit, Töne und Lautfolgen präzise wahrzunehmen und zu unterscheiden und Schulung der Geschwindigkeit, mit der auditive Reize verarbeitet werden.
- 👍 **AUDIVA**: Legt einen starken Fokus auf das Wechselspiel zwischen Hören, Sprachverarbeitung und kognitiver Leistung.
- 👍 **TOMATIS**: Verbesserung der Hörwahrnehmung, Sprachfähigkeit und emotionalen Regulation durch Stimulation des Hörsystems.

Schon seit vergangener Zeit wurde Klängen und Rhythmen ein großer Einfluss auf die Förderung von Gesundheit und Heilung nachgesagt. Musik und Klänge kann die Gehirnwellen und dadurch das körperliche und geistige Wohlbefinden beeinflussen.

👍 **Binaurale Beats**

Wenn über jedes Ohr eine andere Frequenz eingespielt wird, dann bestimmt die Differenz die beeinflussende Frequenz. Diese wird als **Gehirnwellen-Entrainment**

(Binaurale Beats) genannt. Wird die Gehirnwellendifferenz von 4 Hz (Thetawellen) gespielt, so hilft diese Frequenz Botenstoffe herzustellen, die für Lernen und Gedächtnis wichtig sind. Zudem helfen Thetawellen die beiden Hirnhälften zu synchronisieren (*Neurosound*, 2021).

Diese Art der Musik kann nur über Kopfhörer gehört werden. Je nach erzeugter Frequenz unterstützt sie Zustände erhöhter Konzentration, tiefer Entspannung oder Meditation.

Möchte man die linke oder rechte Hirnhälfte über Musik stärken, so eignen sich beispielsweise folgende Musikstücke (Melillo, 2024).

Stärkung **linke** Hirnhälfte Klassische Musik	Stärkung **rechte** Hirnhälfte Klassische Musik
hochfrequente Töne	niedrigfrequente Töne
„Ave Maria" von F.Schubert	„Marche Militaire" F.Schubert
„Träumerei" von R.Schumann	Jeder Marsch von P.Sousa
Klavierkonzert in B Moll von P. Tschaikovsky	„Ungarischer Tanz" Nr.5 von J.Brahms
Gregorianische Choräle	„Habanera" aus Carmen von G.Bizet
	„Arabeske" von R.Schumann

 Wie kann man sonst an der zentralen Hörverarbeitung arbeiten?

Diese Übungen beziehen sich auf das Richtungshören, eine Art des zentralen Hörens.

- Ein Handy im Raum verstecken und es piepsen lassen.
➔ wie viele Anläufe braucht man, um es zu finden?

- Auf einem Tisch sind 4 Stangen oder Plastikrohre aufgeklebt. Dazwischen ist ein Freiraum.

- Das Kind steht in der Mitte der Längsseite des Tisches.
- Das Kind hat verbundene Augen und eine offene Keksdose in der Hand.
- Ein Ball, der Geräusche macht, wird hin und her gerollt.
→ Das Kind versucht den Ball mit der Keksdose zu fangen.
→ Natürlich dann wieder Platz tauschen.

 ## Zentrale Sehverarbeitung

Der visuelle Sinn ist generell ein sehr wichtiger Sinn und für eine gute Lesekompetenz unerlässlich.

Probleme im visuellen Bereich machen sich bei Kindern durch Augenreiben, Stirnrunzeln, schnelle Ermüdung, Kopfschmerzen und Lern- und/oder Verhaltensauffälligkeiten bemerkbar. Kinder mit schlechter Sehschärfe entwickeln zudem ein stark kompensatorisches Verhalten. Oft klagen sie nicht über schlechtes Sehen, sondern versuchen Verbesserung durch veränderte Kopf- oder Körperstellung zu erhalten. Schwache Leser:innen lernen gerne Texte auswendig, um sie vorlesen zu können. Einzelne Buchstaben helfen ihnen beim Erraten der Wörter.

Beim Lesen eines Satzes scheinen die Augen über den Text zu gleiten. Dieser Eindruck täuscht. Die Augen bewegen sich in sehr kleinen Sprüngen (Sakkaden) über den Text.

Die Stelle des schärfsten Sehens (Fovea) umfasst nur wenige Buchstaben (ca. 4 - 8 Buchstaben). Für das Weiterlesen müssen die Augen weiterspringen, um die nächsten Buchstaben exakt wahrzunehmen zu können. Drei bis fünf Bewegungen pro Sekunde sind notwendig, um den jeweiligen Bildausschnitt scharf zu stellen. Damit erreicht man ein Maximum von 500 Wörtern pro Minute (Gold, Andreas, 2018).

Es ist wichtig, dass die Augen eine gute **Sehschärfe** haben, damit diese 4 bis 8 Buchstaben scharf gesehen werden können. Die Sehschärfe wird von den Augenärzt:innen genau übergeprüft und gegebenenfalls mit einer Brille korrigiert. Die Sehschärfenüberprüfung wird seit 1862 im Sitzen mit unbewegtem Kopf und jeweils einem Auge durchgeführt. Dabei kann sich eine Kurz- oder Weitsichtigkeit oder ein Astigmatismus herausstellen.

Die Retina (Netzhaut), eine „Ausstülpung" des Gehirns, interagiert sehr intensiv mit anderen Gehirnteilen. Die Sehschärfe betrifft die Fovea - **Stelle des schärfsten Sehens** - die 6% der Retina ausmacht. Die restlichen 94% der Retina sind für das **periphere Sehen** zuständig, das mehrere Funktionen hat. Das periphere Sehen ist wichtig für das Erkennen von Bewegungen (droht Gefahr?), es erweitert das Sichtfeld und hilft somit bei der Orientierung, es ist sehr schnell im Erkennen von groben Formen und hilft bei der Erstellung eines Gesamtbildes. Beim Lesen erweitert das periphere Sehen den Blick auf die restliche Zeile und bereitet so den nächsten Sakkadensprung vor (Zelinsky, 2019).

Das periphere Sehen verändert sich mit der Stimmungslage. Bei chronischem Stress, Depression oder Angst wird es eingeschränkt und führt zu einem geringeren Bewusstsein für die Umgebung und es entsteht ein Tunnelblick. Wie oft stoßen Sie mit dem Kopf gegen eine Kastentüre oder ein Fachbrett?

Schnelle Leser lesen Großteils mit einer „weiteren" Einstellung der Augen, d.h. mit dem peripheren Sehen. Nur bei schwierigen Wörtern wird der genaue Fokus auf einige Buchstaben gelegt. Daher ist es schwierig die Rechtschreibung beim Lesen zu lernen. Oder auch diese Aufgabe des F-zählens (siehe Seite 18) zählen.

Da die Retina, ein Teil des Hirngewebes ist, hat sie nicht nur Einfluss auf das Sehen, sondern auch auf das Denken und die Bewegung. Sie wird stark in der individuellen Verarbeitung von Farben beeinflusst. Farben haben einen großen Einfluss auf die Aufmerksamkeit und beeinflussen die Wahrnehmung des peripheren Sehens: gelb erweitert das Gesichtsfeld, während blau es einschränkt. https://nora.memberclicks.net/assets/Zelinsky%20NORA%202019%202%20pages%20per%20page.pdf

Trotz einer perfekten einäugigen Sehschärfe für Buchstaben und Zahlen in fünf Metern Entfernung, kann das beidäugige Sehen in Bewegung, beispielsweise bei Kopfbewegungen beim Abschreiben von der Tafel, auffällig sein (vgl. Schuhmacher, 2015, p. 115). Die Augen müssen sich bewegen, um Formen erkennen zu können. Werden die Augen experimentell bewegungsunfähig gemacht, so „erblindet" man, denn man kann Konturen und Details nicht mehr erkennen (vgl. Schuhmacher, 2015, p. 54).

Sechs Augenmuskel steuern die **Augenbewegungen** jedes Augapfels. Drei von den insgesamt 12 Hirnnerven sind für die Steuerung dieser extrem fein arbeitenden Augenmuskeln zuständig. Nur wenn die sechs Augenmuskeln die Augen in einer Linie horizontal gleichmäßig bewegen und dabei die Körpermittellinie ohne Wegspringen überschreiten können, ist eine wichtige Grundvoraussetzung für flüssiges Lesen gegeben.

Funktionieren die Augenbewegungen der beiden Augen aufgrund eines noch aktiven asymmetrischen tonischen Nackenreflex (ATNR) oder aufgrund von Steuerungsproblemen im Kleinhirn oder bei muskulären Asymmetrien nicht synchron, so kann es zu auffälligen Seheindrücken kommen. Die Lesegeschwindigkeit wird dann langsam, es leidet die Lesegenauigkeit und in der Folge das Leseverständnis. Benötigt die Steuerung der Augenbewegungen ein hohes Maß an mentaler Energie, so bleibt auch aus diesem Grund das Leseverständnis auf der Strecke.

Wenn wir ein Gesicht anschauen, so bewegen sich die Augen schnell und „scannen" das Gesicht ab., Die Augen bewegen sich mittels <u>schneller Augenbewegungen</u>: den Sakkaden.

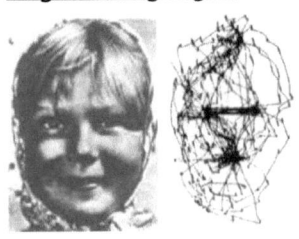

Wie in der Graphik nebenan zu sehen, führen die Augen viele minimale Bewegungen aus, die uns nie bewusst werden. Da wir die Mimik unseres Gegenüber ständig „abgreifen", konzentrieren sich die Augenbewegungen auf die Augen und den Mund. Während einer Sakkade nimmt das Auge keine visuellen Informationen auf und es wird daher auch nichts an Gehirn weitergeleitet. Die zuletzt empfangenen Informationen werden „eingefroren". Dies ist der Grund, dass wir keine Augenbewegungen bemerken, während wir auf ein Gesicht schauen oder aber auch lesen.

Arbeiten die beiden Augen nicht exakt zusammen, so gelingt deren **Fusion** nicht. Manchmal erkennt man dies durch ein leichtes Schielen oder einen „Silberblick" bei Müdigkeit. Das Gehirn erhält dann kein eindeutiges Bild, sondern ein verschwommenes. Eine Strategie des Gehirns, diese Überlastung zu vermeiden, kann durch abdecken eines Auges mit einer Hand oder einer Haarsträhne sein.

Mögliche Seheindrücke bei Problemen in der Zusammenarbeit der beiden Augen:

L i l l y e n t deckte e i n e sN a c h t sei n g ehe im n i s vo l l esL e u chten u n t er i h re m B ett, d as s iezu e i n erve r ste c k ten T ürfü hr te. Alssi e die T ü röf f n ete, b efa nd s ie si ch in ei n emma gis c h en W a l d.

Lilly entdeckte eines Nachts ein geheimnisvolles Leuchten unter ihrem Bett, das sie zu einer versteckten Tür führte. Als sie die Tür öffnete, befand sie sich in einem magischen Wald.

Lilly entdeckte eines Nachts ein geheimnisvolles Leuchten unter ihrem Bett, **das sie zu einer versteckten** Tür führte. Als sie die Tür öffnete, befand sie **sich in einem magischen Wald.**

Lilly entdeckte eines Nachts ein geheimnisvolles Leuchten unter ihrem Bett, das sie zu einer versteckten Tür führte. Als sie die Tür öffnete, befand sie sich in einem magischen Wald.

Lilly entbeckte eines Natsch ein deheimnisvolles Leuchten unter ihemr Dett, bas sie zu einer versteckten Tür führte. Sla sie die Tür öffnete, defand sie sich in einem magischen Wald.

Die schlechte Zusammenarbeit der beiden Augen kann noch zu einem anderen Problem führen: **erhöhte Lichtempfindlichkeit.** Diese kann sich in Klassen mit modernen Whiteboards negativ für manche Kinder bemerkbar machen, während es bei den klassischen grünen Tafeln eher zu einer Entspannung der Augen kommt.

Beim Blick auf das *Whiteboard* kam es bei einem 9-jährigen Buben aufgrund seiner erhöhten *Lichtempfindlichkeit* zum Eindruck des „Tanzens" mancher Buchstaben. Er sagte, manche Buchstaben traten hervor und tanzten.

Probleme mit dem Kontrast bei schwarzer Schrift auf weißem Hintergrund kann sich unterschiedlich auswirken. Menschen mit dieser Empfindlichkeit profitieren von farbigem Papier. Ein weißer Schreibtisch bei direkter Sonneneinstrahlung kann ebenfalls zu Problemen führen. Mein Sohn konnte mit 8 Jahren nach dem Abschreiben von einem Overheadprojektor vier Stunden lang nicht akkommodieren.

Ein Ast des Vagusnervs (parasympathisches Nervensystem) geht zum Auge. Dieser ist für die Bildqualität insofern zuständig, als er den Tonus der Ziliarmuskulatur reguliert. Diese Muskulatur ist für die Linsenkrümmung und die Autofokusfunktion zuständig (vgl. Schuhmacher, 2015, p. 133ff). Dies ist wichtig, um in der Nähe beim Lesen oder feinen Arbeiten ein scharfes Bild zu erlangen. Hier spielt Stress wiederum eine entscheidende Rolle.

Die **Konvergenz** ist die Fähigkeit der Augen, sich nach innen zu drehen, um sich auf ein naheliegendes Objekt zu fokussieren. Dieser Prozess ist entscheidend für das Sehen in der Nähe und wird durch die koordinierte Aktion der Augenmuskeln gesteuert. Die Konvergenz reagiert stark auf Stress. Bereitet Lesen Stress oder ist die Umwelt des Klienten stresserfüllt, so reagieren die Augen aus der Evolution heraus mit der verankerten Körperreaktion „Flucht". Die Augenakkommodation wird automatisch auf die Ferne eingestellt (vgl. Schuhmacher, 2015, p. 141).

Die **Figur-Grundwahrnehmung** ist die visuelle Fähigkeit etwas Bekanntes aus  einer unruhigen Umgebung oder einem unruhigen Hintergrund zu erkennen. Dies kann in einem vollen Kühlschrank die Butter sein, die sich nicht zu erkennen gibt oder es sind Objekte vor einem Liniengewirr oder konkurrierende Formen und Gestalten. Überladene, bunte Arbeitsblätter oder Hefte mit drei Linien sind für Kinder mit Schwächen in diesem Bereich eine wirkliche Herausforderung.

Für die Unterscheidung von Buchstaben wie: d b, p und g, a und e muss im Körper die Unterscheidung der dynamischen Bewegungsrichtung automatisiert sein. Wie schon früher erwähnt, brauchen die Augen Bewegung, um Formen erkennen zu können. Und nur so kann sicher „mit" und nicht „Tim" gelesen werden.

Kurzsichtigkeit (Myopie) hat in den letzten Jahrzehnten vor allem in asiatischen Ländern wie China, Japan, Südkorea und Singapur stark zugenommen. Studien deuten darauf hin, dass ein Mangel an Tageslicht und zu viel Naharbeit (z. B. lesen, schreiben, Bildschirmarbeit) diese Entwicklung fördern (He et al., 2015). In Taiwan gibt es Richtlinien, die vorschreiben, dass Kinder täglich mindestens 80 Minuten im Freien verbringen sollen. Singapur hat das „Myopia Prevention Programme" eingeführt, das es Kindern ermöglicht, mehr Zeit im Freien zu verbringen und regelmäßige Augenuntersuchungen durchzuführen. Kinder sollten am Nachmittag viel im Freien spielen können.

Der **visuo-okulare Reflex (VOR)** spielt eine wichtige Rolle beim Lesen, da er zur Stabilisierung der Blickrichtung während einer Kopfbewegung beiträgt und dadurch eine klare visuelle Wahrnehmung ermöglicht. Dieser Mechanismus ist besonders wichtig beim Lesen, da er hilft, den Text auf der stabilen und fokussierten Retina zu halten, auch wenn der Kopf leicht bewegt wird. Für diese körperliche Fertigkeit müssen das Gleichgewichtssystem und das visuelle System fein abgestimmt zusammenarbeiten.

Worte können normalerweise gelesen werden, egal an welcher Stelle sie sich in unserem Blickfeld befinden. Worte aus dem rechten Bereich des Blickfelds werden direkt in die linke Gehirnhälfte weitergeleitet, wo sie gelesen werden. Worte auf der linken Hälfte des Blickfelds gehen in die rechte Hirnhälfte, werden dann über den Balken in die linke Gehirnhälfte übertragen. Lesen findet hauptsächlich in der linken Gehirnhälfte statt. (Pr. Laurent Cohen, Hospital de la Salpetriere, aus „Wie unser Gehirn lesen lernt – ARTE-Doku).

Die Parameter der Augenbewegung werden jedoch nicht nur von der orthographischen Regelmäßigkeit beeinflusst, sondern auch von Faktoren wie der Komplexität von Texten und den Eigenschaften der Schrift (Krieber et al., 2017).
Wenn sich die Augen bewegen, dann hat dies Auswirkungen auf den Nacken und die Schultern und umgekehrt. Daher ist es nicht unerheblich auf Verspannungen der Nackenregion zu achten.

Augen und Emotionen – sehen wir emotionale Inhalte und kommt sofort eine emotionale Reaktion - dies zeigt wie unmittelbar die Augen mit dem limbischen System verbunden sind.

 Wie erkennt man visuelle Probleme bei Kindern im Alltag?

- Augen ermüden während des Tages
- Kopfweh, Schwindel, Reiseübelkeit
- ein „faules" Auge – Augen stehen nicht immer parallel (z.B.: bei Müdigkeit)

- Schwierigkeiten mit der Feinmotorik
- Sportliche Aktivitäten, besonders Ballspiele, sind unbeliebt
- Spielen ungern Puzzle
- Entfernungen im Raum werden falsch eingeschätzt (stoßen an und um)
- Plätze mit vielen Seh- und Höreindrücken werden gemieden
- Sonnenlicht wird als zu grell empfunden
- Oder im Gegenteil – extrem helles, bläuliches Licht wird als angenehm empfunden
- Fluoreszierendes Licht stört
- nächtliches Autofahren ist sehr unangenehm
- Kopfweh
- Es sind noch einige frühkindliche Reflexe aktiv

 Wie erkennt man visuelle Probleme beim Lesen?

- blinzeln, Augen reiben, Stirn runzeln,
- sehr geringer Abstand beim Lesen zu Buch oder Heft,
- häufiges Raten beim Lesen, lesen von Worten, die nicht geschrieben stehen,
- findet die nächste Zeile schlecht, verrutscht beim Lesen in die nächste Zeile,
- auslassen von Wortanfang, Wortteilen oder dem Wortende,
- selbstgeschriebene Texte zeigen einen deutlich schiefen Rand,
- ein Auge wird beim Lesen geschlossen oder die Haare hängen über ein Auge,

- Abdecken eines Auges und Stützen des Kopfes,
- ein gerade gelesenes Wort wird in der nächsten Zeile nicht wiedererkannt,
- Verwechslung von Buchstaben,
- Phonetische Orthographie aufgrund von Problemen in der Visualisierung.

Fragen Sie an das Kind / den Klienten in aller Ruhe und so als ob es ganz normal wäre:

☺ Wenn du ins Buch schaust, wie siehst du die Buchstaben? Sind die Buchstaben scharf zu sehen? Wie lange dauert es, bis die Buchstaben scharf gestellt werden können? Ist es das Gleiche beim Blick an die Tafel oder beim Blick ins Heft/Buch?

☺ Sind Buchstaben manchmal doppelt oder mit Schatten zu sehen?

☺ Treten Buchstaben hervor? Bewegen oder tanzen diese Buchstaben?

☺ Tauschen die Buchstaben im Buch oder am Whiteboard ihren Platz?

☺ Sind die Abstände zwischen den Worten sind größer als die Abstände zwischen den Buchstaben im Wort oder sind alle gleich?

☺ Siehst du manchmal Teile des Textes in Fettdruck?

Rasche Hilfe bei visuellen Problemen

- Schrägpult beim Arbeiten zu Hause und in der Schule,
- gerade zur Tafel sitzen,
- Farbiges Papier verwenden, um den Kontrast abzuschwächen – welche Farbe hilft, ist individuell (beige, hellgrün oder hellblau oder rosa, …)

Farbfolien über den zu lesenden Text legen (beispielsweise „Irlen")
oder farbige Klarsichthüllen

 Bunte Fingerzeiger

 Augenentspannungsübungen

 Lesen als Erstes bei der Hausübung und nicht am Abend

Wie werden Ursachen von visuellen Problemen verbessert?

---

 frühkindliche Reflexe integrieren,

 verschobenen Atlas/ Asymmetrie richten lassen,

 Auge-Hand-Koordination trainieren,

👍 Gleichgewicht trainieren,

👍 Besuch beim Augenarzt zur Korrektur der Sehschärfe,

👍 Visualtraining:
Ein **"Visualtraining"** ist eine Reihe von Übungen oder Techniken, die darauf abzielen, die Sehfähigkeiten und visuelle Wahrnehmung zu verbessern.
Durch gezielte Übungen wird die Fähigkeit klare Bilder und Details zu erkennen verbessert. Visualtraining kann helfen, bestimmte Sehprobleme wie leichtes Schielen oder Schwierigkeiten beim Fokussieren (Akkommodations-störungen) oder bei der Fusion zu verbessern. Die Verbesserung der visuellen Wahrnehmung beinhaltet die Fähigkeit, visuelle Informationen zu interpretieren und zu verstehen.

 Performancebrillen (siehe nächste Seite), das periphere Sehen und das Hören berücksichtigen

Zusammenhang zwischen Hören und Sehen

Bei einem unerwarteten Geräusch dreht sich der Kopf automatisch in Richtung des Geräusches. Ohren, Nackenmuskulatur und Augen agieren eng zusammen. Hörreize werden im Gehirn schneller verarbeitet als Sehreize. Hörreize werden nach ca. 10 -20 ms nach Ankunft im Gehirn, Sehreize nach 50 bis 70 ms verarbeitet. Im Hirnstamm und im Thalamus werden Sehen und Hören synchronisiert. Die beiden Sinne müssen im Gehirn ständig koordiniert werden, sonst fühlt man sich wie in einem schlecht synchronisierten Film oder in einer früher üblichen zeitlich verzögerten Skypeverbindung. Beides werden Sie als äußerst anstrengend und demotivierend in Erinnerung haben.

Eine gute audiovisuelle Integration dient dem besseren
- Verstehen von Sprache in lauter Umgebung (man kann sich am Mundbild orientieren)
- Lesenlernen (Laute und Buchstaben werden korrekt verknüpft)
- Raumorientierung,
- Lokalisation auditiver und visueller Signalquellen,
- dem zeitgleichen Verständnis von Hör- und Sehinformationen und ermöglicht mehr Energie für Lern- und Denkprozesse.

Bei asynchronen Seh- und Hörinformationen geht die Energie in die Wahrnehmung und weniger in die kognitiven Prozesse.
Kennen Sie vielleicht jemanden, der die Brille abnimmt, um Ihnen besser zuhören zu können?

Über die „non-image forming" Teile der Retina (**peripheres Sehen**), die in direkter Verbindung zum Superior Colliculus im Hirnstamm stehen, werden folgende Dinge koordiniert:
- Sehen und Hören,
- Verarbeitung visueller Sinnesreize,
- Integration von Seh-, Hör- und Fühlreizen,
- Aufbereitung der Sinnesreize ➔ motorische Signalen: sakkadische Augenbewegungen, Kopfdrehungen (vgl. *Colliculi Superiores - Lexikon Der Neurowissenschaft*, n.d.).

Augen und Ohren sind oft nur bei schlechter Haltung synchronisiert. Gerade sitzen kann bedeuten, dass Kinder entweder nur Zuhören oder Zuschauen können.

Eine spezielle *Performancebrille* erleichtert die Zusammenarbeit der beiden Sinne Sehen und Hören. Diese Brille ist eine Möglichkeit die Wahrnehmungspsychologie mit der Optometrie zu einer guten Förderung zu verbinden.

Die Performancebrillen nach Deborah Zelinsky sind Hilfsmittel zur Verbesserung von neurologischen Funktionen und der Lebensqualität.

Menschen mit sensorischen Überlastungen, wie sie bei Legasthenie, Autismus, ADHS oder posttraumatischen Belastungsstörungen (PTBS) auftreten, können von diesen Brillen oft sehr profitieren.

 Was bewirken Performancebrillen? Wer passt solche Brillen an?

Eine Performancebrille kann Verbesserungen bringen

☺ in der Synchronität von Sehen und Hören

☺ bei der visuellen und auditiven Aufmerksamkeitsspanne und Konzentration

☺ im Richtungshören,

☺ bei Lern- und Denkprozessen,

☺ Stärkung des Selbstvertrauens,

☺ beim Gleichgewicht,

☺ Integration der frühkindlichen Reflexe.

Performancebrillen werden von speziell in den USA von Deborah Zelinsky ausgebildeten Neurooptikern angepasst (siehe Anhang Seite310).

Aussage des 10-jährigen Alexander, der seit kurzem eine Performancebrille trägt: „Ich kann damit besser in der Zeile bleiben beim Lesen. Das Lesen ist nicht so anstrengend. Beim Schreiben bin ich flüssiger."

Die 16jährige Sarah ist ein fleißiges Mädchen, das jedoch keinen guten Schulerfolg hat. Ihr Papa lernt oft mit ihr. Manchmal sagt er dann: „Bitte wiederhole mir den letzten Satz." Sarah kann das meist nicht. Darauf sagt ihr Vater: „Wenn du mir doch wenigstens zuhören würdest". Kennen Sie vielleicht diesen Satz? Die Performancebrille erleichterte die Verarbeitung im Körpersystem so sehr, dass das Kurzzeitgedächtnis wesentlich besser funktionierte und Sarah die Worte ihres Vaters leicht wiederholen konnte.

Und wieder bei einem anderen Jungen hörten die Buchstaben auf zu tanzen.

 # Gleichgewicht

Das Gleichgewichtssystem (vestibuläres System) – das „allumfassende" Sinnessystem – spielt bei vielen Verarbeitungsvorgängen im Körper eine zentrale Rolle.

Es erhält unentwegt Informationen der Schwerkraft, es ermöglicht Stabilität und die Ausführung fließender Bewegungen, indem es bei jeder Bewegung intensiv mit allen Sinnen zusammenarbeitet.

Gleichgewichtstraining ist nicht nur für Bewegung wichtig, sondern auch für alle Lernbereiche. Egal ob es sich um Mathematik, Schreiben, Lernfreude oder eben Lesen handelt.

Gerade gleichgewichtsfördernde Herausforderungen bedeuten eine vermehrte Gehirndurchblutung mit einem verbesserten Stoffwechsel. Diese stimulierenden Faktoren sorgen nicht nur für eine erhöhte Wachheit des Gehirns (Aufmerksamkeit/ Konzentration) sondern auch für eine bessere Lernbereitschaft. Ganz generell wird das Gehirn durch Gleichgewichtsreize aktiviert und in einen guten Arbeitsmodus gebracht

Schaukeln verbessert nicht nur das Gleichgewicht, sondern auch die Koordination, die Haltungskontrolle und in der Folge die Aufmerksamkeit und Selbstregulation. 15 min schaukeln kann das Gehirn für ca. 6 bis 8 Stunden aktivieren.

Die Entwicklung des Gleichgewichts kann durch noch bestehende frühkindliche Reflexe gestört werden.

 Nach langen Aufenthalten im All schrieben Kosmonauten Spiegelschrift. Warum? Es fehlte dem Gleichgewichtssystem der ständige Reiz des Gravitationssystems. Der fehlende Einfluss der Gravitationskraft als Orientierungshilfe für das Gehirn machte es den Kosmonauten unmöglich die Richtungswahrnehmung zu erhalten. Die Therapie bestand in Trampolinspringen, um das Gleichgewichtszentrum zu trainieren.

Das Gleichgewichtssystem veranlasst unbewusst die Augenmuskeln zu angepassten, ausgleichenden Bewegungen, um das Gesichtsfeld konstant zu halten.

Das **Projekt SCHNECKE**, das in Deutschland zwischen 2010 und 2011 mit 470 Zweitklässlern durchgeführt wurde, konnte zeigen, dass ein Bewegungsprogramm mit dem Schwergewicht auf Gleichgewichtsübungen, die in den Unterricht integriert wurden, zahlreiche Verbesserungen brachten:

Als Ergebnis der täglichen Gleichgewichtsübungen gab es deutliche **Verbesserungen der Lesefähigkeit.** Der ELFE-Test prüft nicht nur die basalen Lesestrategien, sondern auch die Fähigkeit des Verstehens von Sätzen und Texten.

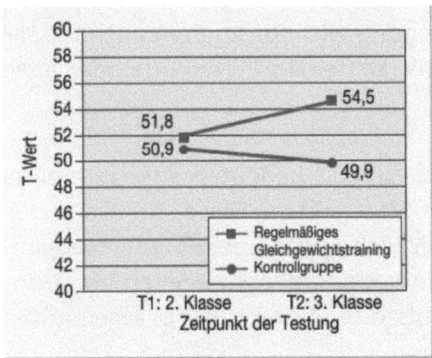

Der T-Wert der Leseleistung des altersnormierten Tests ELFE steigerte sich hochsignifikant. Während die Leseleistung der Kontrollgruppe einen diskreten Abfall aufwies.

Durch das Training des Gleichgewichts gab es weitere hochsignifikante Verbesserungen

- beim Wohlbefinden und der Anstrengungsbereitschaft des Kindes in der Schule.
- im Rechnen.

Keine Verbesserungen gab es bei der Rechtschreibung, sozialer Integration und Selbstbestimmung *(Projekt Schnecke - Evaluation 2, n.d.).*

Ein anderes Projekt, durchgeführt mit Tiroler Volksschulkinder, konnte einen Zusammenhang zwischen dem *„Balancieren rückwärts"* (DMT 6-18, Dr. Bös) und der **Leseleistung** aufzeigen. Verglichen wurden die Ergebnisse von „bewegten Schulen" und „Regelschulen". Die Lesequotienten, gemessen mit dem Salzburger Lesescreening am Projektbeginn, lagen bei beiden Gruppen im Durchschnittsbereich. Die Kinder der bewegten Schulen erreichten nach Projektablauf jedoch statistisch signifikant bessere Leseergebnisse. Aufgrund der relativ kleinen Stichprobe sind die Autoren bei der Verallgemeinerung der Ergebnisse vorsichtig *(Greier et al. - 2019 - Untersuchung Zum Zusammenhang von Gleichgewichts- .Pdf, n.d.).*

Das visuelle System kann einem schwachen Gleichgewichtssystem helfen, die Balance zu halten: denken Sie an den Unterschied des Einbeinstand mit offenen gegenüber jenem mit geschlossenen Augen! Während des Lesens können die Augen nicht helfen, das Gleichgewicht zu halten. Um sich besser auf den Text konzentrieren zu können, kann es daher **vestibulär überempfindlichen** Kindern helfen, am Boden zu sitzen oder im Unterarmstütz auf dem Bauch zu liegen.
Vestibulär unterempfindliche brauchen für das Funktionieren ihres gesamten kognitiven Systems eine ständige Stimulation. Diese Klienten lesen besser, wenn sie in der Sitzhängematte, auf einem Wackelsessel sitzen oder auf und ab gehen.

Zwischen Gleichgewicht und Verdauungstrakt gibt es eine enge Verbindung. Übelkeit oder mangelnde Darm- und Blasenkontrolle zeigen sich ebenfalls in Verbindung mit Schwierigkeiten in der vestibularen Wahrnehmungsverarbeitung.

Der Nervus vestibulochochlearis ist sowohl für das Gleichgewicht als auch für das Gehör zuständig ist. Daher ist es nachvollziehbar, dass Kinder mit Gleichgewichtsproblemen oft eine problematische zentrale Hörverarbeitung haben und umgekehrt.

 Wie erkennt man Gleichgewichtsprobleme?

- Einbeinstand mit geschlossenen Augen < 3sec.
- Balancieren auf einer Linie kann nicht langsam ausgeführt werden.
- Fuß vor Fuß stehen (beide Seiten) < 5sec.
- Ständiges Suchen von Gleichgewichtsreizen oder Gleichgewichtsreize werden möglichst vermieden.
- Sind der TLR oder andere frühkindliche Reflexe noch aktiv?

Wie trainiert man das Gleichgewichtssystem?

Viele Kinder trainieren ihr Gleichgewichtsystem immer dann, wenn sie in Bewegung sind. Manche jedoch, wenn sie beispielsweise sehr überempfindlich sind, haben starke Vermeidungsstrategien und brauchen daher das langsame Hinführen und Auffordern.

Sowohl das statische (Einbeinstand) als auch das dynamische Gleichgewicht (balancieren)gehören trainiert.

Dabei ist zu beachten, dass keine Überstimulation stattfinden soll.

Immer mit leicht bewältigbaren Übungen beginnen und die Schwierigkeit langsam steigern.

Spielerische Ansätze fördern die Motivation. Gut ist es, **barfuß** zu trainieren, denn ohne Schuhe wird die Fußmuskulatur stärker aktiviert.

👍 Sitzhängematte oder Netzschaukel ist gut, um sensible Kinder an Gleichgewichtsreize heranzuführen

👍 schaukeln und auf der Schaukel eindrehen,

👍 rollen auf der Matte oder einen Wiesenhügel hinunter,

👍 drehen mit Augen offen, oder auch mit Augen zu (Propeller-Übungen aus dem SIMMO-Programm),

👍 mit Malerkrepp eine Linie auf den Boden kleben,
Das Kind kann versuchen, wie ein Seiltänzer die Arme auszustrecken.
Variationen: Rückwärts oder mit geschlossenen Augen oder einen Gegenstand (z. B. einen Becher oder einen kleinen Ball) auf einer Handfläche balancieren ohne ihn fallen zu lassen.

👍 Das Kind darf selbst einen „Balance-Parcours" entwerfen (z. B. imaginäre Linien, auf denen balanciert werden muss, oder Hindernisse, die umgangen werden).

- auf einem Drehsessel „liegen"
- rund herumdrehen und dabei Dinge wie Sackerl oder Taschentuchpackerl aufsammeln und in den Korb geben.

→ Richtung wechseln nicht vergessen

- Kind sitzt auf einem Physioball
- Erwachsener hält das Kind an den Oberschenkeln und bewegt es

→ langsam in alle Richtungen beginnen und immer schneller werdend

- Kind kniet auf Physioball (Erwachsene hält anfangs den Ball)

→ Hilfe ist auf einen Punkt in der Ferne schauen

Geruch

Geruch und Lesen mögen auf den ersten Blick nichts miteinander gemeinsam haben und doch es gibt einige interessante Zusammenhänge:

Gerüche sind stark mit **Erinnerungen** und **Emotionen** verbunden. Ein bestimmter Geruch kann Erinnerungen an frühere Leseerlebnisse hervorrufen, wie das Vorlesen am Abend im Bett oder das Lesen eines Lieblingsbuches an einem bestimmten Ort. Diese positiven Assoziationen können die Motivation und Freude am Lesen steigern.

Beim Lesen eines Buches können verschiedene Sinne angesprochen werden. Der Geruch von Papier und Tinte bei physischen Büchern oder Leder beim Lesezeichen kann Lesen zu einem multisensorischen Erlebnis machen. Dies ist für untersensible Kinder ein Gewinn, für hypersensible sollten diese Reize minimiert werden.

Der Geruch von Büchern, Heften oder bedrucktem Papier kann negative Assoziationen an das Bloßgestelltwerden oder das Gefühl des Versagens bringen. Der Geruch des Klassenzimmers wird bei jedem von Ihnen unterschiedliche Emotionen auslösen.

Angenehme oder beruhigende Düfte können das allgemeine Wohlbefinden verbessern und dazu beitragen, eine entspannte und konzentrierte Leseatmosphäre zu schaffen.

Duftstoffe wirken unmittelbar auf das Gehirn und können damit sowohl auf physische, als auch auf psychische Prozesse im Körper ihre Wirkung ausüben. Ätherische Öle sind reine Naturprodukte, die aus Pflanzen, Fruchtschalen, Blüten, Hölzern oder Wurzeln gewonnen werden. Bei jeder dieser Anwendungen immer reinste ätherische Öle, von bester (Bio-) Qualität verwenden Synthetisch hergestellte Düfte haben keinen therapeutischen Effekt und können Kopfschmerzen verursachen.

Gerüche können das Gedächtnis und das Lernen unterstützen. Das Riechen eines bestimmten Duftes während des Lesens und das Wiederholen dieses Duftes während des Abrufs von Informationen kann helfen, die Erinnerungen zu festigen und den Abruf zu erleichtern. Dies kann beispielsweise Duftölen in einem Rollerball gemacht werden. Ätherische Öle sind bei Kindern gut anzuwenden, wenn man beachtet, dass die Dosierung soll viel geringer ist als bei Erwachsenen. Ätherische Öle wirken bei Kindern auch anders als bei Erwachsenen. Wenden Sie sich bei genaueren Fragen an eine Fachkraft.

In der Aromatherapie erhöhen ätherische Öle wie **Lemongras, Zitrone** oder **Zitronenmelisse** die Konzentration und die Aufnahmefähigkeit. **Orangenöl** und **Mandarinenöl** haben bei Kindern eine beruhigende und besänftigende Wirkung. **Pfefferminzöl** steigert die Konzentration, macht wach und wirkt erfrischend. Dieses Öl kann auch bei Kopfschmerzen und Übelkeit helfen. Es ist aber bei Kindern ab 6 Jahren und sehr sparsam einzusetzen.

Ebenfalls konzentrationsfördernd, jedoch für Kinder und Jugendliche vielleicht gewöhnungsbedürftig sind Öle wie **Basilikumöl, Wacholderöl und Rosmarinöl.** Warme Düfte, wie zum Beispiel **Vanille**, vermitteln Geborgenheit. Dies kann bei Nervosität und Unsicherheit gezielt eingesetzt werden, damit sich der Schüler in der Umgebung wohl fühlt und Ängste abgebaut werden können.

 ES STINKT! Geruchsempfindlichkeiten sind einfach zu erkennen!

Wenn der Geruch von Obst (oder Gemüse) zu intensiv ist und daher ein Essen abgelehnt wird, dann aus dem Obst ein Eis machen! Eis hat keinen Geruch!

 Hilfe über den Geruchssinn

Rollerball mit 10 ml neutrales Trägeröl (Mandel- oder Jojobaöl) füllen.

Zwei Beispiele für über 6-jähige Kinder:

👍 **ANTI-STRESS – Rollerball**
- 2 Tropfen Lavendel fein (sanft ausgleichend, entspannend, löst Spannungen)
- 1 Tropfen Römische Kamille (sehr mild, angstlösend, emotional beruhigend)
- 2 Tropfen Mandarine rot (sanft beruhigend, tröstend, bei Nervosität sehr kindgerecht)

👍 **KONZENTRATION – Rollerball**
- 1 Tropfen Lavendel fein (sanft beruhigend, ausgleichend ohne zu sedieren)
- 2 Tropfen Zitrone (sanft ausgleichend, klärend, harmonisierend)
- 2 Tropfen Orange-süß (beruhigend, geborgenheitsfördernd, angstlösend)
- 1 Tropfen Rosmarin (mild klärend, sanft wach machend ohne Überreizung)

Für kleinere Kinder, die Dosierung eventuell noch weiter reduzieren.

Über das rechte Nasenloch wird direkt die rechte Hirnhälfte aktiviert und umgekehrt.

Düfte, die nach R. Melillo die die **linke Hirnhälfte** über das linke Nasenloch besonders stimulieren: Apfel, Banane, Kirsche, Schokolade, Trauben, Lavendel, Orange, Ananas, Rose, Erdbeere

Düfte die nach R. Melillo die **rechte Hirnhälfte** besonders stimulieren: Kaffee, Eukalyptus, Pfefferminze, Zitrone, Limette, Zwiebel, Senf, schwarzer Pfeffer, Räucherholz.

 ## Propriozeption und Fühlen

Propriozeption (Tiefensensibilität oder Eigenwahrnehmung) ist jener essentielle Sinn, der für die Wahrnehmung des Körpers und die Bewegungssteuerung zuständig ist. Bewegungen können nur dann gesteuert und damit auch die Reflexe integriert werden, wenn man seinen eigenen Körper adäquat spürt.

Eine ausgeprägte Propriozeption ermöglicht eine präzise Wahrnehmung und Kontrolle der eigenen Körperposition und der Bewegungen im Raum. Sie unterstützt dabei, eine bequeme und gesunde Haltung beim Lesen einzunehmen und beizubehalten.

Eine stabile und kontrollierte Körperhaltung unterstützt die allgemeine Konzentration und Aufmerksamkeit. Wenn du dich nicht ständig bewegen oder deine Position anpassen musst, kannst du dich besser auf den Text konzentrieren.

Die Propriozeption ist auch wichtig für die visuell-motorische Integration, also die Fähigkeit, visuelle Informationen zu verarbeiten und darauf zu reagieren. Dies kann das Verfolgen von Text und das Umblättern von Seiten erleichtern.

Sie spielt eine Rolle bei der Koordination der Augenbewegungen, die zu effizienterem und flüssigerem Lesen führen, da die Augen leichter den Textzeilen folgen können.

Zusammengefasst unterstützt eine gute Propriozeption beim Lesen durch eine verbesserte Körperhaltung, bessere Augenkoordination, erhöhte Konzentration und weniger Ablenkungen.

Das physische Spüren eines Buches – das Umblättern der Seiten, das Gewicht und die Textur des Papiers – kann das Leseerlebnis bereichern.

Mit Fühlen ist das taktile System gemeint. Das taktile System umfasst die Wahrnehmung von Berührungen, Druck, Vibration, Temperatur und Schmerz durch spezialisierte Rezeptoren in der Haut. Es spielt eine zentrale Rolle bei der Interaktion mit der Umwelt und ist essenziell für motorische Steuerung, Schutzfunktionen und soziale Bindungen.

Eine bequeme Sitzposition und ein angenehmes Umfeld können das Leseerlebnis verbessern, während körperliches Unbehagen ablenkend wirken kann.
Eine stabile Kopf- und Körperhaltung reduziert unnötige Augenbewegungen und verringert die Augenbelastung, was die Konzentration über längere Zeiträume unterstützt.

Die Propriozeption und das taktile System sind in den ersten Lebensmonaten die wichtigsten Sinne. Bei Schuleintritt kann das Erkennen von Buchstaben noch stark mit dem Spüren zusammenhängen. Dazu musste der Mund durch das Kauen stimuliert werden und nicht durch hauptsächlich Breinahrung vernachlässigt werden. Kauen liefert propriozeptive Rückmeldungen an das Gehirn über die Position und Bewegung der Kiefer- und Zungenmuskulatur. Diese Rückmeldungen helfen Kindern, ein besseres Gefühl für die Platzierung ihrer Zunge und Lippen beim Sprechen zu entwickeln.

Der Zusammenhang zwischen dem Spüren des Mundes und der Sprache ist also fundamental für die präzise Artikulation und die Klarheit der Sprachproduktion.

Katharina hat in England mit 5 Jahren und 10 Monaten schreiben gelernt. Nach 3 Monaten schrieb sie den linken Text.
Auffällig ist, dass sie keine Vokale geschrieben hat (außer dem I). Wahrscheinlich, weil sie in diesem jungen Alter mehr den Zusammenhang zwischen dem Spüren des Mundes und der Sprache beachtet hat. Das Heraushören von Lauten ist ihr dann erst später 3 Monate später gelungen.

Beim Erlernen der Buchstaben kann daher das Lernen über die Propriozeption eine große Hilfe sein. Ein Beispiel dafür ist das Lesenlernen über die kybernetische Methode (siehe S 266).

Wie erkennt man Auffälligkeiten in der Propriozeption und im taktilen System?

Es gibt Schwierigkeiten

- bei der Ausführung von feinmotorischen Aufgaben wie Schreiben, Knöpfe schließen oder Perlen fädeln.

- Beim Halten des Gleichgewichts, insbesondere beim Stehen auf einem Bein oder beim Gehen auf unebenem Untergrund.

- Bewegungen zu planen und auszuführen, was zu ungeschickten oder unkoordinierten Bewegungen führt.

- die Kraft richtig einzuschätzen, was zu übermäßigem oder unzureichendem Druck bei Aktivitäten wie Schreiben, Greifen oder Drücken führt.

 Wie kann jemandem mit einer schwachen Propriozeption helfen?

- Gewichtstiere beispielsweise von elja (www.elja.at) auf die Oberschenkel beim Sitzen legen
- Pausen unter einer Gewichtsdecke machen.
- Theraband zwischen den Sesselbeinen befestigen. Die Füße können auf das schwingende Band gestellt werden oder es kann mit den Füßen mit dem Band gespielt werden.

 Wie holen Kinder Defizite in der Propriozeption und im taktilen System auf?

- ☺ Schwere Dinge schieben oder ziehen, Wäschekorb (eventuell noch mit Kettlebells gefüllt) oder schwere Äste im Garten.
- ☺ Massage mit festem Druck oder im Gegenteil mit feinen Straußenfedern oder mit sensorischen Bürsten.

Sensorische Bürsten

stimulieren die Haut und das darunterliegende Gewebe, was die Propriozeption verbessert. Regelmäßiges Bürsten kann helfen, die Toleranz gegenüber taktilen Reizen zu erhöhen und Überempfindlichkeiten zu reduzieren. Das Bürsten kann eine beruhigende Wirkung auf das Nervensystem haben, was hilft, Angstzustände und Stress zu reduzieren.

Bürstenmassage nach **Wilbarger** wird bei Autisten und wahrnehmungsauffälligen Kindern erfolgreich eingesetzt.

☺   Stimulation aller Gelenke. Dadurch wird die Etablierung des Homunkulus im Thalamus, der eine wesentliche Rolle in der sensorischen Verarbeitung und Weiterleitung spielt, angeregt (PULL – PUSH – TWIST – TWIST - Übung siehe „Talente bewegen – Lernen kommt in Bewegung").

☺   Motopädagogik, Mototherapie oder Ergotherapie

☺   Kampfsportarten

Was hilft beim Training der Propriozeption und macht Spaß?

- Hängematte im „U" aufhängen – Kind sitzt im Schneidersitz darin,
- das Kind darin eindrehen, bis es ganz eng wird.
- Das Kind ganz „zusammenquetschen"

➔ ausdrehen lassen, eventuell bremsen

Kind mit am Körper anliegenden Armen fest in eine Decke einrollen.

➔ mit den Händen den Körper „abklopfen".

➔ mit einem Gymnastikball fest pressen – den ganzen Körper entlang

➔ mit Faszienrolle oder Massageroller das eingewickelte Kind
   bearbeiten.

Körper- und Biochemie

Lesen ist ein sehr komplexer Vorgang und benötigt ein auf hohem Energielevel
arbeitendes Gehirn. Die „Energiewährung" der Zellen ist das ATP-Molekühl, das
für die Neuroplastizität benötigt wird.
Um gut zu funktionieren und zu wachsen benötigt das Gehirn:

- Energie und Botenstoffe
- Sauerstoff
- adäquate Stimulation sowie eine
- giftfreie Umgebung

Um sich im Lesen zu verbessern, sollten nicht nur die großen, sondern auch die
vielen kleinen Energieräuber minimiert werden.

Glückshormone

Botenstoffe werden auch Glückshormone genannt. Die wichtigsten sind
Dopamin, Serotonin, Oxytocin, Adrenalin und Noradrenalin. Sie sind im Blut oder
Urin messbar. Die gemessenen Konzentrationen lassen jedoch keine zuverlässige
Aussage über die Menge der Botenstoffe im Gehirn zu.

Serotonin, das Wohlfühlhormon, ist zuständig für unsere positive Stimmung und
für den Schlaf. Es hat eine wichtige Funktion im Bereich der exekutiven
Funktionen. Serotonin wird im Gehirn aus Tryptophan gebildet.
90% des Serotoninangebots des Körpers befindet sich im Darm. Entzündungen
im Körper können die Freigabe von Serotonin blockieren (Lugavere, 2018, p. 226).

Wie kann man ein Defizit an Serotonin erkennen?

- kreisende Gedanken,
- man fühlt sich überwältig,
- Neues macht Angst,
- Schlafstörungen,
- Sucht auf Süßes vor allem am nachmittags und am Abend,
- „Winter-Blues",

Wie kann man dem Körper Serotonin zuführen?

L-Tryptophan, die Vorstufe zu Serotonin ist besonders in

- Fleisch, Eiern,
- Fisch,
- Nüsse, Samen und Sojaprodukte
- Milchprodukten enthalten.
- weiters: regelmäßige Bewegung, besonders Ausdauersport an der frischen Luft, Sonnenlicht am besten vormittags und am frühen Nachmittag sowie Entspannungstechniken und positive soziale Kontakte.

Dopamin, das Antriebshormon, ist für Motivation und die Bereitschaft sich anzustrengen zuständig. Im präfrontalen Kortex beeinflusst es die Arbeitsgedächtnis- und Aufmerksamkeitsleistung. Gleichzeitig fördert es die Übertragung der Informationen ins Langzeitgedächtnis (Beck, 2014, p. 172 ff).
Dopamin, das aus Tyrosin gebildet wird, stimuliert im Gehirn das *Belohnungszentrum*. Zucker und andere schnell verwertbare Kohlehydrate (wie Reis oder Weißmehl) sind massive Stimulatoren des Dopamins und können abhängig machen.

Feedbackschleifen in den Sozialmedia oder Onlinespielen können das Dopamin-System so stark deregulieren, dass eine Sucht entsteht. Diese Sucht ist mit Drogensucht vergleichbar (Lugavere, 2018, p. 230).

Gibt es einen Überschuss an Dopamin, so kann es zu einer Reizüberflutung kommen. Menschen mit einer erhöhten Konzentration dieses Botenstoffs, fällt es schwer, zwischen relevanten und unwichtigen Gefühlen zu unterscheiden.

Bei ADHS gibt es ein Ungleichgewicht im Stoffwechsel von Dopamin und Noradrenalin.

Eine dreimonatige Studie ergab, dass eine Stunde Yoga sechsmal pro Woche den Dopamin-Spiegel signifikant erhöht (Pal et al., 2014). Vielleicht etwas für Sie?

 Wie kann man ein Defizit an Dopamin erkennen?

- müde, traurig, unmotiviert
- schlechte Feinmotorik, Beweglichkeit
- Antriebslosigkeit
- Brain Fog und Konzentrationsschwierigkeiten,
- Gedächtnislücken

 Wie kann man dem Körper Dopamin zuführen?

- Avocados,
- grünes Blattgemüse,
- Äpfel,
- Nüssen, Samen,
- Haferflocken und
- dunkle Schokolade.

👍 Weiters hilft Bewegung, ausreichend Schlaf und Vitamin D, Lieblingsmusik hören, Erreichen kleiner Ziele, positive soziale Erlebnisse.

Oxytocin verbessert die Fähigkeit, emotionale Zustände anderer zu erkennen, was als "Mind-Reading" bezeichnet wird. Da das Verständnis sozialer Hinweise für das Leseverständnis wichtig ist, spielt Oxytocin in diesem Bereich eine unterstützende Rolle. Oxytocin beeinflusst kognitive Funktionen, einschließlich des Gedächtnisses. Weiteres auf Seite 224.

Makronährstoffe

Kohlehydrate, Proteine und Fette sind die Makronährstoffe unserer Nahrung. Nahrung ist nicht nur Treibstoff, sondern auch Information. Sie hat Einfluss darauf, ob vorhandene Gene aktiv oder inaktiv werden.

Wie wirkt sich die Ernährungsweise von Schwangeren auf die emotionale Gesundheit der Kinder im Alter von 18 Monaten bis 5 Jahre aus? 23.000 Schwangere wurden im Rahmen einer Studie begleitet. Kinder von Müttern, die sich mehr von industriell verarbeiteten Essen und Junk Food ernährten, hatten mehr Aggressionen und Wutanfälle ('Das Gehirn Ist Was Es Isst.', 2019).

Industriell verarbeitetes Essen (Tiefkühlkost, Backwaren, Wurstprodukte, Snacks, Softdrinks, …) und Junk-Food führen zu einer überhöhten Aufnahme von Zucker und ungesunden Fetten. Diese Ernährung liefert nicht das, was ein heranwachsendes Gehirn benötigt.
In einer norwegischen Untersuchung wurde der Einfluss unterschiedlicher Ernährungsweisen auf die emotionale Gesundheit und das Verhalten von Kindern untersucht. Die Ergebnisse zeigten, dass Kinder, die sich hauptsächlich von industriell verarbeitetem Essen mit hohem Zuckeranteil und ungesunden Fetten ernähren, tendenziell zu **aggressiverem Verhalten und ADHS-Symptomen** neigen. Diese Auswirkungen traten unabhängig davon auf, wie sich die Mütter während der Schwangerschaft ernährten (News, 2021).

An der Universität Sydney wurde eine Studie zur Ernährung und deren Auswirkungen auf das Gedächtnis von Ratten durchgeführt. Die Untersuchung ergab, dass der Konsum einer westlichen „**Kaffeehauskost**" während der frühen Entwicklungsphasen langfristige Beeinträchtigungen der räumlichen

Gedächtnisfunktion verursacht. Die Ratten hatten freien Zugang zu einer fett- und zuckerhaltigen Nahrung. Die Acetylcholin-Signalübertragung im Hippocampus, einem Bereich der für **Gedächtnisbildung und Gedächtnisabruf** entscheidend ist, wurde erheblich gestört (Hayes et al., 2023).

Bei Leseschwierigkeiten bzw. Lern- und Konzentrationsproblemen ist es wichtig, neben möglichen Allergien auch auf **Nahrungsmittelunverträglichkeiten** oder -**empfindlichkeiten** zu achten. Diese dürfen nicht mit Allergien verwechselt werden.

Allergische Reaktionen wie Hautreaktionen, wässrige Augen, geschwollene Augenlider, dunkle Ringe unter den Augen, rinnende oder verstopfte Nase oder Atemprobleme treten im zeitlichen Zusammenhang (Minuten oder wenige Stunden) nach der Einnahme auf.

Im Gegensatz dazu sind Reaktionen bei Nahrungsmittelunverträglichkeiten oftmals sehr zeitversetzt (auch Tage später) und sind dadurch besonders schwierig zu erkennen.

Im Kleinhirn können sich Nahrungsmittelunverträglichkeiten durch Probleme in der Bewegungskoordination, dem Gleichgewicht, der räumlichen oder visuellen Wahrnehmung auswirken.

Oft essen Kinder mit Vorliebe jene Speisen, auf die sie eigentlich unverträglich sind. Sie wirken wie süchtig auf Pasta und Pizza bei einer Weizenunverträglichkeit oder auf Kakao bei einer Milchunverträglichkeit (Melillo, 2016, p. 14).

Laut Robert Melillo (USA) treten Nahrungsmittelunverträglichkeiten bei 85% der Kinder mit einem Ungleichgewicht in der linken und rechten Gehirnhälfte auf (Melillo, Robert, 2004, p. 14).

Unverträglichkeiten verursachen im Körper großen Stress und ziehen Energie von der Gehirnentwicklung ab. Als Folge treten chronische Entzündungen auf, die die Muskeln im Verdauungssystem schwächen und Verstopfungen verursachen können. Diese Verstopfungen wiederum führen zu einer Störung des körpereigenen Entgiftungssystems und Kinder werden empfindlicher gegenüber Giftstoffen. Als eine weitere Folge von chronischen Entzündungen können sich Opiate bilden, die die Gehirnprozesse verlangsamen und einen sogenannten „Gehirnnebel" verursachen.

Prinzipiell können alle Nahrungsmittel einen sensitiven Körper beeinträchtigen. Folgende Makronährstoffe machen häufig Probleme:

- Weizen oder Gluten
- Milchprodukte (Laktose oder Milcheiweis)

- Tomaten
- Äpfel (Salicylsäure)
- Eier
- Germ
- Bohnen und Erbsen
- Soja (Phytoöstrogene, intensive Verarbeitung)
- Zitrusfrüchte (Säure!) (Melillo, 2016).

Kinder sind dann heikle Esser, wenn sie nicht mehr als 30 Lebensmittel akzeptieren. Problematisch wird es, wenn die Anzahl, der Lebensmittel, die gegessen werden, weniger als 20 sind und ganze Gruppen wie Gemüse oder Obst abgelehnt werden.

 Gründe, warum Kinder Essen ablehnen?

- Geruch,
- Geschmack,
- Textur: beispielsweise hat Mais eine relativ dicke Haut und ein sehr weiches Inneres oder Fruchtstückchen im Joghurt reizen den Gaumen sehr.
- Lebensmittel werden ungern angegriffen,
- ungern in den Mund genommen oder gekaut.

Versuchen Sie herauszufinden, ob jene Lebensmittel, die ihr Kind nicht mag, vom **Geschmack** her oder von der **Konsistenz** her oder aus anderen Gründen abgelehnt werden.

Was kann noch ein Auslöser sein? Manchmal ist es eine nicht altersgemäß entwickelte Mundmotorik, Nahrungsmittelunverträglichkeiten, Hefepilzbefall oder ein Mineralstoffdefizit (z.B. Zink).

 Neue Lebensmittel kindgerecht (für Hypersensible) einführen:

- ☺ bis zu 40mal anbieten!
- ☺ zuerst nur mit den Fingern befühlen lassen,
- ☺ daran riechen lassen,
- ☺ dann abschlecken und mit dem Mund befühlen lassen,

☺ in den Mund nehmen und ausspucken lassen.

☺ Kinder an der Zubereitung teilhaben lassen.

☺ Und natürlich beim gemeinsamen Essen ein Vorbild sein.

Sind Kinder heikle Esser, weil sie übersensibel auf Gerüche reagieren, so wäre eine Idee, aus Früchten Eis zu erzeugen, denn Eis riecht nicht! Vielleicht kann der Geschmack dann akzeptiert werden?

 Essenssituationen können besonders schwierig sein, wenn Kinder sehr sensibel sind.

Daher sollte die Gestaltung der Essenssituation sorgfältig überdacht werden, insbesondere wenn Kinder in großen Gruppen ihre Nahrung zu sich nehmen.

🍽 Können die Kinder genügend essen oder werden sie von der Umgebung zu sehr abgelenkt?

🍽 Ist die Umgebung zu laut oder zu unruhig?

🍽 Ist der Geruch aus der Küche zu stark?

🍽 Ist das jeden Tag woanders sitzen zu stressig?

Unterempfindliche Kinder profitieren durch die Beimengung von Gewürzen wie Zimt, Vanille, Kurkuma, Zwiebel, Knoblauch oder Erdnussbutter.

 Woran sollte bei der Gestaltung von Familienessen gedacht werden?

☺ Essen als Familienerlebnis gestalten,

☺ Küchenzeiten einführen,

☺ bewusste (gesunde) Wahlmöglichkeiten anbieten,

☺ kein Junk-Food zu Hause haben,

☺ nicht den Heißhungergelüsten nachgeben.

 Wie erkennt ein Defizit an Makronährstoffen?

🚩 aggressives Verhalten, Impulsivität

🚩 Müdigkeit

🚩 Konzentrationsschwierigkeiten, Hyperaktivität, Lernschwierigkeiten

- Kopfweh, Muskelschmerzen, Bauchweh
- Bettnässen
- Schlafschwierigkeiten

Omega -3 Fettsäuren

Omega-3 ist eine Fettsäure, die für den Aufbau und die Durchlässigkeit der Zellmembrane (bessere Aufnahme von Nährstoffen) zuständig ist. Sie reguliert und harmonisiert den Nervenbotenstoffwechsel (z.B. Serotonin). Unser Gehirn besteht zu 70% aus Fett.
90% der Omega 3 Fettsäuren im Gehirn liegen in Form von DHA vor. Die Synapsen, die Vernetzung zwischen den Nervenzellen, bestehen zu 50% aus DHA (Perlmutter, 2017, p. 126).

Der Omega-3-Index sagt aus, wie hoch der Anteil der Omega-3-Fettsäuren (EPA und DHA) an der Gesamtmenge der Fettsäuren in den roten Blutkörperchen ist. Ein **Omega-3-Index** von **8 - 11%** gilt als ideal. In Deutschland liegt er durchschnittlich liegt bei 4,5%.

In der Urzeit war das Verhältnis zwischen Omega-6 und Omega-3 1:1, inzwischen ist es auf 10:1 bis zu 20:1 gestiegen (Hyman, 2009, p. 86). In Deutschland ist er derzeit 1:12. Gründe dafür sind u.a. die **andere Fütterung der Nutztiere**, heute häufig mit Mais und Soja (hoher Omega-6 Anteil) und der **steigende Anteil an Fertigprodukten** in unserer Ernährung. Sonnenblumenöl, Sojaöl und Maisöl sind Hauptbestandteile vieler industriell verarbeiteter Lebensmittel und enthalten große Mengen an Omega-6.

Die Placenta versucht in der Schwangerschaft für das Ungeborene einen Omega-3 Index von 8 bis 11% bereit zu stellen. Die Mütter werden daher in der Schwangerschaft „ausgelaugt". Auch die mütterliche Brustmilch ist eine natürliche Quelle von DHA.

Ein diätetischer Mangel an Omega-3-Fettsäuren wird im Zusammenhang mit Aufmerksamkeitsstörung, Legasthenie, Depression, Demenz, Bipolarer Störung und Schizophrenie gesehen (Gomez-Pinilla Nature Reviews Neuroscience 9, 568-578 July 2008).

Den Einfluss von Omega-3 auf die **Lesefähigkeit**, das Arbeitsgedächtnis und das Verhalten konnte 2012 bei 7- bis 9-jährigen gezeigt werden. 600mg DHA in Form von Algenölkapseln wurde der Testgruppe während eines Zeitraums von 16 Wochen gegeben. Die Kontrollgruppe erhielt als Placebo Mais-/ Sojaölkapseln.
Die Leseleistung der Studienteilnehmer war zu Projektbeginn sehr schwach, sie lag im Schnitt 18 Monate hinter dem biologischen Alter.

Leseleistung der Kinder VOR- und NACH der 600mg DHA Intervention und der Placebogruppe.

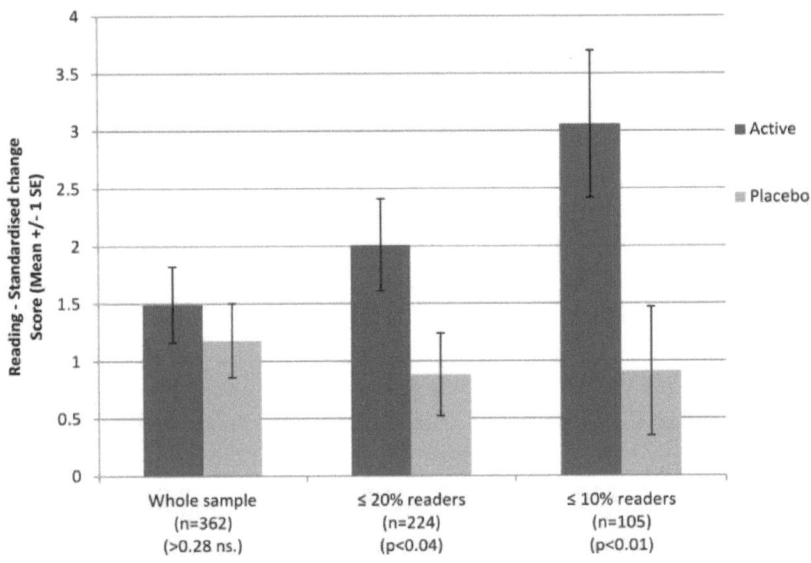

Bei schwachen Lesern gab es eine signifikante Verbesserung der Leseleistung beim Einzelwortlesetest (Richardson et al., 2012).

Dr. Emma Derbyshire, führte im Jahr 2017 eine systematische Überprüfung von randomisierten placebokontrollierten Studien durch, an denen insgesamt 1514 Kinder und Jugendliche mit ADHS teilgenommen hatten. 13 der Studien berichteten über positive Auswirkungen von Omega-3 Fettsäuren auf ADHS-Symptome, einschließlich der Verbesserungen von Hyperaktivität, Impulsivität, Aufmerksamkeit, visuelles Lernen, Wortlesen und Arbeits- und Kurzzeitgedächtnis (vgl.Derbyshire E. Do Omega-3/6 Fatty Acids Have a Therapeutic Role).
Eine emotionale Labilität spiegelt ein Fehlen komplexerer Hirnleistungen wider und ist ein Zeichen, dass das Gehirn nicht rational reagieren kann. Durch die

Gabe von Omega-3 Fettsäuren nimmt diese emotionale Labilität der ADHS Kinder ab.

Das Auffüllen von Omega-3 Fettsäuren kann mehrere Monate dauern. Und daher sieht man Wirkungen auch erst nach Wochen.

 Wie erkennt man ein OMEGA-3 Defizit?

Ein Bluttest zur Feststellung der Omega-3 Versorgung sollte beim Arzt oder im Selbsttest beispielsweise mit Omegametrix (=HS3-Test) durchgeführt werden. Wichtig ist es, einen HS3-Test zu verwenden, der Auskunft über die langfristige Versorgung des Körpers mit diesen essentiellen Fettsäuren gibt. Regelmäßige Kontrollen sind gut, um die für die Erhaltung individuelle Omega-3 Menge festzustellen.

Was bewirkt ein guter OMEGA-3 Spiegel?
- entzündungshemmend,
- Blutdruck, Cholesterin und Triglyceride regulierend,
- fördert Gedächtnis, Konzentration und geistige Leistungsfähigkeit,
- verbessert Sehkraft und verringert Risiko für Makuladegeneration,
- verbessert die Hautfeuchtigkeit,
- Verbesserung der Darmgesundheit, ...

 Kinder lassen sich nicht in den Finger stechen – was dann?

Wenn Kinder das Gleiche oder Ähnliches essen wie ihre Eltern, dann könnten sich auch die Eltern testen lassen und auf ihre Kinder schließen.

Omega-3 mit der Nahrung aufnehmen
Omega-3-Fettsäuren können mit der Nahrung aufgenommen werden, beispielsweise durch fetten Meeresfischen wie Lachs, Makrele oder Hering.
Kinder sollten in der Woche ca.100g fetten Fisch (nicht frittiert oder paniert) essen, um ausreichend versorgt zu sein.

Fischart	EPA in g / 100 g	DHA in g / 100 g	Omega3 (gesamt) in g / 100 g
Thunfisch	1,4	1,2	2,6
Lachs	0,7	1,9	2,6
Matjes-Hering	0,7	1,2	1,9
Makrele	0,6	1,1	1,7
Sardine	0.6	0.8	1.4

(*ADHS*, 2019)

Neben der Überfischung der Meere, ist die Schwermetallbelastung von Fischen ein zu beachtender Aspekt. Vor allem Raubfische wie Schwertfisch, Buttermakrele und Thunfisch weisen einen hohen Quecksilbergehalt auf, der gesundheitliche Risiken bergen kann (*Quecksilber*, n.d.).

Heutzutage stammt ein großer Teil des im Handel erhältlichen Lachses aus Aquakulturen. Diese industrielle Lachszucht vermeidet zwar die Überfischung natürlicher Bestände, birgt jedoch andere erhebliche Probleme: Die Fische werden in überfüllten Becken gehalten, was zu intensiver Verschmutzung durch Fischkot führt, Sauerstoffmangel verursacht und das Wohlbefinden der Fische beeinträchtigt. Zudem sind ständige Antibiotikagaben erforderlich, um Krankheiten in den dicht besetzten Anlagen zu kontrollieren. Zuchtlachse haben einen höheren Fettanteil (15-34%) als Wildlachse. Da sich Giftstoffe im Fettgewebe anreichern, weisen Zuchtlachse oft hohe Konzentrationen an schädlichen Substanzen auf (*Lachszucht*, 2022).

Der Körper kann auch aus ALA, das in Leinöl, Leinsamen, Walnussöl oder Walnüssen, Soja, Olivenöl oder Oliven, Grünkohl oder Avocado enthalten ist, EPA und DHA bilden. ***Achtung:*** **Nur 5 bis 10% von ALA** kann **in EPA** und **nur 0,5%** von **ALA in DHA** umgewandelt werden. Dies sind sehr geringe Mengen! Hohe Anteile an Omega-6 im Körper verhindern diese Umwandlung zusätzlich!

Daher kann die Einnahme von Omega-3 in Form eines **Nahrungsergänzungsmittel** wichtig sein!

Achten Sie beim Kauf auf einen hohen DHA-Anteil und eine sehr gute Zellverfügbarkeit.

Von Natur aus kommen Omega-3-Fettsäuren (EPA, DHA) als **Triglyceride** vor. In dieser natürlichen Form sind Omega-3-Fettsäuren bis zu 400% bioverfügbarer als wenn sie zur Herstellung hochkonzentrierter Präparate in ein **Ethylester-Ölkonzentrat** (EE) umgewandelt wurden. In der EE-Aufbereitungsform kommt trotz höherer Dosierung weniger DHA und EPA in der Zelle an.

Achten Sie darauf, OMEGA-3 Fettsäuren immer <u>mit der Hauptmahlzeit</u> zu nehmen, um die Bioverfügbarkeit zu erhöhen (bis zu 13-fach höher).

Welche Möglichkeiten der Einnahme gibt es?

⇨ Einnahme in Form einer Emulsion
Da das Schlucken von reinem Öl für Kinder oft schwierig ist, ist eine Alternative sehr gefragt.
Seit einiger Zeit gibt es als Alternative eine natürliche Emulsion der österreichischen Firma VABO-N (OH! MEGA siehe im Anhang Seite 309) in Form von Jellys. In diesem Herstellungsverfahren kommt das Öl **nicht** mit Sauerstoff in Berührung und 90% des Fischölkonzentrat besteht aus **Triglyzeriden**. Die **Zellverfügbarkeit** ist bei dieser Verabreichungsform bis zu 44% höher als bei einer Softgel-Kapsel. Kinder essen diese Jellys, die frei von Schadstoffen, PCBS und Schwermetallen (TOTOX-Wert 3 oder 4) sind, sehr gerne.

⇨ Einnahme von konzentriertem Fischöl oder veganes Algenöl
Konzentriertes Fischöl (schadstoffkontrolliert) oder veganes Algenöl kann täglich direkt mit dem Löffel oder auf den Salat oder mit etwas Hafermilch eingenommen werden.

⇨ Einnahme in Kapselform
Wenn man eine Kapsel öffnet, sollte sie nicht unangenehm nach Fisch riechen. Es existiert die Gefahr, dass das Öl bei der Verarbeitung mit Sauerstoff in Berührung kam und oxidiert ist. Stößt r Fischgeschmack unangenehm auf, dann ist das Öl oxidiert und nicht mehr so wertvoll.

⇨ Einnahme von „Gummibärchen" Gelees
In dieser Darreichungsform ist darauf zu achten, dass nur wenige chemische Zusatz- bzw. Konservierungsstoffe beigemischt wurden.

Zucker

Zucker ist ein einfaches Kohlenhydrat, das in verschiedenen Formen vorkommt. Die häufigsten Zuckerarten sind: **Glucose** (Traubenzucker), **Fructose** (Fruchtzucker), **Saccharose** (Haushaltszucker), **Lactose** (Milchzucker) und **Maltose** (Malzzucker).
Stärke in Weißmehlprodukten wie Nudeln, Pizzateig, Toastbrot führt zu einem raschen Anstieg des Blutzuckerspiegels, ähnlich wie bei der Aufnahme von einfachem Zucker.

Ein „zu viel von Zucker"
- entleert die Vitaminspeicher im Körper.
- führt zu Auffälligkeiten wie: Lernschwierigkeiten, aggressives Verhalten, Angst, Hyperaktivität, Depression, Müdigkeit, ...
- bildet „Krusten" (AGE – advanced glycation end products) im Gehirn und schränkt die Gehirnaktivitäten ein (Hyman, 2009, p. 56).

Wie entstehen diese Blutzuckerschwankungen, die für eine Verschlechterung von Konzentration und Lern- bzw. Leseleistung verantwortlich sind?
Als Folge des raschen Blutzuckeranstiegs nach Zuckerkonsum (auch von Weißmehlprodukten oder Fruchtzucker in Fruchtsäften oder Quetschies) wird sehr viel Insulin gebildet. Dieses Insulin baut in der Folge den Blutzucker rasch ab. Es entsteht binnen 90 min. eine Unterzuckerung, die ein Leistungstief bewirkt. Blutzuckerschwankungen entstehen außerdem durch die Ausschüttungen von Stresshormonen (beispielsweise durch einen häufig ausgelösten MORO-Reflex).

Häufiger Zuckerkonsum kann das Erinnerungsvermögen verschlechtern und die Geschwindigkeit der Informationsweitergabe im Gehirn verringern. Regelmäßiger Zuckerkonsum, macht das Gehirn resistent gegen das Hormon Insulin, welches ein wichtiger Baustein für den Hippocampus (Zentrum für Erinnerung) ist (Mosetter, 2016).

Forscher der Universität Princeton fanden heraus, dass Ratten ähnliche Anzeichen von Sucht und Entzug zeigten, wenn ihnen Zucker verabreicht wurde, wie bei der

Einnahme von Kokain. Die Ratten wiesen erhöhte Dopaminspiegel im Gehirn auf, eine Reaktion, die ansonsten bei Drogenmissbrauch beobachtet wird. *(Princeton - News - Sugar on the Brain: Study Shows Sugar Dependence in Rats, n.d.).*

Jedes Mal, wenn man zuckerhaltige Nahrungsmittel isst, schüttet der Körper Dopamin aus und aktiviert damit den Belohnungsmechanismus im Gehirn. Zucker ist eines der wenigen Lebensmittel, das die Ausschüttung von Dopamin direkt anregt. Das freigesetzte Dopamin wandert vom Darm ins Gehirn. Zucker kann süchtig machen –bis zu achtmal süchtiger als Kokain. Heißhunger auf Süßes entsteht oft, wenn der Körper nach Dopamin verlangt. (Lugavere, 2018, p. 75).

In einem anderen Rattenversuch an der Universität Bordeaux erhielten die Ratten eine Diät, die sowohl Zucker als auch Kokain enthielt. Nach einer gewissen Zeit wurden die Ratten vor die Wahl gestellt, ob sie Kokain oder Zuckerwasser bevorzugen. Es stellte sich heraus, dass die Ratten eine viermal höhere Präferenz für das Zuckerwasser zeigten als für Kokain (Dec. 10 et al., n.d.).

Diese Untersuchungen betonen den Einfluss süßer Geschmäcker auf das Belohnungssystem des Gehirns, was wichtige Erkenntnisse über das menschliche Verhalten in Bezug auf Zuckerkonsum und potenzielle Zuckersucht liefert.

Zucker hat zusätzlich eine schnelle und signifikante Wirkung auf die Darmflora. Bereits nach einem Tag intensiven Zuckerkonsums steigt das Wachstum von "schlechten" Darmbakterien deutlich an, was dazu führt, dass sie die "guten" Darmbakterien verdrängen *(Zucker killt wichtige Darmbakterien – DW – 20.09.2022, n.d.).*

Bis 1850 war Zucker nicht für die breite Bevölkerung verfügbar. Heute ist Zucker in 80% der Produkte im Supermarkt enthalten. Oft sind es versteckte Zucker oder viele verschiedene Süßstoffarten. Es gibt sehr viele Begriffe für Zucker.

Die von der WHO empfohlene tägliche Obergrenze für den Konsum von freiem Zucker beträgt 25 Gramm, was etwa 8 Würfelzucker entspricht. Die FDA ist großzügiger und erlaubt das Doppelte: 50 Gramm. Für Kinder gilt die Hälfte dieser Mengen.

In Deutschland liegt der durchschnittliche tägliche Verbrauch bei 87 Gramm pro Tag. Brasilien und Australien führen mit einem Verbrauch von 128 Gramm bzw. 114,5 Gramm pro Tag.

In Österreich ist der Zuckerverbrauch im Zeitraum 2021/22 erstmals wieder unter 30 kg pro Jahr gefallen, was etwa 79,5 Gramm pro Tag entspricht. Das sind immerhin 10 kg weniger als im Zeitraum 2000/2001.

(*Zucker in Zahlen*, n.d.).

Mikronährstoffe und Vitamine

Die Wirkung von Mikronährstoffen auf die kognitive Leistungsfähigkeit von Schulkindern wurde mehrfach untersucht. In einer randomisierten kontrollierten Studie, bei der Daten aus den Jahren 1970 bis 2008 ausgewertet wurden, kamen niederländische Forscher zu dem Schluss, dass eine Supplementierung verschiedener Mikronährstoffe bei gesunden Schülern zu verbesserten schulischen Leistungen führt. Zudem wurde festgestellt, dass dies zu einem leichten Anstieg der fluiden Intelligenz führen kann (vgl. Venkatramanan et al., 2016).

 Wie sieht es mit der Mikronährstoffversorgung in unserem Gemüse aus?

Schon 1997 wurde festgestellt, dass die durchschnittliche Menge an Mineralstoffen (Kalzium, Magnesium und Eisen) in den Gemüsesorten Kraut, Salat, Tomaten und Spinat sehr stark abgenommen hat (von 400mg auf 80mg) (Bergner, 1997).

Wie hat sich die Nährstoffversorgung der Gemüsepflanzen in den letzten Jahren weiterentwickelt?

Auch beliebte Gemüsesorten wie Karotten, Kartoffeln und Brokkoli enthalten heute deutlich weniger Eisen, Zink, Magnesium und Vitamin C als noch vor einigen Jahrzehnten.

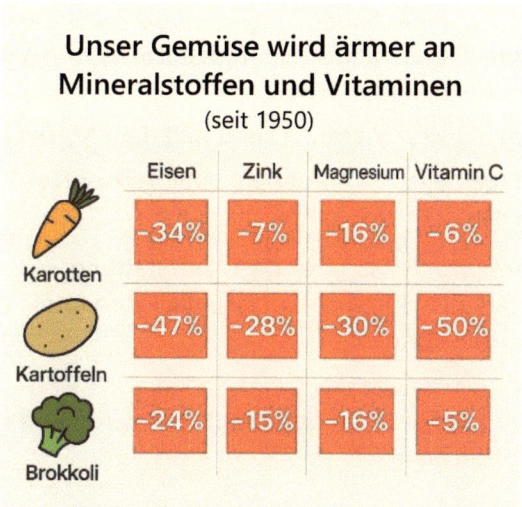

Unser Gemüse wird ärmer an Mineralstoffen und Vitaminen
(seit 1950)

	Eisen	Zink	Magnesium	Vitamin C
Karotten	-34%	-7%	-16%	-6%
Kartoffeln	-47%	-28%	-30%	-50%
Brokkoli	-24%	-15%	-16%	-5%

Quelle: Davis, D. R., Epp, M. D. & Riordan, H. D. (2004): *Changes in USDA Food Composition Data for 43 Garden Crops, 1950 to 1999*. Journal of the American College of Nutrition, 23(6), 669–682. Zusätzliche Angaben basierend auf Daten der Food Standards Agency (UK), 1940–1991 sowie aktuellen Auswertungen (2024) von foryouehealth.de. Eigene Darstellung von Chatgpt am 4.5.2025.

Diese Abnahme der Mineralstoffe aus dem Gemüse hat mehrere Gründe: ausgelaugte Böden aufgrund von Monokulturen; Kunstdünger enthält im Vergleich zu Kompost nur wenige Substanzen und manche Mineralstoffe werden vernachlässigt; Hochleistungssorten sollen schnell wachsen und große Ernten bringen; unreife Ernte und lange Lagerung.

Im ZDF wurde ein Vergleich von Hybridtomaten und alten Tomatensorten dargestellt:

Calcium	- 63 %
Magnesium	- 29 %
Vitamin C	- 72 %
Lycopin	- 58 %
Polyphenole	- 56 %

aus: https://www.foryouehealth.de/gesund-leben-log/naehrstoffgehalt_in_lebensmitteln.html

Weizenprodukte haben in unserer Ernährung eine große Bedeutung. Im Weizen haben zwischen 1845 und 2005 die Mikronährstoffe Zink, Eisen und Magnesium um bis zu 30% abgenommen ("Historical changes in grain mineral composition of wheat and related cereals"). Der Trend setzt sich weiter fort.

Mineralstoffe und Vitamine haben gegenseitige Synergieeffekte. Der Körper braucht eine entsprechende Mineralstoffausstattung, um Vitamine aufnehmen und verwerten zu können. Beispielsweise:

- Magnesium aktiviert Vitamin D und hilft dem Körper, es zu verwerten.
- Zink hilft dabei, Vitamin A aus der Leber freizusetzen und es im Körper zu transportieren.

Für eine gute Lernleistung ist eine gute Ausstattung mit vielen essentiellen Mikronährstoffen (an die 80) wichtig. Essentiell bedeutet, dass sie nicht vom Körper gebildet werden können.

 Worauf muss man bei der Supplementierung von Mikronährstoffen achten?

Zellverfügbarkeit ist hier das Stichwort! Wie viele Mineralstoffe von den eingenommenen Nahrungsergänzungsmitteln kommen tatsächlich in der Zelle an? Dies hängt von der Darreichungsform ab:

- **anorganische Stoffe** (in Kapseln oder Brausetabletten): Dabei werden die entsprechenden Mineralstoffe extrem fein vermalen und dann von der Magensäure noch weiter fragmentiert. Es gelangen jedoch nur **5-10%** der aufgenommenen Mineralstoffe **in der Zelle** an.

- **Organische Mineralstoffe** haben – wie der Name sagt – eine organische Hülle (z.B.: Magnesiumcitrat), die es den Körperzellen leichter macht, die Mineralstoffe „anzuknabbern". Es gelangen bis zu **30%** in die **Zellen**.

- Eine **Zellverfügbarkeit von über 90%** bieten Mineralstoffe aus Quellen, deren Wasser durch spezielle Schichten von vor Millionen von Jahren von Lava verschütteter **prähistorischer Flora und Fauna** fließen. Diese Pflanzen, die die - damals ausreichend vorhandenen Mineralstoffe - aus dem Boden aufgenommen haben, sind durch den luftdichten Abschluss in molekularer Form erhalten. Ein Beispiel eines Produkts, das ein solches mikronährstoffreiches Wasser aus dem Staat Utah enthält ist Essentials oder Fierce österreichischen Firma Vabo-N (siehe Anhang Seite 309).

Im Folgenden wird auf einige Mineralstoffe mit Bezug zum Lesenlernen eingegangen. Wichtig ist es aber nicht einfach zu supplementieren, sondern den intrazellulären Status an Mineralstoffen zu messen.

Zink

Zink ist an mehr als 200 Enzymaktivitäten beteiligt und spielt eine entscheidende Rolle im Energiestoffwechsel. Es hat Einfluss auf die kognitive Entwicklung, die Aufmerksamkeit und das neuropsychologische Verhalten, wie beispielsweise Impulsivität. Darüber hinaus beeinflusst Zink die motorische Entwicklung.

Besonders der Hippocampus ist auf eine ausreichende Zinkversorgung angewiesen. Zink ist essenziell für die Neurogenese, die Migration von Nervenzellen und die Bildung von Synapsen verantwortlich. Es moduliert verschiedene Neurotransmittersysteme wie den hemmenden Neurotransmitter GABA, den erregenden Neurotransmitter Glutamat und das Glückshormon Dopamin.
Wissenschaftler aus dem Iran konnten durch die Supplementierung von Zink bei gesunden Kindern im Alter von sechs bis acht Jahren eine Verbesserung der intellektuellen Entwicklung und der Persönlichkeitsmerkmale nachweisen. (*Kindliche Entwicklung*, n.d.).
Leseschwache Kinder können einen Zinkmangel aufweisen, (Nagel, n.d.).

Zinkgaben kann die geistige Leistungsfähigkeit von Kindern und Jugendlichen verbessern. In einer Studie zeigte sich, dass Kinder, die täglich 20 Milligramm Zink eingenommen hatten, eine Steigerung des visuellen Gedächtnisses, eine verbesserte Leistung in einem Wortfindungstest und eine gesteigerte Konzentrationsfähigkeit aufwiesen (*Lernstörungen Bei Kindern Und Jugendlichen*, n.d.).
Eine Supplementierung mit Zinksulphat verbessert die Wirksamkeit von ADHS-Medikamenten (Akhondzadeh et al., 2004).

 Woran kann man einen Zinkmangel erkennen?

    ⚑ *wählerische Esser und/oder wenig Appetit,*
    ⚑ *trockene Haut und Ekzeme,*
    ⚑ *weiße Flecken auf den Nägeln,*
    ⚑ *dunkle Augenringe oder häufig krank,*

- *Aufmerksamkeitsprobleme,*
- *Symptome wie ADHS,*
- *taktile und auditive Empfindlichkeit (laute Geräusche werden nicht vertragen)*

Bei Lern- und Konzentrationsproblemen sollte an die Stoffwechselstörung oder **HPU (Hämopyrrollaktamurie)** oder **KPU (Kryptophyrroluria)** gedacht werden. Bei dieser kommt es zu einem hohen Verlust an Mikronährstoffen (vor allem *Zink, B6 und Mangan*). Symptome wie Konzentrationsstörung, Lernstörungen, ADHS, Impulsivität und Reizbarkeit aber auch Licht-, Geruch- und Geräuschempfindlichkeit werden mit dieser Stoffwechselstörung in Verbindung gebracht. Mittels eines Urintestes (keine Blutabnahme!) kann diese ausgeschlossen werden.

Eisen

Ein Eisenmangel ist weltweit der häufigste Mangel an Mikronährstoffen. Eisen ist für den Energiestoffwechsel der Neuronen und Gliazellen von entscheidender Bedeutung. Gliazellen spielen eine entscheidende Rolle für das reibungslose Funktionieren des Nervensystems.
Im Säuglingsalter kann ein Eisenmangel zu langfristigen Störungen der Motorik, der kognitiven Fähigkeiten und des emotionalen Verhaltens führen. Eisen ist unentbehrlich für die Bildung von Neurotransmittern wie Dopamin und Serotonin (Haas, 2019).
Ein Forscherteam aus England wertete 15 randomisierte kontrollierte Studien zum Zusammenhang zwischen Eisenversorgung und kognitiven Fähigkeiten aus. Dabei wurde festgestellt, dass eine Eisensupplementierung bei allen Teilnehmergruppen zu einer Verbesserung von Konzentration und Aufmerksamkeit führte (vgl. Falkingham et al., 2010).

 Woran erkennt man einen Eisenmangel?

- Müdigkeit, Erschöpfung, Schwächegefühl und Kopfschmerzen
- Blässe der Haut und der Schleimhäute
- Kurzatmigkeit und schneller Herzschlag

- Kälteempfindlichkeit
- Brüchige Nägel und Haare
- Konzentrationsstörungen, verminderte kognitive Leistungsfähigkeit
- Veränderungen im Geschmackssinn

Magnesium

Schulkinder benötigen ausreichend Magnesium, da es für die Energieproduktion auf zellulärer Ebene unerlässlich ist. Eine angemessene Magnesiumzufuhr trägt zu einer gesunden Knochenentwicklung bei. Darüber hinaus kann Magnesium dazu beitragen, Stress abzubauen und die emotionale Gesundheit zu fördern.

Die Flexibilität wird von Magnesium gefördert. Wissenschaftler erhöhten bei Ratten verschiedener Altersstufen die Magnesiumkonzentration im Gehirn. Diese schnitten in verschiedenen Lerntests und Gedächtnisübungen besser ab als ihre unbehandelten Artgenossen (*Mineralstoffe*, n.d.).

 Woran erkennt man einen Magnesiummangel?

- *Aufmerksamkeits- und Schlafprobleme,*
- *Verstopfung,*
- *Muskelkrämpfe und Muskelschwäche,*
- *Müdigkeit und Kopfweh.*

Jod

Ein oft übersehener Faktor beim Lesenlernen ist die Versorgung mit Jod. Dieses Spurenelement ist essenziell für die Bildung von Schilddrüsenhormonen, die wiederum die Hirnentwicklung, Konzentration und geistige Leistungsfähigkeit beeinflussen. Schon ein leichter Jodmangel kann bei Kindern zu Müdigkeit, Antriebslosigkeit, Konzentrationsproblemen und verlangsamter Informations-verarbeitung führen – Symptome, die leicht mit Leseschwierigkeiten verwechselt werden.

Von 2014 bis 2017 führte das deutsche Robert Koch-Institut (RKI) ein Monitoring durch und kam zu dem Schluss, dass 44 % der Kinder und Jugendlichen in Deutschland ihren geschätzten mittleren Jodbedarf nicht erreichen.

Woran erkennt man einen Jodmangelt?

⚑ Konzentrationsschwäche, verlangsamtes Denken

⚑ Probleme beim Lesen und Verstehen

⚑ schlechte Merkfähigkeit

⚑ kalte Füße

⚑ Antriebslosigkeit

⚑ Trockene oder blasse Haut

In welchen Lebensmitteln finden sich die wichtigen Mikronährstoffe Zink, Eisen, Magnesium und Jod?

Zink	• Meeresfrüchte, Leber, Fleisch • Kürbis -, Pinien- und Sonnenblumenkerne, Nüsse • Käse, Eigelb, Haferflocken, Pilze
Eisen	• Huhn, Lamm oder Rind • Sesam, Leber • Meeresfrüchten • Hülsenfrüchten, Spargel, Brokkoli, Soja
Magnesium	• Kürbis-, Sonnenblumen-kerne, Sesam • Fisch, Nüsse, Mandeln • Hülsenfrüchte,dunkelgrünes Gemüse
Jod	• Algen, Meeresfrüchte, Seefisch • jodiertes Speisesalz • Eigelb, Milchprodukte

Vitamin A

Vitamin A wird vielfach mit der Sehfunktion in Verbindung gebracht. Hell-Dunkelsehen und Farbsehen ist stark von Retina abhängig. Zink ist der Mineralstoff, der Vitamin A aktiviert.

Vitamin B

Eine Unterversorgung mit den unterschiedlichen B-Vitaminen kann negative Auswirkungen auf die Gehirnentwicklung haben.

Vitamin B1, auch als Thiamin bekannt, spielt eine entscheidende Rolle für die Energieversorgung der Nervenzellen.

Ein bedauerlicher Produktionsfehler führte in Israel dazu, dass Milchersatzprodukte ohne zugesetztes Vitamin B1 verkauft wurden. Die Auswirkungen dieses frühkindlichen Vitamin-B1-Defizits waren noch Jahre später spürbar und betroffene Kinder zeigten schwerwiegende und anhaltende Sprachstörungen sowie Beeinträchtigungen der Grob- und Feinmotorik. Diese traurige Episode verdeutlicht die lebenswichtige Rolle von Vitamin B1 für die neurologische Entwicklung und unterstreicht die Bedeutung einer ausgewogenen Ernährung, insbesondere für heranwachsende Kinder. (Surkes, n.d.).

Der Organismus verfügt nur über geringe Vitamin-B1-Speicher, weshalb ein Vitamin-B1-Mangel schnell auftreten kann, insbesondere wenn eine Ernährung mit exzessivem Konsum von raffinierten Kohlenhydraten oder Softdrinks einhergeht.

Vitamin B6 ist an mehr als 130 enzymatischen Reaktionen beteiligt. Die gezielte Einnahme von Vitamin B6 konnte sowohl bei Kindern als auch bei Erwachsenen den **Serotoninspiegel normalisieren** und die durch ADHS verursachte mangelnde Aufmerksamkeit verbessern ('Wie Vitamine ADHS-Symptome beeinflussen können', 2019).

Heißhunger auf etwas Süßes entsteht auch, wenn der Körper Bedarf an Serotonin, unserem Wohlfühlhormon hat. Zur Erzeugung von Serotonin wird dann Vitamin B6 benötigt. Durch den übermäßigen Konsum von Süßem kann ein Vitamin B6 Mangel entstehen.

Der Stoffwechsel von **Vitamin B9** (Folsäure) und **Vitamin B12** ist eng miteinander verbunden. Ein Mangel an einem dieser Vitamine kann zu schwerwiegenden Folgen für die Gehirnentwicklung führen. Ein Mangel an diesen Nährstoffen während der Schwangerschaft oder in der frühen Kindheit kann zu neurologischen Problemen führen und die normale Entwicklung des Gehirns beeinträchtigen.

Vitamin D

Vitamin D hat als Neurohormon wichtige Effekte im Gehirn und reguliert eine Reihe von Genen.

Die **natürliche Vitamin-D-Gewinnung** erfolgt durch direkte Sonneneinstrahlung auf die Haut. In Mitteleuropa reicht die Sonnenintensität zwischen April und September aus, damit der Körper ausreichend Vitamin D bilden kann – insbesondere bei einem täglichen Aufenthalt im Freien von etwa 15–30 Minuten mit unbedeckter Haut (Gesicht, Arme, Beine) und ohne starken Sonnenschutz.

Großen Einfluss hat Vitamin D auf den Hippocampus, indem es verschiedene Nervenwachstumsfaktoren, die die Reifung und das Wachstum von Nervenzellen im Gehirn anregen, aktiviert (Brain Boosting effect of Vit.D MCW-admin, 2020).

Der Hippocampus ist für Gedächtnis, Sprache und Sprachverarbeitung, als Vorläuferfertigkeiten des Lesens von zentraler Bedeutung und er ist von einem Vitamin-D-Mangel am stärksten betroffen (*Vitamin D Beeinflusst Sprache*, n.d.).

Vitamin A	• Leber, Leberwurst, Thunfisch • Marillen, Mango • Winterkürbisse, Vorstufe in Karotten, Dill, Petersiel
Vitamin B	• Fleisch, Getreide • grünes Blattgemüse, Kohl
Vitamin D	• Sonnenlicht • Lebertran, Fisch • Pilze, Eier, Milchprodukte

Flavonoide

Flavonoide haben neuroprotektive Eigenschaften und können die kognitive Leistungsfähigkeit verbessern. Es gibt über 6500 Flavonoide, die zu den Polyphenolen gehören, die die Blutgerinnung beeinflussen.

Bei 7- bis 10-jährigen Kindern steigerten sich 2 bis 6 Stunden nach der Verabreichung eines flavonoidreichen Getränks aus **wilden Heidelbeeren** die exekutiven Funktionen und die Stimmung. Signifikant verbesserte sich die Aufmerksamkeitsspanne und das Arbeitsgedächtnis, das als prädiktiv für die Lesefähigkeit gesehen wird (*The Effects of Acute Wild Blueberry Supplementation on the Cognition of 7–10-Year-Old Schoolchildren | SpringerLink, n.d.2019*).

Beispiele für Lebensmittel mit hohem Flavonoidanteil:

Anthocyane: Heidelbeeren, Brombeeren, Schwarze Johannisbeeren, Trauben, Kirschen, Zwetschken, ...

Quercetin: Holunderbeeren, Grünkohl, Brokkoli, rote Zwiebeln, Kapern, Trauben und Beeren, Schale von Zitrusfrüchten,

Kaempferol: Grünkohl, Brokkoli, Himbeeren, Rosmarin, Holunder, Aloe Vera,

Luteolin: Karotte, Sellerie, Artischocke, Petersiel

Catechin: Beeren, Birne, Tees

Es gibt einen Edel- oder Rohkakao (Firma Moruga), der so schonend behandelt wurde (ohne Alkalisation), dass er sehr viele Flavonoide enthält. Die belebende Wirkung von Theobromin und Koffein dieses Kakaos ist zwar mild, aber bei sensiblen Kindern **nicht zu unterschätzen.**

Mikrobiom

Der Darm wird wegen seines eigenen Nervensystems, dem enterischen Nervensystem, oft als "Bauchhirn" oder "zweites Gehirn" bezeichnet. Er kann viele Abläufe selbstständig steuern und steht in ständigem Austausch mit dem Gehirn. Dennoch arbeitet das Bauchhirn eher unbewusst und unterstützt vor allem das körperliche und emotionale Gleichgewicht.

Das Darmmikrobiom, früher als *Darmflora* bezeichnet, besteht aus etwa 100 Billionen Organismen (hauptsächlich Darmbakterien) und wird maßgeblich durch unsere Lebensweise geprägt. Diese Darmbakterien spielen eine entscheidende Rolle für unsere Gesundheit, denn sie produzieren Neurotransmitter und

Vitamine, fördern die normale Funktion des Magen-Darm-Trakts, stärken das Immunsystem gegen Infektionen und Krebs und regulieren den Stoffwechsel sowie die Stabilität des Blutzuckerspiegels. Das Mikrobiom ist somit ein fundamentaler Bestandteil der menschlichen Physiologie (Perlmutter, 2017, p. 35ff).

Die Bildung des Mikrobioms beginnt bereits im Fruchtwasser ab der 12. Schwangerschaftswoche. Bei der natürlichen Geburt wird das Neugeborene mit einem Bakteriencocktail aus Darm- und Scheidenbakterien "beimpft", der einen wesentlichen Beitrag zur Entwicklung des eigenen Mikrobioms und eines gesunden Immunsystems leistet.
Bei Kaiserschnittgeburten fehlt diese natürliche Konfrontation mit dem Mikrobiom der Mutter. Keime, die im Operationssaal vorhanden sind, können stattdessen auf das Neugeborene übertragen werden. Eine Abhilfe besteht darin, das Baby nach der Geburt mit einem Waschlappen einzureiben, der das Mikrobiom der Mutter aufgenommen hat. Auf diese Weise kann zumindest teilweise eine Besiedelung mit den förderlichen Bakterienstämmen erreicht werden.
Für ältere "Kaiserschnittkinder", die keine ausreichende Besiedelung erfahren haben, kann es sinnvoll sein, die Vielfalt der Mikroben durch Probiotika zu erhöhen. Muttermilch spielt ebenfalls eine wichtige Rolle, da das Baby bei jeder Fütterung etwa 800.000 Bakterien erhält.

Etwa 90 % des körpereigenen Serotonins wird im Darm produziert. Eine vielfältige Darmbakterienpopulation ist von großer Bedeutung, denn sie trägt zur Bildung und Modulation zahlreicher neuroaktiver Substanzen und deren Vorstufen bei – darunter GABA, Tryptophan (als Ausgangsstoff für Serotonin), Histamin und kurzkettige Fettsäuren. Diese Stoffe wirken über verschiedene Wege, wie den Vagusnerv oder das Immunsystem, indirekt auf die Gehirnfunktion und beeinflussen Stimmung, Verhalten und kognitive Prozesse.

Die Funktionen der einzelnen Bakterien sind sehr unterschiedlich, wie beispielsweise:
Lactobacillus helveticum ➜ hat direkten Einfluss auf den Mandelkern im Gehirn (bei Stimmungsschwankungen).
Lactococus lactis cremoris H61 ➜ hat Einfluss auf den Hörnerv und in der Folge auf den auditorischen Kortex.
Lactobacillus plantorum IS-10506➜ für die Bildung von Nerven-wachsfaktoren, die für die Gedächtnisbildung gebraucht werden.

☺ regionale und saisonale Lebensmittel,

☺ wenige industriell bearbeitete Lebensmittel,

☺ Keine Produkte aus Massentierhaltung, da diesen Tieren viele Medikamente gegeben werden und ihr Fleisch viele Stresshormone beinhaltet. – abgesehen vom Tierleid!

☺ **Bewegung** - es gibt weniger Entzündungen im Darm und im Körper,

☺ **präbiotische Nahrungsmittel und Probiotische Nahrungsmittel** und eventuell ergänzende Präparate helfen die Vielfalt der Darmbakterien zu erhöhen. *Fermentierte Lebensmittel* wie Kefir, Sauerkraut, Kimchi, Joghurt, Kombucha, Miso oder Natta erhöhen die Diversität der Darmbakterien im großen Umfang.

☺ Jede Woche Gemüse in allen Regenbogenfarben essen.

Je **bunter das Essen,** desto größer ist die Vielfalt an Nährstoffen und Ballaststoffen, die den unter- schiedlichen Bakterien in unserem Darm zugutekommen.

Präbiotika spielen eine entscheidende Rolle für die Darmgesundheit, indem sie das Wachstum von probiotischen Bakterien fördern, die für eine ausgewogene Darmflora entscheidend sind. Präbiotika dienen gewissermaßen als Dünger für unser Darmmikrobiom, indem sie den probiotischen Bakterien die Nahrung bereitstellen, die sie benötigen, um zu gedeihen und ihre positiven Auswirkungen auf unsere Gesundheit zu entfalten.

Lebensmittel, die besonders gute **Präbiotika** darstellen:

> Chicorée, Artischocken, Lauch, Zwiebeln und Knoblauch, Spargel, Hafer, Weizenkeime, grüne Bananen, Hülsenfrüchte und Yamswurzel.

Resistente Stärke (gekochte und 24h abgekühlte Nudeln, Kartoffeln, Süßkartoffeln oder Reis) **gilt als Präbiotikum**, denn sie kann im Vergleich zu gewöhnlicher Stärke NICHT im Dünndarm verdaut werden, sondern wird erst im Dickdarm von Mikroorganismen fermentiert. Die dabei entstehenden Stoffwechselprodukte haben positive Einflüsse auf das Mikrobiom (Contributors, n.d.).

Probiotika sind lebende Mikroorganismen. Sie müssen die Magensäure „überleben", um ihre Wirkung im Darm zu starten und sie

- bilden ein gesundes Gleichgewicht zwischen unterschiedlichen Bakterienstämmen.
- erhöhen den Spiegel der Nervenwachsfaktoren (BDNF-Spiegel).
- stärken die Darmschleimhaut und reduzieren deren Durchlässigkeit
- helfen bei der Aufspaltung von Nahrungsbestandteilen, stimulieren die Produktion von Verdauungsenzymen und regulieren die Darmmotilität.
- reduzieren die negativen Auswirkungen von Antibiotika auf die Darmflora. Sie stellen das Wachstum von gesunden Bakterien wieder her, die durch die Antibiotikabehandlung beeinträchtigt wurden.

Lebensmittel, die besonders gute **Probiotika** darstellen:

> Sauerkraut, Joghurt, Kefir, Kimchi, Miso

Der Darm kommuniziert mit dem Gehirn über die Darm-Hirn-Achse (Vagusnerv). Der **Vagusnerv** ist die zentrale Kommunikationsleitung zwischen dem Darm und dem Gehirn. Er überträgt eine Vielzahl von sensorischen, chemischen und immunologischen Signalen. Das Gehirn benötigt Informationen über die im Darm befindliche Nahrung. Dabei geht es sowohl auf die Ausdehnung als auch auf die chemische Zusammensetzung der Nahrung oder den Blutzuckerspiegel (*Darm an Hirn*, n.d.). Auf diesem neurochemischen Weg nimmt das „Darmhirn" Einfluss auf Gedächtnis, Lernfähigkeit und andere kognitive Funktionen.

Umgekehrt können psychischen Zustände wie Angst, Depression und Reizbarkeit Veränderungen des Darmmikrobioms erzeugen.

 Was sind Auslöser für ein ungesundes Mikrobiom?

- hoher Anteil an raffinierten Kohlehydraten, Zucker,
- viele stark industriell verarbeitete Lebensmittel,
- geringer Faseranteil,
- Nahrungstoxine, wie Gluten, Milch,..
- chronischer Stress,
- chronische Infektionen,
- Antibiotika,
- Entzündungshemmende oder schmerzstillende Medikamente,

„Gute" Darmbakterienstämme haben spezifische Nahrungspräferenzen. Wenn sie nicht ausreichend mit ihrer bevorzugten Nahrung versorgt werden, werden sie schwach und ihre Anzahl verringert sich. Dadurch erhalten schädliche Darmbakterien, wie beispielsweise fäulnisbildende Kolibakterien, die Gelegenheit, sich zu vermehren. Schädliche Darmbakterien sind flexibler in ihrer Ernährung und bevorzugen oft Weißmehlprodukte und Einfachzucker.

Interessanterweise zeigt ein Mäuseversuch, dass Zucker bestimmte Darmbakterien abtötet, die der Fettleibigkeit und bestimmten Krankheiten entgegenwirken können. Dies unterstreicht die komplexe Rolle der Ernährung bei der Regulation der Darmflora und ihrer Auswirkungen auf die Gesundheit *(Zucker killt wichtige Darmbakterien – DW – 20.09.2022, n.d.)*

Das Unkrautvernichtungsmittel Glyphosat, bekannt auch als „Roundup", wurde als Antibiotikum patentiert. Menschen können Glyphosat durch Einatmen, wenn es auf Feldern versprüht wird, oder durch den Verzehr von mit Glyphosat behandelten Nahrungsmitteln aufnehmen, was viele nützliche Darmbakterien zerstören kann. Darüber hinaus sind weitere negative gesundheitliche Auswirkungen bekannt, wie: *(Perlmutter, 2017)*:
- ☹ Reduktion von Mineralstoffen wie Eisen, Kupfer, Kobalt oder Molybdän
- ☹ Störung des Darmmikrobioms,
- ☹ Hemmung der Vitamin-D Funktion,

☹ Beeinträchtigung der Entgiftungsfähigkeit,
☹ oxydativer Stress.

In Österreich herrscht ein Teilverbot für die Glyphosatausbringung und es ist verboten, es zur Sikkation (Aufsprühen auf reifes Getreide zur schnelleren Trocknung) zu verwenden. In anderen Ländern wie den USA gibt es hier viel weniger Verbote und damit mehr Probleme beim Verzehr von Getreide. In den USA spielt daher die „Glutenunverträglichkeit", die eher eine Glyphosatschädigung sein könnte, eine wesentlich größere Rolle.

 Starten Sie mit einem Ernährungsprotokoll und überlegen Sie eine Untersuchung des Darmmikrobioms bei einem Fachinstitut.

Tragen Sie in dieses Protokoll zusätzlich Wohlfühlparameter bzw. Verhaltensauffälligkeiten ein. Sehen Sie Zusammenhänge?

 BIOVIS ist eine deutsche Firma, die ausführliche Untersuchungen des Mikrobioms vornimmt, die von einem Arzt verordnet wurden.

Was ist ein Leaky Gut ?

Kurz gesagt – ist es ein undichter oder durchlässiger Darm oder anders gesagt ein Darm mit einer löchrigen Darmschleimhaut.
Die Darmschleimhaut besteht – wie der Name schon sagt - aus einem Schleim, auf dem unterschiedlichste Bakterien, Viren, Parasiten (1,5 bis 2 kg) angesiedelt sind. Diese Schleimschicht überzieht die komplette Darmoberfläche und kommt als erstes mit unserem Essen in Berührung. Ist die Darmschleimhaut ordnungsgemäß funktionsfähig, so lässt sie nur Wasser und benötigte Nährstoffe in den Blutkreislauf gelangen. Wenn die schleimbildenden Bakterien schlecht ernährt oder zu wenige sind, dann wird der Schleim immer dünner und löchrig. Ein durchlässiger Darm bildet eine undichte Darmbarriere, durch welche pathogene Keime, Makro-Moleküle oder Nahrungsmittelallergene an die Darmwand herankommen lässt und von dort gelangen sie in den Blutkreislauf. Dies kann zu Entzündungen und anderen Reaktionen des Immunsystems oder des Körpers führen. Es können sich systemische, subklinische Entzündungen im

Gehirn bilden, die die Gehirnverarbeitung verlangsamen. Es entsteht ein „Gehirnnebel". Die Entgiftung des Körpers ist schneller erschöpft und der Körper reagiert empfindlicher auf Einlagerungen von Quecksilber, Blei, Aluminium, Pestizide oder anderen Chemikalien (Melillo, 2016).

Autistische Kinder können einen Leaky Gut haben. Eine entsprechende Studie ergab, dass 43 Prozent dieser Kinder davon betroffen waren, in der Kontrollgruppe (also bei nicht-autistischen Kindern) gab es keine solche Fälle (0 Prozent) (Blomberg, 2015, p. 18).

Wie entsteht ein Leaky Gut?

Was schädigt außer **Medikamenten** (Antibiotika, Schmerzmittel, Kortison, ...), **Giftstoffen, Alkohol** oder **Stress** noch die Darmschleimhaut?

- hohes Maß an **isolierten Kohlehydraten** (Zucker, Weißmehl, Reis, ...)
- wenig **Gemüse in Regenbogenfarben**,
- kaum **Ballaststoffe**,
- **falsche Fette** (raffinierte Pflanzenöle, ...)
- **Hefepilz Candida**, der bei gesunden Menschen unauffällig ist. Nimmt er überhand (zu viel Zucker, Weißmehl oder Stress), so kann er die gesunde Darmflora verdrängen. Heikle Esser sind manchmal ein Anzeichen dafür.
- **Empfindlichkeit gegen Lektine,** die von Pflanzen (Getreide, Soja, Hülsenfrüchte, Erdnüsse und Nachtschattengewächsen) gebildet werden, um sich gegen Insekten oder Schädlinge zu schützen.
- aber auch durch eine **Gehirnerschütterung**.
  Kurze Erklärung dazu: Eine Gehirnerschütterung löst eine entzündliche Reaktion im Gehirn aus (neuroinflammatorische Kaskade). Dabei werden Zytokine (entzündungsfördernde Botenstoffe**)** freigesetzt, die nicht nur lokal im Gehirn wirken

 Wie erkennt man einen Leaky Gut ?

Symptome eines Leaky Gut sind extrem vielfältig und nicht immer denkt man zunächst an ein Darmproblem:

- Kopfbereich (Kopfweh, Nebel im Kopf, Wut, Erschöpfung), Hautprobleme (Neurodermitis oder Psoriasis),
- Autoimmunerkrankungen,

197

- Gelenksschmerzen (Entzündungen im Körper),
- Herz-Kreislaufprobleme,
- Verdauungsprobleme,
- chronische Müdigkeit,
- Nahrungsmittelunverträglichkeiten: Da aufgrund der durchlässigen Darmschleimhaut größere Moleküle von Nahrungsmitteln in den Blutkreislauf gelangen, kann dies zu einer Reaktion des Immunsystems führen.

 Wenn ein Leaky Gut vorliegt, dann ist der Einsatz und die Intensität eines motorischen Trainings zu überlegen!

Liegt ein Leaky Gut vor, steigt auch das Risiko für eine durchlässigere Blut-Hirn-Schranke (Leaky Brain). Dadurch können unerwünschte Stoffe, wie Entzündungsbotenstoffe oder Toxine, ins Gehirn gelangen und dort eine subklinische Entzündung fördern. In diesem Zustand kann das Gehirn durch intensives motorisches, sensorisches, visuelles oder kognitives Training überfordert werden. Durch die Überforderung bringen solche Trainings dann oft nur geringe oder keine Fortschritte. Daher sollte vor Beginn eines Trainingsprogramms auf die Behandlung eines möglichen Leaky Gut geachtet werden.

Toxine

Umweltgifte haben keinen direkten Bezug zum Lesen. Sie schädigen jedoch das Nervensystem schädigen, beeinträchtigen die Gehirnentwicklung und sollten daher unbedingt beachtet werden.

Welche Arten von Toxinen und Belastungen sollte man beachten?

- **Schimmel** (Wände, Luft, Essen, ...)
- **Toxische Metalle** beispielsweise in Amalganfüllung, Deos, Wasserleitungen, Impfungen oder Meeresfischen,
- **Halbmetalle** wie Arsen in Reis
- **Düngemittel und Unkrautvernichter** (Glyphosat, ...)
- **Plastik** (Phthalat, Weichmacher, Mikroplastik...)

☠ **Chemikalien** (z.B.: Chlor im Trinkwasser) oder **Duftstoffe** = Sammelbegriff für 1000e Chemikalien,

☠ **PFAS** (Plastik, Kleidung, Teppichen, Farben, …)

☠ **Luftverschmutzung**

☠ **E-Nummern -** mögliche problematische Inhaltsstoffe

☠ **mikrobielle Erreger** (Salmonellen, Aflatoxin, …)

☠ **Elektrosmog**

☠ Nicht zu vergessen - **vergiftete Glaubenssätze!**

Leider sind Embryos bereits im Mutterleib Giftstoffen ausgesetzt. Die Hoffnung, dass die Plazentaschranke Umweltgifte effektiv abwehrt, scheint sich nicht zu erfüllen. Im Nabelschnurblut wurden 109 Chemikalien nachgewiesen, darunter Weichmacher, Medikamente, Inhaltsstoffe aus kosmetischen Produkten, herkömmlichen Haushaltsmitteln sowie Pestizide. Besorgniserregend ist, dass bei fast der Hälfte dieser Chemikalien unklar bleibt, woher sie stammen. (Podbregar, 2021).

In den ersten beiden Lebensjahren ist die Blut-Hirnschranke noch offen und zahlreiche Giftstoffe können somit direkt ins Gehirn gelangen.

Ist die Blut-Hirnschranke beschädigt, so können Gifte, Erreger und Parasiten direkt ins Gehirn gelangen und dort Probleme machen.

Kinder sind einer Vielzahl von Giftstoffen ausgesetzt, die in Spielzeugen, Möbeln, Baumaterialien, Plastikprodukten und Kleidung enthalten sind.

Sie nehmen im Verhältnis mehr Giftstoffe auf, da sie in Bezug auf das Körpergewicht mehr Luft atmen und mehr essen bzw. trinken. Grenzwerte sind häufig nicht für Kinder, sondern für Personen „durchschnittlicher Größe und Gewicht" festgelegt. Weiters ist das Zusammenwirken unterschiedlicher Schadstoffe kaum erforscht (Tuncat, n.d.).

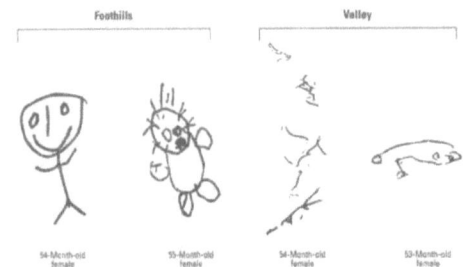

In Mexiko wurden viele **Pestizide** in den 90er Jahren in der Landwirtschaft ausgebracht. Kinder, die in ländlicher Gegend in NW Mexiko (Valley) wohnten waren durch die Toxine stark in ihrer Entwicklung eingeschränkt. Ihre Selbstbildnisse sind nicht zu erkennen. Im Gegensatz dazu sind die von den Pestiziden wenig betroffenen Kinder (Foothill) normal entwickelt (Guillette et al., 1998).

Das meist verwendete Herbizid weltweit ist Glyphosat, bekannt auch als „Roundup". In Versuchen mit Mäusen konnte gezeigt werden, dass es Auswirkungen auf das Verhalten männlicher Nachkommen bei mütterlicher Glyphosatexposition gibt. Diese zeigen Autismus ähnliche Verhaltensweise. Die Ergebnisse deuten darauf hin, dass Glyphosat die Gehirnentwicklung beeinflussen kann und unterstreichen die Notwendigkeit weiterer Forschung (Autism-like Behaviors in Male Juvenile Offspring after Maternal Glyphosate Exposure).

Die Entwicklung des Gehirns und der Psyche kann durch **toxische Metalle** irreversibel geschädigt werden. Weiters können diese Atemprobleme, Anämie, Hörschäden, Muskelschwäche, Leberleiden, Schäden am Verdauungsapparat, Krebs und Herz-Kreislauf-Erkrankungen verursachen.

Körpereigene Enzyme scheiden Gifte über die Niere oder die Leber aus. Die persönliche Entgiftungsfähigkeit ist sehr unterschiedlich. Bei 30% der Bevölkerung sind laut Prof. J. Bauer die Entgiftungsfähigkeiten zu stark oder zu schwach ausgeprägt (Wimmer, 2004).
Autisten wird eine *schlechte Entgiftungsfähigkeit* nachgesagt. Viele Umweltgifte und Wirkverstärker in Impfungen wie Aluminium belasten besonders diese Menschen (Matthias, 2018). Es gibt 28 E-Nummern, die Aluminium enthalten.
Da Katzen an einer Impfstelle häufig Tumore entwickeln, wurden für sie aluminiumfreie Impfstoffe entwickelt. Leider gibt es für Menschen, die Aluminium nicht gut entgiften können, noch immer keine Alternative (Ehgartner, 2023).

Bei einer Belastung mit **Phthalaten** im Mutterleib kann zu Missbildung der Genitalien, Entwicklungsstörungen und Fettleibigkeit kommen.

97% der Blut- und Urinproben von 2.500 untersuchten Kinder und Jugendlichen (drei bis 17 Jahre) enthalten elf Substanzen, die aus Plastik stammen (Tuncat, n.d.).

Schimmelpilze machen nicht direkt krank, sondern es sind die Toxine, die diese Schimmelpilze produzieren. Ungefähr 25% der Menschen haben keine Fähigkeit diese speziellen Gifte zu binden und zu eliminieren.

Mit Hilfe von **Mykotoxin-Tests** (spezielle Labore) kann man eine Belastung feststellen und gegebenenfalls eine begleitete Entgiftung vornehmen.

 Welche Lebensmittel sind wie stark mit Pestiziden belastet?

Konventionelles Obst und Gemüse hat eine bis zu 200mal höhere Belastung als biologisches *(200-fach höhere Pestizidbelastung bei Obst und Gemüse aus konventioneller Landwirtschaft, n.d.).*

In Zeiten hoher Lebensmittelkosten ist es gut zu wissen, welche Lebensmittel die höchsten Pestizidbelastungen (2024) aufweisen und „bio" gekauft werden sollten:

Erdbeeren	Pfirsich	Spinat
Nektarinen	Kirschen	Paprika, Pfefferoni
Äpfel	Birnen	Blaubeeren
Weintrauben	Grünkohl, Senf,	grüne Bohnen

Folgende Früchte und Gemüse weisen die niedrigste Pestizidbelastung (2024) auf und sind eher unbedenklich konventionell zu kaufen:

Papayas	Spargel	Avocados
Kiwi	Kraut	(Zucker)Mais
Zuckermelone	Karfiol	Zwiebel
Ananas	süße Erbsen	Wassermelone

Warum sollte man auch bei Kindern an Entgiften denken?
Nach einer Entgiftung kann der Körper **wieder mehr Nährstoffe** aufnehmen. Mütter berichten, dass nach einer Entgiftung
- ☺ weniger sensorische Probleme aufgetreten sind,
- ☺ die Kinder besser essen,

☺ weniger „Ausbrüche" haben,
☺ und dunkle Augenringe verschwunden sind.

Die 4 Säulen der Entgiftung:

weglassen
- Schimmel Wände, Luft Essen
- Schadstoffe (Spielzeug, Kleidung,..)
- welche Altlasten gibt es?

entfernen
- Chlorella bindet Schadstoffe
- Bärlauch/Koriander löst Schwermetalle
- CDL - tötet Bakterien, Viren, Parasiten,...
- Chelattherapie oder Zeolithpulver

auffüllen
- Magnesium, Selen, Folsäure, Zink
- Vitamine
- Omega 3

Körpersystem unterstützen
- Bewegung, bürsten,
- Wasser trinken
- Öl ziehen, Infrarot/Sauna
- Einläufe

Hier ein paar Zusatzinformationen zu den Detoxmöglichkeiten, die als Ausgangspunkt für weitere Recherchen dienen könnten:

Zeolith löst und entgiftet über den Darm.

Koriander hat die Fähigkeit **Gifte zu lösen** und sehr effektiv über den Urin auszuscheiden. Nützlich bei Metallen wie Quecksilber, Aluminium, Blei und radioaktiven Metallen. Koriander unterstützt antivirale und antibakterielle Therapien.

Buchenporling oder Zunderschwamm: Diese Pilze binden nicht nur Umweltgifte und Schwermetalle, fördern die Immunabwehr, wirken entzündungshemmend, antiviral und antibakteriell (*Alles über den Zunderschwamm und seine Vorteile*, 2022).

Zum Entgiften eignen sich auch **Bittersalzbäder.** Bittersalz ist ein Magnesiumsulfat.

Wie kann man eine toxische Belastung erkennen?
(Beispiele - Experten geben genau Auskunft)

- desorientiertes Verhalten oder Regression,
- wählerisches Essen,
- schwarze Augenringe, blasse Hautfarbe,
- langsame Darmaktivität,
- Aggression und Gereiztheit,
- niedriger Energielevel oder allergieähnliche Symptome,
- kognitive Beeinträchtigung,

Bei einer Schimmelbelastung (Beispiele möglicher Symptome):

- Hautirritationen (z.B.: Mundrose, juckende Haut,...),
- plötzlich verändertes Verhalten (hyperaktiv, völliger Rückzug)
- Verdauungsprobleme, Veränderung des Appetit (auch Heißhunger auf Kohlehydrate)
- Nahrungsmittelunverträglichkeit,
- allergieähnliche Symptome,
- chronische Erkältung oder chronischer Husten,
- Gehirnnebel, Gedächtnisverlust,
- Reizblase, Symptome einer Blasenentzündung

Bei einer Quecksilberbelastung:

- Unruhe/ Nervosität
- Überreaktion auf Reize
- Emotionale Instabilität
- Mangelnde Selbstkontrolle
- Schüchternheit / Ängstlichkeit
- Schlaflosigkeit
- Unfähigkeit sich zu konzentrieren
- Gedächtnisverlust

Entgiften immer **nur mit professioneller Begleitung!**

Unterschiedliche Vorgänge beim Entgiften: Gift im Körper **lösen**, dann **binden** und aus dem Körper **hinaus transportieren**.
Achtung: Werden Gifte nur gelöst und nicht gebunden, dann kann es zu Verhaltensauffälligkeiten kommen!

Medikamente

Ritalin, Concerta und Medykinat sind Beispiele für Medikamente auf Basis von Methylphenidat, die zur Konzentrationssteigerung genommen werden.

Methylphenidat (MPH) hemmt die Wiederaufnahme von Dopamin und Noradrenalin in die präsynaptischen Neuronen. Dadurch wird deren Konzentration im synaptischen Spalt erhöht.

Bestimmte Bereiche im frontalen Gehirn, die u.a. Impulse kontrollieren, sind bei ADHS Betroffenen weniger aktiv und werden durch MPH angeregt.
Der Wirkstoff steigert nicht direkt die kognitive Leistungsfähigkeit. Er erhöht den Dopaminspiegel und das verändert die Kosten-Nutzen-Kalkulation unseres Gehirns: Wir sind motivierter, uns geistig anzustrengen (Man et al., 2023).
Bei einem polizeilichen Drogen-Schnelltest kann wegen einer Einnahme von MPH durchaus ein positiver Amphetamin-Befund angezeigt werden.

Ein Einsatz von MPH gehört sorgfältig abgewogen. Es gibt ernstzunehmende Nebenwirkungen (wie Appetitlosigkeit, Schlafstörungen, Depression, …), unklare Langzeitwirkungen (Gehirnentwicklung?) und ein möglicher negativer Einfluss auf andere Therapie- oder Trainingsformen. Dem gegenüber gibt MPH manchem Klienten überhaupt erst die Möglichkeit andere Therapie- oder Trainingsangebote mit entsprechender Aufmerksamkeit in Anspruch zu nehmen. Ein mit der Situation eines ADHS Kindes völlig überfordertes Familiensystem kann erst durch die Behandlung des Kindes in den Zustand kommen begleitende Therapien durchführen zu können.
Es gibt eine Untersuchung in den USA, die die strukturelle Normalisierung des Gehirns in den für Belohnung zuständigen Regionen durch die Einnahme von stimulierenden Medikamenten herausfand. Die Verbesserung der Hirnstrukturen wurde durch die Medikamente bei Kindern mit geringen ADHS Symptomen

gezeigt (Wu et al., 2024). Weitere Untersuchungen müssten an Kindern mit schweren ADHS Symptomen durchgeführt werden, um zu sehen, ob bei diesen langfristig eine Normalisierung der auffälligen Hirnregionen durch die medikamentöse Behandlung stattfindet.

Vorsicht ist auch geboten, denn MPH kann eine negative Auswirkung auf andere bisher erfolgreiche Therapien oder Trainings haben. Hier ein Beispiel einer Veränderung der visuellen Verarbeitung.

Die Graphik zeigt die Veränderung bei trainierten visuellen Fertigkeiten. Der Trainingserfolg beim Van-Orden-Stern (grüner Kreis) wurde unter der Einnahme von Ritalin schlechter (roter Kreis).

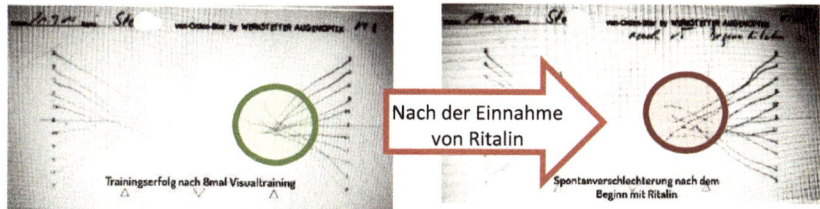

Der Trainingserfolg des Visualtrainings war durch die Einnahme von Ritalin **gravierend unter** den üblichen Erfahrungswerten bei vergleichbaren visuellen Problemen. (*Hyperaktive Kinder | Visualtraining | Sehzentrum Werkstetter Augenoptik® - Dortmund*, n.d.).

Die Supplementierung von Zink kann die Wirksamkeit von Methylphenidat verbessern. Dieser Effekt wurde in einer doppelblind- und placebokontrollierten Studie mit ADHS Kindern (Alter: 5 – 11 Jahre) bestätigt. Zusätzlich zur Therapie mit Methylphenidat (1 mg/kg KG/d, p. o.) wurde während 6 Wochen den Kindern Zink (15 mg/d, p. o.) gegeben. Nach Einschätzung der Eltern wurde die ADHS-Symptomatik durch die zusätzliche Gabe von Zink signifikant verbessert (*Methylphenidat Und Zink*, 2009).

Ritalin wird als „Neuro-Enhancer" oder „Gehirndoping" zur Konzentrations-förderung auch von gesunden Menschen genommen. Wie häufig und wie regelmäßig ist jedoch noch zu untersuchen (Schleim, 2022).

Ritalin verursacht im Belohnungszentrum des Gehirns zum Teil sehr ähnliche Veränderungen wie Kokain. Es wird jedoch davon ausgegangen, dass MPH weniger abhängig macht als Kokain (mdr.de, n.d.).

Neurowissenschaftliche Untersuchungen zeigen, dass die langfristige Einnahme von Ritalin den Hirnstoffwechsel beeinflussen kann. Über den Zeitraum eines Jahres wurde im Belohnungszentrum des Gehirns eine Zunahme der Dopamintransporter um 24 % festgestellt. Diese Eiweiße sollten eigentlich durch die Wirkung von Methylphenidat gehemmt werden, doch offenbar regt das Medikament paradoxerweise auch deren Vermehrung an. Dies könnte darauf hindeuten, dass sich mit der Zeit eine Toleranz gegenüber dem Wirkstoff entwickelt. Das zeitweise Absetzen, etwa an Wochenenden, kann diese Problematik verstärken und den Bedarf nach dem Medikament sogar erhöhen (G.-J. Wang et al., 2013).

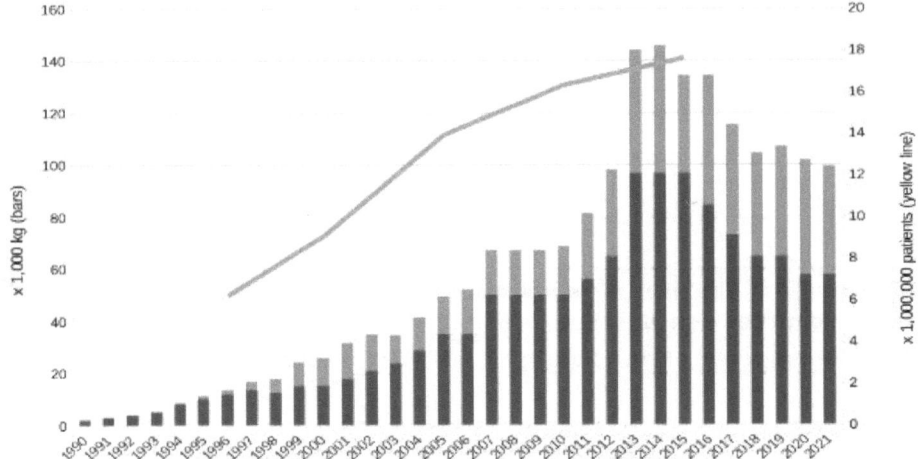

Die Produktionszahlen 1990 bis 2021 für **Amphetamine in hellgrau,** für **Methylphenidat** (z.B. Ritalin) **in dunkelgrau**. Die graue Linie zeigt jene Personen, die aufgrund ihrer Depression Antidepressiva bekamen (*US Drug Enforcement Agency; US Federal Register*).

In einer 2023 im Lancet veröffentlichen Studie wird von Langzeitsicherheit der Einnahme von Methylphenidat gesprochen. Der Zeitraum betrug allerdings nur 2 Jahre (Robinson, n.d.). Interessant wären die Erkenntnisse aus der Verfolgung der Einnahme von MPH über 20 Jahre.
In den USA dürfen Personen, die Ritalin genommen haben, nicht zur Navy. Ausnahmen gibt es nur dann, wenn sie ganz spezielle Auflagen erfüllen.

 # Sozial - emotionale Skills

Sozial-emotionale Fähigkeiten sind essenzielle Kompetenzen, die die Selbstwahrnehmung, das Selbstmanagement, soziale Bewusstheit, Beziehungsfähigkeiten aber auch Lern- und Lesekompetenz umfassen.

Sozial-emotionale Fähigkeiten von Eltern, Lehrern und Kindern sind eng mit schulischem Erfolg verknüpft. Durch die Integration von sozial-emotionalem Lernen in den Schulalltag können Lehrer nicht nur die akademische Leistung ihrer Schüler verbessern, sondern auch deren allgemeines Wohlbefinden und persönliche Entwicklung unterstützen.

Der bekannte französische Kognitions- und Neurowissenschaftler Stanislaus Dehaene beschäftigt sich intensiv mit dem Lesen. Er erforscht die genetischen und neuronalen Ursachen für Leseschwächen. Seine Aussage: „Die Verschränkung der Organisationsebenen innerhalb unseres Gehirns ist so ausgeprägt, dass JEDE PSYCHOLOGISCHE INTERVENTION sich in unserem Hirnschaltkreisen bis hinunter zur Ebene der Zellen, Synapsen und Moleküle niederschlägt. Das Gehirn ist ein plastisches und ständig im Umbau befindliches Organ, in dem Erfahrungen ebenso viel festlegen wie Gene."(Dehaene, 2012, p.291f).

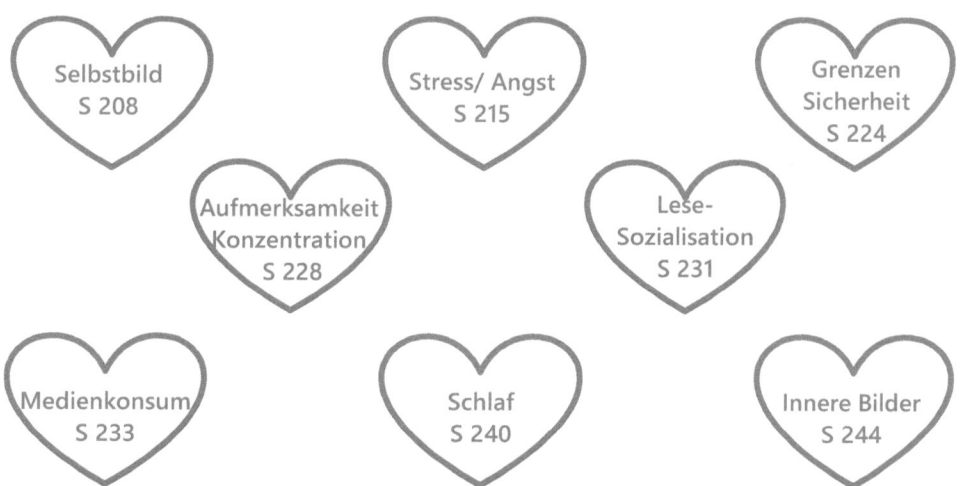

Im Folgenden wird auf einzelne Aspekte des jeweiligen Themas eingegangen, die als Anregung für weitere Recherchen dienen mögen.

Selbstbild

Selbstbild oder Mindset beschreibt Denkweisen, Überzeugungen und Verhaltensmuster beziehungsweise die innere Haltung von Menschen.

Unter **Growth-Mindset** wird ein **dynamisches Selbstbild** verstanden. Menschen mit dieser Einstellung sagen zu sich: „Ich schaffe das." „Ich kann das lernen." „Ich habe das Gefühl, dass ich etwas verändern kann." Versagen wird als Teil des Lernprozesses interpretiert. Es ist normal, dass man Fehler macht. Anstrengung ist im Lernprozess notwendig.

Im Rahmen der PISA Untersuchung 2018 wurde Lesekompetenz mit einem vorhandenen dynamischen Selbstbildes in direktem Zusammenhang gebracht. Konkret erzielten Schülerinnen und Schüler mit einem dynamischen Selbstbild im Durchschnitt 32 Punkte mehr in der Lesekompetenz als ihre Altersgenossen mit einem statischen Selbstbild. Diese Differenz entspricht etwa einem Lernfortschritt von einem Schuljahr (Schleicher, 2019).

Ein dynamisches Selbstbild ist nicht nur für das Lesenlernen wichtig, sondern wahrscheinlich das Wichtigste, das man Kindern mitgeben kann.

Ein Kind mit einem **statischen Selbstbild** oder **Fixed-Mindset** wird Herausforderungen meiden. Die Angst vor Versagen verhindert das Ausprobieren und das Lernen aus Fehlern. Versagen wird als persönlicher Mangel interpretiert. Anstrengung wird als Zeichen von Schwäche gesehen. Wenn ich mich anstrengen muss, dann reichen meine Fähigkeiten nicht aus.

Dazu eine Geschichte über den Porsolt-Schwimmtest, die Vera F. Birkenbihl erzählt hat und die mir als anschauliches Beispiel im Gedächtnis geblieben ist:

Ratte A wird in diesem Experiment ständig in einem **beengten Raum** festgehalten. Sie erlebt das Gefühl der Unkontrollierbarkeit und der Hilflosigkeit. Wird sie danach in ein Wasserbecken gegeben, so schwimmt sie nur 30min aktiv, bevor sie aufgibt.

Ratte B lebte ein **selbstbestimmtes Rattenleben** und hat ein normales Selbstwertgefühl.

Wie lange schwimmt diese Ratte im Wasserbecken? Was schätzen Sie?

Es ist nicht eine Stunde, es sind auch nicht 10 Stunden – nein - **es ist das 120fache** – es sind **sechzig! Stunden.**

- 👍 Loben Sie Kinder für ihre Anstrengungen, Strategien und Fortschritte anstatt nur für ihre Ergebnisse. Betonen Sie den Prozess!
- 👍 Helfen Sie Kindern zu verstehen, dass Fehler Teil des Lernprozesses sind.
- 👍 Ermutigen Sie Kinder, sich schwierigen Aufgaben zu stellen und neue Dinge auszuprobieren, selbst wenn sie scheitern könnten.
- 👍 Feiern Sie nicht nur die Erfolge, sondern auch die Bereitschaft, Herausforderungen anzunehmen und durchzuhalten.
- 👍 Vermeiden Sie feste Beschreibungen wie "Du bist gut in Mathe" oder "Du bist nicht sportlich." Diese Aussagen können ein statisches Selbstbild fördern.
- 👍 Nutzen Sie wachstumsorientierte Sprache wie zum Beispiel: "Du kannst es noch nicht" anstatt "Du kannst es nicht."
- 👍 Seien Sie ein Vorbild: Zeigen Sie Kindern, dass Sie selbst ein dynamisches Selbstbild haben, indem Sie Ihre eigenen Anstrengungen und Lernprozesse teilen. Sagen Sie Dinge wie: "Ich finde das zwar schwierig, werde dennoch weiter üben" oder "Ich habe einen Fehler gemacht. Aus diesem Fehler werde ich lernen."
- 👍 Erzählen Sie Geschichten von Menschen, die durch Anstrengung und Ausdauer Erfolg hatten, um zu zeigen, dass Fähigkeiten entwickelbar sind.
- 👍 Seien Sie da, um Unterstützung und Ermutigung zu bieten, wenn Kinder auf Schwierigkeiten stoßen. Helfen Sie ihnen, positive Bewältigungsstrategien zu entwickeln.

Um ein Kind in seinem Lernumfeld optimal zu unterstützen, sollte es die oberste Priorität sein, ihm volles Vertrauen und Zuversicht zu geben. Vor allem dann, wenn es selbst an seinen Fähigkeiten zweifelt. Nehmen Sie das Kind in den Arm und sprechen Sie ihm Zuversicht zu.

„Begeisterung ist Dünger für das Gehirn." Begeisterung für das Lesen oder rund um das Lesen zu erzeugen, ist ein wesentliches Ziel ('Hirnforschung', n.d.).

Begeisterung kann über Umwege erreicht werden. Wenn Kinder voll in eine faszinierende Aufgabe eintauchen, so erhält das Lesen nicht das volle Augenmerk, sondern das Lösen der Aufgabe. Lesen wird „nebenbei" geübt.

Wie schaut es mit Ihrem dynamischen Selbstbild aus? Können Sie als Vorbild dienen?

- ✓ Glaube ich, dass ich durch Übung und Ausdauer besser werden kann – auch in Bereichen, die mir schwerfallen?
- ✓ Sehe ich Fehler eher als Lernchance statt als Zeichen von Unfähigkeit?
- ✓ Denke ich, dass meine Fähigkeiten und mein Wissen durch Anstrengung wachsen können?

Können Sie alle drei Fragen eindeutig mit JA beantworten? Dann ist ihr Selbstbild eher dynamisch.

Wenn Sie überzeugt sind, dass Ihr Kind benachteiligt und die Welt ungerecht ist, dann wird Ihr Kind die Vorstellung übernehmen. Umgekehrt auch dann, wenn Sie Herausforderungen annehmen und daran glauben, dass es für Ihr Kind gute Chancen geben wird.

ACHTUNG! Ihre Sichtweise beeinflusst die Motivation Ihres Kindes!

In einer Längsschnittuntersuchung von 1800 Kindern (2.-4. VS) in Wien und Niederösterreich weisen Gasteiger und Klicpera auf die Gefahr hin, dass manche Eltern dann, wenn sie die Schwierigkeiten ihrer Kinder wahrnehmen, ihnen negatives Feedback geben und viel Druck ausüben. Kinder, die in den Augen ihrer Eltern Schwierigkeiten hatten, wiesen sowohl bei den Hausaufgaben als auch beim Lesen eine geringere Motivation auf. Obwohl die Eltern mit diesen Kindern mehr übten und zusätzlich häufiger Hilfe außerhalb der Familie in Anspruch nahmen, fielen diese Kinder in ihren Leistungen zurück (Gasteiger Klicpera et al., 2001).

Geben Sie dem Lernprozess Zeit und überprüfen Sie **Ihre Erwartungshaltung** an das Kind! *Zu hohe Erwartungen können starken Druck, Zweifel und Angst erzeugen.* Beachten Sie den Lernprozess und den Willen.

Im Satz **„Mein leseschwaches Kind macht kaum Fortschritte"** wird *leseschwach* als Adjektiv verwendet, wodurch es wie eine **unveränderliche Eigenschaft** wirkt. Ein Kind, das diesen Satz hört, könnte denken: „**So bin ich eben – und das kann ich nicht ändern.**"
Besser wäre eine Formulierung, wie:
✔ „Ich habe ein Kind mit Leseschwäche." oder
✔ „Mein Kind hat derzeit eine Leseschwäche und braucht noch Übungszeit."

Kinder übernehmen die Sprache der Eltern oft als innere Stimme. Eine negative oder abwertende Wortwahl kann Unsicherheiten und Selbstzweifel verstärken. Achten Sie daher bewusst darauf, wie Sie vor Ihrem Kind über seine Lernfortschritte sprechen – denn Ihre Worte formen sein Selbstbild. Aber denken Sie dabei auch an sich, denn Selbstbeschimpfungen graben sich ins Selbstbild, zersetzen den Glauben an sich selbst und vergiften jedes Handeln von innen heraus.

Wie können Sie Ihrem Kind Lust machen, Herausforderungen anzunehmen?

☺ Gestalten Sie den Übungsprozess als spannende Aufgabe (wie eine Art Schnitzeljagd). Orientieren Sie sich auf „Wie kann ich sinnvolle Übungen zusammenstellen" statt sich immer nur am Ergebnis zu orientieren!

☺ Achten Sie auf realistische Ziele und helfen Sie damit den Kindern die Verbindung zwischen ihren Anstrengungen und positiven Ergebnissen zu erkennen. Ansonsten verfallen Kinder in das psychologische Konzept der erlernten Hilflosigkeit. Experimente zur erlernten Hilflosigkeit zeigen, dass Menschen lernen, hilflos zu sein, wenn sie wiederholt die Erfahrung machen, dass ihre Handlungen keinen Einfluss auf die Ergebnisse haben.
Kinder, die beim Lesenlernen wiederholt Misserfolge erleben oder Schwierigkeiten haben, könnten das Gefühl entwickeln, dass ihre Anstrengungen bedeutungslos sind.

☺ Kurze Übungseinheiten – oft zwischendurch nur 1 min – lieber öfter üben als einmal zu lange. Je schwächer und jünger das Kind besonders.

☺ Passendes Lob

 Loben Sie richtig!

90 % der für ihr Talent gelobten Kinder entscheiden sich später für eine leichtere Aufgabe, um nicht zu scheitern. Kinder, die hingegen für ihre Anstrengung und Mühe gelobt werden, sind motivierter, stellen sich selbst schwierigen Aufgaben. Die "Durchhalter" haben ein "dynamisches Selbstbild" und glauben, dass sie durch Einsatz, Mühe aber auch durch Misserfolg wachsen können (*Growth Mindset*, n.d.).

Ein dickes Lob für das Erfüllen einer leichten Aufgabe kann als kränkend erlebt werden. Es wird verstanden als „mir wird nicht mehr zugetraut". Kritik (Tadel) hingegen kann die Botschaft enthalten: „Die Lehrerin traut mir mehr zu, sie hält etwas von mir". Dies nennt man den paradoxen Effekt von Lob und Tadel (*Narciss*, n.d.).

Fokussieren Sie sich beim Loben auf den Prozess! Und äußern Sie maßvolle Kritik!

☺ „Ich bewundere deine Ausdauer."

☺ „Ich habe gesehen, wie fleißig du gewesen bist."

☺ „Ich sehe die Mühe, die du dir gemacht hast."

☺ „Du hast weitergemacht, trotzdem es dir schwergefallen ist."

☺ „Man merkt, dass du viel geübt hast."

☺ „Deine Geduld in.... ist bemerkenswert."

☺ „Du hast dir Zeit gelassen und es hat sich gelohnt."

Lassen Sie das Potential des Kindes wachsen und erlauben Sie altersgemäße, gefährliche Verhaltensweisen.

„Die Motorik hat im Kindergarten und in der Unterstufe der Primarschule eine übergeordnete Bedeutung für das Selbstwertgefühl und die soziale Integration." (Naville 1990; Wie ungeschickt duerfen Kinder sein.pdf).

Selbstvertrauen lernen Kinder durch das Vertrauen von Erwachsenen in ihr Tun. Erlauben Sie Ihrem Kind

☺ auch mal purzeln und stürzen zu dürfen,

☺ große Geschwindigkeit zu meistern (mit Rad durch den Wald, lange Rutsche, ...),

☺ große Höhen zu erklimmen (Felsblock, Baum, ...),

☺ Werkzeuge mit Verletzungsgefahr (Gartenschere) zu verwenden,

☺ gefährliche Wege wie Balancieren auf Baumstamm oder über einen Bach),

☺ auch mal „verloren" gehen (durch einen langen Tunnel gehen).

 Beobachten Sie in den nächsten Tagen wie und wann Sie

🚩 Ihr Kind loben,

🚩 adäquate Kritik üben,

🚩 „gefährliche" Vorhaben durchführen lassen,

🚩 selbst Begeisterung spüren lassen,

🚩 Sie sich um den Aufbau des dynamischen Selbstbild kümmern.

Setzen Sie sich und schließen Sie die Augen. Stellen Sie sich vor, Sie sind ein majestätischer Vogel, der Ihr Kind von oben beobachtet. Nicht heute, sondern *in 10 bis 15 Jahren*.

Stellen Sie sich vor, wie Ihr Kind glücklich ist. Wie es etwas macht, was es total erfüllt – sei es ein handwerklicher oder sozialer Beruf oder eine akademische Karriere oder?

Was glauben Sie, wird Ihr Kind glücklich ausführen? Kreieren Sie Bilder einer positiven Zukunft. Vertrauen Sie auf diese Zukunft.

Sie werden die Kraft haben, ihr Kind dorthin zu begleiten. All die Steine, die derzeit im Weg liegen, sind Aufgaben. Nehmen Sie diese Herausforderungen an und sind Sie sich bewusst, dass Sie und ihr Kind daran wachsen können. Kindern, die problemlos und ohne Stolpersteine durch die Schulzeit gehen, fehlen oftmals Strategien und Techniken, um den späteren Lebensalltag zu bewältigen.

Und noch ein paar zusätzliche Gedanken:

Helfen Sie Ihrem Kind, indem Sie sich als *Vogel über dem Teich* fliegend vorstellen. Sie haben den Überblick über die problematische Situation. Manchmal agieren

 wir Erwachsene wie *quakende Frösche am Teich*, die sich über Ungerechtigkeiten des Lebens und die individuellen Lebensaufgaben beschweren. Schwingen Sie sich wieder auf - als Vogel - und stellen Sie sich vor, wie sie ruhig mit ausgebreiteten Flügeln dahingleiten, um auf ihre Lebensaufgaben von oben zu blicken. Durch den guten Überblick finden Sie geeignete Lösungswege.

Vera F. Birkenbihl gibt folgenden Tipp, um Ziele und Visionen zu erreichen:

Schreiben Sie realistische Ziele genau formuliert auf (Mein Tipp: handschriftlich!). Wenn ich meine Ziele klar formuliere, dann gebe ich den Gedanken eine Form und übernehme Verantwortung für meine Zukunft.

Sehr wesentlich ist eine Unterscheidung zwischen **Willen** und **Vorstellung** (basierend auf Emile Coue).

Vorstellungen oder Visionen stellen wir vor unser geistiges Auge, um sie zu betrachten. Vorstellung kommt aus der ***rechten Hirnhälfte***. Für Erfolg braucht man eine STARKE Vorstellungskraft.

Der *Wille ist die Versprachlichung* dessen, was man glaubt zu wollen und wird in *der linken Hirnhälfte* verarbeitet.

Der Wille und die Vorstellung müssen an einem Strang ziehen, um die Wünsche umzusetzen. Ist es nicht so, dann siegt die Vorstellung.

Die **Vorstellung ist immer stärker als der stärkste Wille. Erfolg** ist nichts anderes als das, was auf die Vorstellung **erfolgt. Verfolg**en Sie positive Beispiele, denn diese inspirieren.

Hier ist ein Beispiel eines Misserfolgs bezogen auf die sprachliche Formulierung von Emil Coue:

„Ich will die *Prüfung bestehen*" – das ist der **Wille.**
Der Prüfling hat gut gelernt. Vor und nach dem Test kann er alles.
Aber er leidet unter ausgeprägter nervöser Prüfungsangst.
In seiner Vorstellung versagt er wieder.
Wenn die **Vorstellung** von den *Blockaden* in seinen Gedanken auftaucht, dann wird das Versagen jedes Mal wiederkommen.
Sollten Sie oder Ihr Kind von so einer Situation betroffen sein, dann holen Sie sich bitte professionelle Hilfe beim *Bearbeiten Ihrer Glaubenssätze*.

Stress und Angst

Kinder spiegeln häufig Ihren Stress! Daher sind die folgenden Zeilen an Sie gerichtet!

Stress bedeutet evolutionsgeschichtlich *„Überlebenskampf"* und löst eine Reihe von körperlichen Symptomen aus.

Erscheint ein Löwe im Blickfeld, so befindet sich der Körper schon im Fluchtmodus, *bevor* das Bewusstsein den Löwen erkannt hat.

Über das sympathische Nervensystem werden Ressourcen für diesen „Überlebenskampf" freigemacht:

Der Herzschlag wird stärker, Blut geht vermehrt in Arme und Beine, die Verdauung wird heruntergefahren und die Fernsicht wird aktiviert (Melillo, 2013, p. 196).

Diese schlagartig einsetzenden körperlichen Prozesse helfen gegen einen Angriff des Löwen, behindern jedoch kognitive Tätigkeiten wie das Lesen massiv.

Chronischer Stress ist einer der größten Feinde unserer Gesundheit und kognitiver Leistung. Systeme, die nicht unmittelbar dem Überleben dienen, werden heruntergefahren, beispielsweise Verdauung, Entgiftung und antientzündlichen Vorgänge. Das Immunsystem wird aktiviert. Als Folge steht weniger Energie für kognitive und kreative Tätigkeiten zur Verfügung.

Umweltreize können für Kinder – insbesondere für Babys und empfindsame Schulkinder – eine enorme Belastung darstellen. Während Erwachsene viele Reize ausblenden oder filtern können, prasseln sie bei Kindern oft ungefiltert auf das Gehirn ein.
Stell dir vor, du stehst im Supermarkt und alle Eindrücke treffen dich gleichzeitig und ungefiltert: grelles Neonlicht, laute Lautsprecheransagen, Musik, hallende Geräusche, intensive Gerüche, enge Begegnungen mit Menschen oder Einkaufswagen, das Frösteln an Kühlregalen, knallige Farben – selbst wir Erwachsenen wären überwältigt.

Hilf deinem Kind dabei, mit diesen Reizen umzugehen: Übernimm das Dosieren und Filtern für dein Kind. Achte darauf, wie viele Reize es verträgt – und welche. Schütze es vor Überforderung und gewöhne es behutsam, in kleinen Schritten, an die Vielfalt seiner Umgebung. So lernt dein Kind, sich sicher und in seinem eigenen Tempo in der Welt zurechtzufinden.

Bei chronischem Stress führt die erhöhte Aktivität der Nebenniere zu hohen Cortisolwerten, die sowohl die visuelle als auch die auditive Verarbeitung beeinträchtigen können. Für das Lesenlernen bedeutet das: Kinder haben dann oft Schwierigkeiten, sich zu konzentrieren, Buchstaben sicher zu erkennen und Gehörtes mit Geschriebenem zu verknüpfen. Cortisol ist ein Hormon, das in die Genexpression involviert ist. Der Cortisolspiegel kann lebenslang erhöht sein, wenn Kinder in ihrer frühen Entwicklung hohem Stress ausgesetzt sind (Melillo, 2013)

Stress und Angst wirken neurotoxisch auf den Hippocampus – eine zentrale Hirnstruktur, die maßgeblich an Lernprozessen, Gedächtnisbildung und dem Sprachverstehen beteiligt ist. Wie bereits Sophokles formulierte: „Wenn wir Angst haben, raschelt es überall." Dieses Zitat verdeutlicht, wie stark Angst die Wahrnehmung übersteigert und die kognitive Verarbeitung beeinträchtigt.

Ein angemessenes Leseverständnis erfordert mehr als nur eine ausreichende Lesegeschwindigkeit. Entscheidend ist ein emotional ausgeglichenes Umfeld, das die Funktion des Hippocampus nicht hemmt. Nur unter angstfreien Bedingungen können höhere kognitive Prozesse wie das Reflektieren über Gelesenes, das

Herstellen von Zusammenhängen, das Einschätzen von Informationen und das Vergleichen komplexer Inhalte stattfinden.

In diesem Kontext gewinnt der **Einsatz von Lesehunden** an Bedeutung: Sie tragen nachweislich zur Reduktion von Stress und zur Förderung eines sicheren, entspannten Lernumfelds bei – und schaffen damit optimale Voraussetzungen für verstehendes Lesen.

Neben dem sympathischen Nervensystem besitzen wir das parasympathische Nervensystem. Die Balance zwischen dem sympathischen und parasympathischen Nervensystem bestimmt die „Leerlaufgeschwindigkeit" unseres Gehirns. Ein altersadäquat ausgereiftes und gut synchronisiertes Gehirn hat eine relativ hohe Grundaktivität und eine schwache Reaktion auf einen Stressor. Der **Vagusnerv** ist der Link zwischen diesen beiden Systemen. Der Vagusnerv geht vom Gehirn aus in viele Körperbereiche und ist ein zentraler Steuerungsmechanismus des parasympathischen Nervensystems.

Klarheit in den Aussagen der Bezugspersonen nimmt deinen Kindern ebenfalls Stress. Ist die erwachsene Bezugsperson unsicher, so beginnen Kinder über ihre Wünsche zu diskutieren. Sie machen sich Hoffnungen ihren Willen durchsetzen zu können und sind umso enttäuschter, wenn es nicht klappt. Erziehungsberechtigte, die beide mit einer einheitlichen Sprache sprechen tragen zu dieser Eindeutigkeit bei. Weder sollte das Kind unterschiedliche Erlaubnisse erhalten, noch sollte immer einer der Buhmann sein.

Können sich Kinder zu wenig bewegen, so bedeutet auch dies für ihren Körper Stress.

Für leseunsichere oder legasthene Kinder stellt das laute Lesen häufig eine erhebliche psychische Belastung dar. Der Vorgang wird nicht selten als bedrohlich empfunden und erfordert ein hohes Maß an Überwindung, überhaupt zu beginnen. Insbesondere das Vorlesen vor einer Gruppe kann bei betroffenen Kindern starke Ängste und Stress auslösen und führt häufig zu einer Verschärfung der bestehenden Leseschwierigkeiten. Die damit verbundenen Stressreaktionen beeinträchtigen nicht nur die Leseflüssigkeit, sondern auch die Motivation und das Selbstvertrauen – Faktoren, die für eine positive Leseentwicklung zentral sind.

Durch Messung des Hautleitwiderstandes kann man die Reaktion des sympathischen Nervensystems messen, da diese Reaktion nicht willentlich verändert werden kann.   Erhöhter Stress führt zu einer Steigerung des Hautleitwiderstands.

Stressmessungen beim lauten Vorlesen von 10-jährigen Kindern ergaben folgendes: Beim lauten Lesen unterschieden sich die **legasthenen Kinder** von der Kontrollgruppe folgendermaßen: Unerwarteterweise war ihr Hautleitwiderstand signifikant niedriger.

Eine mögliche Interpretation des Ergebnisses war, dass der verringerte Hautleitwiderstand die Dysregulation des autonomen Nervensystems anzeigt (Strategie zur Bewältigung von negativen Emotionen).

Eine andere Hypothese wäre, dass die kognitive Überforderung eine Reduktion der elektrodermalen Erregung bewirkt.

Möglich wäre auch, dass der verringerte Hautwiderstand aus einer niedrigeren Aufmerksamkeit (passive Einstellung) herrührt.

Da dieser verringerte Hautwiderstand weder beim stillen Lesen noch bei den leisen oder laut durchgeführten mündlichen Bildbeschreibungen auftrat, muss diese adverse Reaktion noch intensiver erforscht werden(Tobia et al., 2016).

 Was stresst Ihr Kind?

Hat es Stress, wenn
- die Schule durch Zeitdruck oder Notendruck Stress macht,
- das Kind bspw. durch lautes Vorlesen unter Druck kommt,
- Eltern oder Bezugspersonen gestresst sind. Kinder spiegeln den Stress der Eltern, Pädagog:innen,
- langes ruhig Sitzen verlangt wird,
- in der Klasse ständig versetzt wird,
- in der Klasse oder zu Hause es für das Kind zu laut ist,
- der Wochenablauf sich ständig ändert,
- das Wochenende zu viele Highlights bietet,
- Lebensmittel, auf die es unverträglich ist, unbekannt sind,
- es sehr jung in Großgruppen abgegeben wird,
- es keine klaren Aussagen von den Eltern bekommt, ...
- es keine Grenzen mit eindeutigen Konsequenzen spürt, ...
- es die Unsicherheit der Eltern in den Aussagen spürt, ...

Beobachtung: Wie äußert sich der Stress bei Ihrem Kind? Welche Symptome können sie erkennen?

körperliche	• Kopf-, Bauchschmerzen • Schlafprobleme, Erschöpfung
sozial/emotionale	• Ängstlichkeit, Reizbarkeit, Traurigkeit, Probleme mit Freundschaft, Rückzug
kognitive	• Konzentrationsprobleme • Vergesslichkeit , Leistungsabfall
physisch	• Gewichtsveränderung • Hautprobleme
im Verhalten	• Aggression oder Trotz • regressives Verhalten, körperliche Unruhe
extremer Stress	• selbstverletzend • Substanzmissbrauch

 Was hilft Kindern in der Schule, die unter ständigem Stress stehen?

- nur <u>eine</u> klare Anweisung geben,
- möglichst wenig sprechen,
- Auszeiten ermöglichen,
- nicht zu oft versetzen,
- dem Alter angemessene Hausübung (unter Umständen individuell verringern) – *Spielen ist Lernen und Spielen ist Entwicklungsförderung* (KEINE Bildschirmmedien!)
- Lärm geringhalten, Kopfhörer anbieten

Gibt es Stress im aktuellen Familiensystem?
Wie geht es Ihnen? Stehen Sie ständig unter Strom?

Stress im Familiensystem wirkt sich nachhaltig auf die Kindesentwicklung aus. Chronischer Stress führt zu einer **Überaktivierung der Stressachse** (HPA-Achse), die eine Schlüsselrolle in der Stressregulation spielt. Stress kann die HPA-Achse so überaktivieren, dass es zu einer erhöhten Produktion von Cortisol kommt. Dadurch wird einerseits die Reifung des Gehirns negativ beeinflusst, insbesondere in Bereichen wie:

-   Hippocampus (Gedächtnis und Lernfähigkeit),
-   **Amygdala** (Emotionsregulation und Angstverarbeitung),
-   **Präfrontaler Kortex** (Aufmerksamkeit, Impulskontrolle, Selbstregulation).

Andererseits entwickeln betroffene Kinder ein überempfindliches Stresssystem. Sie reagieren stärker auf Belastungen.

Zusätzlich beeinflusst Stress die Zusammensetzung der Darmmikrobioms beeinflussen, was ebenfalls wieder Auswirkungen auf die HPA-Achse und das Gehirn hat.
In der Folge kann der normale Rückgang des Cortisolspiegels im Tagesverlauf abgeflacht oder unregelmäßig sein. Dies bedeutet, dass der Cortisolspiegel länger auf einem hohen Niveau bleibt oder ungleichmäßig abfällt.

Für Eltern ist es daher sehr wichtig, sich mit ihrem eigenen Stresslevel zu beschäftigen.
Der Psychiater Michael Winterhoff betont, dass **Waldspaziergänge** eine einfache und effektive Methode sind, um Stress abzubauen und Selbstfürsorge zu tätigen. Die Natur wirkt beruhigend und hilft, den Geist zu klären. Ein interessanter Vorschlag von ihm ist, dass überlastete Eltern für 4 bis 5 Stunden in den Wald gehen OHNE Begleitung, OHNE Hund und OHNE Handy. Diese Zeit hilft Ihnen wieder zu sich zu kommen. Probieren Sie es mal aus?

Waldbaden hat in Japan eine hohe gesundheitliche Bedeutung. Die Universität Tokio fand heraus, dass die Terpene des Waldes das Immunsystem des Menschen stärken und nach 2 bis 3 h der Körper um 50% MEHR Killerzellen besitzt.
Der leider früh verstorbene Biologe Arvay beschäftigte sich mit den Wirkungen des Waldes und empfahl 2 Tage im Monat im Wald zu verbringen.

Hier noch eine Anregung, um Kinder aus ihrer Flucht- oder Kampfstressreaktion herauszuholen.

1.) fest und lange umarmen!
2.) gegenseitigen Augenkontakt herstellen und dann geht es um: „Ahme mein Gesicht nach!" – Erwachsener macht ein möglichst lustiges Gesicht und das Kind macht es nach.
3.) Kurzes, kooperatives Körperspiel (Klatschspiel, Arm drücken oder gar eine Kitzelattacke?)

Wenn Kinder rasch gestresst sind, schnell impulsiv, ängstlich oder mit Rückzug reagieren, dann kann man sich Gedanken über ihre Vorgeschichte machen.

Gibt es eine Vorgeschichte, die eine hyperaktive Stressachse begründen könnte?

Gab es Stress in der Schwangerschaft?

Erlebten Sie während Ihrer Schwangerschaft über einen längeren Zeitraum hinweg großen Stress? Dies führt zu einer Erhöhung des Cortisolspiegels im Körper der Mutter. Ein ängstlicher, seelischer Dauerzustand der Mutter kann sich nachhaltig auf die Entwicklung des Kindes auswirken.

Betroffene Kinder können noch im Alter von fünfzehn Jahren von erhöhter Impulsivität betroffen sein. In reizarmen Umgebungen, wie beispielsweise in einer langweiligen Schulstunde können sie sich schlecht konzentrieren.

Werden Schwangeren kurz vor einer Frühgeburt an nur zwei Tagen Stresshormone zur Ausreifung der Lungen des Ungeborenen verabreicht, so reagieren diese Kinder noch acht Jahre später wesentlich empfindlicher auf Stress. Dr. Schwab, Neurologe am Universitätsklinikum Jena, stellte fest, dass diese Kinder häufiger an Aufmerksamkeitsdefiziten leiden. Die Stressachse wird hyperaktiv (*Wie Die Schwangere, so Die Kinder*, n.d.).

Stress in der Schwangerschaft betrifft 3 Generationen: Die Schwangere selbst, ihr ungeborenes Baby und die im Mädchen-Baby schon entwickelten Eier! Eine weibliche Plazenta kann allerdings den Stress besser puffern als eine männliche (Bale, 2015).

Gab es Stress in den ersten Lebensjahren des Kindes?

Da wir Menschen einen Großteil unserer Gehirnentwicklung in den ersten Lebensjahren durchlaufen, sind diese Jahre für die spätere Leistungsfähigkeit des Gehirns sehr entscheidend. In den ersten drei Lebensjahren entwickelt sich die rechte Hirnhälfte stärker. Stress in diesem Lebensabschnitt kann die Entwicklung in diesem Bereich schwächen und zu einer „Überentwicklung" der linken Gehirnhälfte führen.

Die frühe Fremdbetreuung von Kleinstkindern in Großgruppen kann bei Kindern zu Problemen in der Stressregulation führen. Kritische Studien sehen Zusammenhänge zwischen späteren Verhaltensauffälligkeiten und einer zu frühen Fremdbetreuung in Großgruppen.

Am Institut für Bildungswissenschaften wurde von 2007 bis 2012 die Wiener Krippenstudie durchgeführt, die veränderte Cortisolwerte bei fremdbetreuten Kindern aufzeigte. Studienautorin Tina Eckstein stellte fest: "Mit fortschreitender Krippenbetreuung sinkt der morgendliche Cortisolwert, die Tagesprofile werden flacher, die Stressverarbeitung wird ungünstiger." Je jünger ein Kind ist, desto empfindlicher reagiert es auf Stress (Wiener Kinderkrippen Studie (Wiki), n.d.).

Eine Untersuchung in Berlin zeigte, dass Kleinkinder im Alter von 15 Monaten in den ersten Tagen einer Krippenbetreuung einen Anstieg des Cortisols um 75% bis 100% erlebten. Nach fünf Monaten betrug der Anstieg jedoch immer noch 30% (Cortisol-Studien und Neurobiologie – Gute erste Kinderjahre, n.d.).

Je früher und je mehr Stunden täglich ein Kleinstkind in Gruppen fremdbetreut wird, desto höher ist die Wahrscheinlichkeit, dass es später Verhaltensprobleme wie aggressives, gewalttätiges, zurückgezogenes oder gefügiges Verhalten entwickelt (Ehry-Gissel, 2020).

Zwar gelten „brave" Kinder als gut integriert, trotzdem sind ihre Cortisolwerte oft genauso hoch wie jene von unruhigen Kindern. Unglückliche Kinder haben keine Energie für dynamische Interaktionen mit Gleichaltrigen oder dem Bildungsangebot (Kleinkindbetreuung: Immer Stress mit d. Krippe Spektrum der Wissenschaft, n.d.).

Das Betreuungsverhältnis Kinder zu Betreuungspersonen spielt dabei ebenso eine große Rolle wie das Achten auf die Qualität der Betreuung von Kleinstkindern. Deutsche Kinderärzte fordern einen Betreuungsschlüssel für

- ♥ Babys unter einem Jahr von 1:2,
- ♥ Ein- bis Zweijährige einen Schlüssel von 1:3 und

♥ Zwei- bis Dreijährige einen Schlüssel von 1:4.
Bei Kleinkindern ist weniger wichtig, was sie machen, als mit wem sie es machen (Kita-Rechtsanspruch, 2011).

Neben den möglichen negativen Auswirkungen auf den Cortisollevel soll nicht unerwähnt bleiben, dass die eine Entscheidung für Fremdbetreuung auch positive Aspekte hat. In den unteren sozialen Schichten wirkt sich eine frühe Fremdbetreuung positiv auf das Erreichen eines Schulbesuchs eines Gymnasiums aus und bringt einen positiven volkswirtschaftlicher Nutzen. Weiters verbessert sich bei einem Migrationshintergrund die Integration in die deutsche Kultur (Schulz et al., 2020).

Und selbstverständlich ist der Stress der Fremdbetreuung abzuwägen gegen den Stress im Familiensystem bzw. wie sehr die Familie aus den verschiedensten Gründen eine Fremdbetreuung braucht.

Leidet das Kind unter Angstzuständen?

Kinder mit Lernschwierigkeiten oder nicht alltäglichen Lernwegen leiden oft unter **Angstzuständen**. Dieses anders Denken oder Lernen als ihre Altersgenossen kann ein Gefühl der Furcht hervorrufen. Dieses Gefühl kann sich in Vermeidungsverhalten manifestieren. Dadurch wird die Fähigkeit sich zu konzentrieren und effektiv zu lernen erschwert (*The Relationship Between Anxiety and Learning Difficulties - Hill Learning Center*, 2021).

Gibt es Traumata aufgrund des Schulbesuchs?

Schultraumata lassen sich auf verschiedenen Ebenen lösen. Der beste Ansatz ist individuell und sollte mit viel Einfühlungsvermögen gewählt werden.

Als Anregung möchte ich auf eine nicht so bekannte Form der Aufarbeitung von Trauma hinweisen: **Heileurythmie.** Heileurythmie nutzt achtsamkeitsbasierte, rhythmische Bewegungen, um körperliche, seelische und geistige Prozesse in Einklang zu bringen. Jede Bewegung in der Heileurythmie entspricht bestimmten Laut- und Klangqualitäten der Sprache, die gezielt zur Stärkung von Organfunktionen und innerem Gleichgewicht eingesetzt werden. Heileurythmie hilft, durch bewusste Bewegung verlorene Ressourcen wieder zu aktivieren und innere Stabilität aufzubauen.

Sicherheit und Grenzen

Körperliche Berührungen und Umarmungen geben Kindern Sicherheit, fördern emotionale Ausgeglichenheit und stärken soziale Bindungen.

Oxytocin wird im Gehirn, genauer im Hypothalamus, gebildet und bei Kindern vor allem durch liebevolle Zuwendung, Körperkontakt und positive soziale Erfahrungen freigesetzt. **Oxytocin** ist wahrscheinlich der potenteste Nervenwachsfaktor, der das Wachstum neuer Nervenzellen im Hippocampus anregt. Dort bilden sich neue Neuronen, die wiederum für viele Funktionen wie auch für Resilienz und das Gedächtnis wichtig sind.

Eltern können die Freisetzung von Oxytocin bei ihren Kindern auf natürliche Weise fördern, indem sie für eine unterstützende und liebevolle Umgebung sorgen. **Körperliche Berührung**, wie Umarmungen, Massagen oder einfaches Kuscheln, kann die Freisetzung von Oxytocin stimulieren. Dies fördert ein Gefühl von Sicherheit und Verbundenheit beim Kind.

Positive und unterstützende Interaktionen zwischen Eltern und Kindern, wie gemeinsames Spielen, Raufspiele, Singen oder Vorlesen, können die Freisetzung von Oxytocin fördern. Auch Beziehungen zu anderen Familienmitgliedern, Freunden und Betreuungspersonen können zur Freisetzung von Oxytocin beitragen, da soziale Interaktionen sich generell positiv auf das Hormonsystem auswirken.

Regelmäßige gemeinsame **Familienessen** tragen wesentlich zur Förderung der körperlichen, emotionalen und sozialen Entwicklung von Kindern bei. Wenn alle zusammen am Tisch sitzen, so fördert dies das Zusammengehörigkeitsgefühl. Das Miteinanderreden, Diskutieren und Zuhören entwickelt nicht nur soziale Fähigkeiten, sondern vergrößert auch den Wortschatz. Kinder zeigen weniger Verhaltensauffälligkeiten.

Es gelten die familiären Essensregeln wie kein Handy am Tisch, gemeinsames beginnen, höfliche Umgangsformen und keine Hektik. Positive und ermunternde Gespräche werden geführt. Jeder darf etwas dazu beitragen.

Kinder und Jugendliche müssen **Grenzen ausloten** und sich ausprobieren dürfen. Das Elternhaus hat die Aufgabe altersadäquate Schranken zu setzen, die Geborgenheit vermitteln.

Klare Grenzen bieten Kindern Orientierung und sind ein wichtiger Teil des Lernens helfen sich sicher zu fühlen und Verantwortung zu lernen. Die Regeln sollten dem Alter und den Fähigkeiten des Kindes entsprechen. Nicht nur Regelverstöße sollten Konsequenzen haben — auch positives Verhalten verdient Anerkennung und Belohnung.

 Kein OK – als Anhängsel von Sätzen!

Hängen Sie kein „ok" hinten an die Sätze, wenn es sich um keine echte Frage handelt. Beim Kind kommt dann nämlich an: ich kann entscheiden.

 Kinder mit einer schwachen Propriozeption müssen Grenzen spüren!

Kinder mit schwacher Propriozeption – also einer eingeschränkten Fähigkeit, die Position und Bewegung ihres eigenen Körpers im Raum wahrzunehmen – haben oft Schwierigkeiten, Grenzen und Regeln zu verstehen und einzuhalten. Der Grund dafür ist, dass sie die Rückmeldungen über ihre eigenen Handlungen und deren Auswirkungen auf die Umgebung nur unzureichend spüren.

Besonders Kinder, die sich selbst wenig spüren brauchen Grenzen. Sie werden solange auffälliges Verhalten zeigen, bis sie ein eindeutiges „Stopp" bekommen. Bei betroffenen Kindern sollte neben dem Setzen eindeutiger Grenzen auch an der Propriozeption gearbeitet werden. Die Propriozeption kann durch Aktivitäten gefördert werden, die die sensorische Wahrnehmung und das Verständnis für Körperbewegungen und -positionen verbessern.

Geben Sie Ihrem Kind das Gefühl, dass ihm bei seinen Leseproblemen geholfen werden kann. Zeigen Sie ihm, dass sie es lieben, egal wie gut es liest. Dazu müssen Sie vielleicht an sich arbeiten? Schauen Sie, dass das Familiensystem ein sicherer Hafen ist.

Viele Kinder sind durch Entscheidungsfreiheit total überfordert und gestresst. Fragen wie „Was möchtest du snacken?" oder „Was möchtest du anziehen?" sind überfordernd. Eine Entscheidung nur zwischen zwei Dingen wäre oft passend.

Kinder fühlen sich vielleicht so wie Sie, wenn Sie gerade völlig außer sich, weil Ihnen jemand am Parkplatz Ihr Auto beschädigt hat und sie trotz Zeitnot die Daten aufnehmen müssen. Wenn Sie jetzt jemand fragt, was Sie als Vorspeise, Hauptspeise und Dessert möchten, werden Sie wahrscheinlich nicht nachdenken können und sich überfordert fühlen. Es kann sogar sein, dass Sie eine komplett unüberlegte, falsche Entscheidung treffen.

André Stern, geboren 1971 in Paris, ist ein französischer Musiker, Autor und Pädagoge, der für seine Ansichten und Arbeiten zur alternativen Bildung bekannt ist. Als Sohn des Forschers Arno Stern wuchs er ohne formelle Schulbildung auf und entwickelte sich autodidaktisch. Gerade von ihm sind Aussagen über Freizeit, Disziplin, Regeln und Struktur sehr interessant:

„Die familiären Regeln sind Teil von den Entscheidungen, die Eltern für ihre Kinder treffen. Die Gesamtheit der elterlichen Entscheidungen, die Farben, die Gerüche und der Geschmack des jeweiligen Umfelds, in dem das Kind heranwächst, bestimmen seine Herkunft, sein Zuhause, sein Gefühl der Geborgenheit, seine Kindheitserinnerungen und seine späteren Vorlieben als Erwachsener. Es gab feste Zeiten, zu denen wir zusammen aßen, und während des Essens wurde nicht aufgestanden.

Das **Gefühl der Sicherheit** wurzelte in diesem Gerüst und in dem totalen Vertrauen, das ich in meine Eltern hatte. Wenn einer von ihnen Nein sagte, wusste ich, dass es einen guten Grund dafür gab. Ein Nein bewirkte keine Tränen und kein Toben, und mein Gehorsam war kein Akt der Unterwerfung, sondern eine natürliche Folge des gegenseitigen Vertrauens.

Meine Eltern haben mich nicht ständig mit **zu treffenden Entscheidungen verwirrt**. Zum Beispiel war es wunderschön, dass jeden Abend um dieselbe Zeit ins Bett gegangen wurde. Genauso wie die Geschichte, die ich immer wieder hören wollte, war diese Regelmäßigkeit von entscheidender Wichtigkeit, sie war (neben dem Gute-Nacht-Kuss, der bestimmten Mohairdecke und der Position eines gewissen Plüschtiers) ein unentbehrliches Element vom Schlafritual, dank welchem das Einschlafen ein wünschenswerter Genussmoment war.

Die gut gemeinte Frage „Willst Du jetzt ins Bett?" hätte mir die Qual des Erwägen Müssens bereitet und mich in einen friedensvernichtenden Zustand der Ungewissheit versetzt" (Andre Stern 3.3.2011 https://www.theeuropean.de/andr-stern/5783-freiheit-in-der-erziehung vom 17.2.2019).

Wie helfen Sie als Eltern/Bezugspersonen einem ständig unter Strom stehenden Kind ?

☺ Sind Sie sich Ihrer Orientierungskompetenz bewusst. Sie haben einen großen Erfahrungsvorsprung – nutzen Sie den.

☺ Vermeiden Sie erzieherische Inkonsequenzen.

☺ Besprechen Sie in der Familie erzieherische Absprachen vorab.

☺ Bagatellisieren Sie die Handlungen der Kinder nicht und ein bauen Sie ein altersadäquates Unrechtsbewusstsein auf.

☺ Kinder brauchen Geborgenheit – täglich gleich ablaufende Rituale bedeuten ein Sicherheitsgefühl.

☺ Bedenken Sie, dass Wahlfreiheit bedeutet, den Druck der Entscheidung tragen zu können.

☺ Trainieren Sie die Sozialkompetenz (Mithilfe im Haushalt, gemeinsames Essen) Ihrer Kinder.

☺ Unbekannte Naturlandschaften – Gefahren und Herausforderungen der Natur bieten ein gutes Training und lassen Sie das Kind selbst erforschen.

Wie kann Kindern mit und ohne Lernproblemen geholfen werden, ihre Aufgaben zu selbstständig zu erledigen?

⚑ Ablauf beim Hausübung machen oder Lernen sollte immer gleich oder ähnlich sein, damit sich eine Routine entwickeln kann.

⚑ Aufgabe in kleine Einheiten unterteilen, die für das Kind handhabbar sind. Damit wird das Kind sich weniger überwältigt fühlen.
   ⇨ Die einzelnen Einheiten sollten leicht erreichbar sein.
   ⇨ Die Beendigung jeder Einheit gebührend feiern.

⚑ Zeitmanagementtools einführen –
   ⇨ Sanduhr
   ⇨ Andere sichtbare Zeittools
   ⇨ Pausen zeitlich begrenzen und Aktivität vorgeben.

⚑ Visuelle Darstellung der Aufgaben

⇨ Klare Repräsentation der Aufgaben
⇨ Vom Arbeitsplatz aus sichtbar
⇨ Erfüllte Aufgaben können sichtbar als erledigt gekennzeichnet werden

🚩 Helfen bei der Priorisierung von Aufgaben
⇨ Wichtigkeit und Abgabetermin als Kriterien
⇨ Erstellen einer To-Do Liste nach Kriterien der Dringlichkeit

🚩 Ablenkungsarme Arbeitsumgebung schaffen
⇨ Welche Dinge sind nötig und welche sollten aus dem Blickfeld weggeräumt sein

🚩 Welche Aktivitäten machen in einer Pause Sinn?
⇨ Bewegung – Koordinationsübungen – Überkreuzübungen (Hampelmann, Seilspringen, Ballsa)
⇨ Mikropausen bei jungen Kindern. Nach jeder Zeile oder wenigen Rechnungen – einmal strecken und Arme und Oberschenkel abklopfen.
⇨ Nichts tun, bei dem der Geist komplett in ein anderes Thema verschwindet wie in die Lego- oder Playmobilwelt.

🚩 Verstärkung positiver Verhaltensweise
⇨ Belohnungssystem, wenn bei einer Aufgabe bis zum Schluss geblieben wird
⇨ Verbesserungen feiern

🚩 dazwischen, wenn nötig aufgestaute Energien abarbeiten.
⇨ auf einen Polster boxen,
⇨ auf ein Holzspielzeug hämmern,
⇨ gegen andere Person drücken – wer ist stärker?
⇨ auf ein Papier mit Stift ausarbeiten (mit beiden Händen parallel wild herum zeichnen)

Aufmerksamkeit und Konzentration

Die Aufmerksamkeit ist eine Fähigkeit, die es ermöglicht, Informationen zu selektieren oder zu ignorieren, um sie zur Grundlage von Wahrnehmungs-, Denk- und Handlungsprozesse zu machen. Sie ist von einer Vielzahl von Faktoren abhängig, die sowohl interne als auch externe Einflüsse umfassen.

Durch den Einfluss digitaler Technologien und gesellschaftlicher Veränderungen hat sich die Aufmerksamkeitsspanne in den letzten Jahrzehnten deutlich verkürzt. In einer Microsoft-Studie wurde 2015 herausgefunden, dass die Aufmerksamkeitsspanne von Erwachsenen von 12 Sekunden im Jahr 2000 auf 8 Sekunden gesunken ist.

Bei lese- und rechtschreibschwachen Erwachsenen ist die Aufmerksamkeit ungleich zwischen visueller und auditiver Modalität verteilt. Es ist für sie schwieriger, die Aufmerksamkeit von visuellen hin zu auditiven Reizen zu lenken, als umgekehrt.

Neben dem Präfrontalkortex spielen die Nervenverbände der Basalganglien eine große Rolle beim überlegten Setzen einer Handlung. Beim ruhigen Sitzen sind die Basalganglien hoch aktiv. Basalganglien bekommen einen „Handlungsplan" vom Kortex „zur Überprüfung". Ein erhöhter Dopaminspiegel aktiviert vermehrt den „Los-Geht`s" Pfad und erschwert das Stoppen von Aktionen (*Neurowissenschaft*, n.d.).

Dopamin ist ein Neurotransmitter, der eine wichtige Rolle bei der Regulation von Aufmerksamkeit, Belohnung, Motivation und Lernen spielt. Häufiges Online spielen oder soziale Medien lösen ein Überangebot an Dopamin aus. Die dopaminergen Systeme stumpfen ab. Kleine Mengen an Dopamin zu wenig sind, um Aufmerksamkeit für langsame Tätigkeiten aufbauen zu können.

Konzentration ist die Fähigkeit, die Aufmerksamkeit über einen längeren Zeitraum auf eine bestimmte Aufgabe, ohne sich ablenken zu lassen. Sie erfordert eine bewusste Steuerung und mentale Ausdauer (z. B. das konzentrierte Lesen eines Buches trotz Umgebungsgeräusche).
Müssen grundlegende Wahrnehmungsprozesse bewusst gesteuert werden, erhöht dies mentale Belastung. Dadurch ermüdet das Gehirn schneller, die Aufmerksamkeitsspanne verkürzt sich, und das Durchhalten bei anspruchsvollen Aufgaben wird zunehmend schwieriger.
Durch die Arbeit an den Basisfähigkeiten wird die Konzentration besser.

 Wie können Sie die Konzentration Ihres Kindes kurzfristig verbessern?

☺ Aromatherapie siehe Seite 163.

☺ **Konzentrationsmusik**

- o Barock- und Klassikmusik mit einer Frequenz von 60–80 BPM (Beats Per Minute) beruhigt das Gehirn und steigert die Konzentration.
- o Grüne Geräusche (z. B. Wasserfälle, Blätterrauschen) beruhigen das Nervensystem und verbessern sanft den Fokus.

☺ **Binaurale Beats** nutzen zwei leicht unterschiedliche Frequenzen für jedes Ohr, um bestimmte Gehirnwellenmuster zu stimulieren. Alpha-Wellen (8–14 Hz) fördern Entspannung & leichte Konzentration (*z. B. Lesen, kreative Tätigkeiten*). – siehe auch Seite 58.

 Wie kann Aufmerksamkeit und Konzentration trainiert werden?

Hier ein paar Anregungen:

👍 **Achtsamkeitsübungen**

☺ Nenne 3 Dinge die du gerade siehst, hörst, spürst und eventuell schmeckst.

☺ Bei Tisch sitzen und über das zu erwartende Essen sprechen. Was ist es und welche Zutaten wurden dafür verwendet.

👍 **Konzentrationsübungen**

☺ **KIM-Spiel**

Es ist eine unterhaltsame Möglichkeit, die Aufmerksamkeit und Gedächtnisleistung der Teilnehmer spielerisch zu trainieren.

Eine bestimmte Anzahl von Gegenständen (z.B. 10-15) wird auf einem Tisch oder einer Unterlage ausgelegt. Die Gegenstände können verschiedene Formen, Farben und Größen haben, um die Vielfalt zu erhöhen. (Alternativ kann das Spiel mit Geräuschen, Bildern oder Wörtern gespielt werden).

Teilnehmer haben eine begrenzte Zeit (z.B. 1-2 Minuten), um sich die Gegenstände genau anzusehen und sie sich einzuprägen.

Nach der Betrachtungszeit werden die Gegenstände mit einem Tuch abgedeckt oder aus dem Blickfeld entfernt. Die Teilnehmer müssen sich nun an so viele Gegenstände wie möglich erinnern und sie benennen.

☺ **Stiller Detektiv**
Das Kind wird aufgefordert, sich in einem Raum umzuschauen und sich alles genau zu merken. Nach einer Minute schließt das Kind die Augen oder verlässt den Raum.
Ein Spielpartner verändert fünf kleine Dinge im Raum (z.B. ein Buch verschieben, ein Spielzeug umdrehen). Das Kind kommt zurück und versucht herauszufinden, welche Veränderungen vorgenommen wurden.

☺ **Achtung Wort!**
Wählen Sie einen kurzen Text oder ein Kinderbuch aus, das das Kind gerne liest. Kopieren Sie das Buch, um eventuell den Text mehrmals verwenden zu können. Geben Sie dem Kind eine Liste mit Wörtern, die es im Text finden soll (z.B. „Hund", „Baum", „Haus" oder „mit", „und", „aber"). Das Kind liest den Text und markiert oder notiert jedes Mal, wenn es eines der Wörter aus der Liste findet.

👍 **Gedächtnisaufgaben** und Rätsel

👍 **Neue motorische Fähigkeiten** (Jonglieren, BALLSA, Sprache) lernen

Lesesozialisation

Lesesozialisation spielt eine entscheidende Rolle beim Erwerb von Lese- und Schreibfähigkeiten. Kinder, die frühzeitig mit Büchern, Geschichten und Schrift in Kontakt kommen, entwickeln ein positives Verhältnis zum Lesen.

Vorlesen verbindet schon früh das Gefühl von Geborgenheit mit dem Lesen. Wenn ein Baby auf dem Schoß einer vertrauten Person sitzt und Geschichten hört, verknüpft es Nähe und Liebe mit dem Lesevorgang. Die dabei entstehenden inneren Bilder werden durch die begleitende Bezugsperson unterstützt.
Mit ca. 18 Monaten verstehen Kinder, dass Dinge einen Namen haben und beginnen diese zu lernen. Um diese Fähigkeit zu erreichen, hat das Gehirn gelernt, Informationen aus mehreren Systemen (Sehen, Denken, Sprechen) zu verknüpfen. Später ist diese Benennungsgeschwindigkeit ein Indikator für die Lesegeschwindigkeit.

Lesen durch Vorlesen fördern

- Nimm dir Zeit zum Vorlesen.
- Durch das gemeinsame Lesen und die Beschäftigung mit der Geschichte lernen Kinder das Buch als einen Katalysator für eine Konversation kennen.
- Halte beim Lesen zwischendurch inne und stelle Fragen zum Text oder zum Bild, die dein Kind anregen, nachzudenken.
  Fragen wie: Wie könnte die Geschichte weitergehen?
  Was wäre gewesen, wenn, ...
  Welcher Charakter aus dem Buch wärst du gerne?
  Was hat dir an der Geschichte gefallen?
- Wenn dein Kind das Vorlesen mit Fragen oder Bemerkungen unterbricht, gehe darauf ein.

Der soziale Hintergrund eines Kindes hat einen erheblichen Einfluss auf dessen Schriftspracherwerb. Kinder aus von Armut betroffenen Familien haben häufig weniger verbale Fähigkeiten und damit eher Probleme beim Erlernen des Lesens und Schreibens als Kinder aus günstigen sozioökonomischen Verhältnissen (Klicpera/Schabmann et al. 2013: 197). Mit drei Jahren produzieren Kinder aus ärmlichen Verhältnissen weniger als die Hälfte an Worten als jene aus gut situierten Familien. Mehrfach wurde der Zusammenhang zwischen Wortschatz und späterem Leseverständnis erhoben.
Ein amerikanisches Mittelschichtkind hat in den ersten Lebensjahren um 32 Millionen Worte mehr gehört, als ein Unterschichtkind (Mabry, 1997).
Lesesozialisation unterstützt die Entwicklung von Sprach- und Erzählkompetenz und bereitet Kinder das Leselernen vor.

Beim Vorlesen sind visuelles–, Sprachverarbeitungs-, Aufmerksamkeits- und Vorstellungszentrum aktiv und arbeiten gut zusammen. Kein Zentrum ist über- oder unterfordert und die Verbindungen zwischen den Netzwerken werden gestärkt (Gao et al., 2023).

Wie reagieren Vierjährige auf **verschiedene Medientypen**?
Die Forschung von J. Gao legt nahe, dass junge Kinder durch audiovisuelle Medien, wie Fernsehen und Videos, überfordert werden können, da ihre kognitiven Fähigkeiten und sensorischen Verarbeitungsfähigkeiten noch nicht den notwendigen Entwicklungsgrad haben. Diese Überstimulation kann zu

Schwierigkeiten bei der Verarbeitung der Inhalte führen und sich negativ auf ihr Lernen und ihre Aufmerksamkeitsspannen auswirken.

Im Gegensatz dazu ist beim reinen Zuhören von Geschichten ohne begleitende visuelle Reize, die Gehirnaktivierung signifikant geringer (keine multisensorische Aktivität).

Vierjährige profitieren besonders von Aktivitäten, die direkte menschliche Interaktion fördern und mehrere Sinne im kindlichen Tempo gleichzeitig ansprechen. Dies steht im Einklang mit breiteren Forschungsergebnissen, die darauf hinweisen, dass Kinder in diesem Alter effektiver durch praktische, sinnlich reiche Erfahrungen und interaktive Kommunikation lernen, als durch passiven Medienkonsum (Hutton et al., 2015).

Medienkonsum

Bildschirmmedien stellen eine allgegenwertige Ablenkung und Zerstreuung dar. Erwachsene mit einem gut entwickelten Präfrontalkortex haben die Möglichkeit Hemmmechanismen zu entwickeln, um sich gegen die ständige Reizüberflutung abgrenzen können.

Gerade der Präfrontalkortex, jener Gehirnteil, der erst mit ca. 21 bis 25 Jahren voll ausgereift ist, ist für die Selbstdisziplin zuständig. Von Kindern kann daher nur minimale bis wenig Medienkompetenz erwartet werden. Eltern und Bezugspersonen müssen diese Rolle übernehmen.

In den 1970-er Jahren fingen Kinder mit vier Jahren an ein- oder zweimal pro Woche vor dem Fernseher zu sitzen. Die Sendung mit der Maus gab es ab dem Jahr 1971. Selbst zwischen einem häufigen Fernsehkonsum und einer geringen Lese- und Schreibfähigkeit besteht ein Zusammenhang (*Schabmann et al. - 2012 - Förderung Der Lesekompetenz.Pdf*, n.d., p. 202).

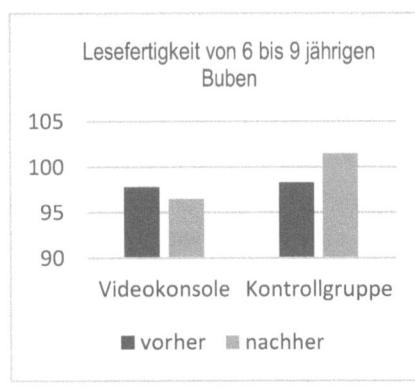

Lesefertigkeit von 6 bis 9 jährigen Buben

vorher ■ nachher

Dr. Manfred Spitzer zeigte den negativen Zusammenhang zwischen Leseleistung und der Benutzung einer Videospielkonsole: 6- bis 9-jährige Buben ohne Diagnose wurden in zwei Gruppen geteilt.

Eine Gruppe durfte täglich 40min Playstation spielen. Die Kontrollgruppe durfte täglich maximal 10 min. spielen.

Der anschließende Lesetest zeigte, dass sich die Leseleistung der Spielgruppe verschlechterte (Spitzer, 2012).

Während 2010 alle noch Klapphandys hatten, haben seit 2015 fast alle Smartphones. Die Generation Z distanziert sich zunehmend sozial (Dobelli, 2024).

Wenn Kinder regelmäßig, längere Zeit vor Bildschirmmedien verbringen, kann dies zu Schlaf-, Aufmerksamkeits- und Lernstörungen führen. Interaktionsstörungen wie Wutanfälle, fehlende Frustrationstoleranz oder Sprachverzögerungen treten danach vermehrt auf.

Kleinkinder zwischen 1 und 2 Jahren befinden sich in einer sehr wichtigen und sensiblen Phase des Spracherwerbs. Schon ein kurzer, regelmäßiger Medienkonsum kann die Sprachentwicklung verzögern und zu unangenehmen Spätfolgen führen.

Keinesfalls sollten Bildschirmmedien als „Shut-up-Tools" verwendet werden. Bei einer täglichen Nutzungsdauer von Bildschirmmedien von 30 Minuten im Alter des Spracherwerbs trat bei 49% eine Verzögerung der Sprachentwicklung auf. Zum Sprechen lernen fehlt die Aufmerksamkeit gemeinsam mit Erwachsenen (triangulärer Blickkontakt) und die Wiederholung der Wörter bis sie abgespeichert sind (Sprachentwicklung, n.d.).

Eine in der Fachzeitschrift „JAMA Pediatrics" veröffentlichte Studie zeigte Veränderungen im EEG, wenn sich Kinder vor dem Alter von 2 Jahren mit Bildschirmmedien beschäftigen. Bildschirmzeit im Alter von 12 Monaten wirkt sich demnach viel später (im Alter von 9 Jahren) auf Aufmerksamkeit und Exekutivfunktionen aus.

Exekutivfunktionen ermöglichen es, die Aufmerksamkeit zu fokussieren, sich an Anweisungen zu erinnern und mehrere Aufgaben erfolgreich zu meistern (Law et al., 2023).

Erste wissenschaftliche Untersuchungen zu den Auswirkungen von schnellwechselnden Bildern auf das kindliche Gehirn deuten an, dass das Gehirn auf einen hohen Inputlevel konditioniert wird. Als Folge ist es dann schwer, die Aufmerksamkeit auf langsam ablaufende Tätigkeiten wie das Lesen zu lenken *(Smarte Kids? Kinder Und Digitale Medien - Die Ganze Doku | ARTE, n.d.).*

Das Ausmaß der ständigen Reizüberflutung steigt beachtlich: „Unsere Aufmerksamkeitsspanne auf Computern und Smartphones ist mittlerweile so wahnsinnig kurz geworden, dass wir durchschnittlich nur noch 47 Sekunden auf jedem Bildschirm verbringen", schreibt Dr. Gloria Mark, Professorin für Informatik an der University of *California*, Irvin in ihrem Buch „Attention Span: A Groundbreaking Way to Restore Balance, Happiness and Productivity."

Der Psychologe Howard Gardner bezeichnet die durch ständig wechselnde Bildschirminformationen zerrissene Aufmerksamkeit der Kinder als **„Grashüpfer-Geist"**. Die ständig um die Aufmerksamkeit buhlenden Bildfolgen bringen das Gehirn in eine suchtbildende Rückkoppelungsschleife: die ständige, übermäßige Ausschüttung von Dopamin macht süchtig. Fehlt diese rasch wechselnde Informationsberieselung, so kommt ein unerträgliches Gefühl der Langeweile auf. Zudem lernen Kinder nicht auf den Lohn für Anstrengung und Bemühen länger hinzuarbeiten (vgl. Wolf, 2019, p. 143ff).

"Wenn man ein Kind sich langweilen lässt, weckt das seine angeborene Neugier und Vorstellungskraft", sagt Dr. .J. Hutton. "Aber Kinder brauchen darin Übung, idealerweise schon im Säuglingsalter, lange bevor Kinder überhaupt wissen, was Bildschirme sind." (Davidson, n.d.).
Das Provozieren von Langeweile oder Leere hat zudem den Mehrwert, dass wir von außen auf unser Leben schauen und empathisch bleiben können.

Im Übrigen können Sie als Eltern oder Pädagog:innen von Tagträumen profitieren. Das Gehirn hat ein eigenes Netzwerk, das bei Langeweile aktiviert wird. Der Neurobiologe Dr. Bernd Hufnagl nennt es das **„Tagträumernetzwerk"**. Es ist nur aktiv, wenn wir nichts tun. Kurze Pausen – wie 5 min. beim Fenster hinausschauen - können dieses Netzwerk aktivieren. 2004 konnten 30% der Probanden in den 5 min in das Tagträumernetzwerk wechseln. 2019 waren es nur mehr 5% (NWX, 2023).

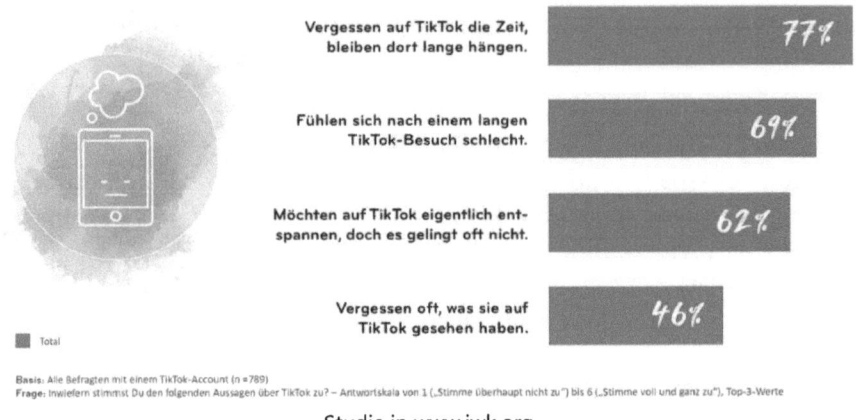

Fremdbestimmte Tagträume

Vergessen auf TikTok die Zeit, bleiben dort lange hängen.	**77%**
Fühlen sich nach einem langen TikTok-Besuch schlecht.	**69%**
Möchten auf TikTok eigentlich entspannen, doch es gelingt oft nicht.	**62%**
Vergessen oft, was sie auf TikTok gesehen haben.	**46%**

■ Total

Basis: Alle Befragten mit einem TikTok-Account (n =789)
Frage: Inwiefern stimmst Du den folgenden Aussagen über TikTok zu? – Antwortskala von 1 („Stimme überhaupt nicht zu") bis 6 („Stimme voll und ganz zu"), Top-3-Werte

Studie in www.iwk.org

Der Begriff **"Brain Rot"** (deutsch: "Hirnfäule") beschreibt umgangssprachlich die kognitive Beeinträchtigung durch übermäßigen Konsum digitaler Medien, insbesondere sozialer Netzwerke. 2024 wurde das Wort „Brain-Rot" zum Oxford Wort des Jahres gewählt.

2017 wurde in Schweden eine Längsschnittstudie gestartet, die die Auswirkungen von Bildschirmzeit auf die kindliche Sprachentwicklung untersuchte. Die Ergebnisse zeigen einen prädiktiven negativen Zusammenhang zwischen der Exposition gegenüber Bildschirmmedien und dem Wortschatzerwerb (Sundqvist et al., 2024). Da der Wortschatz eng mit dem späteren Leseverständnis verknüpft ist, sind diese Befunde besonders relevant.

Können schnelle Bildfolgen das Gehirn beeinflussen und Probleme mit der Aufmerksamkeit beim Lesen oder Schreiben erklären? Aus ethischen Gründen wurden entsprechende Experimente nur an Mäusen durchgeführt: Sie wurden 40 Tage lang täglich 6 Stunden bunten Lichtblitzen und Geräuschen ausgesetzt. Im Vergleich zur Kontrollgruppe zeigten diese Mäuse deutlich abweichendes Verhalten – sie waren risikobereiter, impulsiver, lernten schlechter und hatten eine reduzierte Gedächtnisleistung – typische Merkmale einer Aufmerksamkeitsstörung (Rabinovici, 2020).

Die Medienzeit der Vorschulkinder wird in Bezug auf die spätere Entwicklung für sehr wesentlich gehalten. 75% der 2-4 jährigen deutschen Kinder spielen <u>täglich bis zu 30min</u> am Smartphone (*20161121_BLIKK_Pressemitteilung_Aend_VJ_ ger.Pdf*, n.d.).

236

81% der 3- bis 6-jährigen österreichischen Kinder nutzen digitale Medien mehrmals in der Woche. 2013 lag dieser Wert noch bei fast der Hälfte mit 41% (*Vorschulkinder Im Internet*, n.d.).

In Österreich		
60%	1 bis 2-jährige	verbringen ein bis zwei Stunden TÄGLICH vor Handy, Tablett oder Fernseher
40%	2 bis 3-jährige	können ein Handyspiel selbstständig bedienen
50%	2 bis 3-jährige	finden den Weg alleine zu YouTube
44%	5 bis 6-jährige	können einen Touchscreen perfekt bedienen – aber NICHT mit Besteck essen oder sich alleine anziehen.

Die oberösterreichische Kinderärztin Arnika Thiede hat fast täglich mit verhaltensgestörten Kleinkindern unter 4 Jahren zu tun und schlägt Alarm. Diese Kinder leben in ihrer eigenen Welt und wissen nicht, wie man mit anderen Kindern spielt. Sie sprechen wenig bis gar nichts. Trotzdem verwenden sie englische Phrasen (von Youtube), deren Bedeutung sie nicht verstehen (www.nachrichten.at/Oberösterreich vom 11.1.2025).

In einer Erhebung zur Mediennutzung der Volksschulkinder in Oberösterreich wurden folgende Daten erhoben: 2018 betrug die tägliche Fernsehnutzung 88 Minuten, diese stieg im (Corona) Jahr 2020 auf 106 Minuten. Dies entspricht einer Steigerung um 20% in 2 Jahren!
Die Hälfte der Kinder bezeichnet Youtube als ihren Lieblingssender. Nachdem 68% das Internet im eigenen Zimmer nutzen, werden hoffentlich entsprechende Kinderschutzprogramme zum Einsatz kommen (*Kinder-Medien-Studie 2020- Gettyimages E+ Shapecharge.Pdf*, n.d.).

Ist es bei diesen Medienzeiten verwunderlich, dass reale Fertigkeiten verkümmern und man manchem Grundwehrdiener lernen muss, die Schuhe zuzubinden?

Computerspiele werden laut der Kindermedienstudie 2022 bei den 6 bis 10jährigen TÄGLICH 30 min. von einem Drittel und 60 min von einem Viertel gespielt (*Kinder-Medien-Studie - Gettyimages E+ Shapecharge.Pdf*, n.d., p. 64).

Empfehlungen zu den täglichen Mediennutzungszeiten und aktiven Bewegungszeiten von Kindern:

Alter	Hörmedien Musik und Hörgeschichten	Bildschirmmedien SUMME von TV, Video, Computer, Konsole, Tablet, Smartphone	Bewegungszeit
unter 3	höchstens 30 Minuten	GAR NICHT	
3 bis 6	höchstens 45 Minuten	höchstens 30 Minuten	mindestens 60 Minuten
6 bis 10	höchstens 60 Minuten	höchstens 45 - 60 Minuten	mindestens 60 Minuten

(Tabelle: Wie Oft Und Wie Lange Dürfen Kinder Medien Nutzen? | Kindergesundheit-Info.De, n.d.) und (Überarbeitete Fragestellung Zur Erfassung Des Erre.Pdf, n.d.)

Meines Erachtens ist wesentlich sinnvoller, Kinder zeitweise einen ganzen Film auswählen zu lassen und mit ihnen anzusehen, als ihnen regelmäßig ein Smartphone für 5-10 Minuten zur schnellen Beruhigung in die Hand zu geben.

Nicht nur die Auswirkungen der Bildschirmmedien durch
- ständige Überflutung mit visuellen und akustischen Reizen,
- das unbewegliche Starren der Augen auf den Bildschirm,
- die ständige Dopaminausschüttung bei Computerspielen oder sozialen Medien,
- das Fehlen von menschlichen Regungen (non-verbale Kommunikationskanäle),
- die verkrampfte Kopfneigung beim Blick auf das Smartphone, verringerte Schlafdauer und Qualität

wirken sich auf die kindliche Gehirnentwicklung aus. Es ergeben sich negative Auswirkungen auf die Aufmerksamkeit, die Augenbewegungen beim Lesen und die Motivation für das Lernen ganz allgemein. Eigentlich dürfen Kinder sich erst ab 13, 14 oder sogar 16 Jahren auf diversen Plattformen der sozialen Medien anmelden. In der Realität spielt das Smartphone und seine Nutzung im Bereich der sozialen Medien schon in der Volksschule eine Rolle. Dies zeigt eine Erhebung in der Steiermark im Jahr 2020: von 404 befragten Kindern nutzen nur 47 keine sozialen Medien. Die drei Lieblingsplattformen der Volksschüler sind Youtube

(333), WhatsApp (264) und TikTok(144). Fast 50% verwenden die sozialen Medien täglich. 20% nutzen sie 3 bis 6mal pro Woche (Treml, 2021). Die weiteren Corona Jahre haben die Bedeutung der sozialen Medien sicher noch vergrößert.

Likes, wie auch Bilder der sozialen Medien aktivieren das **Belohnungssystem**. In unserer realen Welt bekommen wir jeden Tag nur ein paar dutzend Belohnungen, wie nette Worte oder ein „auf die Schulter klopfen" . Soziale Medien benutzen dieses ständige Aktivieren des Belohnungssystems als Einfahrtstor, um unsere Aufmerksamkeit zu fesseln. Likes stellen für das Gehirn unvorhersehbare, zufällige Belohnungen dar und eignen sich besonders gut, ein zwanghaftes „Verhaftet Sein" auszulösen. Kommentare und Re-Posts der eigenen Meinung können ebenso ein gutes Gefühl auslösen.
Je öfter soziale Medien benutzt werden, umso sensibler (schneller) löst unser Lustzentrum im Gehirn aus. Die Apps der sozialen Medien sind so programmiert, dass die Aufmerksamkeit fesseln und eine hypnotische Anziehungskraft entwickeln (Rabinovici, 2020).

Möglichst spät ein Smartphone. Rigorose Verbote beim eigenen Smartphone führen dazu, dass sich die Kinder andere Wege für die Nutzung suchen. Besser ist ein beschränkter und begleiteter Umgang.

Prof. Jonathan Haintz, Sozialwissenschaftler an der University Stern School of Business sieht einen verheerenden Einfluss von Smartphone mit sozialen Medien auf die psychische Gesundheit. Um das Jahr 2012 veränderte sich die spielerische Kindheit auf eine telefonbasierte Kindheit. Als Ergebnis seiner Analysen empfiehlt er folgende Altersgrenzen: Smartphone erst ab 14 Jahren und soziale Medien ab 16 Jahren (Dobelli, 2024).

Begleitet ein Elternteil aktiv die digitalen Bilder mit zeigen und sprechen so können die Defizite Großteils ausgeglichen werden (Rabinovici, 2020).

Benutzung des Handys beeinträchtigt die Kommunikation mit den Eltern. Ständige Nutzung des Handys von den Eltern verzögert den Spracherwerb.

Führen Sie Medienregeln ein, so wie...

- Smartphones nie am Tisch - gilt für alle
- Erwachsene dienen als Role-Model!
- Mehrere medienfreie Tage pro Woche vereinbaren
- DETOX-Zeiten - nicht nur im Kinderzimmer

Schlaf

Schlaf ist für viele regenerative Prozesse im Körper entscheidend.
Das Gehirn verbraucht 25% unserer Energie. Dieser intensive Gehirnstoffwechsel verursacht viel Müll, der regelmäßig entsorgt werden muss. Das Reinigungssystem des Gehirns ist das **glymphatische System**, das eine wichtige Rolle bei der Entfernung von Stoffwechselabfällen und Giftstoffen spielt. Täglich werden **bei Erwachsenen** im Schlaf mittels des glymphatischen Systems **7g toxische Eiweißsubstanzen** abtransportiert - das sind 2,5 kg im Jahr (*Glymphatisches System, n.d.*)! Das glymphatische System arbeitet hauptsächlich während des Tiefschlafs und wird durch einen gesunden Schlaf-Wach-Rhythmus unterstützt. Die Aufrechterhaltung der kognitiven Funktionen und die allgemeine Gehirngesundheit benötigt ein gut funktionierendes glymphatisches System.

Schlafentzug erhöht den Level der Stresshormone wie beispielsweise Cortisol, das Nervenzellen schädigen und die Bildung neuer Nervenzellen im Hippocampus einschränken kann.

 Wie ist die Schlafposition deines Kindes?

- Schläft das Kind entspannt ? Lassen sich die Gliedmaßen locker bewegen?
- Wirkt die Position im Schlaf verkrampft? Ist der Kopf nach hinten überstreckt oder nimmt das Kind eine verkrampfte Embryonalhaltung ein?
- Ist das Kind in der Früh erholt? Oder fehlt ihm Energie, obwohl es ausreichende Stunden geschlafen hat?

Sind noch frühkindliche Reflexe aktiv, so können diese während des Schlafes zu einer Lage mit angespanntem Muskeltonus wie angehockte Beine, verkrampfte Embryohaltung oder nach hinten überstreckter Kopf führen. Der Schlaf ist dann nicht erholsam, selbst wenn er genügend lange war. Lassen sich die Gliedmaßen ihres Kindes im Tiefschlaf passiv nur schwer verändern lassen oder kehrt der Körper nach der Veränderung rasch wieder in die Ausgangsposition zurück, dann liegen wahrscheinlich frühkindliche Reflexe vor (Bartel, 2014).

Neue Informationen werden tagsüber von unserem Gehirn aufgenommen und verarbeitet. Wenn diese Informationen die Kennzeichnung „wichtig" erhalten, dann werden sie zunächst an den Hippocampus gesendet und dort zu einer bewusst erfahrenen Episode gestaltet. Während der Tiefschlafphase (Delta-Phase) wird diese Erinnerung an den Kortex zur langfristigen Abspeicherung weitergeleitet. Laut dem Neurowissenschaftler Jahn Born funktioniert die Gedächtnisbildung nur ohne Bewusstsein und daher nur im Schlaf (*Schlaf als Müllabfuhr*, n.d.).
Wenn Gelerntes eine Nacht überschlafen wurde, dann hat das Gehirn genügend Zeit für die Konsolidierung, also die Festigung der Information. Beispiel: Wenn ich meine 8h Schulung zum Erlernen der BALLSA Bälle am Freitag und Samstag halte (eine Nacht zum Überschlafen), dann erreichen fast alle das 3-Ball jonglieren. Halte ich das Seminar den ganzen Samstag, so erreichen nur wenige das 3-Ball jonglieren! Lernen funktioniert mit einmal dazwischen Schlafen besser!

In den ersten Lebensjahren werden Kinder mit ungeheuer vielen neuen Reizen und Informationen überflutet. Sie schlafen sehr viel, um diese Informationsmenge bewältigen zu können. Beispielsweise strengt das Herausfiltern der Regelhaftigkeiten der Muttersprache sehr die Hirnleistung an (Wellershoff, 2019).

Der Schlafbedarf ist sehr individuell, folgende Richtwerte gelten:

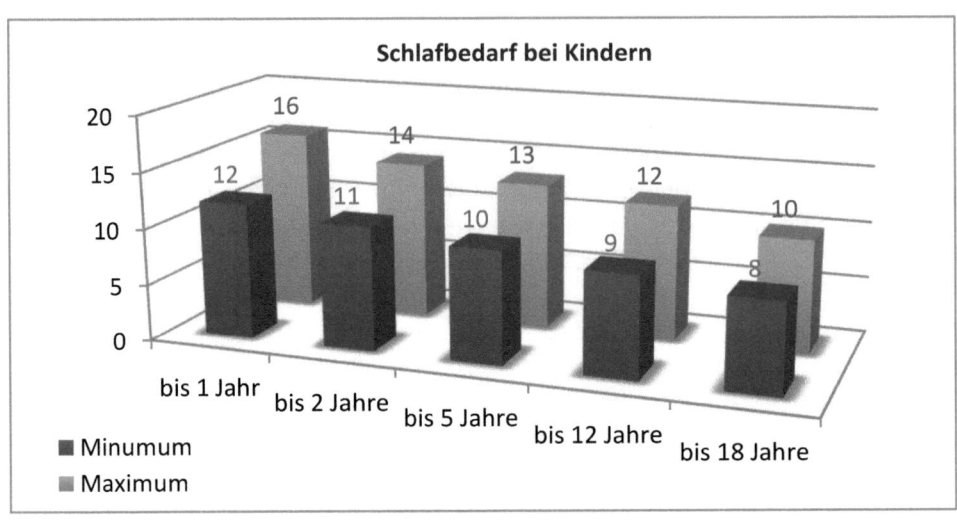

(Paruthi et al., 2016)

Die Anzahl der empfohlenen Stunden regelmäßig zu schlafen, ist mit besseren Gesundheitsergebnissen verbunden, darunter: verbesserte Aufmerksamkeit, Verhalten, Lernen, Gedächtnis, emotionale Regulation, Lebensqualität sowie geistige und körperliche Gesundheit. Regelmäßig weniger als die empfohlenen Stunden zu schlafen, wird mit Aufmerksamkeits-, Verhaltens- und Lernproblemen in Verbindung gebracht.

Einschlafprobleme betreffen eine beträchtliche Anzahl von Kindern. Studien zeigen, dass etwa 20-30% der Kinder unter Insomnie leiden, einer der häufigsten Schlafstörungen in diesem Alter (Krishna et al., 2023).
In Österreich stieg die Zahl der Volksschüler, die unter Schlafproblemen wie Albträume oder Ein- und Durchschlafprobleme leiden 2021 auf 33%. Dies ist eine starke Steigerung gegenüber der Zeit vor der Corona Pandemie - da waren es nur 13%!
2021 sind die Zahlen bei Jugendlichen unter 15 Jahren von 20% auf 35% und bei Jugendlichen über 15 Jahren sogar von 29% auf 45% gestiegen ('Schlafstörungen Bei Kindern Und Jugendlichen massiv gestiegen', 2022) .

Kinder haben Schwierigkeiten ausreichend und qualitativ hochwertigen Schlaf zu bekommen. Neben der Corona Pandemie sind es auch veränderte

Lebensgewohnheiten, erhöhter Stress und die Nutzung digitaler Geräte vor dem Schlafengehen zu nennen (R. Wang et al., 2022).

Kinder mit Insomnie haben Schwierigkeiten bei der Gedächtniskonsolidierung und sind anfälliger für Gedächtnisverluste durch Interferenzen (Hinterberger et al., 2024). Emotionale Irritationen und eine Schwächung des Immunsystems sind weitere mögliche Folgen von Schlafschwierigkeiten.

Erste Ergebnisse eines Teils der ABCD-Studie in den USA verdeutlichen die komplexen Beziehungen zwischen Schlaf, der Nutzung sozialer Medien und der Aktivität im Gehirn. Die Ergebnisse unterstreichen die Notwendigkeit, die neuronale Empfindlichkeit von Jugendlichen gegenüber digitaler Technologie und ihrem Schlafbedürfnis aufmerksam zu überwachen (Kiss et al., 2024).

Nicht nur Schlaf, sondern auch **Pausen** sind wichtig. Bereits Mikropausen (wenige Minuten) werden vom Gehirn genützt, um Geübtes zu konsolidieren. Während dieser Mikropausen ist das Gedächtnissystem hoch aktiv. Pausen gehören daher zum Üben absolut dazu (*Wie Schnell Lernt Das Gehirn Bewegungsabläufe? | dasGehirn.Info - Der Kosmos Im Kopf*, n.d.) .

 Was hilft beim zu Bett gehen?

- täglich gleiches Abendritual,
- Wichtigkeit von Schlaf erklären,
- im Bett Bildschirmmedien komplett verbieten, (2h vor dem zu Bettgehen wäre gut)
- Lesen oder Hörbuch erlauben,
- den Tag besprechen,
- einen Traumfänger gemeinsam basteln,
- Vielleicht braucht das Kind sensorische Reize vor dem Zubettgehen, um zur Ruhe kommen zu können? Vielleicht ist dein Kind ein „Sensation Seeker"?

Wichtig sind sensorische Systeme, wenn es darum geht, am Abend zur Ruhe zu kommen, um ausreichend Schlaf zu bekommen.

Kinder, die abends „Sensation Seeker" (Reizsuchende) sind, hilft:

- „Schwere Arbeit" wie Schubkarren fahren – am Weg ins Bett.
- Das Kind in eine Decke einwickeln und starken Druck auf den ganzen Körper mit beiden Händen ausüben.
- Sanftes Schaukeln in einer Sitzhängematte.
- Im Bett liegend Druck mit beiden Händen auf die Füße und auf den Kopf ausüben.
- Eine angewärmte Decke anbieten.

Was kann man die Produktion von Melatonin verbessern?

Melatonin ist das Hormon, das den Schlaf-Wach-Rhythmus regelt und den Körper auf den Schlaf vorbereitet. Melatonin wird einerseits aus der Aminosäure **Tryptophan,** die über die Nahrung aufgenommen wird (z. B. in Bananen, Nüssen, Hafer) synthetisiert, andererseits ist Serotonin ist der direkte Vorläufer von Melatonin. Wie kann man den Serotoninspiegel erhöhen? – siehe Seite 169.

- blaues Licht hemmt die Melatoninproduktion
- 2h vor dem Schlafen gehen keine digitalen Bildschirme

Manuel Schabus, der Leiter des Labors für Schlafforschung am Zentrum für Kognitive Neurowissenschaften der Universität Salzburg warnt davor, den Schlafproblemen von Kindern mit Gaben von Melatonin zu begegnen. Melatonin ist nicht nur ein Schlaf - sondern auch ein Wachstumshormon. Es gibt keine Langzeitstudien zur Einnahme von Melatonin von Kindern (Frank, 2024).

Innere Bilder

Beim Lesen helfen innere Bilder, komplexe Informationen und Erzählungen zu veranschaulichen. Das Erzeugen von Bildern zu dem, was gerade gelesen wird, ermöglicht es dem Leser, die Informationen tiefer zu verarbeiten. Wenn man schnell und effektiv Bilder im Kopf erzeugen kann, dann kann das dies den Lesefluss und das Textverständnis erleichtern.

Texte, zu denen Leser klare mentale Bilder formen können, werden besser im Gedächtnis verankert. Bildliche Vorstellungen sind oft reichhaltiger und mehrdimensional.

Für Menschen mit Schwierigkeiten, wie z.B. Legasthenie, kann die Unterstützung bei der Entwicklung der visuellen Vorstellung besonders wichtig sein, da sie oft mit dem Textverständnis und der Texterinnerung kämpfen.

Im Kinderspiel, wenn sich Kinder in den Vorschuljahren völlig in Rollenspielen vertiefen, entstehen innere Bilder und es wird sehr viel im Gehirn vernetzt. Die kreative rechte Hirnhälfte wird ebenso angeregt, wenn es beispielsweise heißt „Der Tannenzapfen wäre jetzt mal unser Baby" und sie arbeitet mit der linken Hirnhälfte zusammen, die für die Feinmotorik des Fütterns des Tannenzapfenbabys beschäftigt ist.

Bücher vorgelesen bekommen oder Hörspiele hören - beides regt das Bilden von inneren Bildern an. Beim Vorlesen können Sie die Bilder, die im Kopf ihres Kindes entstehen, gut besprechen. Sie helfen dem Kind damit den neuen Inhalt in sein bestehendes Wissen einzuordnen. Zudem können jederzeit komplizierte Wörter oder Ausdrucksweisen erklärt werden und der Wortschatz wird dadurch vergrößert.

Wenn nur Filme angeschaut werden, dann entstehen kaum innere Bilder.

 **Wie kann man diese innere Vorstellungkraft noch verbessern?**

☺ Ist sich Ihr Kind seines inneren Bildschirms bewusst? Der innere Bildschirm ist sozusagen die innere Projektionsfläche, auf der man sich erinnert oder Szenen von Geschichten erscheinen lässt.

☺ Kann sich Ihr Kind bei **Phantasiereisen** Bilder vorstellen? Phantasiereisen helfen innere Bilder zu erzeugen, regen das Kino im Kopf an und bereiten auf das Abspeichern der Wortbilder vor.

☺ Kann Ihr Kind diesen inneren Bildschirm bewusst wahrnehmen und zum Beispiel beschreiben, was es jetzt innerlich sieht?

☺ Kann das Kind etwas auf diesem inneren Bildschirm bewusst verändern? z.B. ein Tier in einer lustigen Farbe vorstellen: Kann es sich einen blauen Teddy auch mit gelb-roten Streifen vorstellen oder das Bild größer oder kleiner werden lassen? Oder eine neue, verrückte Gestaltung des Kinderzimmers im Kopf durchführen?

☺ Gelingt es in der Folge Buchstaben und Worte auf der inneren Leinwand erscheinen zu lassen oder nur Gegenstände?

☺ Erscheinen, wenn das Kind es will, auch ganze Wörter wie „Auto", „Tür", „Buch" und bleiben dort sicher und deutlich genug stehen, um das Wort betrachten zu können?

Helfen Sie Ihrem Kind, seinen inneren Bildschirm zunächst zu entdecken, zu entwickeln und später dann für das Aussehen der Wörter zu benutzen.

Wichtig: Wenn das Kind mit dem inneren Bildschirm arbeitet, gehen die Augen normalerweise nach oben (ukloss, 2016).

 Lassen Sie das Kind seine gemusterte Bettwäsche oder den Vorhang im Kinderzimmer beschreiben.

Beobachten Sie, ob die Augen beim Nachdenken kurz nach oben gehen. Die Augenbewegungen nach oben hängen mit dem Versuch zusammen, auf bestimmte visuelle **Gedächtnisinhalte** zuzugreifen. Gehen die Augen nach oben, nimmt das Kind Kontakt mit seinen inneren Bildern auf.

Dann sollten Sie diese Grundfähigkeit als Ansatz verwenden. Manchen fällt es schwer die inneren Bilder auf Buchstaben und Worte auszudehnen. Geben Sie Ihrem Kind die Idee, dass die beiden Augen Fotoapparate sind, die Wortbilder abfotografieren und in einem Bilderverzeichnis abspeichern.

Kann das Kind innere Bilder von bildhaften Vorstellungen nicht gut erzeugen, so sollte zunächst an diesen Fähigkeiten gearbeitet werden.

 Vielleicht kann Ihr Kind seine Augen nicht nach oben bewegen? – unabhängig vom Kopf

Augenbewegungen nach oben sind Teil der visuellen und motorischen Funktion des Gehirns. Augenbewegungen nach oben werden durch das **obere Blickzentrum (Superior Colliculus)** und die entsprechenden Nervenbahnen im Gehirn gesteuert. Vielleicht ist diese Fähigkeit gar nicht entwickelt, dann sollte zuerst an der Basis gearbeitet werden.

Sind Sie verzweifelt, weil Lesen üben Ihrem Kind so wenig Erfolg bringt? Wissen Sie nicht, wo die Ursachen der Leseschwäche Ihres Kindes liegen. Haben Sie Angst, dass Ihr Kind sein Potential nicht ausschöpfen kann?

Wollen Sie eine sehr ausführliche Analyse der Ursachen der Leseschwäche Ihres Kindes? Mein mehrwöchiges **Online-Lesefit-Radar** bietet eine detaillierte Ursachenanalyse und eine Unterstützung bei der individuellen Planung einer gezielten Leseförderung.

Bei Interesse buchen Sie zunächst ein 10-minütiges kostenfreies Infogespräch.

Exkurs zur Rechtschreibung

Gute Rechtschreiber sind fähig, sich ein Wort auf visuellem Weg vorzustellen Das Wort erscheint vor ihrem inneren Auge. Dies geschieht häufig unbewusst und automatisch. Beim Schreiben werden diese Bilder abgerufen.

Der Abruf eines Wortes aus dem visuellen Wortspeicher (Gedächtnis) dauert ungefähr 10 Millisekunden (=0,001sec), wohingegen das „Nachschauen" in den Orthographieregeln ca. 100mal so lange dauert und viele weitere Gehirnregionen involviert. Dies kostet sehr viel Energie.

Das Kind, das die Worte auf dem Bild links geschrieben hat, konnte auf kein Wortbild zurückgreifen.

Legastheniker können Wörter nicht so effizient und visuell genau verarbeiten und speichern wie es Nicht-Legastheniker tun.

Haben längere Wörter oder gar Sätze auf dem inneren Bildschirm Platz? Und sind diese in Silben oder Bausteine (Morpheme) – also sinnvoll – gegliedert? Wahrscheinlich hat Ihr Kind an der einen oder anderen Stelle Schwierigkeiten mit der inneren Vorstellung der Wörter (visuelle Repräsentation).

Ist bei lese-rechtschreibschwachen Kindern diese Fähigkeit schwach ausgeprägt, so benötigen sie extra Übungen. Eine gute Unterstützung liefert das Programm **„Hurra, jetzt bin ich Rechtschreibkönigin"** oder andere Angebote von Franziska Püller (www.paedagogik-shop.at).

Ein Aspekt aus diesem Buch ist, dass jeder zu jedem falsch geschriebenen Wort eine persönliche Assoziation gezeichnet wird wie beispielsweise:

 Individuelle Zeichnungen helfen das Wortbild „ARZT" abzuspeichern.

Die Präsentation dieser speziellen, von Franziska Püller entwickelten Karteikarten, verwendet als zusätzliche Hilfe die Augenbewegungen nach oben und unten.

Leamos ist ein Lesetraining, das sehr stark auf die bewusste visuelle Wahrnehmung der Wortbilder setzt. Es unterstützt die Automatisierung der Erkennung von Wortteilen und Sichtwörtern (siehe Seite 290).

SIMMO – Leseförderung über Bewegung

Das Schulprojekt „SIMMO" mit 274 begeisterten Kindern hat eindrucksvoll bewiesen, dass Bewegung ein Schlüssel zur Steigerung der Lesekompetenz ist.
Die SIMMO-Übungen, die an den körperlichen Basisfähigkeiten ansetzen, **verbesserten** das **Lesen**, die **motorischen Fertigkeiten** und die **Verhaltensparameter**.
Das Projekt wurde in Zusammenarbeit von Daniela Arnold und der PVS Sacré Coeur Pressbaum in den Schuljahren 2014 bis 2016 mit 274 Schulkindern durchgeführt.
Da 95% der Schüler:innen Deutsch als Muttersprache hatten, unterscheidet sich diese Privatschule natürlich stark von Brennpunktschulen. Gut geförderte Kinder im Lesen zu verbessern ist schwieriger, als in Brennpunktschulen Erfolge mit dem SIMMO-Programm zu zeigen.
Konnte SIMMO **Verbesserungen im Lesen**, im **Verhalten** und in der **motorischen Koordination** in diesem speziellen Setting bringen?

Was ist „SIMMO"?

SIMMO steht für das Training unter den Aspekten von **S**ensorischer **I**ntegration, **M**ind und **MO**torik.
SIMMO-Übungen sind Übungen zur Integration von frühkindlichen Reflexen, motorische Basiskoordination und Übungen zur Körperwahrnehmung sowie Bewegungen für Gleichgewicht und Rhythmus. Zusammengestellt aus Bewegungsprogrammen aus aller Welt. Die gesammelten Übungen wurden von mir überarbeitet und in einfache Teilschritte zerlegt, um speziell für den Einsatz in Großgruppen geeignet zu sein. Mit motivierenden Geschichten, praxisnahen Tipps und vielseitigen Variationsmöglichkeiten werden die SIMMO-Übungen zu einem einzigartigen Erlebnis, das mit der ganzen Klasse oder in der Einzelarbeit gut durchgeführt werden kann.

 Da die Grundidee dieses Projekts im Unterstützen von Talenten liegt, helfen „Talent-tiere" dem Protagonisten **Simmolino**. Für jede Übung ist ein anderes Tier der Darsteller und Unterstützer.

Umsetzung und unterstützende Maßnahmen

Zu Beginn des Projekts im September 2014 gab es eine intensive, mehrtägige Einschulungsphase aller Pädagog:innen.

Das Projekt wurde von Frau Dr. Graumann-Brunt wissenschaftlich begleitet und evaluiert. Unterstützt wurde es vom Fond Gesundes Österreich (FGÖ) und Sportland NÖ *(FGÖ_SIMMO Endbericht.Pdf, n.d.)*. Alle 274 Kinder der PVS Sacre Coeur Pressbaum wurden in eine umfangreiche Anfangsaustestung einbezogen.

Nach der Einschulung der Pädagog:innen erhielten Klassen einen Trainingsplan, der folgende Durchführungen umfasste:

⇨   fünf SIMMO-Übungen viermal in der Woche in der Klasse,
⇨   vier SIMMO-Übungen im Turnsaal am Beginn der Turnstunde,
⇨   zwei SIMMO-Übungen als Hausübung.

Es wurde den Pädagog:innen freigestellt, zu welchem Zeitpunkt das Training stattfindet. Die Kinder übten im Klassenverband. Jedes Kind wurde aufgefordert die Übungen mitzumachen. Eine Weigerung wurde sofort akzeptiert. Es zeigte sich, dass die meisten „Verweigerer" nach einiger Zeit doch mitmachten.

Zusammenfassend ist festzustellen, dass mit dem längeren Praktizieren:
- die Übungen ruhiger und sauberer ausgeführt werden,
- die Bewegungsabfolgen zunehmend langsamer ausgeführt werden können,
- sich die motorische Unruhe in der Klasse verringert,
- sich die Ausdauer steigert,
- die Übungen zu einem Ritual und von Kindern eingefordert werden.

Wichtige Projektbestandteile waren:
☺   **Austauschrunde**n am Nachmittag für Pädagog:innen,
☺   **Mentoring** in allen Klassen mit persönlichem Feedback,
☺   **monatliche Supervision** des Übungsablaufs,
☺   **Hausübungspass.**

In den **Hausübungspass** durften die Kinder ihre zu Hause gemachten Übungen selbstständig eintragen und erhielten für jeden fertig ausgefüllten Pass einen

Hausübungsgutschein. Im Sommer gab es eine **Fotochallenge** „Zeige eine SIMMO-Übung an einem schönen Ort".

ERGEBNISSE des SIMMO-Projekts

Die Endevaluierung 2016 umfasste wieder alle Schüler;innen in den Bereichen: Motorik, Lesefertigkeit, Verhalten und Selbsteinschätzung.

So erfreulich das große Interesse von allen Pädagog:innen an der Schule war, so problematisch war die **fehlende Kontrollgruppe** und das sich daraus ergebende, unterschiedliche Engagement der Klassen. Diese Unterschiede in Häufigkeit und Genauigkeit der Durchführung konnten bei der Auswertung der Ergebnisse nicht berücksichtigt werden.

Bei **allen motorischen Tests** gab es *hoch signifikante Verbesserungen*.

Das SIMMO-Programm trug wesentlich zur besseren Integration des Tonischen Labyrinthreflexes (TLR) bei. Die Endevaluierung zeigt folgende, gute Ergebnisse: Die Anzahl der Kinder mit einem komplett integrierten TLR-Reflex hat sich 2016 gegenüber dem Projektbeginn bis zu mehr als verdreifacht.

	2014	2016
Jahrgang 1 - 2	20 %	78 %
Jahrgang 2 - 3	27 %	75 %
Jahrgang 3 - 4	45 %	80 %
Kinder mit vollständig integriertem TLR-Reflex		

Um zu zeigen, dass es Transfereffekte gab, wurde ein altersnormierter Test aus der Testbatterie MoMo von Prof. Dr. Klaus Bös verwendet (*Bös Und Deutschland - 2009 - Motorik-Modul Eine Studie Zur Motorischen Leistung.pdf*, n.d.). Mittels dieses Tests kann der motorische Entwicklungsstand eines Kindes gut eingeordnet werden. Mit einem speziellen Bewegungstest wird die Koordination getestet, die in etwa 60% der gesamten motorischen Leistungsfähigkeit erklärt (vgl. Oberger, n.d., p. 214).
Das SIMMO-Training trainierte die motorischen Basiskompetenzen, jedoch NICHT den Bewegungsablauf des seitlichen Hin- und Herspringens. Trotzdem zeigten sich bei dieser Aufgabe in allen Jahrgängen große Verbesserungen. Da der Test altersnormiert ist, sind die Verbesserungen nicht aus der allgemeinen Entwicklung erklärbar.

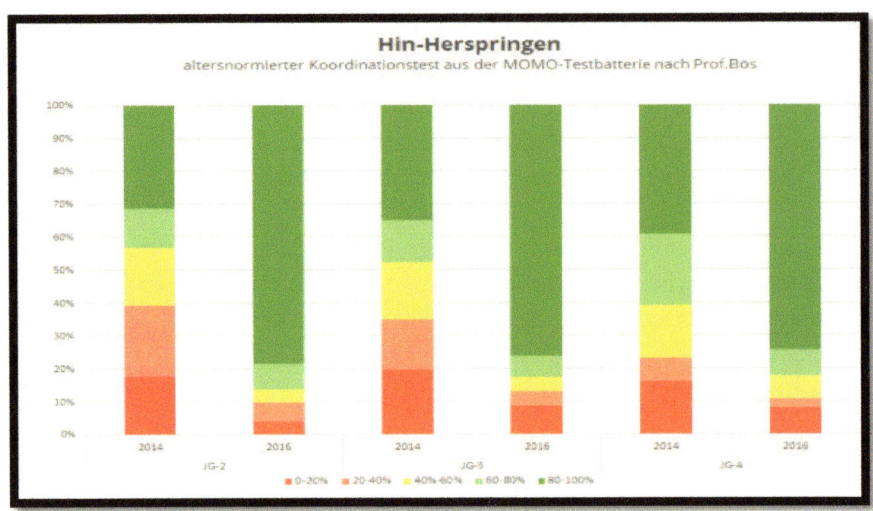

Test des seitlichen Hin- und Herspringens von der
MOMO-Testbatterie von Prof. Bös

Um zu sehen, wie sich die motorische Entwicklung insgesamt verbessert hat, wurde aus diversen motorischen Subtetsts ein **motorischer Auffälligkeitskoeffizient** gebildet: Rhythmus und Koordination beim Hampelmannsprung, Mitbewegungen, Gleichgewicht und Blicksteuerung beim Balancieren wurden in den Koeffizienten zusammengefasst und es wurde die Anzahl an Problemen gemessen.

Im Jahr 2014 gab es sowohl bei den Mädchen, wie auch bei den Buben wesentlich mehr Auffälligkeiten (hellblau) als 2016 (dunkelblau).

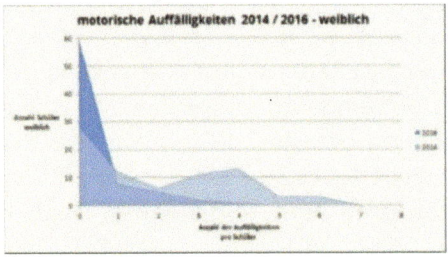
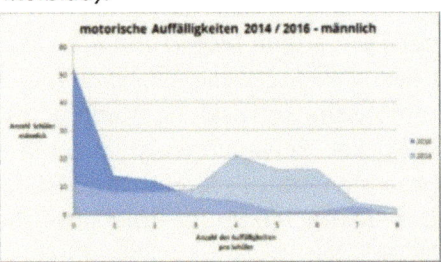

Am Projektende sind die Kurven für Burschen und Mädchen sehr ähnlich. Die Burschen konnten durch das SIMMO-Programm sich an die motorische Qualität der Mädchen angleichen.

252

Zum **Verhalten**, zur **Heftführung** und zur **Graphomotorik** wurden von den jeweiligen Klassenlehrer:innen 11 Fragen pro Kind beantwortet (subjektive Meinung der Pädagog:innen). Die folgende Graphik reiht die Verbesserungen nach dem Absolutbetrag der Mittelwerte.

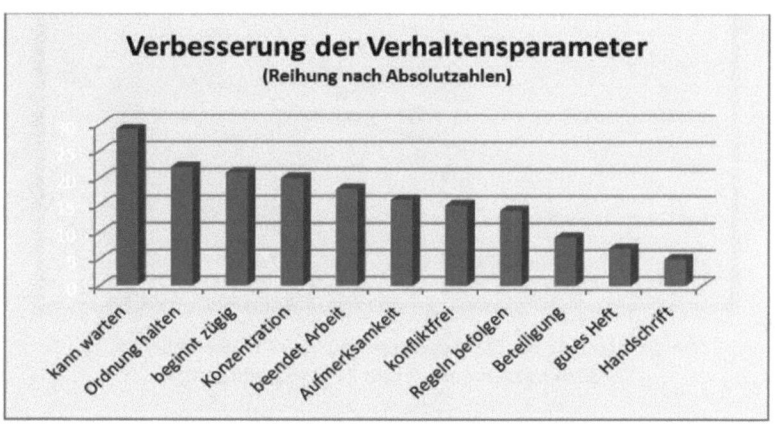

Bewertung durch die Lehrerinnen (N=148)

Höchst und hoch signifikante Verbesserungen gab es bei:
- ✓ kann warten,
- ✓ Ordnung halten,
- ✓ beginnt zügig,
- ✓ Konzentration

Die spannende Frage war: **Verbesserte sich die LESELEISTUNG nach zwei Jahren SIMMO-Training** - obwohl die Ausgangswerte in dieser Privatschule schon gut waren?

Zur Feststellung der Leseleistung wurde das Salzburger Lesescreening (SLS) ausgewählt. Aufgrund der hohen Reliabilität und Validität wurde dieser SLS für diese Überprüfung von der Schulleitung als geeignet erachtet.

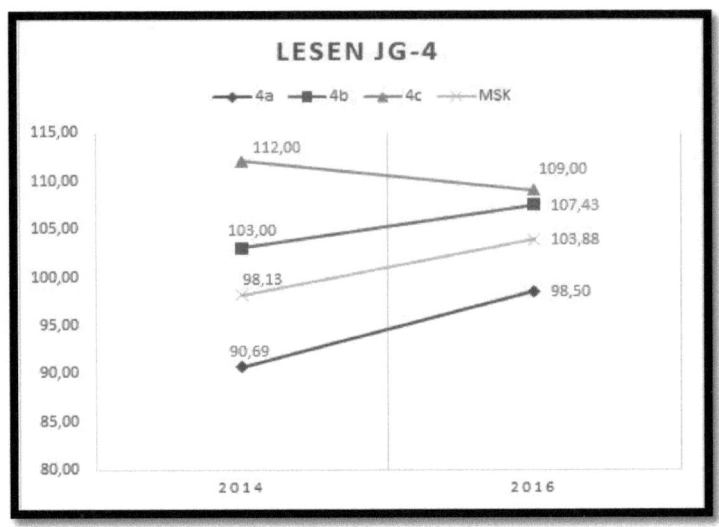

Ergebnisse der SLS-Lesescreenings der PVS Sacre Couer
(2014 mit Jahrgang 2 und 2016 mit Jahrgang 4)

In drei der vier Klassen der vierten Jahrgangsstufe verbesserte sich der Lesequotient (Quelle: schulinternes Lesescreening SLS). **Je schlechter die Ausgangslage umso mehr steigerte sich die Leseleistung** (siehe Mehrstufenklasse).

Bei einer Klasse (4C), die zu Projektbeginn überdurchschnittlich abgeschnitten hatte, gab es ein Sinken des Leistungsniveaus um 3 Punkte (aber immer noch deutlich überdurchschnittlich).

Wie erklärt sich dies?

Der Klassenlehrer der 4C hatte die Schule nach einem Projektjahr verlassen. Im zweiten Projektjahr wurde SIMMO von einer nur kurz eingeschulten Lehrerin selten durchgeführt. Zudem gab es durch den Pädagogenwechsel große soziale Probleme in der Klasse.

Zwei interessante Projektergebnisse im Bereich Lesen sollen hier noch erwähnt werden:

Es konnte *kein Zusammenhang* zwischen der Verbesserung der Kopfstellreflexe und der Verbesserung der Lesefertigkeit festgestellt werden konnte. Dieser in der Literatur angegebene Zusammenhang wurde vom SIMMO-Projekt nicht erhärtet. Einen Zusammenhang gab es zwischen Rhythmus beim Hampelmann-Sprung und Leseergebnis. Jene Kinder, die sich beim **Hampelmann-Sprung** im **Rhythmus NICHT verbessert**en (andere motorische Parameter verbesserten sich sehr wohl), gehörten zu den schlechtesten Lesern (LQ 88) und haben sich in den zwei Jahren im Lesen NICHT verbessert. Die Rhythmik ist ein sehr wesentlicher Faktor beim Spracherwerb sowie wichtig für koordinierte Augenbewegungen mit einer direkten Wirkung auf die Leseleistung.

Interesse an weiteren Ergebnissen des SIMMO-Projekts? Nähere Informationen über das SIMMO-Projekt und Fortbildungen können Sie unter www.mtl-zentrum.com nachlesen.

Das hier beschriebenen Projekt entspricht **SIMMO-INTENS**. Das Programm geht über 2 Schuljahre und umfasst viele reflexintegrierende Übungen, die im ersten Jahr vor allem im Liegen ausgeführt werden.

Als zusätzliche Möglichkeit wurde **SIMMO-KOMPAKT** zusammengestellt. Es enthält nur jene Übungen, die im Stehen oder im Sitzen gemacht werden. Das SIMMO-KOMPAKT Programm geht auch nur über ein Schuljahr. Damit ist ein Einsatz in Gruppen, die unter Platz- und Zeitmangel leiden, möglich.

Wollen Sie das **SIMMO -Training** in Ihre Arbeit integrieren? Eine gute Unterlage bietet das Buch: „TALENTE BEWEGEN – SIMMO-ein sensomotorisches Übungsprogramm zur Potentialentfaltung". In diesem Buch werden nicht nur die SIMMO-Übungen genau erklärt, sondern zu über 100 Übungen kann auch ein kurzes Video mit der Übungsdurchführung mittels QR-Codes aufgerufen werden.

Wenn Sie das SIMMO-Programm unter persönlicher Anleitung erlernen? Nähere Info: www.mtl-zentrum.com

Unterstützend für die tägliche Durchführung gibt es die **Karteikarten** in A5 Größe. Auf der Vorderseite ist das Bild des „Talent-tiers" und es wird eine Geschichte mit dem jeweiligen Tier erzählt. Diese soll Vorstellungsbilder anregen, die die Aufmerksamkeit der Kinder auf ihren Körper zu lenken (Körpereigenwahrnehmung) soll. Motorik und unsere Gedanken sind sehr stark verknüpft. Dein Körper folgt deinen inneren Bildern und die Übungen werden leichter fließender und koordinierter. (*Studien (Research) zur Franklin-Methode – Franklin-Methode®*, n.d.). Kinder gefallen die SIMMO-Karteikarten sehr.

LESEN ÜBEN – Ideen, Tipps und Tricks

Macht Lesen üben trotz noch bestehender sensomotorischer Probleme Sinn? Ja - macht es. Täglich, in sehr kurzen Einheiten. Lesen üben während der Arbeit an den senso-motorischen Problemen sollte eher unter dem Leseniveau des Kindes ansetzen.

Lesen kann man nur durch Lesen üben. Die in diesem Kapitel gesammelten Anregungen versuchen den Stress aus der Lesesituation zu nehmen. Viele Tipps beziehen sich auf den Anfang des Lesenlernens. In dieser Zeit wird das Lese-Selbstkonzept aufgebaut.

Lesen üben im engeren Sinn

Überblick über die Tipps:

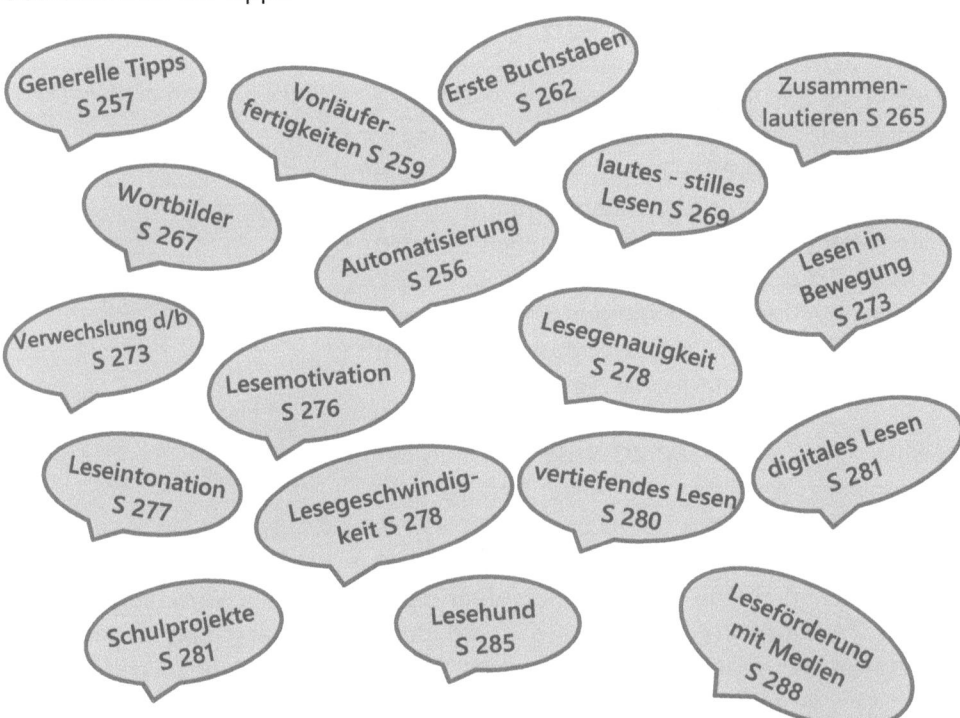

Die positive Plastizität des Gehirns ist dann gegeben, wenn eine spezielle Aufgabe intensiv wiederholt wird und dazwischen Schlafphasen liegen! Zudem sind genauso Neugierde, Motivation und Freude wichtig. Anerkennung und richtiges

Lob (siehe Seite 212) beeinflussen die Lerngeschwindigkeit beträchtlich. Wird das Kind richtig gelobt, so wird dadurch Acetylcholin gebildet. Dies signalisiert, dass es wichtig ist, die vorliegende Situation abzuspeichern und das dieser Aufgabe zugewiesene Hirnareal zu vergrößern (Dehaene, 2012, p. 293).

Ist der Körper ist „lesebereit", dann macht Lesen üben Sinn.

Kinder, die ihre Defizite in den Basisfähigkeiten und den sensomotorischen Vorläuferfertigkeiten aufgeholt haben, brauchen die Gewissheit, dass ihr Lese-Training jetzt Erfolg zeigen wird und sie die Leseschwierigkeiten überwinden können.

Wenn Kinder jahrelang mit unerkannten senso-motorischen Wahrnehmungsstörungen gelesen haben, dann mussten sie ihre Lesestrategien anpassen und beispielsweise entsprechende Ratestrategien entwickeln. Dies war oft die einzige Möglichkeit den Anforderungen der Schule gerecht werden zu können.

Jede dieser **Gewohnheiten muss abgelegt werden.** Jeder, der dies schon mal versucht hat, weiß, dass es eine gewisse **Zeit dauert**. Dies gilt auch für solche Lesestrategien.

Gebt den Kindern Zeit und erinnert sie liebevoll.

 Welche Überlegungen helfen generell beim Lesen Üben?

 OH NEIN - bitte nicht am Abend lesen
Leseübungen nicht am Abend, wenn das Kind müde ist, durchführen.
Egal, ob das Kind eine Problematik in der zentralen Hörverarbeitung hat oder in der zentralen Sehverarbeitung oder einen Nährstoffmangel oder ständig frühkindliche Reflexe ausgleichen muss, am Abend wird das gesamte Körpersystem und das Gehirn sehr müde sein und die Probleme in der Verarbeitung schlechter kompensieren können. Lesen üben daher immer am Beginn der Hausübung oder als erstes, wenn man übt, auszuführen.

☺ Leseposition

Wichtig ist eine gute Leseposition - aber welche ist das?

Manche Kinder liegen gerne am Boden beim Lesen. Der Vorteil vom Liegen ist, dass der Körper nicht mit der Schwerkraft im Sitzen ausbalanciert werden muss.

Liest ein Kind bei Tisch und möchte

auf seinen Beinen sitzen und/oder den Kopf abstützen oder ... dann bitte registrieren, aber zulassen. Der Körper ist dann noch von bestehenden frühkindlichen Reflexen oder Asymmetrien oder einem visuellen Problem betroffen und braucht diese Haltung, um besser kompensieren zu können. Neben dem Lesen bleibt keine Energie, um die körperlichen Probleme zu beachten.

Sobald an diesen Problemen gearbeitet wurde, könnte eine eigenartige Lesehaltung nur mehr eine schlechte Gewohnheit sein und dann macht es Sinn, zu ermahnen.

Die Füße sollten am Boden (oder auf einem Stockerl oder Kiste) stehen können. Im Rücken ist ein großes Polster zum Anlehnen sehr hilfreich.

Ein Sitzen auf einem umgedrehten Sessel und dadurch ein Abstützen auf der Lehne ist eine gute Alternative.

Manche Kinder lesen besser im Stehen oder sogar im Gehen.

Und wenn das Kind Gleichgewichtstimulation neben dem Lesen benötigt, dann wäre eine Sitzhängematte oder eine Netzschaukel auch einen Versuch wert.

Sie als Eltern müssen die beste Position für Ihr Kind aushalten, wenn es das Lesen verbessert.

☺ Lichtverhältnisse

Haben Sie schon mal versucht, das Kind bei anderen Lichtverhältnissen lesen zu lassen. Entweder sehr grelles weißes oder gelbliches Licht oder auch schwaches Licht? Hier gilt es wieder, nicht anzunehmen, dass ihr eigenes Wohlbefinden Ihrem Kind hilfreich ist.

☺ kurz jedoch regelmäßig

Regelmäßiges, tägliches Lernen möglichst in mehreren kurzen Einheiten ist effektiv. Die Gehirnplastizität wird maximal gefördert, wenn eine spezifische Aufgabe intensiv wiederholt wird. Zwischenzeitlich sollte überschlafen werden.

Nicht vergessen: Lesen üben ist eine äußerst fordernde Tätigkeit. Bis zu 5 min – dann längere Pause – später wieder für eine bis fünf Minuten. Untrainierte können auch nicht mit 30 Liegestütz beginnen!

☺ Zeigen sich Erfolge?

Zeigen sich kleine oder kleinste Erfolge? Nur, wenn diese nach kurzer Zeit erkennbar werden, weiter in der gleichen Art üben.

Nicht noch mehr vom Gleichen üben, wenn sich nichts bessert. Nochmals beobachten, überlegen und einen anderen Zugang suchen.

 Wie trainiert man die Vorläuferfertigkeiten?

👍 Benennungsgeschwindigkeit

Die **Benennungsgeschwindigkeit** misst die Fähigkeit, visuelle Informationen (z. B. Buchstaben oder Symbole) schnell und präzise zu benennen. Eine hohe Benennungsgeschwindigkeit zeigt eine effiziente Verbindung zwischen visuellen Reizen und sprachlichen Repräsentationen, die essenziell für den Lesefluss ist.

Üben kann man diese Fertigkeit beispielsweise mit
  ☺ Lotto- oder Memory-Karten mit Tieren oder Gegenständen schnell hintereinander auflegen.
  ☺ Auf Dinge in einem Wimmelbuch zeigen und diese schnell benennen.

👍 Phonologische Bewusstheit

Das Training der **phonologischen Bewusstheit** gilt im Vorschulalter und in den ersten Monaten der ersten Klasse als zielführend. Später brauchen es nur mehr Kinder mit speziellem Förderbedarf.

Hier einige Anregungen zum Training der phonologischen Bewusstheit:

☺ Reimen
  ➢ Reimpaare erkennen
  ➢ Reimworte von Worten, die sich nicht reimen unterscheiden. Beispiel: Wanne, Tanne, Baum, Kanne
  ➢ Unvollständige Verse mit Reimworten beenden
  ➢ Reime selbst produzieren
☺ Silben
  ➢ Wörter in Silben teilen – Silben klatschen, trommeln oder stampfen.
  ➢ Spiel: "Mutter, wie weit darf ich reisen": Für jede Silbe einen beidbeinigen Sprung nach vorne
  ➢ Gegenstände in Körbe nach Silbenanzahl ordnen
  ➢ Wörter durch im Onset und Reime synthetisieren – so wie im SIMMO-Buch – Kinder erleben dadurch, dass Worte in kleine Einheiten geteilt werden können.
☺ Heraushören
  ➢ Hörst du ein O in Ofen?
  ➢ Spiel: Austausch des Anlauts und erfinden von Kasperlwörtern (Manne, Sanne, Lanne, Wanne,...)
☺ Laute
  ➢ Umsetzung von Lauten mit dem Körper
  ➢ Laute mit Hilfe von Gesten oder Handzeichen oder Körperpositionen sichtbar machen
  (Fritsch et al. - 2013 - Herausgegeben von Der SOKO-Lesen Im Stadtschulrat .Pdf, n.d.)

👍 Rhythmus klatschen

Rhythmus und Koordination wird kombiniert und das Arbeitsgedächtnis wird zusätzlich trainiert!

Beide Hände klopfen den gleichen Rhythmus.
Einfache Variante
    Klebe zunächst zwei gleiche Post-Its nebeneinander.

Beide Hände machen das Gleiche.

Schwierigere Variante

Klebe unterschiedliche Post-Its nebeneinander.

Jede Hand macht Unterschiedliches.

Ziel ist es, den Rhythmus längere Zeit zu halten. Dies lernt man in kleinen Schritten! Wenn Rhythmusabfolgen nur kurz richtig fortgeführt werden können, dann zeigt dies, dass die neurologische Steuerung schnell ermüdet. Als Übung die Zeit in kleinen Schritten vergrößern. Ziel ist es, den eigenen Rekord zu verbessern.

Nimm zwei, drei oder vier verschiedene „Post Its" (beispielsweise: Kreis, verschiedenfärbige Quadrate, Pfeil, Herz, ...)

Kreis: mit der Faust (Daumen außen) auf den Tisch klopfen

Quadrat grün: Finger der Hand klopfen auf den Tisch

Quadrat gelb: mit der Handfläche nach oben auf den Tisch klopfen

Pfeil: Arm nach oben strecken – Zeigefinger zeigt zur Zimmerdecke

👍 Silben klatschen

- ☺ Silben klatschen ist eine Methode, um das Sprachgefühl von Kindern zu fördern.
- ☺ Sagen Sie ein Wort langsam und klatschen Sie für jede Silbe in die Hände. Zum Beispiel: Krokodil → (Klatsch) Kro (Klatsch) ko (Klatsch) dil.
- ☺ Dann lassen Sie die Kinder das Klatschen wiederholen, während sie die Silben nachsprechen.
- ☺ Statt Klatschen kann man auch Bewegungen mit den Silben verbinden: Hüpfen oder Springen oder Stampfen oder Instrumente (z.B.: Rasseln oder Trommeln) verwenden.
- ☺ Machen Sie Silbenklatschen zu einem Teil des Alltags, z. B. beim Einkaufen: „Was hat mehr Silben: Apfel oder Banane?".

👍 Arbeitsgedächtnis

Das Arbeitsgedächtnis lässt sich durch regelmäßige Übungen und Alltagsaktivitäten spielerisch trainieren. Wichtig ist, die Herausforderungen schrittweise zu steigern, den Kindern Erfolgserlebnisse zu bieten und die

Übungen abwechslungsreich und spannend zu gestalten. So kann das Arbeitsgedächtnis nachhaltig gefördert werden.

☺ **Memory Spiele**
  ➢ Reimpaare erkennen: Die Spieler decken abwechselnd zwei Karten auf und versuchen, Reimpaare (z. B. Maus-Haus) zu finden und zu sammeln.

☺ **Simon-says- Variationen**
  Reimpaare erkennen: Der Spielleiter gibt Anweisungen wie „Simon sagt: Finde ein Reimpaar zu Maus", und die Spieler antworten mit passenden Reimwörtern (z. B. Haus).

☺ **Bilderreihen merken:** Die Spieler betrachten eine Reihe von Bildern, prägen sich deren Reihenfolge ein, und versuchen anschließend, sie in der richtigen Reihenfolge nachzulegen oder wiederzugeben.

☺ **Bewegungsabfolge merken:** Die Spieler führen abwechselnd Bewegungen vor (z. B. Hüpfen, Klatschen, Drehen), die die anderen nachmachen und in der richtigen Reihenfolge wiederholen müssen.

 Wie kann Kindern beim Erlernen der ersten Buchstaben geholfen werden?

- Buchstaben aus
  o Salzteig oder Ton formen,
  o Zeitungspapier ausreißen,
  o bunte Seidenpapierkügelchen aufkleben.

- Ton- oder Holzbuchstaben aus
  o einer Schüssel mit Reis oder roten Linsen heraussuchen,
  o aus einem undurchsichtigen Sackerl durch Fühlen heraussuchen und sagen, welcher es ist oder
  o einen Laut vorgesagt bekommen und den passenden aus einem undurchsichtigen Sackerl durch Fühlen heraussuchen.

Achtung – bei allen Aufgaben, die dem Kind *STRESS* bedeuten, **IMMER** mit einer Aufgabe beginnen, die das Kind **zuverlässig** kann. Diese schon automatisierten Aufgaben danach **REGELMÄSSIG** einstreuen! Und immer nur **SEHR KURZ** üben.

Wenn das **Erlernen von Buchstaben sehr schwerfällt** oder großen **Stress** verursacht – was dann?

- Erwachsener schreibt einen Buchstaben auf **ungewöhnliche Plätze** (an die Duschwand, an die angelaufene Scheibe, auf das Schneidbrett mit der Sauce, in den Schnee, mit Steckerl im Wald legen, ...) und fragt nach dem Laut.

- Zu erlernende oder schlecht fixierte Buchstaben auf den Rand eines Papptellers schreiben. Mit der Schere am Rand Sektoren einschneiden.

 Den Pappteller dem Kind wie ein Lenkrad in die Hand geben und in ein Einkaufscenter gehen. Dort darf das Kind alle Buchstaben, die es bei Geschäften sieht auf seinem Pappteller nach unten einbiegen. Es könnte auch ein Supermarkt sein und man achtet auf die Produktnamen. *Schwierigere Variante:* In der freien Natur Dinge (Blumen, Vögel, Objekte) erkennen, die mit einem Buchstaben auf dem Tellerrand beginnen.

- Mit Hilfe vom **Antwortbuzzer**

Ein Buchstabe, der schwer gemerkt wird, wird auf einen Antwortbuzzer aufgesprochen (z.B. A). Diesen Antwortbuzzer fix an eine Wand befestigen – entweder neben der Eingangstür oder im WC oder bei der Küche. Daneben eine durchsichtige Klarsichtfolie in A5 Format an die Wand kleben (Öffnung nach oben). In diese Klarsichtfolie einen Zettel mit dem Buchstaben in Klein- und/oder Großschrift, der auf den Buzzer gesprochen wurde. Daneben ein Bild eines Objekts, das mit diesem Buchstaben beginnt und danach entweder eine Faust oder eine High-Five-Hand als positiver Abschluss.
JEDESMAL, wenn das Kind vorbeigeht, drückt es auf den Buzzer, hört den Sound, zeigt dann auf den Buchstaben und sagt ihn. Danach noch das Objekt nennen und entweder mit der Faust oder High Five abschließen.

- **Selbstlaut springen**
  Auf einer Matte oder Matratze oder einer Stufe werden 5 Zetteln mit jeweils einem Selbstlaut (A, E, I, O, U) aufgeklebt. Der Erwachsene nennt ein Wort und das Kind springt zu den Selbstlauten, die es hört.
  Schwieriger Variante: Wortendungen erkennen
  Der Erwachsene nennt ein Wort und
  das Kind springt zur Wortendung.
  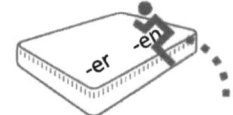

- Wenn ein gut erzogener **Hund** im Haushalt lebt, so darf das Kind „dem Hund einen Buchstaben lehren": Das Kind schreibt einen Buchstaben mit Pinsel und *Joghurt auf ein dunkles Schneidbrett* und lautiert ihn dabei. Der Hund schaut zu („lernt") und darf danach abschlecken!
  Durch die Fokussierung auf den Hund wird der Stress für
  das Kind wesentlich geringer.

- Mit *Minileckerlis* einen Buchstaben auf den Boden legen lassen und der Hund darf die Leckerlies danach auffressen.

- **Luftballons,** die mit Buchstaben beschriftet sind von oben hängen lassen. Erwachsener nennt einen Buchstaben und das Kind schlägt mit der Fliegenklatsche auf den Luftballon mit dem ausgesprochenen Buchstaben.

  Schwierigere Variante: Anfangsbuchstaben erkennen.

- **Mehrstufige Aktivitäten** (=Training der exekutiven Funktionen)
  Mehrere Anweisungen hintereinander ausführen und Buchstaben trainieren.
  Ein Beispiel dafür wäre:

1. Einen Kleinbuchstaben von einem Buchstabenstreifen aus festerem Papier abschneiden.
2. Den Kleinbuchstaben auf den dazugehörigen Großbuchstaben legen. Die Großbuchstaben sind verstreut auf einem A4 Blatt aufgeschrieben.
3. Aus einer Kiste mit Reis den gleichen Buchstaben heraussuchen (Plastikbuchstaben) und auf die beiden Buchstaben legen.

- Eine gute Idee ist es, selbst Fotos von Mundbildern von bestimmten Buchstaben zu machen, um das Bewusstsein für die Mund- und Lippenstellungen zu sensibilisieren.

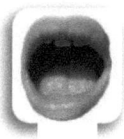 Mundbild und Buchstabe ausdrucken und aufkleben.
Buchstaben vor dem Spiegel aussprechen und die Mundstellung beobachten und vergleichen – wo passt es hin.

A

Manchmal gelingt die Konzentration aufgrund einer bestehenden Buchstabenabneigung nicht. leamos verwendet aus diesem Grund neben Worten auch Symbole. Damit wird zusätzlich die visuelle Merkfähigkeit gut trainiert.

 Wie kann Kindern beim Zusammenlautieren geholfen werden?

Das Synthetisieren der Buchstaben (Zusammenlautieren) gelingt mit Singen oder mit Bewegung leichter. Je nach Kind wird die eine oder andere Art Anklang finden.

⇨ **Singen** ist ein gutes Hilfsmittel beim Training des Zusammenlautierens. Dehnbare Konsonanten wie M, N, L, R oder S verwenden. Den Konsonanten mit dem Kind gemeinsam lange singen „MMMM" und dann den Vokal dazusagen.

Variation für Gruppen: Kinder stehen in einer Reihe und jeder singt einen Buchstaben: erstes Kind singt SSSSS - stupst den Nachbarn an – der singt AAAA - nächstes Kind wird angestupst – NNNN – letztes Kind stößt den flüchtigen Plosivlaut „D" aus.

⇨ Rutsche aufzeichnen und einen lang gesprochenen Laut langsam „hinunterrutschen" lassen und dabei lange aussprechen. Unten dann mit dem Selbstlaut verbinden.

r

u

- „Post-It" mit Selbstlauten nach einander auf den Boden kleben und ein *andersfärbiges „Post-It" mit Konsonanten* auf den Socken/Fuß kleben und den Fuß vorwärts schieben.

- Auf jedes **Matchboxauto** einen **gelernten Konsonanten** kleben – auf die Straße die schon bekannten Selbstlaute schreiben.
Das Auto fährt langsam die Straße entlang und die beiden Buchstaben werden jeweils zusammenlautiert.

- Einen Konsonanten auf eine Hälfte eines Plastikeis schreiben - auf die andere Seite nur einen Selbstlaut oder Selbstlaut und Konsonanten schreiben Die beiden Eihälften verschieben und Silben lesen.

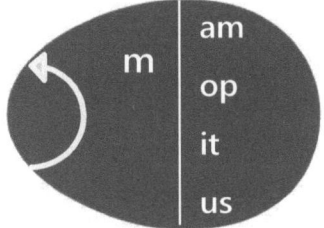

- Kybernetische Methode als eine Art Geheimschrift (www.kybernetische-methode.de).

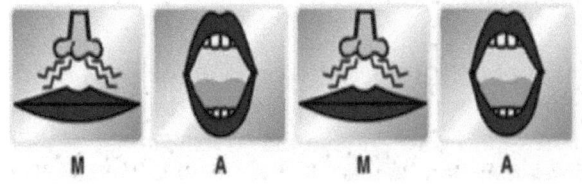

Mittels der kybernetischen Methode kann das Zusammen-lautieren effektiv geübt werden. Da die Mundbilder als eine Art Geheimschrift fungieren, ist hier der Fokus weg von den Buchstaben, hin zum Trainieren der Fähigkeit Buchstaben zusammen zu schleifen.

Automatisierung von Sichtworten

- Üben und Wiederholen von Worten oder Lesetexten über das erforderliche Maß hinaus, bis diese Inhalte vollständig automatisiert sind.
- Beim Overlearning lesen Kinder bekannte Sichtwörter (z. B. "und", "ist", "das") so oft, bis sie diese mühelos, automatisch erkennen und sicher lesen können. Das Erreichen von Automatisierung durch Overlearning kann das Selbstvertrauen der Kinder stärken, da sie weniger Fehler machen und ihre Fortschritte klar erkennen können.

> *Wie kann das Erkennen von Wortbildern verbessert werden?*

Hier geht es um die Automatisierung des Dekodierens. Kinder lernen Wortteile oder Wörter „im Ganzen" zu erlesen und mit der in ihrem mentalen Lexikon gespeicherten Bedeutung abzugleichen.

- ➢ auf verschiedene Matchboxautos wichtige Sichtwörter oder Wortbilder schreiben. Diese Autos dann durch ein langes Papprohr oder ähnliches von einem Polster oder Stufe hinunterfahren lassen und dabei das Wort laut sagen.
  Welches Auto ist am Weitesten gefahren? Eine Reihung durchführen und dabei nochmals die Wörter nennen.

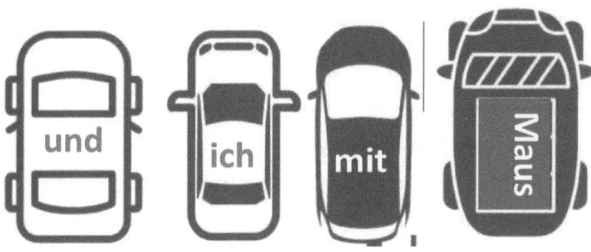

Silbenteppiche

Silbenteppiche bestehen aus systematisch angeordneten Silben, die Kinder zeilenweise lesen. Durch wiederholtes Üben verbessern sie ihre Leseflüssigkeit und -sicherheit. Lassen Sie die Kinder jede Silbe einzeln lesen, zunächst langsam, dann schneller.

Die Silbenteppiche von Horst Fröhler sind ein Beispiel für ein bewährtes Lesefördermaterial, das besonders im Anfangsunterricht der Volksschule eingesetzt wird.

 Ein Schwerpunkt der WebAPP **leam**os ist das Training der Abspeicherung der Sichtworte oder Wortbilder. (siehe Seite 290)

Leamos trainiert die viele Sichtworte wie bei einem Silbenteppich abgespeichert hat. Da die Anzeige aber nach dem Zufallsprinzip erfolgt, kann aber kein Auswendiglernen statt Lesen stattfinden.

> *Wie kann Kindern bei der Automatisierung des Sichtwortschatzes geholfen werden?*

Karten mit kurzen Worten werden an die Wand oder Flipchart befestigt. In einem abgedunkelten Raum zeigt der Erwachsene kurz eine Bilderkarte mit der Taschenlampe an die Wand, und das Kind muss schnell das Bild benennen, bevor das Licht wieder ausgeht.

Variation: kurze Worte (bis zu 5 Buchstaben) auf ein Plakat mit verschiedenen Farben schreiben. Diese mit der Taschenlampe anleuchten.

Hier sind die 50 häufigsten Worte des Deutschen, die idealerweise dafür verwendet werden könnten:

der, die, und, in, den, von, zu, mit, das, sich, des, auf, für, ist, im, dem, nicht, ein, eine, als, auch, es, an, werden, aus, er, hat, dass, aber, am, nach, wie, über, so, sie, bei, wir, man, mir, noch, vor, durch, wenn, nur, war, schon, bei, habe, wir, oder, mir, wird.

Hier noch die 50 häufigsten Wortstämme des Deutschen, die ebenfalls dafür geeignet sind. Auf jeweils einem Plakat nur mit einer Endung, wie -en oder -e oder -est. Auf einem anderen Plakat dann gemischte Endungen.

hab-, geh-, seh-, komm-, sag-, geb-, steh-, denk-, wiss-, nimm-, schreib-, mach-, ess-, frag-, spiel-, lauf-, fahr-, schwimm-, bring-, trag-, lieg-, stell-, find-, bleib-, trink-, schwör-, fall-, fang-, halt-, öffn-, such-, wein-, sing-, ruf-, wünsch-, träum-, bau, renn-, wach-, hör-, reis-, wähl-, mal-, flieg-, wart-, versuch-, erzähl-, glaub-, sieh-, rechn-.

Und hier noch die 100 häufigsten Fehlerworte des Deutschen. Diese Worte machen Sinn, als Sichtworte von Anfang an im visuellen Speicher abgelegt zu werden (Tacke, n.d.).

Zunächst die ersten 50 Fehlerworte:

groß, bald, wieder, dann, fahren, wir, zurück, fertig, kommt, hat, fallen, ließ, einmal, plötzlich, fleißig, sehen, morgen, nie, Straße, Vater, hält, sehr, weiß, wäre, bekommt, ziemlich, sitzt, gibt, steht, alle, nehmen, muss, viel, Kind, ohne, Ende, fällt, ein bisschen, spielt, Lehrer/Lehrerin, schnell, jetzt, hatte, nicht/nichts, hier, rennt, fährt, lassen, sieht.

Jetzt die zweiten 50 Fehlerworte:

Mädchen, zu Hause, soll, dies/ dieser, Mutter, fehlt, endlich, los, nahm, rief, ihn, kam, geht, wenn, auf einmal, voll, nächste, nimmt, außen/ draußen, wird, nämlich, wissen, kriegt, sah, man, Tag, immer, mehr, sagt, kann, stellt, Fahrrad, ganz, am Abend, bekam, allein, fiel, isst, ging, heran/herein/heraus/hinaus/hinein, hätte, ihm, kennt, vielleicht, lässt, stand, denn, wenig, will, Fahrräder

 Was ist der Unterschied zwischen lautem und stillem Lesen?

Lautes Lesen	stilles Lesen
benutzt das visuelle, das auditive und das motorische System.	benutzt das visuelle und wenig das auditive System.
Ca. 200 Worte/min.	Ca. 300 Worte/min
Leser muss mit der Aufmerksamkeit beim Text bleiben.	Leser kann leicht abgelenkt werden.
Lautproduktion hilft beim Speichern von Lerninhalten.	verbessert die Lesegeschwindigkeit.

Lautes Lesen	stilles Lesen
Augenmerk muss genau auf die Wortendungen gelegt werden.	Es reicht geübten Lesern den ersten und den letzten Buchstaben eines Wortes zu lesen.
stresst den Lesenden	weniger Angst vor Fehlern.
sofortiges Feedback bei Fehlern möglich.	kein Feedback bei Fehlern.
erleichtert das Einprägen von Fakten (multisensorisch)	

Das schnelle Benennen ist ein dominanter Prädiktor für gutes Laut- Lesen und bezieht sich auf die Geschwindigkeit des Abrufens orthographischer und phonologischer Codes während des Lesens (Wagner & Torgesen, 1987). Beim lauten Lesen ist die mögliche Ablenkung am Geringsten - weniger als beim stillen Lesen und viel weniger als bei einem Hörbuch (Baron, 2022, p. 173 f).

Für viele schwache Leser ist jedoch das laute Vorlesen mit vielen Ängsten verbunden. Es erfordert viel Mut, um anzufangen. Kinder mit Leseschwierigkeiten oder Legasthenie können besonders ängstlich sein, wenn es darum geht, vor anderen laut zu lesen. Dies kann dazu führen, dass das Vorlesen vor einer Gruppe die Herausforderungen eines schlechten Lesers verstärkt.

Ich verwende hier den Begriff „still lesen" statt „leise Lesen", weil leise immer noch mit Sprache geflüstert sein kann. Stilles Lesen ist „mentales Lesen". Das stille Lesen verwendet hauptsächlich das visuelle System und verzichtet auf die motorischen Zentren der Sprachausgabe. Dadurch werden die Zungen- und Mundmotorik und deren Planungs- und Koordinationszentren im Gehirn nicht aktiviert. Der neurologische Aufwand beim Lesen ist dadurch einerseits geringer, andererseits agieren die Sprachsysteme als eine Art „Taktgeber" für die Augen. Durch den Sprachrhythmus werden die gelesenen Informationen in einem optimalen zeitlichen Rhythmus an das Gehirn gesendet und die weitere die weitere Analyse erleichtert (*Lesen und Sprechen folgen einem ähnlichen Takt*, 2021b).
Beim stillen Lesen werden die Worte tief im Gehirn (im Geiste) im Sprachzentrum artikuliert. Es gibt kein gehörtes Feedback der eigenen Sprache. Trainierte stille

Leser können die Bedeutung abgespeicherter Sichtworte ohne Umwandlung in Laute direkt aus der orthographischen Datenbank abrufen.

Sehr viele Eltern fürchten zu wenig Kontrolle über die Lesegenauigkeit zu haben, wenn sie die Kinder still lesen lassen. Es ist wichtig, beide   Lesearten zu trainieren.

 leamos trainiert beide Lesewege – das laute und das stille Lesen (siehe 290).

 Wie kann lautes Lesen stressfrei verbessert werden?

- **Synchrones CHOR-lesen (Tandem lesen) zu Hause**
  Mama sitzt (neben oder) gegenüber dem Kind.
  - ☺ Mama liest laut und bewegt den Finger oberhalb der Zeile mit. Mama liest seeehhrrr langsam.
    - → Kind bewegt nur den Finger und hört zu.
    - → Kind liest nicht mit!!!!
  - ☺ Mama bewegt den Finger und liest langsam und laut.
    - → Kind liest flüsternd mit.
  - ☺ Mama und Kind lesen beide laut. Finger bewegen sich zunächst mit. Später dann nicht mehr.
  - ☺ Mama flüstert
    - → Kind liest laut - Finger bewegt sich nicht mehr mit.

- **Tandem- oder Chor Lesen in der Gruppe**
  Tandemlesen ist ein Lautleseverfahren. Beim Lesetandem werden leseschwächere Schüler:innen durch geübtere Leser:innen begleitet. Bei dieser kooperierenden Lernform werden schwächere Lesende entlastet. Bei der Bildung von Zweier-Tandems ist einer der Trainer und der andere der Sportler (Übende).

Bei der Auswahl der Tandem-Teams sollte berücksichtigt werden:
  - ➢ Die Lesefähigkeiten der beiden Partner sollten auf ähnlichem Niveau liegen. Ein zu großer Unterschied kann dazu führen, dass einer der Partner überfordert oder unterfordert wird.

➤ Die Lesetandem-Partner sollten sich für ähnliche Themen interessieren. Damit steigt die Motivation und Freude am Lesen.

➤ Die Persönlichkeiten der Lesetandem-Partner sollten harmonieren. Ein positives und unterstützendes Umfeld trägt dazu bei, dass beide Partner voneinander lernen und sich wohlfühlen.

➤ Es kann Sinn machen, klare Ziele für das Lesetandem festzulegen: z.B. Verbesserung der Leseflüssigkeit, des Leseverständnisses oder der Lesemotivation.

➤ Beide Partner sollten die Möglichkeit haben, Feedback zu geben und zu erhalten, um das Lernen und die Selbstreflexion zu fördern.

- **Mit der ganzen Gruppe im Chor lesen**

Ein sensitives Vorgehen mit dem lauten Lesen wird in Hamburg beim Projekt „Hamburger Leseband" angewendet. Hier wird sehr viel in einer Gruppe (ganze Klasse) oder in Teams laut vorgelesen. Näheres siehe Seite 281.
Regelmäßiges, mehrmals pro Woche, Tandem-Lesen über mindestens sechs Wochen steigert signifikant die Lesegeschwindigkeit und -genauigkeit (*Lautleseverfahren - Tandemlesen*, n.d.).

Laut-Lesetandems, bei denen stärkere und schwächere Leser*innen zusammenarbeiten,* bringen *deutliche Verbesserungen in der Leseflüssigkeit und im Selbstbewusstsein der Schüler*innen (*BiSS-Broschüre*, n.d.).

In der Schweiz wurde die Effektivität des Tandem-Lesens von Eltern im Vergleich zu jenem mit Lesecoach Partnern untersucht. Im Zentrum der Untersuchung stand die Förderung der Leseflüssigkeit. Das 15-minütige Lesetraining lief über 20 Wochen und fand zwei- bis dreimal pro Woche statt. **Beide Gruppen setzten die zentralen Elemente der Tandem-Lesen-Methode größtenteils wie vorgesehen um. Die hohe Strukturiertheit der Methode unabhängig vom Trainer (Eltern oder Lesecoach) begünstigt die gute Implementationsqualität. Lese-Coaches setzten Lob häufiger und gezielter ein als Eltern, was auf ihre spezifische Schulung und Erfahrung zurückzuführen sein könnte.** (Näpflin et al., 2020).

Bei einer Verwechslung von d und b kann man kann sich folgende Fragen stellen:

⇨ Ist das Gleichgewicht gut entwickelt?
⇨ Gibt es ein Problem in der Raumlage?
⇨ Wie steht es um die Augenbewegungen? Können die Augen unabhängig vom Kopf bewegt werden?
⇨ Liegt eine körperliche Asymmetrie vor?
⇨ Sind frühkindliche Reflexe noch vorhanden?
⇨ Schwierigkeiten mit Überkreuzbewegungen?
⇨ Schwierigkeiten bei der Automatisierung von Handlungen.
⇨ Gibt es ein Problem in der zentralen Hörverarbeitung, beispielsweise bei der Wahrnehmungstrennschärfe.

Wichtig ist es, den Kindern EINEN Anker zu geben. Entweder für b oder für d. Zum Beispiel könnte ein Kind sich einen Fisch, ähnlich wie die „Baby Dori" aus dem Film Nemo, mit einem Schnorchel aufzeichnen. Dieses Bild sollte das Kind immer bei sich haben und bis es verinnerlicht ist, auf welcher Seite der Schnorchel ist.

Wie kann Lesen in Bewegung Kindern helfen?

Manche können deutlich besser lesen, wenn sie umhergehen oder in einer Hängematte sitzen oder sogar auf dem Hometrainer. Unsere schlechteste Körperhaltung ist das Sitzen. Leider sitzen Kinder in den ersten VS Jahren mehr als 6h täglich und ab der 4.Klasse Volksschule sind es sogar 8h!
Einmal Lesen in Bewegung probieren!

⇨ Lesen im Gehen
⇨ In der Sitzhängematte
⇨ Auf dem Hometrainer

Bewegung VOR dem Lesen

VOR dem Lesen rhythmische oder koordinative Bewegungen zu machen, kann das Lesen erleichtern.

⇨ Hampelmann
⇨ Springschnur springen
⇨ Rhythmischen Tanz – stehend am eigenen Platz in der Schule
⇨ Ballsa Bälle spielen

 **Ideen für Kombinationen von Lesen und Bewegung**

Eine Leseinitiative in Baden-Württemberg hat von 2010 bis 2013 ein Projekt „Lesen in Bewegung" durchgeführt. Es zielte darauf ab, die Lesekompetenz von Kindern und Jugendlichen durch die Kombination von Lesen und Bewegung zu fördern. Bei kombinierten Lese- und Bewegungsspielen konnte jeder mit dem punkten, was er gut kann. Es verband Leseförderung mit körperlicher Aktivität, um die Freude am Lesen zu wecken und gleichzeitig die motorischen, emotionalen und kognitiven Kompetenzen von Kindern und Jugendlichen zu stärken. Damit fühlte sich jeder wertgeschätzt und ließ sich auf dieser Basis auf neue Lese- und Sportherausforderungen ein (*Lesen in Bewegung - Innovative Leseförderung Mit Bewegungsansätzen*, n.d.).

Eine andere Anregung für eine **kreative Kombination von Lesen und Bewegung:**
Sammelt in einer größeren Gruppe (z.B. Klasse) Sportdisziplinen, die sich in Büchern finden lassen. Jeder, der ein Buch gelesen hat, ist aufgerufen eine kreative Idee einzubringen, beispielsweise „PFERDE STEMMEN" a la Pippi Langstrumpf oder „GUMMIBALL HÜPFEN" a la Bärli Hupf oder „PING-PONG BASKETBALL" a la Greg`s Tagebuch.

Eine weitere Idee in diesem Bereich:
Inhalte von Büchern können mit Bewegungsspielen kombiniert werden. Zur Vorbereitung lesen alle ein Buch. Dann werden zwei Gruppen gebildet. Nachdem eine Frage zum Inhalt gestellt wurde, muss sich jedes Team auf eine der 4 Antwortmöglichkeiten einigen. Der richtige Buchstabe mit der gewählten Antwort entscheidet über einen weiteren Schritt vorwärts am **Parcours zur Zielstation.**

Eine andere Idee ist **Bewegung beim Vorlesen** einzubauen:
Dabei schlüpft jede Zuhörerin bzw. jeder Zuhörer in die Rolle einer Figur aus dem Text. Und wenn dann die eigene Figur genannt wird, kurz aufstehen und sich verbeugen.

Oder man sucht sich eine Geschichte zum Vorlesen aus, in der möglichst viele Bewegungen vorkommen. Bei jeder erwähnten Bewegung machen die Zuhörer:innen die jeweilige **Bewegung pantomimisch** mit.
Es könnte sich eine Tiergeschichte eignen, wo bei jedem Tier eine **Bewegungsart des Tieres** ausgeführt wird.

 An den verschiedenen Stationen eines **Lesezirkels** im Park oder Schulhof, lesen Kinder Teile einer Geschichte und führen dazu passende Bewegungsaufgaben ausführen (z.B. "Hüpfe wie ein Frosch zur nächsten Station").

Eine andere Idee wiederum wäre es, jeden Zuhörer:in neben einen stabilen Sessel zu stellen und bei jeder **vorgelesenen Präposition** wird die adäquate Position in Relation zum Sessel ausgeführt. Eventuell könnte der, der eine Präposition verschläft, ausscheiden.

Und noch eine weitere Idee:
Immer zwei Kinder sitzen oder stehen bei dieser Aktion hintereinander. Das vordere Kind **liest** der ganzen Gruppe (oder gemeinsam mit der Gruppe) eine **Geschichte vor** und das hintere massiert. Die Kinder, die massieren, hören gut zu und machen zur Geschichte passende Bewegungen auf dem Rücken des anderen Kindes, z. B. Regentropfen rieseln, ein glückliches Kind hüpft über die Wiese, die Sonne wärmt den Rücken. Wichtig: Geht vorsichtig miteinander um! Dann wird getauscht.

Lesen und Tanzen: Eine Geschichte wird vorgelesen, und die Kinder bewegen sich dazu rhythmisch oder tanzen passende Bewegungen zu bestimmten Schlüsselwörtern oder -sätzen.

Wie kann man bei Kindern die Lesemotivation heben?

Ihre kognitive Leistung ist stark an Ihre intrinsische Motivation gekoppelt. Wie kann man sich ein starkes Lese-Mindset aufbauen, um sich im Laufe eines anstrengenden Alltags **Lesemotivation** zu bewahren?

- **Tägliche Routine:** Integriere das Lesen in deine tägliche Routine, ähnlich wie du es mit dem Zähneputzen oder dem Kaffeetrinken machst.
- **Kleine Ziele:** Setze dir kleine, erreichbare Ziele, wie z.B. zehn Seiten pro Tag oder 10 Minuten Lesezeit. Kleine Erfolge steigern die Motivation.
- **Schrittweise Steigerung:** Wenn du dich an das tägliche Lesen gewöhnt hast, kannst du die Zeit allmählich erhöhen.
- **Persönliche Vorlieben:** Wähle Bücher aus, die dich wirklich interessieren und begeistern. Witze oder Comics sind anfangs ok. Das kann die Motivation erheblich steigern.
- **Komfortabler Ort:** Schaffe dir einen gemütlichen, ruhigen Leseplatz, der frei von Ablenkungen ist.
- **E-Book und Audiobook:** Nutze E-Books oder Hörbücher, um unterwegs oder während der Arbeitspausen zu lesen.
- **Belohnungssystem:** Belohne dich selbst für das Erreichen deiner Leseziele, z.B. mit einem besonderen Snack oder einer kleinen Auszeit.
- **Entspannungstechniken:** Verknüpfe das Lesen mit Entspannungsmomenten wie einer Tasse Tee oder sanfter Hintergrundmusik.
- **Flexibilität:** Sei flexibel und passe deine Lesegewohnheiten an deinen Arbeitsalltag und deine Energielevels an.

Vielleicht ist das eine Lesemotivation?

„Lesen gibt Leben!", sagt eine Langzeitudie der Yale-Universität.
Nach zwölf Jahren zeigte sich, dass Leser, die mehr als 30 Minuten täglich in Bücher lasen, fast zwei Jahre länger lebten. Leser, die bis zu dreißig Minuten lasen, hatten eine siebzehn Prozent niedrigere Sterbewahrscheinlichkeit im Vergleich zu Nicht-Lesern (Bavishi et al., 2016).

Lesbarkeitsindex

Die Wahl des Materials ist ausschlaggebend für die Lesemotivation. Der Lesbarkeitsindex misst, wie leicht oder schwierig ein Text zu lesen und zu verstehen ist, basierend auf Faktoren wie Satzlänge, Wortlänge und Wortwahl.

Sachcomics oder Comics oder Bücher wie DOG MAN erleichtern das Lesen für Kinder mit Leseproblemen und/oder visuellen Problemen. Die Augen müssen nur über kurze Strecken die Worte abgreifen.

Einfache Texte für ältere Kinder sind wichtig, um gute, interessante Texte in einfachen Worten zugänglich machen. Hier kann man sich von Chat-GPT einfache Texte mit kurzer Zeilenlänge zu Themen, die das Kind interessiert, erzeugen lassen. Schwierige Worte vorab können herausgefiltert und geübt werden.

Gendergerechte Literatur

Die <u>Kinderbuch-Couch</u> bietet eine Vielzahl von Buchempfehlungen und Rezensionen, die nach Altersgruppen und Themen sortiert sind. Es gibt spezielle Kategorien, die sich an die Interessen von Jungen richten.

<u>Boys and Books</u>- Diese Plattform in Deutschland versucht besonders für Jungen Lesestoff zu empfehlen.

Die <u>Stiftung Lesen</u> bietet regelmäßig aktualisierte Buchempfehlungen für Kinder und Jugendliche, einschließlich spezieller Listen für Jungen. Sie fördert Leseförderprogramme und bietet umfangreiche Materialien für Eltern und Lehrer.

 Wie kann man die Leseintonation verbessern?

- Lassen Sie Kinder absichtlich übertriebene oder ungewöhnliche Intonationen ausprobieren, um ein Gefühl für Sprachmelodie zu entwickeln.
- Spiele wie „Welche Emotion steckt im Satz?" helfen, Intonation und Sprachmelodie zu verstehen.
- Kinder lesen einen Satz und verändern dabei die Betonung, um verschiedene Bedeutungen zu erzeugen. Beispiel: „Ich habe ihn nicht gesehen." – Betonung auf „ich", „ihn" oder „nicht".
- Kinder lesen laut vor und nehmen sich dabei auf. Beim Abspielen können sie ihre Intonation analysieren und verbessern.
- Gedichte sind hervorragend geeignet, um die rhythmische und melodische Struktur von Sprache zu üben.
- Geschichten mit Dialogen und lebendigen Szenen fördern das Üben von Intonation und Ausdruck.

Die Buchstaben-Laut-Decodierung muss automatisiert werden. Üben durch mehrmaliges Lesen desselben Textes, um die Flüssigkeit zu erhöhen. Erweiterung des Wortschatzes, um das Erkennen und Verstehen von Wörtern zu verbessern.

 leamos trainiert das **genaue Hinschauen.**
Beim Einzeltraining wird sowohl das Merkmal erkennen wie das Reihenfolge merken und Schreibweise merken verbessert.

Eine passende Lesegeschwindigkeit wird besonders über die Lesegenauigkeit, aber auch die Automatisierung des Dekodierens erreicht. Indem diese Fertigkeiten geübt werden, wird die Lesegeschwindigkeit ausgebaut.

Die Benennungsgeschwindigkeit korreliert eng mit der Lesegeschwindigkeit. Daher können Leseanfänger von einem Training der Benennungsgeschwindigkeit profitieren.

Blitzlesen gilt als gutes Trainingstool für die Verbesserung der Lesegeschwindigkeit. Schon 1983 wurde dieses tachistoskopische Training von Prof. Geuss als eine sehr effiziente Fördermethode beschrieben (*Geuss Ursachen_Wirksamkeit_ Tachistiskopischer_Training _1983_W_D_A.Pdf*, n.d.).
Die für das Lesen erforderliche Zeit ist bei guten Lesern unabhängig von der Anzahl der Buchstaben, denn es erfolgt die Bearbeitung der einzelnen Buchstaben simultan. Bei Leselernern jedoch ist die benötigte Zeit proportional zur Anzahl der Buchstaben (Dehaene, 2012, p. 253).

Schnelles Lesen meint nicht das oberflächliche Überfliegen eines Textes („scanning" oder „skimming"), sondern die Geschwindigkeit, mit der das Gehirn ein Wort mitsamt seiner Bedeutung erfassen kann. Erst wenn das sicher (und schnell) genug funktioniert, kann man seine Vorstellungskraft beim Lesen voll entfalten, sich in die Geschichte vertiefen und ein tiefgehendes Verständnis der Textaussagen entwickeln.

leamos trainiert das **Blitzlesen.**
Das Erkennen von Buchstabengruppen, Konsonantencluster, Wortendungen und häufigen Worten ist eine zentrale Übungsanwendung von **leam**os. **leam**os ermittelt für jede Trainingsart die individuell passende „Aufblitzzeit".

Methoden, wie das Blitzlesen oder das wiederholende Lesen von Wörtern oder Sätzen können zusätzliche Unterstützungsmaßnahmen sein.

 Wie können die Lesestrategien verbessert werden?

Wichtig ist vor dem Lesen eines Sachtextes das Vorwissen zu aktivieren.
Vor dem Lesen alles notieren, was man bereits über das Thema weiß. Eventuell ein kurzes Video darüber anschauen, um weiteres Vorwissen zu aktivieren.

Visualisierung
Die Visualisierung als Lesestrategie bezieht sich auf die Fähigkeit, sich beim Lesen mental Bilder von dem zu machen, was im Text beschrieben wird. Diese Strategie hilft dabei, das Verständnis und das Gedächtnis zu verbessern, da sie das Gelesene in konkrete, visuelle Formen übersetzt.
Das aktive Visualisieren hält den Leser fokussiert und engagiert. Das Erstellen von mentalen Bildern hilft dabei, abstrakte Konzepte greifbarer zu machen und komplexe Informationen besser zu verstehen.
Als Hilfe könnten Sie gemeinsam Bilder malen oder erstellen Sie eine Art Mindmap zu den wichtigsten Szenen oder Informationen im Text.

Vorhersagen treffen
Schauen Sie Sie sich mit Ihrem Kind vor dem Lesen die Überschriften und Bilder an und schreiben Sie auf, was das Kind glaubt, dass im Text passieren wird. Überprüfen Sie während des Lesens gemeinsam, ob die Vorhersagen richtig waren.

Fragen stellen

Erstellen Sie eine Liste von Fragen, bevor Sie mit dem Lesen beginnen. Schreiben Sie während des Lesens weitere Fragen auf und versuchen Sie, diese aus Text zu beantworten.

Zusammenfassen

Lassen Sie nach jedem Kapitel oder Abschnitt eine kurze Zusammenfassung schreiben oder erzählen. Diese Zusammenfassungen können mit einem Partner oder in einer Lerngruppe diskutiert werden.

 Wie kann „vertiefendes" Lesen gefördert werden?

Beispiel: „Ich liebe langsames Schifahren und das Betrachten des weißen Hangs und der Umgebung." Welche Assoziationen entstehen in deinem Kopf?

Das Erlernen von Deep reading funktioniert besonders gut über den Dialog. Erst lest ihr gemeinsam, dann setzt ihr euch mit Fragen zum Inhalt auseinander. Erstlesebücher mit Fragen zum Textverständnis, Quizzen und Rätseln zum Text fördern auf diese Weise die so wichtige Auseinandersetzung mit dem Gelesenen.

Erst wenn dein Kind gut lesen kann, kann es in einen Lese-Flow kommen und mit seiner Fantasie richtig in Geschichten abtauchen. Deshalb ist es für Leseanfänger zunächst unheimlich wichtig, das <u>Lesenlernen</u> zu üben. Eventuell muss noch an der Lesegenauigkeit gearbeitet werden.
Wähle mit deinem Kind Bücher aus, deren Thema es interessieren und die die Vorstellungskraft gut anregen. Zum Ende der Volksschulzeit dürfen die Kinderbücher gerne schon sehr umfangreich sein, wie zum Beispiel Harry Potter für kleine Magie-Fans. Oder
Oder du begleitest das Lesen umfangreicher Kinderbücher oder Buchreihen, indem du die Bücher selbst liest und dich mit deinem Kind darüber austauschst. Dies kann für Kinder eine große Motivation sein und bietet eine wunderbare Gelegenheit, sich beim Teilen der Leseerlebnisse näherzukommen.
Etabliere gemeinsame Lesezeiten. Statt einen Film anzuschauen, kuschelt sich jeder mit seinem Buch aufs Sofa, und dann wird gelesen. Kombiniere es mit einem kleinen Snack, einer Kuscheldecke und einer gemütlichen Stimmung. So machst

du das Lesen zu einer positiven Erfahrung. Diese äußeren Bedingungen fördern das „Deep Reading".

Ihr Stresslevel bewegt sich dabei im Idealbereich, weshalb der Zustand – einmal erlernt – lange und angenehm aufrechterhalten werden kann und Sie im sprichwörtlichen Flow-Zustand lesen.

Für vertiefendes Lesen braucht man zeitweise eine hohe Lesegeschwindigkeit. Ein erhöhtes Grundtempo verbessert den Blick für Zusammenhänge und Kernaussagen und erleichtert darüber hinaus das Erfassen langer, verschachtelter Sätze.
Aber manchmal braucht es ein langsames Grundtempo fördert für die präzise Aufnahme von Details.
Lernen Sie Ihrem Kind das Lesetempo absatzweise optimal an die Anforderungen des Textes und des Leseziels anzupassen.

 Muss man digitales Lesen fördern?

Digitales Lesen lernen heutige Kinder wahrscheinlich ganz von alleine. Der Suchtfaktor der Bildschirmmedien hilft hier sicherlich.

Folgende Lesestrategien sind wichtig für das digitale Lesen:
Skimming: Schnelles Überfliegen, um den Überblick zu gewinnen. Die Augen springen über den Text. Aus einzelnen Worten wird auf den Inhalt geschlossen.
Scanning: Nach spezifischen Informationen im Text suchen.
Kritisches Lesen: Quellen bewerten und Informationen reflektieren.
Lesern soll geholfen werden, in verlinkten Texten zu navigieren, ohne den Fokus zu verlieren.

Beispiele erfolgreicher Leseförderung

Steigerung der Leseleistung in Hamburg

Welche Maßnahmen setzte die **Stadt Hamburg**, um sich (trotz Corona) im Bereich „Lesen" von Platz 14 (2011) auf Platz 3 (2021) zu verbessern?
In einem Interview gibt Schulsenator T. Rabe folgende vier Maßnahmenbereiche für diesen Erfolg an (Brandt, 2024):
1.) Kinder mit Lernschwierigkeiten werden zusätzlich gefördert:

- Schulen in sozial schwieriger Lage bekommen bis zu **50% mehr Lehrpersonal.**
- Kostenlose Nachhilfe und Lernferien
- Hausaufgabenhilfe

2.) MEHR **Lernzeit in der Schule**, da Kinder zu Hause immer weniger Lernanregungen bekommen Hamburg hat mehr Unterrichtsstunden in der Grundschule als die meisten anderen deutschen Bundesländer.

3.) Schulqualität und Unterricht wird jedes Jahr lückenlos mit allen Kindern überprüft und fließt in einen **Qualitätsdialog** ein. Dieser beinhaltet Unterstützung für Schulen, die es besonders schwer haben.

4.) Den **Basiskompetenzen** wird mehr Zeit und Aufmerksamkeit gewidmet, indem die Lehrpläne überarbeitet wurden.

Lautes Vorlesen findet im Tandem (alle zusammen oder in Paaren) statt. Alle lesen mit und verfolgen die Textzeile mit dem Finger. Bei schwierigen Worten wird gestoppt und über die Bedeutung gesprochen. Dadurch wird der Wortschatz erweitert.

Für das Projekt wurde eigens die Methode des Lesens mit dem
„**Ich-Du-Wir-Würfel**" entwickelt. Die Kinder wurden in Kleingruppen von 4 Kindern aufgeteilt und lesen einen Text mit kurzen und gleichlangen Absätzen. Je nach Würfelergebnis liest der Würfler (ICH) oder bestimmt einen Leser (DU) oder es lesen alle gemeinsam (WIR).
Prof. Gailberger konnte mit diesem Projekt signifikante Verbesserungen der Testgruppe in der Lesegeläufigkeit und im Leseverständnis zeigen. Transfereffekte zeigten sich bei der Rechtschreibung, in Mathematik und Lerngegenständen (Gailberger et al., n.d.).
Mit Februar 2024 wurde das Lese-Projekt auf 132 Schulen in Hamburg und auf Schleswig Holstein ausgeweitet (NDR, n.d.). Es werden **täglich 20min Lesetraining zusätzlich** zum normalen Deutschunterricht angeboten.
Das Ziel ist es vom verwaltenden zum lernenden Schulsystem zu werden (Brandt, 2024). Die Bildungsforscherin Anne Sliwka beschäftigt sich mit diesen lernenden Schulsystemen, die sich gegenseitig befruchten.

Öffentliche Wiener Volksschule

Eine öffentliche **Wiener Volkschule**, in der ca. 25% der Kinder keine deutsche Muttersprache haben, schneidet bei der IKM[plus] Messung überdurchschnittlich im

Vergleich zu allen österreichischen Volksschulen ab. Der IKM^{plus} Lesetest besteht aus Aufgaben zum Leseverstehen und andererseits aus einem Bereich, der Lesefertigkeiten auf Wort- und Satzebene misst.

In einem Interview begründeten die Verantwortlichen ihren Erfolg folgendermaßen:

☺ Ein engagiertes Lehrerkollegium arbeitet sehr gut als Team zusammen. Es findet ein sehr professioneller Austausch über Lernfortschritte und Lernmethoden statt. Die Lehrer:innen nehmen sehr gezielt an Fortbildungen teil und pflegen einen intensiven Austausch untereinander.

☺ Aufgrund einer laufenden Evaluierung und Beobachtung sind die Probleme, aber auch die stetigen kleinen Fortschritte der Kinder bekannt und werden beachtet. Fördermaßen werden je nach Fortschritt individuell verändert.

☺ Teamlehrer:innen sind erfahrene Lehrer:innen, die die Kompetenz und die Verantwortung für die Fördermaßnahmen tragen. Sie unterstützen und entlasten die Klassenlehrer:innen und kooperieren intensiv. Sie kennen die Probleme der Kinder genau und können sie daher zielgerichtet coachen. Teamlehrer:innen haben einen anderen Zugang als Klassenlehrer:innen, agieren manchmal sehr cool und geben viel persönliche Zuwendung. Zudem sind sie auf die Grundstufe1 oder die Grundstufe2 spezialisiert.

☺ In der Schule ist ein **Leseclub** etabliert. **Lesepat:innen** oder Lehrer:innen lesen mit einer kleinen Gruppe von Kindern. Sobald die Kinder alphabetisiert sind, dürfen sie in diese coolen Clubs. Der Wunsch dort dazuzugehören, motiviert die Kinder sehr. Jene, die sich beim Erlernen der Buchstaben schwertun, werden zielgerichtet gefördert.

Was sind Lesepat:innen? Seit mehr als zehn Jahren besuchen die ehrenamtlichen Wiener Lesepatinnen und Lesepaten Volksschulen sowie Mittelschulen und unterstützen die jungen Menschen in Kleingruppen beim Lesenlernen. Die Kinder bekommen direktes Feedback, Lob und Anerkennung und freuen sich jede Woche auf die gemeinsame Lesezeit (*Wiener Lesepatinnen Und Lesepaten Unterstützen Kinder Beim Lesen , Bildungsdirektion Wien*, n.d.).

Singapur – tolle Ergebnisse beim PIRLS

Singapur, ein Land mit einer großen multiethnischen und multireligiösen Bevölkerung, liegt in allen Bildungsstudien weit vorne. Singapur hat sich weltweit die Erfahrungen von den besten Systemen abgeschaut, seine Ziele strategisch verfolgt und regelmäßig evaluiert.

Die Strategie Singapurs: alle Schüler zu Beginn der ersten Klasse auszutesten und gezielte Förderung zum Aufholen der Defizite zukommen zu lassen (McElvany et al., 2023, p. 18).

Dieser Erfolg ist das Resultat gezielter Leseförderungsprogramme, die früh ansetzen und kontinuierlich unterstützt werden. Das **kidsREAD**-Programm, das 2004 vom National Library Board (NLB) und der People's Association (PA) ins Leben gerufen wurde, richtet sich an Kinder aus sozial schwächeren Familien im Alter von 4 bis 8 Jahren. In über die gesamte Insel verteilten Leseclubs lesen speziell geschulte Freiwillige den Kindern wöchentlich Geschichten vor und führen Lesespiele durch. Ein von Bibliothekaren erstelltes Starter-Kit mit Buchempfehlungen, Gedichten, Reimen und Spielvorschlägen dient dabei als Leitfaden.

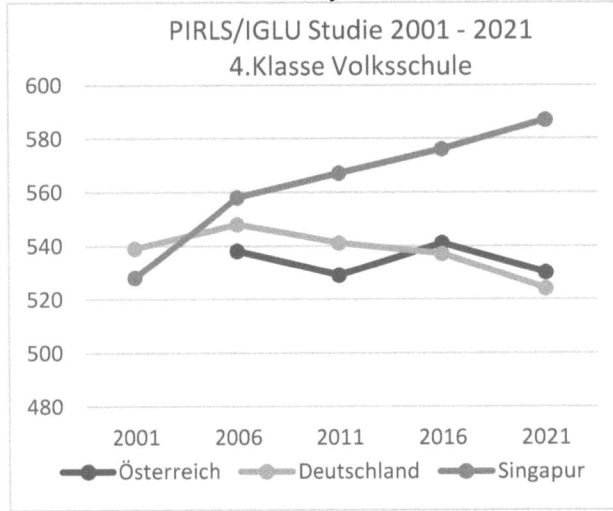

Schüler, die zusätzliche Unterstützung benötigen, erhalten gezielte Fördermaßnahmen, um ihre Lesefähigkeiten zu verbessern.

Singapur steigerte sich mit seiner Strategie von 528 Punkten in 2001, auf 587 im Jahr 2021. Diese Steigerung entspricht einer Steigerung von ca. eineinhalb Lernjahren.

Spezielles Leseprojekt: Fußball

Fußball als Vehikel, um Jungs für das Lesen zu begeistern – dieses Projekt wird von der SK Stiftung Kultur der Sparkasse Köln/Bonn durchgeführt.

Bei Jungen bricht zwischen dem achten und zwölften Lebensjahr das Interesse am Lesen oft ein. Im Vergleich zu Mädchen liegen sie in diesem Alter bei der Lesefertigkeit häufig ein ganzes Schuljahr zurück. Dies hat gravierende negative Folgen für ihren weiteren Bildungsweg, da Jungen den Eindruck gewinnen, dass Lesen für die Ausbildung einer männlichen Geschlechtsidentität wenig förderlich ist. Zudem bieten auditive, audiovisuelle und digitale Medien attraktive Unterhaltungsmöglichkeiten, die die Mühen des Lesens vermeiden lassen.

Die Begeisterung vieler Jungen für Fußball wird in direkte Verbindung mit der "stillen" Beschäftigung des Lesens gebracht. Im Wechselspiel von körperlicher Erprobung und Aktivität mit dem Ball auf der einen Seite und Konzentration und Ruhe mit dem Buch auf der anderen Seite, werden die Teilnehmer an neue Leseerlebnisse herangeführt und erfahren Lesen als eine Praxis, die sich durchaus mit ihrem Selbstverständnis als Jungen vereinbaren lässt.

Die Fußball-Asse werden im Fußball mehr punkten, die Lese-Asse im Lesen. Doch es geht darum, dass sich alle annähern und gegenseitig „heben". Das Trainerteam muss darauf achten, dass dieser Ausgleich geschaffen wird (*Konzept_und_Evaluation.Pdf*, n.d.).

Hörbücher als Alternative zum Lesen

Bei großen Leseschwierigkeiten sind **Hörbücher** eine gute Alternative. Man kann sich Bücher mit einer App vorlesen lassen.

Die Verarbeitung von semantischen Informationen aus gelesenen Texten oder gehörten Texten findet in relativ ähnlichen Hirnteilen statt.

Die Analyse der fMRT-Daten zeigte , dass die neuronalen Muster, die bei der Verarbeitung von Bedeutungsinhalten aktiviert wurden, bei beiden Modalitäten sehr ähnlich waren (Deniz et al., 2019).

Innere Bilder werden auch mit Hörbüchern angeregt. Ebenso werden die Sprachfertigkeiten verbessert und das Wissen erweitert.

Lesen wie Hörbücher führen zur gleichen semantischen Verarbeitung im Gehirn. Beim Anhören von Hörbüchern kommt es sehr auf die Qualität der Stimme des Erzählers an. Hörbücher bieten auch die Möglichkeit, die **Abspielgeschwindigkeit** zu ändern und damit bei zentralen Verarbeitungsproblemen dem Kind zu helfen.

Wenn man etwas hört, egal ob ein Hörbuch, Podcast oder Radio kann man nebenbei andere Dinge tun, die allerdings ablenkend wirken können.

Lesehund

Ein Lesehund ist ein speziell ausgebildeter (Therapie-)Hund, der Lesenlernende dabei unterstützt, ihre Lese- und/oder Sprachfertigkeiten zu verbessern. Durch seine Anwesenheit schafft ein Lesehund eine entspannte und beruhigende Atmosphäre, in der Kinder ohne Angst vor Kritik oder abwertenden Reaktionen lesen üben können. Der Lesehund fördert gleichzeitig Konzentration sowie die

Aufmerksamkeitsspanne. Zudem trägt der Hund dazu bei, das Interesse und die Freude am Lesen nachhaltig zu steigern. Der Cortisolspiegel sinkt beim Umgang mit Tieren. Zusätzlich sorgt das Streicheln des Tieres für einen Anstieg des Glückshormons Oxytocin. Die Anwesenheit des Hundes wirkt sich also nicht nur auf die Psyche, sondern auch auf das Nervensystem positiv aus (Odendaal & Meintjes, 2003).

Lesehunde werden in **privaten Fördergruppen**, in Kleingruppen in der **Schule** oder einer **öffentlichen Bibliothek** eingesetzt.

Prinzipiell kann der Lesehund bei der Leseförderung zwei unterschiedliche Aufgaben haben:

      1.) Lesen mit dem Hund

      2.) hundgestützte Leseförderung

Lesen mit dem Hund (vorlesen)

Kinder lesen dem Lesehund vor und werden dabei nicht unterbrochen.
Wenn Kinder in der Klasse oder zu Hause die Erfahrungen von häufigen Korrekturen und Unterbrechungen gemacht haben, vergeht die Lust am Lesen. Hunde verbessern nicht, bekommen keine stockenden Pausen im Lesefluss mit. Sie sind nicht wertend und hören gut zu.

Wenn ein Hund zuhört, verwandelt sich die Umgebung: Angst wird durch gespannte Erwartung ersetzt.
Die teilnehmenden Kinder machen Fortschritte in den Lesefähigkeiten und bauen gleichzeitig Selbstwertgefühl, Selbstvertrauen und soziale Fähigkeiten auf. Lesehund Charly bekommt eine Geschichte vorgelesen.

Es gibt eine Reihe von Studien, die die nachhaltigen, positiven Ergebnisse des Einsatzes eine Lesehundes zeigen. Beispielhaft sei diese aus dem Jahr 2012 von der Universität Flensburg erwähnt.
Es wurde die Verbesserung der Lesekompetenz durch den Einsatz eines Lesehundes untersucht. Die Frage war, ob ein **echter Lesehund** durch einen **Stoffhund** ersetzbar ist.

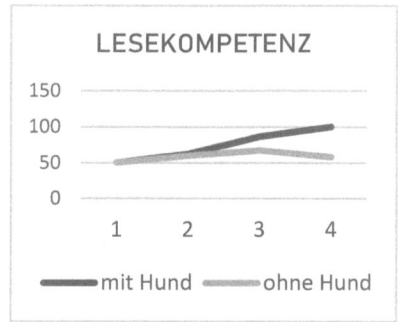

LESEKOMPETENZ

Die Leseförderung wurde an 12 Terminen über einen Zeitraum von 5 Monaten durchgeführt.

Zu Beginn lag eine unterdurchschnittliche Lesekompetenz bei den 8- bis 9 - jährigen Kindern vor.

Die Testgruppe mit dem echten **Lesehund** erzielte **bessere Ergebnisse** im Satz- und Textverständnis sowie der **Gesamtlesekompetenz** als jene mit dem Stoffhund. Getestet wurde alle zwei Monate mit dem ELFE Lesetest (Heyer & Beetz, n.d.).

hundgestützte Leseförderung

Hundgestützte Leseförderung setzt speziell trainierte Hunde ein, um Kindern mit ihren Tricks zu speziellen Leseförderübungen zu motivieren.
Einige Beispiele für kleine Tricks, die in die hundgestützte Leseförderung integriert werden können:
Bei Angst vor Buchstaben:
Kind schreibt Buchstaben mit Joghurt auf ein dunkles Brett. Wenn Buchstaben richtig geschrieben und gelesen wurden, dann darf der Hund sie ablecken. Der Fokus wird auf den Hund gelegt. Das Kind „hilft" den Hund zu trainieren. Das Erlernen der Buchstaben läuft „nebenbei".

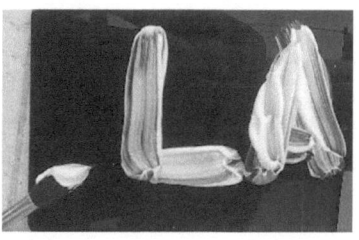

Wörter finden
Lesehund AMY wird trainiert Buchstabenkarten zu bringen, zu denen das Kind das passende Wort finden soll. Je nach Lesekompetenz und Schulstufe wird die Komplexität der Wörter variiert.

Blitzlesen vorbereiten

Die Kinder sitzen in einer Runde. Der Lesehund ZOE hat ein spezielles Geschirr mit Klettverschlüssen, auf das Wörter befestigt sind. ZOE geht in der Runde und jeder versucht das Wort zu lesen. Bei jeder Runde ein anderes Wort.

Eine andere Version wäre es bei jedem Kind die zu lesenden Wörter umzublättern. Dies bereitet das Blitzlesen vor.

Vorsilben zu englischen Worten finden

Der Lesehund COCO öffnet eine Box. Der Jugendliche entnimmt eine Vorsilbe (dis-, in-, im-, un-) und schaut zu welchem Wort sie passt, wie un-believable oder dis-advantage.

Richtungshören

Die Kinder sitzen in einem Kreis und schließen die Augen. Der Lesehund geht HINTER den Kindern leise eine Runde. Die Kinder zeigen mit dem ausgestreckten Arm wo der Hund gerade geht.

Nähere Informationen zu einer intensiven **Lesehund-Ausbildung**, die Ihnen gleichzeitig meine ganzheitliche Sicht auf die Leseförderung vermittelt, gibt es unter www.hdcenter.at.

Leseförderung mit Medien

Action-Computerspiele verbesserten die **Lesegeschwindigkeit** von italienischen Kindern, indem die Aufmerksamkeit auf rasch wechselnde visuelle Stimuli und auditive Reize, die ihre Richtung veränderten, trainiert wurde.

Eine Untersuchung erhob 2017 die Auswirkungen von Action-Videospielen auf die Lese- und Aufmerksamkeitsfähigkeiten von englischsprachigen, lese-rechtschreib-schwachen Kindern (10 Jahre alt). Es zeigte sich, dass sich das Pseudowort lesen in der Geschwindigkeit verbesserte, da sich die Zeit für das phonologische Dekodieren verringerte. Die ausgewählten Kinder spielten täglich 80 min über einen Zeitraum von zwei Wochen. Die Ergebnisse deuten darauf hin, dass Action-Videospiele kognitive Prozesse fördern können, die für das Lesen bei Kindern mit Legasthenie entscheidend sind (*Action Video Games Improve Reading Abilities and Visual-to-Auditory Attentional Shifting in English-Speaking Children with Dyslexia | Scientific Reports*, n.d.). Obwohl die Studie interessante Hinweise darauf liefert, dass Action-Videospiele bestimmte Lese- und Aufmerksamkeitsfähigkeiten bei Kindern mit Lagasthnie kurzfristig verbessern können, sind die Ergebnisse aufgrund der kleinen Stichprobengröße, der kurzen Untersuchungsdauer und des unklaren Transfers in den Alltag nur eingeschränkt übertragbar. Zudem bleibt die Frage offen, ob mögliche Nebenwirkungen berücksichtigt werden sollten.

Das **Actionspiel EndeavorRX** wurde 2020 als Behandlung bei 8- bis 12-jährigen Kindern mit ADHS von der amerikanischen Behörde FDA zugelassen. Dieses Spiel soll täglich 25 Minuten gespielt werden. Allerdings sollte dieses Actionspiel immer nur ein Teil eines Therapieplans sein (Huddlestone, 2020). Möglicherweise ist es jedoch die einzige Chance an spielsüchtige, hyperaktive Kinder heranzukommen. Es ist seit 2023 kostenfrei und rezeptfrei als App in mehreren Sprachen herunterladbar und sollte nie als einzige Therapievariante verwendet werden.
Die Dosis wird reguliert, indem die Hauptfiguren müde werden und so endet die Spiellust von alleine.

Diverse Lesetrainings sind auf Bildschirmmedien verfügbar. Hier ist der „Suchtfaktor" der Medien für die intrinsische Lesemotivation förderlich.

Weitere Beispiele, neben jenem in diesem Buch vorgestellten Programm leamos (siehe Seite 290):

Lesikus: ist eine interaktive Leselernsoftware, die durch spielerische Übungen und ansprechende Geschichten Kindern beim Erwerb von Lese- und Sprachkompetenzen hilft. Die Effektivität des Lesikus Grundkurs Lesetechnik wurde von der Freien Universität Berlin in einer Studie wissenschaftlich überprüft und bestätigt.

Leseludi: ist ein digitales Lernprogramm, das Kindern durch abwechslungsreiche Spiele und Übungen spielerisch das Lesenlernen erleichtert und motiviert.

Celeco: ist eine Software, die gezielt zur Förderung von Lese- und Rechtschreibfähigkeiten entwickelt wurde und insbesondere für Kinder mit Lese-

Rechtschreib-Schwäche (LRS) geeignet ist. Vier Studien konnten die Wirksamkeit dieses Programms zeigen.

Lesejule: ist eine kostenlose Plattform mit Lernmaterialien zum Lesen- und Schreibenlernen, die Übungen zu Lauten, Silben, Wörtern und Sätzen in drei Schwierigkeitsstufen anbietet.

Leseo: ist eine digitale Leseförderung für die Grundschule mit einer umfangreichen Online-Bibliothek, die Bücher auf sechs Lesestufen sowie dazugehörige Aufgaben zur Förderung der Lesekompetenz bereitstellt.

leamos - Online Lesetraining

leamos ist eine **progressive WebApp,** die eine sehr effiziente und örtlich flexible Leseförderung möglich macht. Kurze Leseeinheiten am Handy, Tablett oder Computer bringen rasche Erfolge.

Welche Vorteile und Schwerpunkte bietet die **leamos App**?

- **„Blitzlesen"** – Erkennen auf einen Blick
  leamos verwendet das „Blitzlesen" (tachistoskopisches Training - kurzes Aufblitzen der Worte). Die Länge des Aufblitzens wird vom System **individuell** für jeden Klienten für jede Trainingsart ermittelt und variiert.

- **Sinnvolle Worte – sinnfreie Pseudoworte**
  Pseudoworte trainieren besonders den indirekten Leseweg. Die verwendeten Pseudoworte weisen ähnliche Wortstrukturen wie sinnvolle, deutsche Worte auf
  Das Training mit **natürlichen oder sinnvollen Worten** verstärkt den direkten Leseweg, die Abspeicherung und das Abrufen von Sichtwörtern im Gedächtnis.

- **abwechslungsreiche Trainingseinheiten** - leichter die Aufmerksamkeit halten
  Jede Trainingseinheit umfasst nur 8 Aufgaben. Danach wechselt das Trainingsgebiet. Dadurch ist das Programm **leamos** für konzentrationsschwache Klienten gut geeignet.

hohe Motivation – intensives Training
Die Motivation durch schnell wechselnde, abwechslungsreiche Trainingseinheiten und kurze Trainingssequenzen stehen nicht im Widerspruch zu intensivem Training.

Nicht nur Erfolg prämieren, sondern auch Fleiß
leamos ist die Anerkennung des Fleißes der Leseschwachen sehr wichtig.

viel Wiederholung – ständige Abwechslung
Sehr viele Wiederholungen bei gleichzeitig ständiger Variation des Themas hält das Gehirn neugierig.

Schule – zu Hause - ortsunabhängig
leamos läuft auf (fast) allen digitalen Bildschirmmedien und kann somit abwechselnd in der Schule (mit Schullizenz), zu Hause oder auch unterwegs durchgeführt werden.

leamos - fast unbegrenzte Trainingsangebote
Individuelle Aufblitzzeit
3 Typen von Items (Worte, Pseudoworte und Bilder)
4 Anzeigevarianten (untereinander, nebeneinander, ...)
9 Trainingsarten mit Wortlängen von 1 bis 12 Buchstaben
150 Abstufungen der Komplexität der Trainingseinheiten mit
* 4000 Worten und 6000 Pseudoworten*
1783 Trainingseinheiten mit je 20 bis 60 Items

leamos unterscheidet zwei große Bereiche: *„Betreutes Lesen"* und *„Einzeltraining"*:
„Betreutes Lesen" trainiert *lautes Lesen* und wird mit einem Lesepartner durchgeführt.
Beim *„Einzeltraining"* wird alleine - ohne „ständige Überwachung" - mit Bildern, Buchstaben, Wörtern und Sichtwörtern gearbeitet.

Interesse an einem zweiwöchigen, kostenlosen Probetraining?

Lesen Sie weiter, wenn Sie genauere Informationen über **leam**os erhalten wollen.

Betreutes Lesen – Lautes Lesen

„Betreuten Lesen" lässt die Worte oder Pseudoworte in der individuellen Zeit aufblitzen, die gelesen werden sollen. Der Lesebuddy gibt ein **sofortiges Feedback.** Dieses Feedback ist für den Lernprozess wichtig. Das Feedback sollte neutral und wertschätzend sein: weder zu euphorisch noch zu kritisierend. Der „Kontrolleur" agiert als Trainer oder Lesebuddy, der dem Sportler langsam zu seinem Erfolgsweg begleitet.

Zunächst wird mit kurzen Worten gestartet, zunehmend werden die Worte komplexer. Wenn sich die Worterkennung der Sichtworte verbessert, dann erhöht sich das Lesevokabular und die Leseflüssigkeit.
Jede Trainingsliste legt das Augenmerk auf ein anderes Lese-Charakteristikum. Die speziellen Merkmale der deutschen Sprache werden durch Wiederholung automatisiert. Da gleiche Konsonantencluster mit vielen, in zufälliger Reihenfolge angezeigten Beispielen trainiert werden, gibt es viel Wiederholung und doch Abwechslung für ein aktive Gehirn (Thaler et al., 2004).
Hochfrequente Konfrontation mit einem Wortmaterial – häufige Wiederholung - bewirkt einen hohen Trainingseffekt. Transfereffekte dieses Trainings in das Alltagslesen sind gegeben (Mayer, n.d., p. 254).
Ohne Computerunterstützung kann eine Wiederholung nur durch das mehrmalige Lesen des gleichen Zettels erreicht werden. Das ist nicht nur fad und wenig motivierend, sondern es besteht auch die Gefahr des Wiedergebens von auswendig Gelernten.

leamos verwendet keine farbige Silbentrennung, sondern trainiert das Erkennen der Sichtwörter als Ganzes und des **Wortstammes** (Morphems), mit den Vor- bzw. Nachsilben und typischer Endungen.

Einzeltraining – stilles Lesen

Das Einzeltraining beinhaltet acht verschiedene Trainingsarten und verwendet ebenso das „Aufblitzen" der Worte. Es wird immer vom Klienten alleine, als stilles Lesen durchgeführt. Die Aussprache beim lauten Lesen erfordert Steuerung der Sprachausgabe und Aufmerksamkeitsressourcen, die beim stillen Lesen für das

Verständnis und die Abspeicherung der Sichtworte eingesetzt werden können. Die visuelle Aufmerksamkeitsspanne hat eine starke Beziehung zum stillen Lesen. Stilles Lesen ist der effizientere Lesemodus, weil es bei gleichem Verständnis, zu kürzeren Lesezeiten führt (Juel & Holmes, 1981; McCallum, Sharp, Bell, & George, 2004).

8 Trainingsarten des Einzeltrainings und ihre Ziele:

⇨ **Unterscheidung**
  o Buchstabenkombination schnell erfassen und Veränderungen des Wortbildes erkennen

⇨ **Merkmal erkennen**
  o auf einzelne Details (Buchstaben) achten; vertauschte Buchstaben oder „tz" oder „ck" erkennen.

⇨ **Sinnvolles Wort**
  o Ist das angezeigte Wort ein sinnvolles Wort? Benötigt den raschen Aufruf des Wörterlexikons.

⇨ **Reihenfolge merken**
  o Aufblitzendes Pseudowort merken und aus den vier angezeigten Möglichkeiten wiedererkennen. Es trainiert das genaue Hinschauen und das Kurzzeitgedächtnis.

⇨ **Schreibweise merken**

- o Ganzheitliches Erfassen des aufblitzenden, richtig geschriebenen Wortes und Abspeichern des inneren Bildes.
- o Abrufen des Worts und vergleichen mit den vier angezeigten, möglichen Schreibweisen. Drei sind falsch und eines richtig.
- o Trainiert intensiv Wortbildspeicherung.

⇨ **Reihenfolge tippen**
- o Merken des „aufgeblitzten" Pseudowortes, das dann selbst eingetippt werden muss.
- o Zunächst nur wenige Buchstaben auf einer eigenen Tastatur, später mehre Buchstaben und dann das ganze Alphabet.

⇨ **Schreibweise tippen**
- o Aufblitzen eines natürlichen Wortes, merken von diesem. Eintippen des Wortes. Hier gibt es eine eingeblendete Tastatur mit wenigen Buchstaben.

⇨ **Wörterbetrachtung**
- o 4 Wörter lesen und das inhaltlich nicht dazu passende Wort herausfinden.

Feedback beim Einzeltraining

Beim Einzeltraining gibt es kein sofortiges Feedback. Die Konzentration bleibt bei den 8 Aufgaben und soll nicht durch Euphorie oder Frustration bei jedem einzelnem Item gestört werden.

Am Ende jeder Trainingseinheit färben sich – je nach Erfolg – 1 bis 5 **Sterne golden.** Ist der Klient unzufrieden, so kann er die ganze Trainingseinheit (8 Items!) wiederholen.

Individueller Trainingspool

Im individuellen Trainingspool befinden sich immer 20 unterschiedliche Trainingseinheiten, die in zufälliger Reihenfolge für die Ausführung ausgewählt werden. Damit ist für ständige Abwechslung gesorgt.

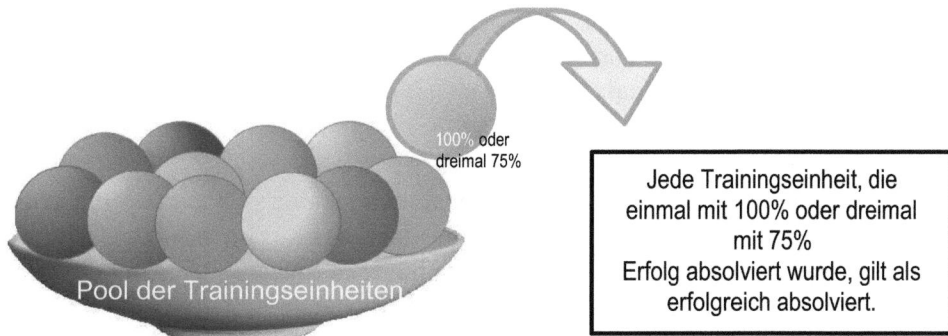

100% oder
dreimal 75%

Pool der Trainingseinheiten

Jede Trainingseinheit, die
einmal mit 100% oder dreimal
mit 75%
Erfolg absolviert wurde, gilt als
erfolgreich absolviert.

Für das **erfolgreiche Absolvieren** einer Trainingseinheit erhält der Übende **zwei Diamanten** und die Trainingseinheit verschwindet aus dem Trainingspool. In der Folge kommt die nächste, etwas anspruchsvollere Trainingseinheit in den Trainingspool.

Rasch wird die Zusammenstellung des Trainingspools individuell:

Trainingseinheiten, die für den Klienten schwierig sind, bleiben im Pool und kommen regelmäßig wieder. Subjektiv leichte Trainingseinheiten wirken motivierend, werden rasch abgearbeitet und vergrößern das Selbstbewusstsein. Die Ausschüttung von Dopamin und Serotonin wird durch das motivierte Abarbeiten aktiviert.

Individueller Schwierigkeitslevel wird automatisch errechnet

Intelligente Algorithmen berechnen mit mehrdimensionalen Matrizen die Reihenfolge der Trainingseinheiten und ersparen Trainern einen hohen Arbeitsaufwand der Zusammenstellung von individuellen Trainings.

leamos unterscheidet bei den Trainingseinheiten über 150 Abstufungen in der Komplexität, beispielsweise:

- dehnbare Dauermitlaute (m, s, r, ...)
- Plosivlaute (p,b,t,d,k und g) – sind schwieriger beim Zusammenlautieren
- einfache und zunehmend schwierigere Konsonantencluster am Beginn (wie pf, bl, st, ...), in der Mitte (ng, st, schl, ...) oder am Ende eines Wortes (nd, keit, ung, ...)
- Buchstabenkombi mit Verwechslungsgefahr (p-b, s-z, z-tz, ch-ck)
- Vorsilben (ab, an, vor, ...) und Wortendungen (keit, heit, er, en, ...)
- Buchstaben mit links - rechts Problematik (d-b, ie-ei, st-ts) -

- 100 häufigsten Fehlerworte des Deutschen ('Das sind die 100 häufigsten Fehlerwörter bei Kindern', n.d.)
- 428 Worte sehr häufig vorkommende Worte aus dem deutschen Grundschulwortschatz (Stock, 2017)

3 Startmöglichkeiten

Es gibt drei **Einstiegsränge**, die eine Voreinstellung je nach Können ermöglichen:

- o *Student* - arbeitet an dem Automatisieren des Zusammenlautierens.
- o *Praktikant* – arbeitet an der **Lesegenauigkeit** und der **Automatisierung der Sichtwörter.**
- o *Trainee* - möchte seine **Lesegeschwindigkeit steigern** und das Abspeichern und **Abrufen von Wortbildern** automatisieren.

Farbgestaltung und Gamifizierung

Im Unterschied zu vielen anderen Programmen verzichtet **leam**os im Training auf die Verwendung von Farben und anderen Ablenkungen.

In einer Welt, in der ohnedies unser visuelles Sinnessystem permanent extrem überreizt wird, ist **leam**os ein Versuch die **Konzentration durch Simplifizierung** zu erhöhen.

Bingo

als Belohnung um die Motivation nach einiger Trainingszeit weiterhin hoch zu halten, hat **LEO**, mein **leam**os-Lesewurm sich 40 BINGO-Ideen ausgedacht!

Als Belohnung für Lesen üben ohne Diskussion darf man eine der BINGO-Karten ziehen. Oder wer nicht kopieren und ausschneiden möchte, schreibt die Zahlen von 1 bis 40 auf Zettel und lässt eine ziehen.

BINGO darf als Belohnung gespielt werden -, wenn beispielsweise 3x
- ☺ Eine Hausübung ohne Diskussion begonnen wurde,
- ☺ Die Hausübung komplett in der Schule aufgeschrieben wurde,
- ☺ freiwillig in einem Buch etwas gelesen wurde,
- ☺ **leam**os ohne Aufforderung durchgeführt wurde, ...

1 Trainiere mit **leam**os unter dem Tisch.	2 Mache nach jeder Trainingseinheit zwei Hampelmann-sprünge.	3 Stehe auf dem linken Bein und mache dein **leam**os -Training,
4 Zieh dein T-Shirt verkehrt an und übe mit **leam**os .	5 Trainiere mit **leam**os unter der Bettdecke.	6 Verstelle deine Stimme beim **leam**os -Lesen
7 Applaudiere dreimal nach jeder Trainings-einheit.	8 Heute machen deine Eltern oder Bezugspersonen deine **leam**os - Trainingseinheiten.	9 Trainiere mit **leam**os auf einem Tisch oder Sessel stehend.
10 Zieh dir Socken deiner Eltern an und arbeite mit **leam**os .	11 Trainiere mit **leam**os in einem Wäschekorb oder großen Schachtel sitzend.	12 Trainiere mit **leam**os mit einem Zuckerl im Mund.

13	14	15
Stehe auf den Zehenspitzen und mache dein **leamos** -Training,	Flüstere beim **leamos** -Lesen	Denk´ dir selbst eine **leamos** -Bingo Aufgabe aus.
17	**18**	**19**
Lies` heute **leamos** - Worte geheimnisvoll vor.	Bastle dir einen Papierhut und setzte ihn auf – los geht`s mit **leamos**.	Bediene heute **leamos** mit deiner NICHT-Schreibhand!
20	**21**	**22**
Trainiere mit **leamos** in der Bauchlage	Stecke dir eine Kluppe auf die Nase und trainiere **leamos**	Gib dir einen Piraten-Augenklappe über ein Auge und trainiere **leamos** !
23	**24**	**25**
Trainiere **leamos** im Gehen	Lies` heute **leamos** - Worte sehr ängstlich vor.	Trainiere mit **leamos** im Wäschekorb sitzend
26	**27**	**28**
Lies` **leamos** einen Kuscheltier vor.	Trainiere mit **leamos** auf einem Bein stehend.	Setze dir eine Kappe auf und arbeite mit **leamos** !

29	30	31
Trainiere **leamos** im Zehenspitzen-stand.	Lies` heute **leamos** mit geschlossenem Mund vor	Zieh dir Schuhe deiner Eltern an und arbeite mit **leamos** .
32 Trainiere mit **leamos** in einer Sitzhängematte oder im Schaukel-stuhl oder ...?	**33** Trainiere mit **leamos** im Gehen.	**34** Mütze auf und arbeite mit **leamos** .
35 Stehe auf dem rechten Bein und mache dein **leamos** -Training.	**36** Schrei die gelesenen Worte laut hinaus!	**37** Trinke nach jedem gelesenen Wort einen Schluck Wasser!
38 Stehe auf dem linken Bein und mache dein **leamos** -Training.	**39** Stehe abwechselnd auf dem linken und dem rechten Bein und mache dein **leamos** -Training.	**40** Baue dir mit einer Decke ein Zelt und setze dich hinein. Viel Spaß mit **leamos** !

Warm Up und Cool Down

WARM UP vor dem **leamos** **Training** könnten Gleichgewichts- und Koordinationsübungen oder visuelle Übungen sein:
- Überkreuzbewegungen (z.B. BrainGym)
- Visuelles Koordinationstraining mit der Agilityleiter

- Augenbewegungen, Ballsa Bälle spielen
- Auge – Handkoordination: langsame Ballspiele oder jonglieren
- Hampelmann oder Springschnur springen
- im Stehen drehen oder auf dem Boden rollen
- robben oder krabbeln
- auf einer waagrechten Leiter oder Stange hangeln
- Trampolin springen und dabei auf einen Punkt schauen

COOL DOWN – nach dem Training

Schließen der Augen, jede Hand wie eine Schüssel über ein Auge legen und

- an eine Bootsfahrt mit Blick auf den Horizont denken oder
- vom Berggipfel in die Ferne schauen oder
- imaginäre Wolken beobachten.

Augen öffnen und ganz locker zum Fenster hinaus in die Ferne schauen. Das Denken an unterschiedliche visuelle Ziele verursacht eine Veränderung der Augenmotorik.

SPIELE als Belohnung

Egal, ob an der motorischen Basis gearbeitet oder Lesen geübt wird, Kinder brauchen Motivation! Intrinsische Motivation ist super, aber manchmal nicht vorhanden.

Belohnung muss nicht nur Medienzeit oder ein Konsumgut sein! Bitte legen auch Sie Ihr Handy weg.

Folgende Worte von Maria Montessori gelten in der heutigen Zeit noch mehr: *"Eine achtsame Wertschätzung und aufmerksame Anerkennung des Kindes ist sicher der bessere Weg als eine materielle Belohnung."*

Die angeführten Belohnungsspiele werden zu einer positiven Lernmotivation, wenn Sie gewisse Werte vermitteln, wie:

⇨ „Ich nehme mir einige Minuten komplett Zeit für dich."
⇨ „Du bekommst meine ungeteilte Aufmerksamkeit."
⇨ „Du darfst dir ein Spiel aussuchen. Ich mache mit."
⇨ „Ich mache **jedes** Belohnungsspiele; du darfst es dir nach der erfolgreichen Absolvierung der Übungen aussuchen."
⇨ „Wenn du einige Tage gut geübt hast, dann machen wir etwas Neues – wir gestalten gemeinsam oder improvisieren."
⇨ Du darfst dir ein Buch aussuchen und ich lese dir vor.

Wenn die Zeit auf 10 -15 min beschränkt ist, dann ist es gut umsetzbar.

Andere Möglichkeiten wären:

☺ Etwas für jemanden anderen aussuchen
  ▪ Leckerlis für das Haustier
  ▪ Vogelfutter
☺ Lieblingsnachtisch machen
☺ Besuch eines speziellen Spielplatzes
☺ Eine Auswahl an gewünschten Kleinigkeiten zusammenzustellen (Haarmasche, Comicheft, Bleistift, ...) und jedes Mal etwas aussuchen lassen.

Liebe Eltern und Bezugspersonen, bitte passen Sie auch die Schwierigkeitsstufe und damit den Stresslevel der Belohnungsspiele an die aktuellen Fertigkeiten des Kindes an!

Beginne Sie eine Stufe UNTER dem Level, auf dem sich das Kind befindet. **SPASS** und **gemeinsames Tun** sind **das Wichtigste.**

Nebenbei lernt das Kind, dass ein bisschen Stress leistungssteigernd sein kann.

☺ *Schneller als der Luftballon*

Kind sitzt und hat zwei kleine Kisten vor sich. Eine ist gefüllt mit Bällen oder Murmeln – die andere ist leer.

Das Kind darf einen Luftballon in die Höhe werfen und solange dieser in der Luft ist Bälle (oder Murmeln) mit einer Hand von einer Kiste in die andere geben.

Aufpassen und den Luftballon rechtzeitig wieder fangen! Das ist die Aufgabe. Wie viele Bälle können die Kiste wechseln? Jetzt kommt Mama oder Papa oder … dran!

Variante: Eine Kiste mit Kluppen und es werden die Kluppen an den Kistenrand angesteckt.

☺ *„Wer ist stärker?"*

Kennen Sie noch weitere Raufspiele aus Ihrer Jugend?

☺ *Karten – Reaktionsspiel*

Kind sitzt am Bett oder Sofa. Papa oder Mama haben ein Kartendeck als Stapel in der Hand und es wird rasch eine Karte nach der anderen aufgedeckt:

- _Einfache Variante_
  schwarz: beide Hände klopfen auf das Bett oder Sofa.
  rot: *in die Hände klatschen*

- *Mittlere Variante*

Karo:	in die Hände klatschen
Herz:	Arme überkreuzen und auf die Schultern greifen (Rechte Hand greift auf die linke Schulter und umgekehrt).
Pig:	beide Hände klopfen auf die Oberschenkel
Treff:	beide Arme werden noch oben gestreckt

- *Schwere Variante*

Ass:	beide Handflächen klopfen auf den Tisch und dann beide Handrücken.
Bub, Dame, König:	mit überkreuzten Armen auf die Oberschenkel klopfen
Gerade Zahl:	beide Hände klopfen folgendermaßen auf den Tisch: rechte Handfläche klopft auf den Tisch; linke Hand ist eine Faust (Daumen außen).
Ungerade Zahl:	beide Hände klopfen auf den Tisch. linke Handfläche klopft auf den Tisch; rechte Hand ist eine Faust (Daumen außen).
Joker:	beide Arme nach oben strecken.

☺ **Turm bauen**

Aus Legosteinen einen Turm oder ein anderes Gebilde bauen.
Eventuell nach Farben geordnet bauen.
Wer schafft den Nachbau?

Wenn Stress ok ist, dann um die Wette. Oder - Wer schafft in 1 min den höheren Turm?

☺ **Ball in den Kübel**

Material: großer Karton (mind. 50 x 50cm), Ball, Kübel oder Topf
In den Karton 4 Löcher machen: mit einem Glas einen Kreis zeichnen und ausschneiden.
Kind und Erwachsener sitzen sich gegenüber und halten beide diesen Karton mit beiden Händen in die Höhe. Ein Tennisball oder kleinerer Ball wird auf den Karton gelegt und dieser wird so bewegt, dass der Ball durch eines der Löcher in den darunter stehenden Kübel fällt.

Wie viele Bälle schafft ihr bis die Sanduhr oder die Eieruhr fertig ist?

mittlere Variante: abwechselnd in zwei unterschiedliche, neben-einander stehende Kübel treffen.

schwierige Variante: Zwei grün umrandete und zwei schwarz umrandete Löcher in den Karton zeichnen. Bei den grünen Löchern gibt es jeweils einen Pluspunkt, Fällt der Ball durch die schwarzen Löcher, so gibt es Minuspunkte (1 oder 2 – je nachdem wieviel Stress das Kind verträgt).

☺ Finger UNO

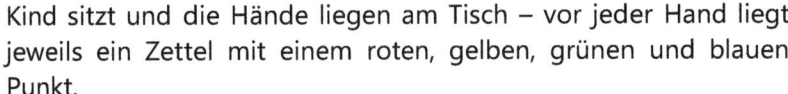

Kind sitzt und die Hände liegen am Tisch – vor jeder Hand liegt jeweils ein Zettel mit einem roten, gelben, grünen und blauen Punkt.

Ein weiterer Spieler hat zwei nebeneinander befindliche Stöße mit UNO-Karten und deckt jeweils zwei Karten auf.

Das Kind zeigt mit den Zeigefingern jeder Hand auf eine Farbe. Beide gezeigten Farbpunkte entsprechen den beiden aufgedeckten Karten.

Platz tauschen nicht vergessen!!

☺ Besenstiel befüllen

Dazu braucht man viele leere Klopapierrollen. Diese stehen (in einer Box) am Boden.
Wer ist schneller mit dem Auffädeln der Klopapierrollen auf den Besenstiel?

☺ Tellerball balancieren

Wer kann einen leichten Ball auf einem Pappteller, der auf einer leeren Küchenrolle balanciert wird, schneller über eine gewissen Strecke bringen?
Eventuell im Slalom oder im Achter um Schuhe herum?
Oder über ein kleines Stockerl oder einen Sessel? Oder einen Achter gehen?
Und vorbei ein einer Stelle, wo es sehr windig ist (jemand darf blasen).

☺ Airhockey auf dem Tisch

Auf einer Tischplatte werden auf beiden Längsseiten Bücher als Seitenbegrenzung aufgelegt oder aufgestellt. Die beiden Kontrahenten (Mama oder Papa und Kind) stehen sich an den Schmalseiten des Tisches gegenüber. Jeder Spieler hat eine *volle Klopapierrolle* oder eine *leere Taschentuchbox* als „Spielhandschuh" in der Hand. Mit diesem „Spielhandschuh" wird versucht beim Gegner mit einem **umgedrehten Marmeladedeckel** ein Tor zu schießen. Wenn der Marmeladedeckel auf den Boden fällt, hat man ein Tor erzielt und man bekommt einen Punkt. Der Gegner versucht den Deckel mit seinem „Spielhandschuh" abzuwehren.

☺ Tischtennisball – Challenge

Tischtennisball auf den Tisch peppeln lassen. Das Ziel ist es, dass er nach einem Mal aufkommen, in einen Becher hüpft (wie bei Beer Pong ☺).

Viele Becher mit unterschiedlichen Punkteanzahlen stehen am anderen Ende des Tisches.

☺ Peppelball

Einen Ball (z.B. Tischtennisball) auf dem Tisch aufpeppeln lassen und jedes Mal BEVOR er nochmals aufspringt, die Hand unter der Flugbahn des Balles bewegen – einmal hin und nach dem nächsten Aufspringen des Balles – her.
Wer schafft es wie oft??

☺   *Küchenrollenkegeln*

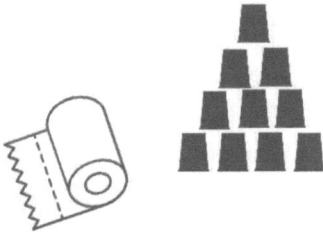

Einen Becherturm aufstellen und eine Küchenrolle mit Schwung abrollen und den Becherturm umwerfen.

☺   **Zehnerln**

Einen großen Ball gegen eine Wand werfen und
      10 x ➜ werfen und fangen,
       9 x ➜ 1x klatschen,
       8 x ➜ 2x klatschen,
       7 x ➜ 1x hinter dem Rücken klatschen,
       6 x ➜ Hände überkreuz auf die Schultern,
       5 x ➜ auf die Oberschenkel klatschen,
       4 x ➜ überkreuzt auf die Oberschenkel klatschen,
       3 x ➜ unter dem rechten Bein an die Wand werfen,
       2 x ➜ hinter und vor dem Körper klatschen,
       1 x ➜ 360 Grad drehen

Wenn ein Fehler gemacht wird, dann wieder am Anfang starten. Wer schafft es wie weit?

☺   *Fingerrechnen*

Sich gegenüber stehen - jeder zeigt eine beliebige Fingeranzahl mit beiden Händen.
      A.   Person A: 6
      B.   Person B: 3
Berechnet die Differenz (der größeren Zahl minus kleinerer Zahl)
Ist die Differenz < 3 ➜ beide hockerln sich hin,
Ist die Differenz = 5 ➜ einmal drehen,

Ist die Differenz > 5 ➜ beide strecken sich in die Höhe.

☺ *Buchstabenanzahl*

Dieses Spiel braucht 3 Spieler!
Mama oder Papa sagt 2 aktuelle Lernwörter (bis zu 10 Buchstaben):
Eines zu Kind A und eines zu Kind B. Kinder wiederholen hintereinander die Worte laut.
Wessen Wort die höhere Anzahl an Buchstaben hat, dann **Arme in die Höhe strecken.** Wessen Wort die niedere Anzahl an Buchstaben hat, dann **in die Hocke gehen.** Bei **gleicher Anzahl** – beide einmal drehen.

Mama oder Papa bestätigt, wenn die Antwort richtig ist durch **Hüpfen mit Armen in die Höhe** und wenn die Antwort falsch ist mit **Hin- und Herwatscheln**
Alle Drei versuchen die richtige Lösung zu finden – eventuell die Frage wiederholen und nochmals bewegte Antworten geben.
Variation: alle stehen auf einem Polster.

☺ *Wer schafft es?*

Mama oder Papa steht mit gegrätschten Beinen auf 2 Sesseln und hat eine Schnur in der Hand, auf der ein Softball befestigt ist. Die Schnur wird in großer Runde gedreht. Das Kind versucht zwischen den beiden Sesseln durch zu krabbeln. Wer schafft es ohne vom Softball getroffen zu werden?

☺ *Fang die Farbe*

Das Kind sitzt am Tisch und hat Fäden, auf denen farbige Plastikteile fest
angebracht sind, vor sich. Papa oder Mama haben einen Becher in der Hand
und würfeln mit einem Farbwürfel. Sie versuchen je nach gewürfelter Farbe das
entsprechende Plastikteil mit dem Becher zu fangen.

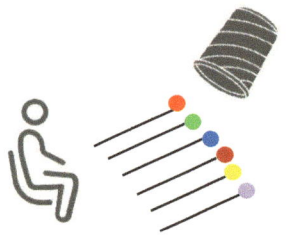

☺ *Sackhüpfen*

Mit einer Einkaufstasche Sackhüpfen. Schaffen es die
Erwachsenen auch?

☺ *Deckenmonster*

Das Deckenmonster (Erwachsener krabbelt unter großer
Decke) frisst die am Boden liegenden Kinder. Sobald sie
unter der Decke sind, werden sie geknetet oder gekitzelt.
Darauf achten, dass es für die Kinder ein Spaß bleibt!!

Nähere Informationen finden Sie unter www.mtl-zentrum.com.

Wollen Sie **laufend Tipps zur Verbesserung der Lesesituation**? Kommen Sie in meine kostenfreie Gruppe:
https://www.facebook.com/groups/leseproblemeloesen

In einer mehrwöchigen Online Analyse, dem LeseRadar helfe ich die Ursachen einer Leseschwäche genau heraus zu finden.
Wollen Sie ein persönliches **Infogespräch** wie ich Ihnen mit dem LeseRadar bei einer **Leseproblematik** Ihres Kindes helfen könnte? Gerne können Sie kostenfrei ein 10 minütiges Gespräch mit mir buchen:

Wollen Sie die **leamos-LeseApp** zwei Wochen kostenfrei ausprobieren?
Schauen Sie auf www.leamos.at.
Oder scannen Sie:

Interessieren Sie sich für zu 90% zellverfügbare, prähistorische Pflanzen-Mineralstoffe oder
für **Omega-3 Fettsäuren** mit 90% Triglyceridanteil der österreichischen Firma Vabo-N?

Glauben Sie, dass Sie Ihr Kind von einem Hörtraining profitieren würde?
www.advancedbrain.com/about-tlp/
oder
https://www.benaudira.de/therapeuten-liste/

Ob Ihr Kind von einer **Performancebrille** profitieren könnte, können Sie in Österreich austesten lassen bei:

Stefan GUBA bei Optiker Nolze in 1090 Wien Hörlgasse 12
oder
Roland BISCHEL, Optiker in 2514 Traiskirchen Hauptplatz 17

Wollen Sie Ihr Arbeitsfeld um die verschiedenen Methodenansätze, wie sie in diesem Buch vorgestellt wurden, erweitern?

Neuro-Vitality

eine Einladung für Sie zu ganzheitlichem Wissen und echter Praxisnähe!

Lernen, Konzentration, Gehirngesundheit und körperliches Wohlbefinden – in unserer Online-Fortbildung **Neuro-Vitality** eröffnen wir Ihnen neue Perspektiven der vernetzten Förderung.

14 Wochen – 1 Ziel: Sofort umsetzbare Impulse aus unserer über 20jährigen Erfahrung für Eltern, Pädagog:innen, Trainer:innen und Therapeut:innen.

Mit praktischen Materialien, vorbereitenden Lernwebinaren und mit persönlichem Austausch begleiten wir Sie auf Ihrem Weg, Kinder, Jugendliche und auch Senioren noch gezielter zu unterstützen.

Mehr Infos unter: www.neuro-vitality.com
Seien Sie dabei – wir freuen uns auf Sie!
Daniela Arnold & Sonja Lamers-Reepel

Wollen Sie das **SIMMO-Training** in der Schule oder im ihrem Einzeltraining anwenden? Näheres auf der Homepage www.mtl-zentrum.com

QUELLEN

In einzelnen Bereichen wurde OpenAI. (2025). *ChatGPT (Version 2024 und 2025)* [KI-
gestützte Sprachmodellplattform] verwendet.

Kleine Graphiken wurden mit DALL-E und NOUN-Project erstellt.

72 Prozent der 0- bis 6-Jährigen im Internet. (n.d.). Retrieved 29 April 2024, from
    http://medienkindergarten.wien/medienpaedagogik/kind-und-medien/studie-72-prozent-der-0-
    bis-6-jaehrigen-im-internet
200-fach höhere Pestizidbelastung bei Obst und Gemüse aus konventioneller Landwirtschaft. (n.d.).
    https://umweltinstitut.org/. Retrieved 26 February 2024, from
    https://umweltinstitut.org/landwirtschaft/meldungen/200-fach-hoehere-pestizidbelastung-bei-
    obst-und-gemuese-aus-konventioneller-landwirtschaft/
20161121_BLIKK_Pressemitteilung_Aend_VJ_ger.pdf. (n.d.). Retrieved 27 October 2020, from
    https://www.rfh-
    koeln.de/sites/rfh_koelnDE/myzms/content/e380/e1184/e29466/e34095/e34098/20161121_BLI
    KK_Pressemitteilung_Aend_VJ_ger.pdf
*A 'million word gap' for children who aren't read to at home: That's how many fewer words some may hear
    by kindergarten.* (n.d.). ScienceDaily. Retrieved 20 September 2020, from
    https://www.sciencedaily.com/releases/2019/04/190404074947.htm
*Action video games improve reading abilities and visual-to-auditory attentional shifting in English-speaking
    children with dyslexia | Scientific Reports.* (n.d.). Retrieved 20 October 2020, from
    https://www.nature.com/articles/s41598-017-05826-8
ADHS: Omega-3-Fettsäuren bei Aufmerksamkeitsdefiziten. (2019, August 29). Concentrix®.
    https://www.concentrix.eu/magazin/adhs-omega-3-fettsaeuren/
Akhondzadeh, S., Mohammadi, M.-R., & Khademi, M. (2004). Zinc sulfate as an adjunct to methylphenidate
    for the treatment of attention deficit hyperactivity disorder in children: A double blind and
    randomized trial [ISRCTN64132371]. *BMC Psychiatry*, 4, 9. https://doi.org/10.1186/1471-244X-4-
    9
Alles über den Zunderschwamm und seine Vorteile. (2022, June 15).
    https://schnelleinfachgesund.de/zunderschwamm/
Anders, F. (n.d.). PISA 2022 – das sind die zehn wichtigsten Ergebnisse. *Das Deutsche Schulportal*. Retrieved
    29 April 2024, from https://deutsches-schulportal.de/bildungswesen/die-zehn-wichtigsten-
    ergebnisse-der-pisa-studie/
Autismus: Warum sind doppelt so viele Jungen wie Mädchen betroffen? – SciFi. (n.d.). Retrieved 27 June
    2024, from https://sciencefiles.org/2024/06/25/autismus-warum-sind-doppelt-so-viele-jungen-
    wie-maedchen-betroffen/
Balance, B. (n.d.). *Visual Processing Explained: Figure-Ground Perception*. Retrieved 28 September 2020,
    from https://blog.brainbalancecenters.com/visual-processing-explained-visual-figure-ground-
    perception
Baldauf, A.-S. (n.d.). *Zur Erlangung des akademischen Grades einer Magistra der Philosophie (Mag.a phil.)*.
Bale, T. L. (2015). Epigenetic and transgenerational reprogramming of brain development. *Nature Reviews
    Neuroscience*, 16(6), 332–344. https://doi.org/10.1038/nrn3818
Baron, N. (2022). *How we read now? Strategic for Print, Screen & Audio*. Oxford University Press.
Bartel, D. (2014). *Rotation—Nahrung für das Gehirn*. BOD.
Bauer, J. (2006). *Das Gedächtnis des Körpers* (7.Aufl.). Piper Verlag.
Bavishi, A., Slade, M. D., & Levy, B. R. (2016). A chapter a day: Association of book reading with longevity.
    Social Science & Medicine (1982), 164, 44–48. https://doi.org/10.1016/j.socscimed.2016.07.014
Beck, F. (2014). *Sport macht schlau*. Goldegg Verlag.

Beigel, D. (2005). *Beweg dich, Schule*. Borgmann Media.

Bergner, P. (1997). *Healing Power of Minerals, Special Nutrients, and Trace Elements*. Prima Pub.

Biedermann, H. (2001). *KISS-Kinder* (3.Aufl.). Thieme.

Biga, L. M., Bronson, S., Dawson, S., Harwell, A., Hopkins, R., Kaufmann, J., LeMaster, M., Matern, P., Morrison-Graham, K., Oja, K., Quick, D., & Runyeon, J. (2019). *Embryonic Development*. https://open.oregonstate.education/aandp/chapter/14-1-embryonic-development/

BiSS-Broschüre: Gemeinsam fit im Lesen. Lautlese-Tandems im Schulunterricht. (n.d.). [Collection]. Deutscher Bildungsserver. Retrieved 5 July 2024, from https://www.bildungsserver.de/onlineressource.html?onlineressourcen_id=58504

Blomberg, H. (2015). *Autismus ist heilbar*.

Blomberg, Harald. (2016). *Rhythmic Movement Training*.

Blythe, S. G., Blythe, P., Dempsey, M., Blomberg, H., Masgutova, S., Fiorentini, M., Ayres, J., Oden, A., Erikson, C. A., Hocking, C., & Story, S. (n.d.). *The Effects of Inappropriately Active Primitive Reflexes*. 2.

Bös und Deutschland—2009—Motorik-Modul eine Studie zur motorischen Leistun.pdf. (n.d.). Retrieved 1 October 2020, from https://www.bmfsfj.de/blob/94390/dc4ceb29b7415827c48a6a313b224602/motorik-modul-data.pdf

Brandenburg, J., Klesczewski, J., Fischbach, A., Schuchardt, K., Büttner, G., & Hasselhorn, M. (2015). Working Memory in Children With Learning Disabilities in Reading Versus Spelling: Searching for Overlapping and Specific Cognitive Factors. *Journal of Learning Disabilities*, *48*(6), 622–634. https://doi.org/10.1177/0022219414521665

Brandt, N. (Director). (2024, Spring). *Tete-a-Tete mitder Bildungsforscherin: Anne Sliwka* [Broadcast].

Brüggelmann, H. (1992). *Kinder auf dem Weg zur Schrift. Eine Fibel für Lehre und Laien*. Libelle Verlag.

Chapman, J. W., Tunmer, W. E., & Prochnow, J. E. (2000). Early reading-related skills and performance, reading self-concept, and the development of academic self-concept: A longitudinal study. *Journal of Educational Psychology*, *92*(4), 703–708. https://doi.org/10.1037/0022-0663.92.4.703

Colliculi superiores—Lexikon der Neurowissenschaft. (n.d.). Retrieved 9 November 2020, from https://www.spektrum.de/lexikon/neurowissenschaft/colliculi-superiores/2316

Contributors, W. E. (n.d.). *What to Know About Resistant Starches*. WebMD. Retrieved 28 February 2024, from https://www.webmd.com/diet/what-to-know-resistant-starches

Darm an Hirn: Nervenzellen erkennen, was wir essen. (n.d.). Retrieved 14 November 2023, from https://www.mpg.de/16982870/0602-neur-darm-an-hirn-nervenzellen-erkennen-was-wir-essen-153735-x

Das Gehirn ist was es isst. (2019). [Broadcast]. In *ARTE*.

Das Kind mit Cerebralen Visuellen Informationsverarbeitungsstörungen (CVI). (n.d.). Retrieved 20 September 2020, from https://www.bmbwf.gv.at/Themen/schule/bef/sb/cvi_kind.html

Das sind die 100 häufigsten Fehlerwörter bei KIndern. (n.d.). *Lernfoerderung | kostenlose Expertentipps Schule & Lernen | Rechtschreibung | Rechnen | Lesen | Tests & Checklisten | Reimann-Höhn Methode*. Retrieved 19 September 2020, from https://www.lernfoerderung.de/schreiben/100-haeufigste-fehlerwoerter/

Davidson, N. C. 28035 704-894-2000. (n.d.). *Golden Ticket: John Hutton '90 on Screen Time, Brain Science, Boredom and the Business of Books | Davidson*. Retrieved 13 April 2024, from https://www.davidson.edu/news/2020/10/13/golden-ticket-john-hutton-90-screen-time-brain-science-boredom-and-business-books

Davis, R. (2005). *Legasthenie als Talentsignal*. Ariston.

Dec. 10, K. M. on, 2008, & A.m, 6. (n.d.). *Sugar can be addictive, Princeton scientist says*. Princeton University. Retrieved 28 May 2024, from https://www.princeton.edu/news/2008/12/10/sugar-can-be-addictive-princeton-scientist-says

Dehaene, S. (2012). *Lesen—Die größte Erfindung der Menscheit und was dabei in unseren Köpfen passiert*. (1.Aufl.). Random House GmbH.

Dehaene, S. (2020). . *Why Brains Learn Better Than Any Machine... For Now.* Penguin Random House.

Dehaene-Lambertz, G., Monzalvo, K., & Dehaene, S. (2018). The emergence of the visual word form: Longitudinal evolution of category-specific ventral visual areas during reading acquisition. *PLOS Biology, 16*(3), e2004103. https://doi.org/10.1371/journal.pbio.2004103

Delgado, P., Vargas, C., Ackerman, R., & Salmerón, L. (2018). Don't throw away your printed books: A meta-analysis on the effects of reading media on reading comprehension. *Educational Research Review, 25*, 23–38. https://doi.org/10.1016/j.edurev.2018.09.003

Deniz, F., Nunez-Elizalde, A. O., Huth, A. G., & Gallant, J. L. (2019). The Representation of Semantic Information Across Human Cerebral Kortex During Listening Versus Reading Is Invariant to Stimulus Modality. *Journal of Neuroscience, 39*(39), 7722–7736. https://doi.org/10.1523/JNEUROSCI.0675-19.2019

Dewey, D., Kaplan, B., Crawford, S., & Wilson, B. (2003). Developmental coordination disorder: Associated problems in attention, learning, and psychosocial adjustment. *Human Movement Science, 21*, 905–918. https://doi.org/10.1016/S0167-9457(02)00163-X

Dewey, K. (2021). Systematische Überprüfung von Faktoren, die die Leseleistung beeinflussen Luftversorgungsraten in Studien über Kinder mit Entwicklungsstörungen der Sprache DLD. *Senior Theses*, 1–50.

Die Wirksamkeit der phonologischen Bewusstseinsintervention bei Kindern mit Beeinträchtigung der gesprochenen Sprache. (n.d.). Retrieved 21 May 2024, from https://www.researchgate.net/publication/275378054_The_Efficacy_of_Phonological_Awarenes s_Intervention_for_Children_With_Spoken_Language_Impairment

Dobelli, R. (2024, April 8). «Covid war nichts im Vergleich zu dem, was wir unseren Kindern mit sozialen Medien antun». *Neue Zürcher Zeitung.* https://www.nzz.ch/feuilleton/interview-jonathan-haidt-covid-war-nichts-im-vergleich-zu-dem-was-wir-unseren-kindern-mit-sozialen-medien-und-smartphones-antun-ld.1824924

Drepper, J. (n.d.). *Die Beteiligung des menschlichen Kleinhirns an kognitiven assoziativen Lernvorgängen.*

Ehgartner, B. (2023). *Was Sie schon immer über das Impfen wissen wollten.* klarsicht.

Falkingham, M., Abdelhamid, A., Curtis, P., Fairweather-Tait, S., Dye, L., & Hooper, L. (2010). The effects of oral iron supplementation on cognition in older children and adults: A systematic review and meta-analysis. *Nutrition Journal, 9*, 4. https://doi.org/10.1186/1475-2891-9-4

FGÖ_SIMMO Endbericht.pdf. (n.d.). Retrieved 1 October 2020, from https://fgoe.org/sites/fgoe.org/files/project-attachments/FG%c3%96_SIMMO%20Endbericht.pdf

Fine, J. G., Semrud-Clikeman, M., Keith, T. Z., Stapleton, L. M., & Hynd, G. W. (2007). Reading and the corpus callosum: An MRI family study of volume and area. *Neuropsychology, 21*(2), 235–241. https://doi.org/10.1037/0894-4105.21.2.235

Flander, R. (n.d.). *MNRI® in Professional Sports.*

Flander—MNRI® in Professional Sports.pdf. (n.d.). Retrieved 22 September 2020, from http://masgutovamethod.com/_uploads/_media_uploads/_source/Winners-Moving-Forward-Excellence-In-Sports-02.18.15.pdf

Frank, S. (2024, February 11). Vom Traum zum Albtraum. *Tiroler Tageszeitung.*

Fritsch et al. - 2013—Herausgegeben von der SOKO-Lesen Im Stadtschulrat .pdf. (n.d.). Retrieved 15 September 2020, from https://lernraum.qualifizierung.com/wp-content/uploads/2016/11/SOKO-Lesen.pdf

Frühkindliche Sprachstandsfeststellung | AustriaWiki im Austria-Forum. (n.d.). Retrieved 13 March 2024, from https://austria-forum.org/af/AustriaWiki/Fr%C3%BChkindliche_Sprachstandsfeststellung

Functional Illiteracy in Germany. (n.d.). Retrieved 1 June 2024, from https://www.researchgate.net/publication/279526255_Functional_Illiteracy_in_Germany

Gailberger, S., Pohlmann, B., Reichenbach, L., Thonke, F., & Wolters, J. (n.d.). *Zum nachhaltigen Einfluss von Lautleseverfahren auf Leseflüssigkeit, Leseverstehen, Rechtschreibung sowie Kompetenzen jenseits des Deutschunterrichts.*

313

Galuschka, K., & Schulte-Körne, G. (2016). The Diagnosis and Treatment of Reading and/or Spelling Disorders in Children and Adolescents. *Deutsches Ärzteblatt International*, *113*(16), 279–286. https://doi.org/10.3238/arztebl.2016.0279

Gao, C., Green, J. J., Yang, X., Oh, S., Kim, J., & Shinkareva, S. V. (2023). Audiovisual integration in the human brain: A coordinate-based meta-analysis. *Cerebral Cortex*, *33*(9), 5574–5584. https://doi.org/10.1093/cercor/bhac443

Gasteiger Klicpera, B., Klicpera, C., & Schabmann, A. (2001). *Wahrnehmung der Schwierigkeiten lese- und rechtschreibschwacher Kinder durch die Eltern: Pygmalion im Wohnzimmer?* https://psycharchives.org/en/item/124b8283-4b5d-4035-94f7-efc5dc2bfff1

Gayan, J., & Olson, R. (2001). *Genetic and environmental influences on orthographic and phonological skills in children with reading disabilities.* Developmental Neuropsychology.

Geuss_Ursachen_Wirksamkeit_Tachistiskopischer_Training_1983_W_D_A.pdf. (n.d.). Retrieved 8 November 2020, from https://www.pedocs.de/volltexte/2010/865/pdf/Geuss_Ursachen_Wirksamkeit_Tachistiskopischer_Training_1983_W_D_A.pdf

Glezer et al. - 2015—Adding Words to the Brain's Visual Dictionary Nov.pdf. (n.d.). Retrieved 22 September 2020, from https://www.jneurosci.org/content/jneuro/35/12/4965.full.pdf

Glezer, L. S., Kim, J., Rule, J., Jiang, X., & Riesenhuber, M. (2015). Adding Words to the Brain's Visual Dictionary: Novel Word Learning Selectively Sharpens Orthographic Representations in the VWFA. *Journal of Neuroscience*, *35*(12), 4965–4972. https://doi.org/10.1523/JNEUROSCI.4031-14.2015

Glymphatisches System: Nächtliche Gehirnwäsche. (n.d.). Retrieved 13 March 2024, from https://www.spektrum.de/magazin/neurobiologie-das-glymphatische-system-des-gehirns/1427405

Gold, Andreas. (2018). *Lesen kann man lernen.* Vandenhoeck & Ruprecht Gmbh. https://www.vandenhoeck-ruprecht-verlage.com/themen-entdecken/schule-und-unterricht/foerdermaterialien/27000/lesen-kann-man-lernen

Graumann-Brunt, S. (n.d.). *Die Entwicklung der Sprache beim Kind und Reste nicht ausreichend integrierter frühkindlicher Reflexreaktionen.*

Greier et al. - 2019—Untersuchung zum Zusammenhang von Gleichgewichts- .pdf. (n.d.). Retrieved 8 May 2023, from https://vspram.eduhi.at/images/beitraege/Zeitungsartikel/2019_Artikel_Koordination.pdf

Gribbin, J. (2002). *How the brain works.* Dorlin Kindersley.

Growth Mindset: Scheitern ist der wichtigste Schritt zum Erfolg. (n.d.). Retrieved 25 February 2024, from https://bildungsthemen.phorms.de/de/top-themen/growth-mindset/growth-mindset-scheitern-ist-der-wichtigste-schritt-zum-erfolg/

Guillette, E. A., Meza, M. M., Aquilar, M. G., Soto, A. D., & Garcia, I. E. (1998). An anthropological approach to the evaluation of preschool children exposed to pesticides in Mexico. *Environmental Health Perspectives*, *106*(6), 347–353.

Haas, P. de. (2019, September 13). Eisen. *Stiftung OrthoKnowledge.* https://orthoknowledge.eu/naehrstoffe/eisen/

Hasko, S., Groth, K., Bruder, J., Bartling, J., & Schulte-Körne, G. (2013). The time course of reading processes in children with and without dyslexia: An ERP study. *Frontiers in Human Neuroscience*, *7*, 570. https://doi.org/10.3389/fnhum.2013.00570

Hayes, A. M. R., Lauer, L. T., Kao, A. E., Sun, S., Klug, M. E., Tsan, L., Rea, J. J., Subramanian, K. S., Gu, C., Tanios, N., Ahuja, A., Donohue, K. N., Décarie-Spain, L., Fodor, A. A., & Kanoski, S. E. (2023). Western diet consumption impairs memory function via dysregulated hippocampus acetylcholine signaling. *bioRxiv: The Preprint Server for Biology*, 2023.07.21.550120. https://doi.org/10.1101/2023.07.21.550120

He, M., Xiang, F., Zeng, Y., Mai, J., Chen, Q., Zhang, J., Smith, W., Rose, K., & Morgan, I. G. (2015). Effect of Time Spent Outdoors at School on the Development of Myopia Among Children in China: A Randomized Clinical Trial. *JAMA*, *314*(11), 1142–1148. https://doi.org/10.1001/jama.2015.10803

Heyer, M., & Beetz, A. M. (n.d.). *Grundlagen und Effekte einer hundegestützten Leseförderung.*

Hinterberger, A., Eigl, E.-S., Schwemlein, R., Topalidis, P., & Schabus, M. (2024). Combining Insomnia Therapy with Sleep Tracking Using Wearables: Effects of a CBT-I-based App on Sleep—A RCT Study. *Sleep*, *47*(Supplement_1), A187. https://doi.org/10.1093/sleep/zsae067.0436

Hirnforschung: „Begeisterung ist wie Dünger für das Gehirn". (n.d.). *FAZ.NET*. Retrieved 15 September 2020, from https://www.faz.net/1.5142152

Hofvander, B., Delorme, R., Chaste, P., Nydén, A., Wentz, E., Ståhlberg, O., Herbrecht, E., Stopin, A., Anckarsäter, H., Gillberg, C., Råstam, M., & Leboyer, M. (2009). Psychiatric and psychosocial problems in adults with normal-intelligence autism spectrum disorders. *BMC Psychiatry*, *9*(1), 35. https://doi.org/10.1186/1471-244X-9-35

Huddlestone, T. (2020, June 17). *See the first-ever video game approved by the FDA as a mental health treatment.* CNBC. https://www.cnbc.com/2020/06/17/video-endeavorrx-is-first-video-game-approved-by-fda-to-treat-adhd.html

Hughes, H. K., Mills Ko, E., Rose, D., & Ashwood, P. (2018). Immune Dysfunction and Autoimmunity as Pathological Mechanisms in Autism Spectrum Disorders. *Frontiers in Cellular Neuroscience*, *12*. https://doi.org/10.3389/fncel.2018.00405

Hutton, J. S., Horowitz-Kraus, T., Mendelsohn, A. L., DeWitt, T., Holland, S. K., & the C-MIND Authorship Consortium. (2015). Home Reading Environment and Brain Activation in Preschool Children Listening to Stories. *Pediatrics*, *136*(3), 466–478. https://doi.org/10.1542/peds.2015-0359

Hyman, M. (2009). *The Ultramind Solutiom.* Hyman Enterprises.

Hyperaktive Kinder | Visualtraining | Sehzentrum Werkstetter Augenoptik®—Dortmund. (n.d.). Retrieved 13 November 2023, from https://www.visualtraining.info/Info/Hyperaktive-Kinder/index.html

In overwhelming environments, noise-canceling headphones may improve participation for children with autism. (2019, October 16). College of Public Health. https://cph.temple.edu/about/news-events/news/overwhelming-environments-noise-canceling-headphones-may-improve

Jeannette, K. (n.d.). *Nahezu jedes dritte Neugeborene kam 2021 per Kaiserschnitt zur Welt.*

Jenni, O., Caflisch, J., & Latal, B. (2008). Motorik im Schulalter. *Pädiatrie up2date*, *3*(4), 339–356. https://doi.org/10.1055/s-2008-1077601

JIM-Studie 2017: Medienumgang 12- bis 19-Jähriger in Deutschland—Zwei von fünf Jugendlichen lesen regelmäßig in ihrer Freizeit | Lesen in Deutschland. (n.d.). Retrieved 13 October 2020, from https://www.lesen-in-deutschland.de/html/content.php?object=journal&lid=1497

Just Right Reader (Director). (2023, November 22). *Reading and the Brain in Early Childhood with Dr John Hutton* [Video recording]. https://www.youtube.com/watch?v=-BYlii4ga9o

Kalemba, A., Lorent, M., Blythe, S. G., & Gieysztor, E. (2023). The Correlation between Residual Primitive Reflexes and Clock Reading Difficulties in School-Aged Children—A Pilot Study. *International Journal of Environmental Research and Public Health*, *20*(3), Article 3. https://doi.org/10.3390/ijerph20032322

Kim, J. H., Kim, J. Y., Lee, J., Jeong, G. H., Lee, E., Lee, S., Lee, K. H., Kronbichler, A., Stubbs, B., Solmi, M., Koyanagi, A., Hong, S. H., Dragioti, E., Jacob, L., Brunoni, A. R., Carvalho, A. F., Radua, J., Thompson, T., Smith, L., … Fusar-Poli, P. (2020). Environmental risk factors, protective factors, and peripheral biomarkers for ADHD: An umbrella review. *The Lancet. Psychiatry*, *7*(11), 955–970. https://doi.org/10.1016/S2215-0366(20)30312-6

Kinder-Medien-Studie—Gettyimages E+ shapecharge.pdf. (n.d.). Retrieved 20 October 2020, from https://www.schule.at/fileadmin/DAM/Innovation/Forschung/Dateien/KinderMedienStudie_Zus Fassung_2020.pdf

Kindliche Entwicklung. (n.d.). Retrieved 20 May 2024, from https://www.diagnostisches-centrum.de/indikationen/kindliche-entwicklung.html

Kiss, O., Zhang, L., Müller-Oehring, E., Bland-Boyd, B., Harkness, A., Kerr, E., Durley, I., Arra, N., Camacho, L., Tager, L., Fan, R., Perez-Amparan, E., Gombert, M., Nagata, J., & Baker, F. (2024). Interconnected Dynamics of Sleep Duration, Social Media Engagement, and Neural Reward Responses in Adolescents. *Sleep, 47*(Supplement_1), A64–A65. https://doi.org/10.1093/sleep/zsae067.0148

K.Malovec. (2022, January 25). Betrifft das Tema Reflexintegration auch die Erwachsenen? *RehaZentrum MALOVEC*. https://www.rehamalovec.at/blog/reflexintegration-bei-den-erwachsenen/

Konzept_und_Evaluation.pdf. (n.d.). Retrieved 20 January 2024, from https://kickenundlesenkoeln.de/fileadmin/bilder/kicken_und_lesen/downloads/Konzept_und_Ev aluation.pdf

Krishna, J., Kalra, M., & McQuillan, M. E. (2023). Sleep Disorders in Childhood. *Pediatrics In Review, 44*(4), 189–202. https://doi.org/10.1542/pir.2022-005521

Lachszucht: Alle Informationen über Tierleid, Gesundheit und Co. (2022, March 9). PETA Deutschland e.V. https://www.peta.de/themen/lachszucht/

Lautleseverfahren—Tandemlesen. (n.d.). Retrieved 5 July 2024, from https://www.alf-hannover.de/materialien/praxistipps/lautleseverfahren-tandemlesen

Law, E. C., Han, M. X., Lai, Z., Lim, S., Ong, Z. Y., Ng, V., Gabard-Durnam, L. J., Wilkinson, C. L., Levin, A. R., Rifkin-Graboi, A., Daniel, L. M., Gluckman, P. D., Chong, Y. S., Meaney, M. J., & Nelson, C. A. (2023). Associations Between Infant Screen Use, Electroencephalography Markers, and Cognitive Outcomes. *JAMA Pediatrics, 177*(3), 311. https://doi.org/10.1001/jamapediatrics.2022.5674

Le Roux: The effect of an animal-assisted reading... - Google Scholar. (n.d.). Retrieved 3 June 2024, from https://scholar.google.com/scholar_lookup?title=The+effect+of+an+animal-assisted+reading+program+on+the+reading+rate,+accuracy+and+comprehension+of+grade+3+st udents:+A+randomized+control+study&author=Le+Roux,+M.C.&author=Swartz,+L.&author=Swar t,+E.&publication_year=2014&journal=Child+Youth+Care&volume=43&pages=655%E2%80%9367 3&doi=10.1007/s10566-014-9262-1

Lernen der Zukunft Andreas K. Giermaier (Director). (2021, May 29). *Vera F Birkenbihl | Schneller lesen lernen | Schnell lesen lernen | SpeedReading | schneller lernen* [Video recording]. https://www.youtube.com/watch?v=dk9TNTaPKWw

Lernstörungen bei Kindern und Jugendlichen. (n.d.). Retrieved 22 September 2020, from https://www.angst-depressionen.com/meldungen/142-lernstoerungen-bei-kindern-und-jugendlichen

Lesegeschwindigkeit ermitteln | Tiroler Bildungsservice. (n.d.). Retrieved 18 May 2023, from https://tibs.at/content/lesegeschwindigkeit-ermitteln

Lesen als Achillesferse des österreichischen Schulsystems. (2019, December 5). https://k.at/news/lesen-als-achillesferse-des-oesterreichischen-schulsystems/400694726

Lesen formt das Gehirn. (n.d.). Retrieved 29 October 2023, from https://www.mpg.de/lesen

Lesen in Bewegung—Innovative Leseförderung mit Bewegungsansätzen. (n.d.). Retrieved 13 November 2023, from https://www.lesen-in-deutschland.de/ressource/lesen-in-bewegung-innovative-lesefoerderung-mit-bewegungsansaetzen-54628

Lesen und Sprechen folgen einem ähnlichen Takt. (2021a, December 6). Aktuelles aus der Goethe-Universität Frankfurt. https://aktuelles.uni-frankfurt.de/forschung/lesen-und-sprechen-folgen-einem-aehnlichen-takt/

Lesen und Sprechen folgen einem ähnlichen Takt. (2021b, December 6). Aktuelles aus der Goethe-Universität Frankfurt. https://aktuelles.uni-frankfurt.de/forschung/lesen-und-sprechen-folgen-einem-aehnlichen-takt/

Linke und rechte Hirnhälfte—Verschiedene Welten? | dasGehirn.info—Der Kosmos im Kopf. (n.d.). Retrieved 27 January 2024, from https://www.dasgehirn.info/aktuell/frage-an-das-gehirn/linke-und-rechte-hirnhaelfte-verschiedene-welten

Lugavere, M. (2018). *Genius Foods*. Harper Collin.

Mabry, J. H. (1997). Review of Hart and Risley's Meaningful Differences in the Everyday Experience of Young American Children. *The Behavior Analyst, 20*(1), 25–30. https://doi.org/10.1007/BF03392760

Man, K. K. C., Häge, A., Banaschewski, T., Inglis, S. K., Buitelaar, J., Carucci, S., Danckaerts, M., Dittmann, R. W., Falissard, B., Garas, P., Hollis, C., Konrad, K., Kovshoff, H., Liddle, E., McCarthy, S., Neubert, A., Nagy, P., Rosenthal, E., Sonuga-Barke, E. J. S., … Sandersleben, H. U. (2023). Long-term safety of methylphenidate in children and adolescents with ADHD: 2-year outcomes of the Attention Deficit Hyperactivity Disorder Drugs Use Chronic Effects (ADDUCE) study. *The Lancet Psychiatry*, *10*(5), 323–333. https://doi.org/10.1016/S2215-0366(23)00042-1

Martello, J. M. (2023). Persistent Primitive Reflex and Developmental Delay in the School-Aged Child. *The Journal for Nurse Practitioners*, *19*(10), 104767. https://doi.org/10.1016/j.nurpra.2023.104767

Masgutova, S. (n.d.). *A Search for Excellence in Gifted Children with Reflex Integration*. 13.

Matthias. (2018, August 30). *Autismus—Die 5 wichtigsten Behandlungsstrategien*. DiePraxisFamily. https://www.diepraxisfamily.com/autismus-die-5-wichtigsten-behandlungsstrategien/

Mayer, A. (n.d.). *Benennungsgeschwindigkeit und Lesen* Rapid automatized Naming (RAN) and Reading*. 23.

McElvany, N., Lorenz, R., Frey, A., Goldhammer, F., Schilcher, A., & Stubbe, T. C. (Eds.). (2023). *IGLU 2021. Lesekompetenz von Grundschulkindern im internationalen Vergleich und im Trend über 20 Jahre*. Waxmann Verlag GmbH. https://doi.org/10.31244/9783830997009

McPhillips, M., Hepper, P. G., & Mulhern, G. (2000). Effects of replicating primary-reflex movements on specific reading difficulties in children: A randomised, double-blind, controlled trial. *Lancet (London, England)*, *355*(9203), 537–541. https://doi.org/10.1016/s0140-6736(99)02179-0

MCW-admin. (2020, February 7). The Brain Boosting Benefits of Vitamin D. *Mindful Child Wellness*. https://www.mindfulchildaerialyoga.com/the-brain-boosting-benefits-of-vitamin-d/

mdr.de. (n.d.). *So könnte Kokain-Abhängigkeit mit Ritalin bekämpft werden | MDR.DE*. Retrieved 14 November 2023, from https://www.mdr.de/wissen/So-kann-Kokain-Abhaengigkeit-Ritalin-bekaempft-werden-100.html

Mein Kind liest so langsam—Was kann ich tun? (n.d.). Retrieved 13 October 2020, from https://www.mit-kindern-lernen.ch/lernen-kinder/rechtschreibung-verbessern/316-lesegeschwindigkeit-verbessern

Melillo, R. (2013). *Autism*. Penguin Random House.

Melillo, R. (2016). *The Disconnected Kids Nutrition Plan*. Tarcher Perigree.

Melillo, R. (Director). (2023, October 31). The Intersection of Brain, Biology and Behaviour [Broadcast]. In *Radical Remedy*.

Melillo, Robert. (2009). *Disconnected Kids*. Roelty Corporation.

Melillo, Robert, L. (2004). *Neurobehavioral Disorders of Chilghood—An Evolutionary Perspective*. Springer Science+Business Media Inc.

Mercator-Institut_Faktencheck_LesenSchreiben_final.pdf. (n.d.). Retrieved 20 September 2020, from https://www.mercator-institut-sprachfoerderung.de/fileadmin/Redaktion/PDF/Presse/Mercator-Institut_Faktencheck_LesenSchreiben_final.pdf

Methylphenidat und Zink. (2009, April 2). DAZ.Online. https://www.deutsche-apotheker-zeitung.de/daz-az/2009/daz-14-2009/methylphenidat-und-zink

Milne, N., Cacciotti, K., Davies, K., & Orr, R. (2018). The relationship between motor proficiency and reading ability in Year 1 children: A cross-sectional study. *BMC Pediatrics*, *18*. https://doi.org/10.1186/s12887-018-1262-0

Mineralstoffe: Magnesium unterstützt die kognitiven Fähigkeiten. (n.d.). Retrieved 20 May 2024, from https://www.spektrum.de/news/magnesium-unterstuetzt-die-kognitiven-faehigkeiten/1020481

Mosetter, K. (2016). *Zucker, der heimliche Killer*. Gräfe und Unzer Verlag.

Nagel, D. G. (n.d.). *Prof. Dr. Christine von Arnim*.

Näpflin, C., Frommelt, M., Hugener, I., Tettenborn, A., Krammer, K., Villiger, C., Hauri, S., & Hartmann, E. (2020). Implementationsqualität unter der Lupe: Unterscheiden sich Eltern und Lesecoachs in der Umsetzung eines Trainings zur Förderung der Leseflüssigkeit? *Psychologie in Erziehung Und Unterricht (PEU)*, *67*.

Narciss, D. S. (n.d.). *Paradoxe Effekte von Lob und Tadel*.

317

Nature nurtures children Summary Report FINAL.pdf. (n.d.). Retrieved 21 February 2024, from https://www.wildlifetrusts.org/sites/default/files/2019-11/Nature%20nurtures%20children%20Summary%20Report%20FINAL.pdf

NDR. (n.d.). *Lesetraining an Hamburger Grundschulen wird ausgeweitet*. Retrieved 12 March 2024, from https://www.ndr.de/nachrichten/hamburg/Lesetraining-an-Hamburger-Grundschulen-wird-ausgeweitet,lesekompetenz104.html

Neuro, A. C. (2020, February 24). Healing ADHD: Primitive Reflexes, Functional Neurology, NeuroFeedback, and Functional Medicine. *Arizona Chiropractic Neurology*. https://azchironeuro.com/healing-adhd-primitive-reflexes-functional-neurology-neurofeedback-and-functional-medicine

Neurosound: Wie Schall Ihre Gehirnwellen beeinflusst | Ultrahuman. (2021, July 14). https://blog.ultrahuman.com/blog/neurosound-how-sound-frequencies-affect-the-brain/

Neurowissenschaft: Die Macht des Kaffees und der Zigaretten. (n.d.). Retrieved 27 October 2020, from https://www.spektrum.de/news/sucht-und-gewohnheit-im-gehirn/1399787

News, N. (2021, December 9). Junk Food and the Brain: How Modern Diets Lacking in Micronutrients May Contribute to Angry Rhetoric. *Neuroscience News*. https://neurosciencenews.com/diet-anger-19780/

Nicolay, H. D. (2020). *Jedes Kind kann richtig lesen und schreiben lernen*.

Nicolson, R. I., Fawcett, A. J., & Dean, P. (2001). Developmental dyslexia: The cerebellar deficit hypothesis. *Trends in Neurosciences*, *24*(9), 508–511. https://doi.org/10.1016/s0166-2236(00)01896-8

:null. (2014). 'Nicht was ich weiß, wird mir weiterhelfen, sondern was ich damit tun kann.' OECD-Experte und PIAAC-Verantwortlicher Andreas Schleicher im Interview. *Magazin erwachsenenbildung.at*, *23*. https://doi.org/10.25656/01:9739

NWX (Director). (2023, July 10). *Dr. Bernd Hufnagl | Future Brain: Wie meistert unser Gehirn die Zukunft?* [Video recording]. https://www.youtube.com/watch?v=l78sd1FGYqw

Ob Kinder gut oder schlecht in der Schule sind, könnte mit der Art ihrer Geburt zusammenhängen. (2023, February 23). DER STANDARD. https://www.derstandard.at/story/2000143814746/ob-kinder-gut-oder-schlecht-in-der-schule-sind-koennte

Oberger, J. (n.d.). *Sportmotorische Tests im Kindes- und Jugendalter*. 282.

ONLINE, Z. (2019, September 4). Geburt: Kaiserschnittkinder haben mehr Gesundheitsrisiken. *Die Zeit*. https://www.zeit.de/wissen/gesundheit/2019-09/geburt-kaiserschnitt-erkrankungsrisiko-gesundheitsreport

Pal, R., Singh, S. N., Chatterjee, A., & Saha, M. (2014). Age-related changes in cardiovascular system, autonomic functions, and levels of BDNF of healthy active males: Role of yogic practice. *Age (Dordrecht, Netherlands)*, *36*(4), 9683. https://doi.org/10.1007/s11357-014-9683-7

Paruthi, S., Brooks, L. J., D'Ambrosio, C., Hall, W. A., Kotagal, S., Lloyd, R. M., Malow, B. A., Maski, K., Nichols, C., Quan, S. F., Rosen, C. L., Troester, M. M., & Wise, M. S. (2016). Consensus Statement of the American Academy of Sleep Medicine on the Recommended Amount of Sleep for Healthy Children: Methodology and Discussion. *Journal of Clinical Sleep Medicine: JCSM: Official Publication of the American Academy of Sleep Medicine*, *12*(11), 1549–1561. https://doi.org/10.5664/jcsm.6288

Perlmutter, D. (2017). *Nie wieder—Dumm wie Brot*. (1.Aufl.). Wilhelm Goldmann.

PISA Studie: Unterscheidung Fakten und Meinungen. (n.d.). Statista. Retrieved 13 May 2024, from https://de.statista.com/statistik/daten/studie/1303955/umfrage/unterscheidung-fakten-und-meinungen/

Podbregar, N. (2021, March 19). *109 Industriechemikalien im Blut Neugeborener*. scinexx | Das Wissensmagazin. https://www.scinexx.de/news/medizin/109-industriechemikalien-schon-im-blut-neugeborener/

Podbregar, N. (2023, March 26). *USA: Mehr Autismus-Diagnosen als je zuvor*. scinexx | Das Wissensmagazin. https://www.scinexx.de/news/psychologie/usa-mehr-autismus-diagnosen-als-je-zuvor/

Presse—Organisation for Economic Co-operation and Development. (n.d.). Retrieved 13 May 2024, from https://www.oecd.org/berlin/presse/pisa-sonderauswertung-lesen-im-21-jahrhundert.htm

Princeton—News—Sugar on the brain: Study shows sugar dependence in rats. (n.d.). Retrieved 28 May 2024, from https://pr.princeton.edu/news/02/q2/0620-hoebel.htm

Projekt Schnecke—Evaluation 2. (n.d.). Retrieved 5 May 2023, from http://www.bildung-kommt-ins-gleichgewicht.de/snail_eva2.htm

Quecksilber. (n.d.). AGES. Retrieved 10 November 2023, from https://www.ages.at/mensch/ernaehrung-lebensmittel/rueckstaende-kontaminanten-von-a-bis-z/quecksilber

Rabinovici, C. (Director). (2020). Smarte KIds? KInder und digitale Medien [Broadcast]. In *ORF.*

Radio München. (2024). *Unsere Kinder verlernen das Sprechen.*

Raus mit der Sprache. (n.d.). Retrieved 13 March 2024, from https://www.mpg.de/14230706/sprachenlernen-bei-kindern

Reading on paper improves comprehension even 8 times more than digital. (2023, December 17). *Reader Updated.* https://readerupdated.com/2023/12/17/reading-on-paper-improves-comprehension-8-times-more-than-digital-study/

Redaktion. (2005, November 29). *Europäerinnen werden immer später Mütter.* DER STANDARD. https://www.derstandard.at/story/2258954/europaeerinnen-werden-immer-spaeter-muetter

Regehr, S. M., & Kaplan, B. J. (1988). Reading disability with motor problems may be an inherited subtype. *Pediatrics, 82*(2), 204–210.

Richardson, A. J., Burton, J. R., Sewell, R. P., Spreckelsen, T. F., & Montgomery, P. (2012). Docosahexaenoic Acid for Reading, Cognition and Behavior in Children Aged 7–9 Years: A Randomized, Controlled Trial (The DOLAB Study). *PLOS ONE, 7*(9), e43909. https://doi.org/10.1371/journal.pone.0043909

Robinson, K. M. (n.d.). *Long-Term Effects of ADHD Drugs.* WebMD. Retrieved 14 November 2023, from https://www.webmd.com/add-adhd/long-term-risks-adhd-medications

Rogers, T. D., McKimm, E., Dickson, P. E., Goldowitz, D., Blaha, C. D., & Mittleman, G. (2013). Is autism a disease of the cerebellum? An integration of clinical and pre-clinical research. *Frontiers in Systems Neuroscience, 7.* https://doi.org/10.3389/fnsys.2013.00015

Sacher, R. (2004). *Handbuch KISS KIDDS.* verlag modernes lernen.

Schabmann et al. - 2012—Förderung der Lesekompetenz.pdf. (n.d.). Retrieved 1 September 2020, from https://www.researchgate.net/profile/Michael_Bruneforth/publication/249260179_Lesekompetenz_Leseunterricht_und_Leseforderung_im_osterreichischen_Schulsystem_Analysen_zur_padagogischen_Forderung_der_Lesekompetenz/links/0deec51e3caa58f622000000/Lesekompetenz-Leseunterricht-und-Lesefoerderung-im-oesterreichischen-Schulsystem-Analysen-zur-paedagogischen-Foerderung-der-Lesekompetenz.pdf

Schlaf: Müllabfuhr und Gedächtnis-Booster. (n.d.). ARD Audiothek. Retrieved 13 March 2024, from https://www.ardaudiothek.de/episode/synapsen-ein-wissenschaftspodcast/82-schlaf-muellabfuhr-und-gedaechtnis-booster/ndr-info/94744206/

Schlafstörungen bei Kindern und Jugendlichen massiv gestiegen. (2022, March 18). *Kleine Zeitung.*

Schleicher, A. (2019). PISA 2018: Insights and Interpretations. In *OECD Publishing.* OECD Publishing.

Schleim, S. (2022, January 14). Ritalin & Co: Niederländische Regierung will gegen Gehirndoping vorgehen. *MENSCHEN-BILDER.* https://scilogs.spektrum.de/menschen-bilder/niederlaendische-regierung-will-gegen-gehirndoping-vorgehen/

Schmidt-Langels, D. (Director). (2023, September 23). Wir dachten immer, du bist dumm. [Broadcast]. In *ARTE.*

Schmidt-Langels, P. (Director). (2023). *Legasthenie—Wir dachten immer, du bist dummSchmidt-Lanl* [Dokumentation].

Schrift bewahrt Wissen! (n.d.). Retrieved 28 September 2020, from http://werbedesign.at/r_stadler/mediendesigner/1mmt_01entwicklung_der_schrift.htm

Schuhmacher, H. (2015). *Fehler muss man sehen.* tredition GmbH.

Schulz, W., Bothe, T., & Hahlweg, K. (2020). Auswirkungen außerfamiliärer frühkindlicher Betreuung auf die Entwicklung psychischer Auffälligkeiten, Risikoverhaltens und schulischer Leistung im Jugendalter: Ergebnisse einer 10-Jahres-Längsschnittstudie. *Kindheit und Entwicklung, 29*(2), 101–112. https://doi.org/10.1026/0942-5403/a000288

Smarte Kids? Kinder und digitale Medien—Die ganze Doku | ARTE. (n.d.). Retrieved 20 October 2020, from
    https://www.arte.tv/de/videos/086107-000-A/smarte-kids-kinder-und-digitale-medien/

Spitzer, M. (2012). *Digitale Demenz*. Droemer Verlag.

Sprachentwicklung. (n.d.). Retrieved 13 March 2024, from
    https://www.kindersprache.org/unit/kindersprache/sprachentwicklung/zweiteslebensjahr/medie
    ntipps2lebensjahr

Stark-Watzinger/Günther-Wünsch: Lesen ist das Fundament für Bildungserfolg. (2023, May 16).
    https://www.kmk.org/aktuelles/artikelansicht/stark-watzingerguenther-wuensch-lesen-ist-das-
    fundament-fuer-bildungserfolg.html

Steel, J. (2023). Reading to Dogs in schools: A controlled feasibility study of an online Reading to Dogs
    intervention. *International Journal of Educational Research*, *117*, 102117.
    https://doi.org/10.1016/j.ijer.2022.102117

Stock, C. (2017). *Wi man di kufom ais kricht—Mit dem Grundschul-Wortschatz eine sichere Rechtschreibung
    erlernen*. Würzburg University Press.

Studien (Research) zur Franklin-Methode – Franklin-Methode®. (n.d.). Retrieved 20 October 2020, from
    https://franklin-methode.ch/studien-research-zur-franklin-methode/

Sundqvist, A., Barr, R., Heimann, M., Birberg-Thornberg, U., & Koch, F.-S. (2024). A longitudinal study of the
    relationship between children's exposure to screen media and vocabulary development. *Acta
    Paediatrica*, *113*(3), 517–522. https://doi.org/10.1111/apa.17047

Surkes, S. (n.d.). *Study of Israeli baby formula tragedy highlights vital vitamin B1 role*. Retrieved 9 May 2023,
    from http://www.timesofisrael.com/study-of-israeli-baby-formula-tragedy-highlights-vital-
    vitamin-b1-role/

Tabelle: Wie oft und wie lange dürfen Kinder Medien nutzen? | kindergesundheit-info.de. (n.d.). Retrieved 29
    April 2024, from https://www.kindergesundheit-
    info.de/themen/medien/alltagstipps/mediennutzung/hoechstdauer/

Tacke, D. G. (n.d.). *Die häufigsten Fehlerwörter der deutschen Sprache*.

Thaler, V., Ebner, E. M., Wimmer, H., & Landerl, K. (2004). Training reading fluency in dysfluent readers with
    high reading accuracy: Word specific effects but low transfer to untrained words. *Annals of
    Dyslexia*, *54*(1), 89–113. https://doi.org/10.1007/s11881-004-0005-0

*The effects of acute wild blueberry supplementation on the cognition of 7–10-year-old schoolchildren |
    SpringerLink*. (n.d.). Retrieved 28 October 2020, from
    https://link.springer.com/article/10.1007/s00394-018-1843-6

The Relationship Between Anxiety and Learning Difficulties—Hill Learning Center. (2021, March 23).
    https://www.hillcenter.org/the-relationship-between-anxiety-and-learning-difficulties/

Tobia, V., Bonifacci, P., Ottaviani, C., Borsato, T., & Marzocchi, G. (2016). Reading under the skin:
    Physiological activation during reading in children with dyslexia and typical readers. *Annals of
    Dyslexia*, *66*, 171–186. https://doi.org/10.1007/s11881-015-0109-8

Treml, J. (2021). *Soziale Medien im Volksschulalltag Eine empirische Befragung zum Gebrauch von sozialen
    Medien in steirischen Volksschulen*. FH JOANNEUM Graz.

Tuncat, B. (n.d.). *Die stille Pandemie – Umweltgifte schädigen Kinder*.

Überarbeitete Fragestellung zur Erfassung des Erre.pdf. (n.d.). Retrieved 29 April 2024, from
    https://www.rki.de/DE/Content/Gesundheitsmonitoring/Themen/Koerperl_Aktivitaet/fragestellu
    ng-bewegungsempfehlung-kinder.pdf?__blob=publicationFile

ukloss. (2016, August 18). Video—Wörter sehen. *Visuelles Lernen in der Rechtschreibung*. http://www.ulla-
    kloss.de/woerter-sehen/

Vaginale Geburt fördert die Entwicklung von Neugeborenen. (n.d.). Retrieved 13 May 2024, from
    https://www.science.lu/de/kaiserschnitt-vs-natuerliche-geburt/vaginale-geburt-foerdert-die-
    entwicklung-von-neugeborenen

Vágvölgyi, R., Coldea, A., Dresler, T., Schrader, J., & Nuerk, H.-C. (2016). A Review about Functional Illiteracy:
    Definition, Cognitive, Linguistic, and Numerical Aspects. *Frontiers in Psychology*, *7*.
    https://doi.org/10.3389/fpsyg.2016.01617

Vandewalle, E., Boets, B., Ghesquière, P., & Zink, I. (2012). Development of phonological processing skills in children with specific language impairment with and without literacy delay: A 3-year longitudinal study. *Journal of Speech, Language, and Hearing Research: JSLHR, 55*(4), 1053–1067. https://doi.org/10.1044/1092-4388(2011/10-0308)

Venkatramanan, S., Armata, I. E., Strupp, B. J., & Finkelstein, J. L. (2016). Vitamin B-12 and Cognition in Children123. *Advances in Nutrition, 7*(5), 879–888. https://doi.org/10.3945/an.115.012021

Vitamin D beeinflusst Sprache. (n.d.). Pressetext. Retrieved 9 May 2023, from https://www.pressetext.com/news/20120217004

Wang, G.-J., Volkow, N. D., Wigal, T., Kollins, S. H., Newcorn, J. H., Telang, F., Logan, J., Jayne, M., Wong, C. T., Han, H., Fowler, J. S., Zhu, W., & Swanson, J. M. (2013). Long-term stimulant treatment affects brain dopamine transporter level in patients with attention deficit hyperactive disorder. *PloS One, 8*(5), e63023. https://doi.org/10.1371/journal.pone.0063023

Wang, R., Chen, J., Tao, L., Qiang, Y., Yang, Q., & Li, B. (2022). Prevalence of Sleep Problems and Its Association With Preterm Birth Among Kindergarten Children in a Rural Area of Shanghai, China. *Frontiers in Pediatrics, 10.* https://doi.org/10.3389/fped.2022.863241

Warnke, R. (2001). *WasHänschen nicht hört.* VAK Verlag.

Wellershoff, M. (2019, May 30). Gedächtnisforschung: Schlau im Schlaf - Interview mit Schlafforscher Jan Born. *Der Spiegel.* https://www.spiegel.de/gesundheit/diagnose/gedaechtnisforschung-schlau-im-schlaf-interview-mit-schlafforscher-jan-born-a-1268499.html

What happens when we lose deep reading? (n.d.). *University Affairs.* Retrieved 8 January 2024, from https://www.universityaffairs.ca/opinion/in-my-opinion/what-happens-when-we-lose-deep-reading/

Why It Works. (n.d.). The Walking Classroom. Retrieved 15 July 2024, from https://www.thewalkingclassroom.org/why-it-works-details/

Wie das Gehirn unsere Aufmerksamkeit lenkt. (n.d.). Retrieved 8 March 2024, from https://www.mpg.de/18107370/0106-bild-wie-ein-blauer-kern-im-gehirn-unsere-aufmerksamkeit-lenkt-149835-x

Wie die Schwangere, so die Kinder. (n.d.). Retrieved 13 May 2024, from https://www.dasgehirn.info/grundlagen/kindliches-gehirn/wie-die-schwangere-so-die-kinder

Wie schnell lernt das Gehirn Bewegungsabläufe? | dasGehirn.info—Der Kosmos im Kopf. (n.d.). Retrieved 13 March 2024, from https://www.dasgehirn.info/aktuell/frage-an-das-gehirn/wie-schnell-lernt-das-gehirn-bewegungsablaeufe?language=en

Wie sich Lesen und Zuhören unterscheiden. (2014, March 8). Die Presse. https://www.diepresse.com/1572379/wie-sich-lesen-und-zuhoeren-unterscheiden

Wie unser Gehirn Lesen lernt—Arte Doku Dokumentation. (2014, July 5). [Video recording]. https://www.youtube.com/watch?v=NhMSWFUDA_I

Wie Vitamine ADHS-Symptome beeinflussen können. (2019, January 4). *Concentrix®.* https://www.concentrix.eu/magazin/vitamine-adhs/

Wiener Kinderkrippen Studie (Wiki): Die Eingewöhnungsphase von Kleinkindern in Kinderkrippen. (n.d.). Retrieved 26 May 2024, from https://bildungswissenschaft.univie.ac.at/psychoanalytische-paedagogik/forschung/abgeschlossene-projekte/wiener-kinderkrippen-studie-wiki-die-eingewoehnungsphase-von-kleinkindern-in-kinderkrippen/

Wiener Lesepatinnen und Lesepaten unterstützen Kinder beim Lesen , Bildungsdirektion Wien. (n.d.). Retrieved 5 July 2024, from https://www.bildung-wien.gv.at/unterricht/Wiener-Lesepatinnen-und-Lesepaten.html

Wimmer, F. H. (2004). *Hyperaktivität Ritalin Kriminalität?* Der Finanzberater GmbH.

Wolf, M. (2009). *Das lesende Gehirn* (1.Aufl.). Spektrum Akademischer Verlag.

Wolf, M. (2019). *Schnelles Lesen,langsames Lesen* (1.Auflage). Penguin Verlag.

Wu, F., Zhang, W., Ji, W., Zhang, Y., Jiang, F., Li, G., Hu, Y., Wei, X., Wang, H., Wang, S.-Y. A., Manza, P., Tomasi, D., Volkow, N. D., Gao, X., Wang, G.-J., & Zhang, Y. (2024). Stimulant medications in children with ADHD normalize the structure of brain regions associated with attention and reward. *Neuropsychopharmacology: Official Publication of the American College of Neuropsychopharmacology*. https://doi.org/10.1038/s41386-024-01831-4

Zelinsky, D. (2019). *The Importance of a Mind-Eye Connection*. 47.

Zelinsky—2019—The Importance of a Mind-Eye Connection.pdf. (n.d.). Retrieved 29 August 2020, from https://nora.memberclicks.net/assets/Zelinsky%20NORA%202019%202%20pages%20per%20page.pdf

Zucker in Zahlen. (n.d.). gw. Retrieved 2 November 2023, from https://gesundheitswelt.allianz.de/gesundheit-ernaehrung/abnehmen-diaet/infografik-zucker-in-zahlen

Zucker killt wichtige Darmbakterien – DW – 20.09.2022. (n.d.). dw.com. Retrieved 2 November 2023, from https://www.dw.com/de/ern%C3%A4hrung-zucker-killt-wichtige-darmbakterien/a-63141387